MW01488830

Annabel Stehli

»Dancing in the Rain«

*Ein autistisches Kind
besiegt seine geheimnisvolle Krankheit*

Aus dem Amerikanischen von Nicole Lenz

WILHELM HEYNE VERLAG
MÜNCHEN

HEYNE SACHBUCH
Nr. 19/2003

Titel der amerikanischen Originalausgabe
THE SOUND OF A MIRACLE. A CHILD'S TRIUMPH OVER AUTISM
Erschienen bei Doubleday, New York

5. Auflage
Copyright © 1991 by Annabel Stehli
Copyright © 1991 der deutschen Ausgabe
by Wilhelm Heyne Verlag GmbH & Co. KG, München
Printed in Germany 1993
Umschlagfoto: Zentrale Farbbild Agentur GmbH, Düsseldorf
Umschlaggestaltung: Atelier Adolf Bachmann, Reischach
Satz: Fotosatz Völkl, Puchheim
Druck und Verarbeitung: Ebner Ulm

ISBN 3-453-05214-5

INHALT

ERSTER TEIL

ZWEITER TEIL

Für Georgie,
für ihren Mut und ihre Entschlossenheit.

DANKSAGUNG

Mein besonderer Dank gilt Anne Edelstein, meiner Agentin, und Casey Fuetsch, meinem Lektor. Besondere Unterstützung gewährten mir auch Shelby Howatt, Sophy Burnham, Bernard Rimland, Celestine Frost, Virginia Blaker, Joan Matthews und meine Mutter, Claudia Hatch. Mein Dank richtet sich auch an Marianne Bell, Anne Pratt, Lee Kneerim, Jill Scott, Tom und Lee Ann Newcomb, Mary Dauman, Bill und Mary Ann Hall, Lee und Elane Richardson, Doris Chiappetta, Margo Lyon Nemeth, die Familie Caravaglia, Jacky Brown, Bill Brown, Peggy Kingsbury, Pat Stone, Henry und Susan von Maur, Eileen Fletcher, Glenna Smith, Courtney Davis, Katharine, Joan und Gordon Younce, Vreni Merriam, Sue Brainerd, Alison Brook, Julie Mudge, Jackie Glass, Bob Weeks, Mary Calahan, Hope und Brad Anschutz, Mary Klee, Roberta Kyle, Betsy Grant, Kitty Stehli, Tom und Naomi Hatch, Aunt Pat Haines, David und Carol Stearns, Georgia Harbison, John Stearns, Reinhart und Gisela Fischer und Beth Hume.

Um die Privatsphäre bestimmter Leute zu schützen, deren wirkliche Identität für diesen authentischen Bericht nicht bedeutsam ist, sind einige Namen geändert worden.

ERSTER TEIL

ERSTES KAPITEL

Dunkle Ahnungen

»Es ist ein Gefühl, wie wenn ein Messer durch Schmelzkäse gleitet«, sagte ich zu der Ärztin, als sie ihr Skalpell über meinen Bauch führte. Es war der 24. Mai 1965, und ich war eine ängstliche fünfundzwanzigjährige Frau, die sich im Krankenhaus einem Kaiserschnitt unterziehen mußte. Da ich anderthalb Stunden zuvor noch gefrühstückt hatte, konnten mir die Ärzte keine Vollnarkose geben.

Ich war von der Taille an betäubt, und obwohl ich mir immer schon eine Operation ansehen wollte, hätte ich mir nicht träumen lassen, daß ich dies zum erstenmal bei mir selbst miterleben würde. Da ich während der Schwangerschaft bereits Probleme hatte, das Kind zu behalten, hatte ich durchaus mit der Möglichkeit eines Kaiserschnitts gerechnet, aber nicht vorhergesehen, dabei bei Bewußtsein zu sein. Es war zwar kein Spiegel da, aber ich konnte mich in dem Glas einer großen Lampe sehen, die über dem Operationstisch hing, und beobachtete fasziniert, wie die Klinge meinen Bauch durchschnitt und dunkles Blut heraussickerte.

Mein zweites Kind kam einen Monat zu früh zur Welt, weil ich eine »partielle Placenta praevia«, eine vorzeitige Plazentalösung, hatte. Dabei versperrte der Rand der Plazenta – also die Schleimhaut der Gebärmutter, die das Baby mit Nahrung und Sauerstoff versorgt – teilweise den Zugang zur Gebärmutter. Blutungen und Sauerstoffmangel (Anoxie) sind oft die Folge. Als die erste Blutung eintrat, war ich gerade im achten Monat und wurde schnellstens ins Krankenhaus gebracht, wo ich drei Wochen lang flach auf dem Rücken liegen mußte, damit sich das Baby in der verbleibenden Zeit noch voll entwickeln konnte. Als der Zeitpunkt der Geburt nahte, durfte ich nach Hause, um dort auf das Einsetzen der Wehen zu warten. Drei Tage später begannen die Blutungen erneut, und ich mußte wieder ins Krankenhaus. Dieses Mal riet mir die Ärztin zu einem sofortigen Kaiserschnitt, weil ihrer Meinung nach bereits etwa zwanzig Prozent der Plazenta fehlten und die Gefahr weiterer Blutungen bestand. Sie machte sich besonders Sorgen wegen der Möglichkeit eines Sauerstoffmangels. »Dem Baby könnte dann Gefahr drohen«, meinte sie. Ich wünschte mir, ich hätte diesen Satz nie gehört.

Mein erstes Kind war ohne Probleme zur Welt gekommen. Es hieß Dotsie und war zu der Zeit eine stämmige, süße, lebhafte Zweijährige mit rosigen Backen und dikkem, blondem Haar, das als Bubikopf geschnitten war. Ich konnte mir vorstellen, wie sie jetzt zu Hause auf dem Boden mit ihren Bauklötzen spielte; ein Typ Kind, dem rote Overalls großartig standen. Mein Mann, Bill, würde bei ihr sein und sich im Hintergrund halten, wie Väter dies in den Tagen vor einer natürlichen Geburt zu tun pflegen. Dotsie spielte wohl gerade; er las wahrscheinlich die Zeitung, trank eine Tasse Kaffee und saß in unserer Sandsteinhauswohnung in Brooklyn Heights, während die Sonne durch die Fenster hereinströmte.

Dieses zweite Baby war zwar von uns geplant, aber wir hatten trotzdem Angst. Wir hatten nicht viel Zeit gehabt, um uns aneinander zu gewöhnen, bevor unser erstes Baby zur Welt kam, und hofften, mit der Verantwortung fertig zu werden, die mit einem weiteren Baby auf uns zukommen würde. Unser Problem bestand darin, daß wir unverbesserliche Romantiker waren, und als wir unseren MG, unseren Motorroller und unser faltbares Kajak, das wir im Wandschrank aufbewahrten, verkaufen mußten, um genug Geld für unsere Kinder zu haben, hatte uns das mehr ausgemacht, als es eigentlich sollte. Die Verantwortung lastete schwer auf uns, und wenn wir ehrlich waren, mußten wir zugeben, daß unser erstes gemeinsames Jahr auch unser bestes war.

Ich besuchte gerade die zwölfte Klasse in New York, und Bill studierte in Columbia, als wir anfingen, uns zu treffen. Ich hielt ihn zwar für unwiderstehlich, dachte aber nicht im entferntesten daran, mit ihm auszugehen. Ich war siebzehn Jahre alt, naiv, leicht zu beeindrucken und idealistisch, er dagegen erschien mir wie ein verlebter und betörender älterer Mann von vierundzwanzig, den meine Eltern nicht billigten. Aber als ich ihn kennenlernte, kam ich zu dem Schluß, daß er »der Richtige« war.

An einem Aprilnachmittag im Jahr 1956 fuhren mein Bruder David und ich die East Eighty-Sixth Street in Manhattan entlang, als David sah, wie Bill gerade schnell die Straße überquerte. Bill war ein ehemaliger Klassenkamerad von ihm, der gerade aus Korea zurückgekehrt war, und als David ihm hinterherrief, drehte sich Bill um und blieb stehen. Er war groß, braun, elegant gekleidet und hatte braunes, glatt zurückgekämmtes Haar, eine schmale Adlernase, türkisfarbene Augen und ein nahezu vollkommenes Lächeln. Als er zu unserem Auto herüberkam, beugte er sich hinunter, um David zu begrüßen, und sein Gesicht war nur Zentimeter von meinem entfernt.

Ich mußte vier Monate lang raffiniert flirten, bevor er mit mir ausging, und kurz darauf trafen wir uns jeden Morgen vor Beginn der Schule, um zusammen einen Kaffee zu trinken, verbrachten die beiden Abende am Wochenende gemeinsam und telefonierten auch jeden Abend miteinander. Es grenzte an ein Wunder, daß ich es schaffte, auf das College meiner Wahl zu kommen. Bill führte mich mit einem intellektuellen chinesischen Freund in Chinarestaurants aus, wo dieser unglaubliche Delikatessen auf chinesisch bestellte, brachte mir bei, mit Stäbchen zu essen und auch an japanischen Gerichten Gefallen zu finden. Er stellte mich einer Gruppe älterer, kreativer Menschen vor, die mich faszinierten, und jeden Samstagabend nahm er mich zum Tanzen in den Stork Club mit. Das Tanzen war

9

der größte Köder. Bill tanzte wie ein Profi, er führte sehr sicher und konnte jeden Gesellschaftstanz. Wir wurden zu einem Teil des Programms im Stork Club, belegten oft die Tanzfläche mit Beschlag und erhielten für unsere tänzerische Extravaganz und Geschicklichkeit Applaus. Normalerweise waren wir jeden Samstagabend dort, und zwar von neun Uhr, bis wir als letzte den Club verließen.

Außer auf dem Tanzboden, wo wir kaum miteinander redeten, hatten wir von Anfang an Probleme, gerieten vor allem bei unseren unterschiedlichen Wertvorstellungen in Konflikt, stritten uns und gingen viele Male auseinander. Ich verlor, mehr aus reiner Nervosität als aus Aufregung, zwanzig Pfund an Gewicht, weil ich mir seiner nie ganz sicher sein konnte; trotzdem hingen wir sehr aneinander. Als ich mit achtzehn im Sommer nach Nantucket ging und mich mit jemandem anfreundete, der in meinem Alter war und Pfarrer werden wollte, erkannte ich, daß es in der Beziehung zwischen Bill und mir sehr stark an Vertrauen gefehlt hatte und daß ich Schluß machen mußte. Bill konnte nicht verstehen, wie ich so etwas tun konnte, weil er doch nie einen Vertrauensbruch begangen hatte, und ich wußte nicht, wie ich es ihm erklären sollte, denn es war nur ein Gefühl. Doch ich trennte mich von ihm und glaubte nicht, ihn je wiederzusehen.

Ich ging aufs College, Bill hingegen brach es ab und zog nach Charleston in South Carolina, wo Freunde von ihm wohnten. Er genoß sein Leben dort, arbeitete im Büro der Hafenverwaltung, sang im Chor, spielte im örtlichen Baseballteam und tanzte in der städtischen Balletttruppe, wo er alle Bösewichter spielte, obwohl er nie in seinem Leben Tanzunterricht genommen hatte. Aber nach drei Jahren überredete ihn sein Vater zur Rückkehr nach New York, damit er endlich richtig Geld verdiente, und Bill wandte sich dem Maklergeschäft zu.

Mein Bruder und er waren Freunde geblieben, deshalb mußten sich unsere Wege zwangsläufig irgendwann kreuzen. Als es geschah, waren wir beide einsam, kämpften um unsere Selbstverwirklichung und steckten in »anständigen« Berufen, die uns eigentlich nicht gefielen. All unsere Bekannten heirateten, und plötzlich schien dies eine gute Idee zu sein, weil wir uns schon so gut kannten und die ganze Zeit gerne zusammen waren. Als wir merkten, daß wir dabei nicht so glücklich wurden, wie wir es erwartet hatten, rieten uns Freunde und die Familie, doch endlich erwachsen zu werden und unsere Maßstäbe herunterzuschrauben: Eine glückliche Familie war ein Widerspruch in sich selbst und ein Allgemeinplatz für alle unrealistischen Menschen auf dieser Welt. Ich ließ mich von seiner Mutter durch die Mangel drehen und wurde eine attraktive, kultivierte, überhöfliche junge Dame, die sich unheimlich gut aufs Ausschmücken verstand, während ich eigentlich nur eine unkonventionelle Schriftstellerin und Schauspielerin sein wollte. Bill versuchte, ein guter Ernährer, ein rechtschaffener und solider Ehemann zu werden, obwohl er viel lieber in Soho gemalt und von Absinth und Sukijaki gelebt hätte.

Der Wunsch nach finanzieller Sicherheit und nach Erfolg ging Seite an Seite mit unseren romantischen, geheimen Plänen. Wir waren die ersten, die zugaben, daß wir »total überspannt« waren, hatten jedoch keine Ahnung, wie wir unser Leben in Ordnung bringen konnten. Bill glaubte, es würde sich schon alles regeln, wenn er erst ein Vermögen verdiente und aussteigen konnte, um Künstler zu werden. Ich aber glaubte, daß ich wahrscheinlich einen Psychiater brauchte, obwohl wir uns keinen leisten konnten. Meine Mutter stimmte mir zu. Sie hatte als »Die liebe Abby« für die Teenagerzeitschrift *Seventeen* geschrieben und jeden Monat Tausende von Briefen beantwortet. Sie arbeitete mit einem Psychiater zusammen, ihrem Guru, und hatte mir alles, was es über das Es, das Ich und das Über-Ich zu wissen gab, beigebracht. Psychologie war ihre Religion geworden, in der Freud, Jung und Adler als Heilige fungierten, und sie war überzeugt, daß der Schlüssel zum Glück darin lag, Kindheitskonflikte zu lösen. Bill war jedoch völlig gegen Therapien eingestellt und dabei zweifellos auch von seiner Mutter beeinflußt. Sie glaubte an Glück, gute Manieren und den gesunden Menschenverstand (und natürlich auch an Herkunft, Erziehung und Internat). »Ich weiß nicht, wofür du einen Psychiater brauchst«, sagte Bill, »wenn du sowieso alles selbst analysierst.« Es stimmte, daß ich gerne alles erbarmungslos auseinanderpflückte, um herauszufinden, was sich wirklich abspielte. Ich konnte nie etwas für bare Münze nehmen und rechtfertigte dies mit meiner Schriftstellermentalität; einer Eigenschaft, die von der Familie meines Mannes ins Lächerliche gezogen wurde. Sie verbannten alle Schriftsteller in die Abgründe der Unverschämten und Treulosen.

Als 1963 Betty Friedans Buch *Der Weiblichkeitswahn* erschien, genau in dem Jahr, in dem Dotsie geboren wurde, wurde dies zu meiner Emanzipationserklärung und gab mir eine Handhabe gegen meine Unzufriedenheit, weil ich nun glaubte, etwas dagegen unternehmen zu können. »Das ist es, was hier nicht stimmt«, sagte ich und erklärte mich zu einer namenlosen, versklavten Hausfrau. Ich war, als Besitz meines Herrn, zu einem Leben als unbezahltes Dienstmädchen verdammt, durch einen Ring, eine Hochzeit und das amtlich bestätigte Versprechen auf Sicherheit geködert; durch meinen Vater in die Sklaverei verkauft. Als er »mich weggab«, saß ich, da mir eigene finanzielle Mittel fehlten, in der Falle, durch bezahlte Urlaube und Ferien eingefangen. Ich wollte einige Drinks auf einer Party zu mir nehmen, Volksreden halten, über das Schicksal der armen Hausfrau wettern und ankündigen, daß ich ein Stück über einen Hausfrauenstreik schreiben würde, der vom Fernsehen organisiert und eine Nation von männlichen Chauvinisten in die Knie zwingen würde. Ich ärgerte mich über das Sprichwort »Die Arbeit der Männer hört mit der untergehenden Sonne auf, die Arbeit der Frauen ist nie zu Ende«. Und doch liebte ich mein Baby abgöttisch, hatte das vom ersten Moment an getan und wollte eine glückliche, gesunde, positiv denkende Mutter und gute Ehefrau sein. Es war verwirrend, am Beginn eines neuen Zeitalters zu stehen, und ich wußte nicht, wie ich damit fertig werden sollte.

Da meine Mutter stets gearbeitet und dies als Erfüllung und aufregend empfunden hatte, kam ich zu dem Schluß, daß die einzige Lösung darin bestand, mir eine Arbeit zu suchen. Sechs Monate lang arbeitete ich freiberuflich zu Hause und wertete Bewerbungen für ein internationales Stipendienprogramm aus – dieselbe Arbeit, die ich vor meiner Heirat gemacht hatte. Als Dotsie dann acht Monate alt war, fand ich einen Babysitter und arbeitete für die CBS. Die Abende und Wochenenden, die ich mit meiner Tochter verbrachte, bereiteten mir jedoch so viel Freude, daß mir nach etwa einem Jahr nichts richtiger und wichtiger erschien, als ein weiteres Baby zu bekommen.

Als dieses zweite Kind unterwegs war, fragte ich mich, ob es nun nicht konsequent wäre, zu Hause zu bleiben. »Du kannst nicht *zwei* Kinder bei einem Babysitter lassen; du würdest sie zu sehr vermissen«, sagte ich mir. Ich nahm mich selbst ins Gebet. »Wenn andere Leute darin Erfüllung finden, warum du nicht?« Eigentlich wollte ich zu Hause bleiben und den Babysitter behalten, aber da beides zugleich nicht ging, machte ich mir Vorwürfe, unreif zu handeln. Ich war immer entschlossener, nach einem Weg zu suchen, um »nur Hausfrau sein zu können« und dem gerecht zu werden. Ich beneidete ungebildete, einfältige Frauen, die spielend damit fertig wurden und es geradezu genossen, wenn sich ihre Gesichter in den sauberen, glänzenden Tellern spiegelten.

Nach einigen Monaten wurde ich wieder unruhig, und obwohl ich die meiste Zeit damit zubrachte, mich um Dotsie zu kümmern, erhielt ich einen Auftrag von einem Verlag, ein Buch für Jugendliche zu machen, und zwar einen Wochenkalender mit Sprichwörtern und Fragen. Es war nicht gerade hohe Literatur, aber zumindest hatte ich einen Buchvertrag, in dem von mir als »Autorin« die Rede war; mein Name würde auf dem Einband erscheinen, und das war immerhin ein Anfang.

Ich genoß die Morgen, die ich jede Woche in der Bibliothek verbrachte, während Dotsie in ihrer Spielgruppe war, und grub solche Prachtexemplare aus wie »Wer Lob ablehnt, sucht doppelt Lob«. Weil die Sprichwörter nützlich sein mußten, aber nicht religiös sein durften, brauchte ich Monate, um zweiundfünfzig zu finden. Die Nachforschungen faszinierten mich, und ich nannte es meinen Schnelldurchgang in Philosophie. Außerdem verschaffte es uns etwas zusätzliches Geld und ließ mich die Stunden mit Dotsie mehr genießen, weil ich nicht mehr auf sie allein fixiert war.

Mit zunehmendem Alter wurde Dotsie auch lebhafter. Als sie zu laufen anfing, wütete sie in unserer ganzen Wohnung herum, riß Lampen um, nahm sich Bücher aus dem Regal, leerte Schubladen und landete sogar in der Asche vom Kamin. Ich hatte über Erziehung von Spock bis Montessori alles gelesen und wollte mich nicht in Dotsies Bedürfnis, ihre Umgebung zu meistern, einmischen, aber ich glaubte schon, daß sie doch etwas Disziplin lernen müßte. Doch sie widersetzte sich dem sehr; manchmal stand ich da, beobachtete sie bei ihren Such-und-Zerstör-Aktionen, wie ich sie nannte, dachte mir, auch das wird vorbeigehen, und freute mich schon auf den Kindergarten. Was einen mit ihr versöhnte, war, daß sie natürlich das süßeste, verschmusteste Mädchen war, das ich je gesehen hatte, und mir gefiel auch die Art, wie sie sprach, sehr. Sie fing mit einem Schwall eigener Worte an und ging dann zu »Buse« für »Bluse«, »Lacke« für »Jacke« und »Mododoller« für »Motorroller« über. Einmal sagte sie, als sie aus dem Fenster in ihrem Zimmer schaute: »Guck, Mommy, Vögelein geht in Himmel patieren.« Als ich mir vorzustellen versuchte, wie ein weiterer kleiner Mensch dieses Bild ergänzte, etwa eine wacklige kleine Schwester oder ein Brüderchen für Dotsie, erschien mir diese Vorstellung fast zu schön, um wahr zu sein. Aber ich liebte diesen Gedanken und nähte voller Erwartung kleine Kissen mit gelben Blumen für die Familienwiege.

Ich schaute wie gebannt zu, als die Ärztin die Schichten meiner Bauchdecke als Vorbereitung zurückklappte, um das Kind zur Welt zu bringen. Sie war ängstlich. Ich hatte nicht nur während der Schwangerschaft Probleme gehabt, sondern die Ärztin hatte morgens auch mehr als anderthalb Stunden gebraucht, um den Anästhesisten zu finden. Während dieser Zeit hatte ich in einem kleinen Wartezimmer gelegen, mir über möglichen Sauerstoffmangel und Gehirnschäden des Babys Sorgen gemacht und mir den Kopf zerbrochen, wie lange es dauerte, um diese »Notoperation« zu arrangieren.

»Da ist es«, sagte die Ärztin, als sie nach einer winzigen, schlüpfrigen Schulter griff. In Sekundenschnelle hielt sie das Baby, von vollkommener Gestalt und in tiefem Schlaf, sicher in ihren Händen. »Es ist wieder ein Mädchen.« Eine Krankenschwester nahm das Baby und saugte ihm den Schleim aus Nase und Mund ab. Ich hielt den Atem an, als es keinen Ton von sich gab. Sie hielten es an den Füßen hoch und gaben ihm kleine regelmäßige Schläge auf den Po, die wie Schüsse durch den Raum hallten, bis endlich ein dünner, schwacher Schrei ertönte.

Als die Ärztin es wog, sagte sie: »Es wiegt vier Pfund und 438 Gramm. Mehr als ich dachte, aber es muß trotzdem noch zwei Tage in den Brutkasten, weil es wegen der fehlenden 62 Gramm noch eine Frühgeburt ist. So lautet die gesetzliche Vorschrift.«

»Kann ich es einmal halten?« fragte ich.

»Es muß saubergemacht werden und dann in den Brutkasten.« In dem Glauben, daß ich sie nicht hören konnte, sagte sie leise zu einer Schwester, die neben ihr stand: »Es hat ein niedriges APGAR-Ergebnis.« Aber mein überempfindliches Gehör nahm es wie einen leuchtenden Punkt auf einem Radarschirm wahr.

»Was ist das APGAR-Ergebnis?« Ich wußte es, doch ich fragte, in der Hoffnung, daß ich nicht recht hatte.

»Es ist ein Ordnungssystem für Babys, aber Sie hätten das gar nicht hören sollen. Machen Sie sich deswegen keine Sorgen; es hat wahrscheinlich nichts zu bedeuten. Jetzt sollten Sie sich nur ausruhen; deshalb werde ich Ihnen etwas geben, damit Sie schlafen, während ich Sie nähe.«

Es war keine von den Geburten gewesen, nach denen jeder gelöst und glücklich war; sie hatte etwas Gedämpftes und Heimliches an sich, und ich wußte, daß etwas nicht stimmte. Aber bevor ich noch eine Möglichkeit hatte, Einwände zu erheben, erhielt ich eine Injektion und versank glücklicherweise in Schlaf.

Stunden später wachte ich wund und elend wieder auf und fragte nach dem Baby, erhielt aber nur zur Antwort, daß ich es nicht sehen könne, da es noch im Brutkasten sei. Ich hatte so starke Schmerzen und war wegen des Gedankens, daß etwas nicht stimmte, so erledigt, daß ich nicht die Kraft hatte zu widersprechen.

Die Kinderärztin reagierte schroff und ausweichend, als ich sie fragte, und ich überlegte, ob sie wohl mit meiner Hebamme, der ich schon nicht mehr absolut vertraute, unter einer Decke steckte. Während meine Autoritätsfiguren auf ihren Sockeln wankten, wandte ich mich mir selbst zu. Mir wurde plötzlich klar, was die vorzeitige Plazentalösung meiner Meinung nach ausgelöst haben mußte. Es war vor einigen Monaten geschehen, als Dotsie und ich auf dem Weg zum Spielplatz waren. Jetzt erinnerte ich mich wieder lebhaft an die Szene.

Es war ein kalter, stürmischer Märztag kurz nach Dotsies zweitem Geburtstag. Der Himmel war bewölkt, und der Wind, der vom Hafen kam, fuhr durch unsere Parkas, pfiff um Häuserecken und wirbelte den Müll vom Gehweg hoch. Ich hatte Dotsie wie ein Indianerbaby in unsere rotkarierte, grobe Wolldecke gewickelt; sie saß unbeweglich in ihrem Sportwagen und blinzelte, um die Kälte abzuhalten. Bei diesem Wetter wollten wir nicht die sieben langen Häuserblocks bis zu dem fröhlichen, bevölkerten Spielplatz in der Pierrepont Street auf uns nehmen, zu dem wir normalerweise gingen; wir entschieden uns statt dessen für den »verlassenen« Spielplatz, wie wir ihn nannten. Er befand sich ganz in der Nähe, war aber nur eine einsame Betonwüste, die, von einem grauen Metallzaun umgeben, im Schatten der hochliegenden Brooklyn-Queens-Schnell-straße lag. Als wir näher kamen, sah ich nach, ob einige fragwürdige Gestalten hinter den Stahlträgern der Hochstraße lungerten, und konnte durch die Pfosten das graue Wasser des Hafens erkennen, dessen Wellen und Schaumkronen hin und her wogten. Obwohl der Spielplatz so einfach zu erreichen war, hätten wir ihn nie benutzt, wären da nicht die hohen, verkleideten Babyschaukeln gewesen, die Dotsie so liebte.

Wir rollten durch das Tor, und sobald wir stehenblieben, rannte Dotsie, wie vorauszusehen war, zur erstbesten Schaukel. Sie hatte zuvor immer auf mich gewartet, aber nun griff sie zum erstenmal nach oben und gab der Schaukel mit beiden Händen einen kräftigen Stoß. Die Schaukel schwang zu ihr zurück, und die scharfe Metallecke erwischte Dotsie genau über der rechten Augenbraue. Ich war schon im Laufschritt unterwegs und konnte sehen, wie es geschah. Das Blut spritzte aus der Platzwunde, während sie schrie. Ich zog sie an mich und versuchte, die Wunde mit der Hand zu schließen. Ich hob Dotsie auf meinen Bauch hoch, ihr Gesicht grub sich in meine Schulter, und ich rannte zur nächsten Erste-Hilfe-Station, die etwa einen dreiviertel Kilometer entfernt war. Während ich lief, hörte Dotsie auf zu weinen und wimmerte nur noch; sie hockte auf meinem Bauch und schlang ihre Arme fest um meinen Hals.

Der Arzt in der Station nähte sie mit sechs Stichen und sagte mir, daß man die Narbe kaum sehen würde, da der Schnitt genau in der Augenbraue liege. Ich war so erleichtert gewesen, aber jetzt, als ich hier im Krankenhaus lag, war ich mir sicher, daß Dotsies Druck auf meinem Bauch die Plazenta irgendwie verschoben haben mußte. Ich quälte mich mit Vorwürfen. Wäre ich doch nur vorsichtiger gewesen, hätte ich sie nur wie jeder vernünftige Mensch auf die Hüfte gesetzt, wäre ich nur nicht nach draußen gegangen, als es so kalt war, und so weiter. Selbst als die Ärztin mir sagte, daß dies keine Rolle spiele, redete ich mir immer noch ein, daß dies doch ein Faktor gewesen sein mußte.

Falls mit dem Baby wirklich etwas nicht stimmte, wollte ich die Schuld nicht meiner Hebamme in die Schuhe schieben, denn sie hatte mich mit ihrer enormen Wärme, ihrem Humor und ihrem Sachverstand durch meine Schwangerschaft begleitet. Ich hatte sie als meinen Meister betrachtet und stellte sie ungern auch nur in Frage, geschweige denn, daß ich etwas an ihr aussetzen oder sie wegen eines Berufsvergehens verklagen wollte. In meiner Familie verklagte man niemanden. Wenn ich auf dem Gehweg stolperte, geschah dies wegen meiner eigenen Ungeschicklichkeit, nicht wegen eines losen Steins. Instinktiv gab ich mir selbst die Schuld.

Meine Stimmung besserte sich nicht, als ich über Dotsies Verletzung und mein scheinbar schädliches Verhalten nachgrübelte, während ich im Bett lag und mich von der Geburt und der größeren Operation erholte. Bis zu diesem Tag hatte ich geglaubt, daß ein Kaiserschnitt eine zwar etwas gefährliche, aber interessante Methode sei, um die Wehen zu umgehen. Um so unvorbereiteter trafen mich die schrecklichen Schmerzen, die ich immer wieder mit Tabletten betäuben wollte. Das eigentliche Problem waren die Folgeschmerzen, eine Art eingebildeter Restwehen, von deren Existenz ich nicht einmal gewußt hatte. Meine einhundertvierzig Stiche, die messerscharfen, schmerzhaften Blähungen, die oft Unterleibsoperationen begleiten, die Ergotamine zur Entspannung meiner Gebärmuttermuskulatur in meiner Infusion und meine ständige Angst verursachten mir solche Schmerzen, wie ich sie bislang nicht für möglich gehalten hatte, geschweige denn ertragen zu können glaubte. Mein Bauch stellte sich alle paar Minuten buchstäblich steil nach oben, und nichts half, außer wenn die Ärzte mich praktisch in Bewußtlosigkeit versetzten.

Als ich mich schließlich besser fühlte und unser neues Baby nicht mehr im Brutkasten liegen mußte, hielt ich die Kleine zum erstenmal in meinem Arm. Sie sah wie Bill und seine Familie aus, was den Namen, den wir uns ausgesucht hatten, noch passender machte: Georginia, nach Bills

Mutter und Schwester. Ich untersuchte sie sorgfältig und dachte mir, wie vollkommen sie entwickelt und wie unwahrscheinlich winzig sie war; ihre kleinen Fäuste bewegten sich ziellos hin und her, und jeder Finger und jeder Zeh hatte genau die richtige Form.

Aber ihre Augen hatten etwas Beunruhigendes an sich. Sie waren so blau wie Blaubeeren, wie die von Dotsie, schienen jedoch selbst für ein Neugeborenes ungewöhnlich ziellos und erkundeten nicht mein Gesicht, wie Dotsie es getan hatte. Es machte mir auch Sorge, daß Georgie zwar eifrig trank, aber nach spätestens einer Minute einschlief. Die Schwestern sagten mir, ich solle leicht gegen ihre Fußsohlen klopfen, um sie wach zu halten; das haßte ich, aber es gab mir auch nur weitere zehn Sekunden zum Stillen, bevor sie wieder ein Nickerchen machte. Sie mußte alle paar Minuten gestillt werden, und der Versuch, die Zeit dazwischen auf eine vernünftige Länge, etwa eine Stunde, auszudehnen, schien ein weitentfernter Traum zu sein.

Ich entwickelte eine panische Angst, wie ich Georgie alle paar Minuten rund um die Uhr stillen sollte, und zitterte bei dem Gedanken, nach Hause zu gehen. Da ich voll und ganz davon überzeugt war, das Baby stets auf sein Verlangen hin zu stillen, richtete ich meine Planungen entsprechend aus. Ich wollte mich auch weiterhin um meinen Mann, meine zweijährige Tochter und mein Haus kümmern und mich von der Unterleibsoperation erholen; alles zur gleichen Zeit, wie es jede übereifrige Frau machte.

Der Gedanke, daß ich mich selbst vernachlässigen und dies schließlich ins Auge gehen könnte, kam mir nicht in den Sinn. Als ich aufwuchs, waren wir *nouveau pauvre*, wie meine Eltern lachend meinten, was soviel wie viel Verwandtschaft und wenig im Geldbeutel bedeutete. Man überließ uns Ferienhäuser, wir besuchten Privatschulen dank Stipendien und kauften festliche Kleidung gebraucht. Ständig knauserten wir, liehen uns Sachen und schränkten uns ein. Obwohl die glücklichen Tage der Familie meines Mannes noch nicht so lange vorbei waren, sahen die Mechanismen des Zurechtkommens ähnlich aus: Halte das Haus in Gang, selbst wenn es ein Pfahlbau (gemietet) auf Treibsand ist, und hoffe darauf, daß dir ein Verwandter etwas Geld hinterläßt und/oder Daddy dich finanziell unterstützt. Fröhliches Märtyrertum hieß die Tageslosung. Falls das geheime Pläne hervorbrachte und wenn unser Selbstbewußtsein auch daher rührte, daß wir auf einer schiefen Ebene tanzten, so waren wenigstens die Spielregeln klar: Man aß, was auf dem Teller war, und wenn man sich zuviel genommen hatte, schluckte man es trotzdem herunter.

Georgie nahm im Krankenhaus so viel ab, daß sie an dem Tag unserer Heimkehr nur noch etwas mehr als vier Pfund wog. Bill konnte sie buchstäblich in seiner Handfläche halten. Da selbst die normale winzige Babykleidung an ihr herunterhing, zogen wir ihr Sachen an, die Dotsie – hoch erfreut – aus ihrer Puppengarderobe beisteuerte.

Nachdem Bills Mutter uns besucht und sich umgesehen hatte, kam sie zu dem Schluß, daß wir eine Kinderfrau brauchten, und bezahlte für uns dieselbe Frau, die mir nach Dotsies Geburt aus der Patsche geholfen hatte. Als Miß MacMillan, die ich sehr schätzte, im Haus Einzug hielt, gebot sie mir dringend, Georgie an die Flasche zu gewöhnen, weil sie bei meiner schwachen, wäßrigen und ungenügenden Milch nicht richtig zunahm. »Sie braucht eine reichhaltige Nahrung«, sagte sie. »Und dann wird sie Ihnen mehr Zeit zwischen den Mahlzeiten gönnen.«

Ich gab fast ohne Murren nach, obwohl ich weiter stillen wollte. Tatsächlich begann Georgie nun voller zu werden und stundenlang ununterbrochen zu schlafen, und ich tat dasselbe. Miß MacMillan mit ihrer gestärkten, weißen Uniform und den glänzenden, geschnürten Halbschuhen bestand darauf, daß ich dem Stillen viel zuviel Bedeutung beimaß, und versicherte mir, daß es Georgie, wie den meisten anderen Babys, fürs nächste und auch auf Dauer mit der fertigen Babynahrung sehr gut gehen würde. Ich tröstete mich mit dem Gedanken, daß sie uns wenigstens keinen vierstündigen Takt aufzuzwingen versuchte, wie es die Ärzte getan hatten, als mein Bruder und ich klein waren. Wir wußten alle, was das für eine Belastung war. Zumindest konnte Georgie essen, wann sie wollte, selbst wenn es nur aus der Flasche kam.

Die Schwester blieb eine Woche; lange genug, daß wir alles organisieren und uns ausruhen konnten, aber nach ihrem Weggang wuchs mein Verdacht, daß etwas mit Georgie nicht stimmte. Als sie einen Monat alt war, war ich mir dessen absolut sicher. Ihre Augen waren immer noch völlig ziellos, und sie griff nicht nach meinem Finger, was Dotsie fast sofort getan hatte und was Babys instinktiv und automatisch tun. Ich konnte sie auch nicht zum Lachen bringen. Ich versuchte, alles auf die zu frühe Geburt zu schieben, und glaubte, sie würde es noch aufholen, aber insgeheim befürchtete ich, daß sie zurückgeblieben war. Ich war erstaunt, daß es sie nicht zu kümmern schien, ob man sie hielt, bemutterte, ihr etwas vorsang oder sie angurrte. Sie verhielt sich distanziert, als ob sie in ihrer eigenen Welt zufrieden lebte. Auch wenn es mir verrückt vorkam, fühlte ich mich von ihr geschnitten, ich fühlte mich von meinem eigenen Baby zurückgewiesen. Dann sagte ich mir gewöhnlich: »Wie albern, das bildest du dir alles nur ein.« Ich munterte mich auf, redete mir ein, daß sie sich weiterentwickeln würde, und versuchte zu glauben, daß sie auf einmal plötzlich aufmerksam, interessiert und liebevoll sein würde.

Die Kinderärztin beharrte darauf, daß alles in Ordnung sei, und als ich sie zu einem anderen Kinderarzt brachte, konnte dieser auch nichts feststellen. In neurologischer Hinsicht stimmte alles mit ihr. »Sie müssen sie einfach sehr lieben«, sagte er, was ich als sehr persönliche Kritik auffaßte, als wollte er sagen, ich hätte sie nicht genug geliebt, und darin läge das Problem. »Vielleicht steckt da ein Körnchen Wahrheit drin«, machte ich mir selbst Vorwürfe, obwohl ich wußte, daß ich bei Georgie, meinem zweiten Kind, mehr über Liebe gelernt hatte als bei Dotsie, die mich nervös gemacht hatte, nicht zuletzt, weil ich noch keinerlei

Erfahrung gehabt hatte. Bei Georgie fühlte ich eine dauerhafte, vorbehaltlose Zuneigung. Aber trotz der Beständigkeit und Intensität dieser Zuneigung hoffte ich, daß der Arzt recht hatte, denn wenn es mein Fehler war, dann konnte ich mich irgendwie ändern und das Problem vielleicht lösen.

Es fiel mir jedoch auch schwer, mit Georgie soviel zu schmusen und ihr soviel Anregungen zu geben, wie ich es bei ihrer Schwester getan hatte, weil Georgie nicht darauf reagierte. Also unternahm ich zusätzliche Anstrengungen, nahm sie noch mehr in den Arm und redete mit ihr. Aber trotzdem reagierte sie überhaupt nicht und ließ keinerlei Anzeichen der geringsten Besserung erkennen. Es war schwer, etwas zu geben, das anscheinend nicht gewollt, anerkannt oder geschätzt wurde, und sich mit der beunruhigenden Tatsache abzufinden, daß dieses Baby lieber in Ruhe gelassen werden wollte. Georgie konzentrierte sich auf ihre Flasche oder ein Spielzeug, aber nicht auf mich. Sie schaute mich nicht an und gab auch keine Babylaute von sich, sie ignorierte mich völlig. Obwohl sie gerne Sachen in die Hand nahm, griff sie nicht nach meinem Finger, faßte nicht nach meiner Nase und kuschelte sich nicht behaglich an mich, wenn ich sie in meinen Armen wiegte. Ihre scheinbar hervorragende Fähigkeit, zwischen Lebendigem und Leblosem zu unterscheiden, verblüffte mich völlig und verletzte meine Gefühle, denn ihre Zurückweisung schien so absichtlich. Selbst als ich sah, daß dies auch auf die anderen Menschen um sie herum zutraf, nahm ich es immer noch persönlich und war zutiefst getroffen. Ich fragte mich, ob sie sich etwa als von mir zurückgewiesen empfand und ob der Kinderarzt dies auch glaubte, der mir geraten hatte, sie sehr zu lieben.

Dotsies Patenonkel, einer von Bills besten Freunden, beging drei Wochen nach Georgies Geburt Selbstmord, und zwei Wochen später starb plötzlich mein Vater. Ich dachte, daß sich vielleicht meine Trauer auf schreckliche, unbewußte Art auf Georgie ausgewirkt hätte. Lag sie deshalb Tag für Tag einfach nur da, wie zum Verrücktwerden, und beobachtete, wie ihre Finger sich drehten und sich in der Luft hin und her bewegten? Ich fühlte mich bei dem Gedanken, daß dies auch nur im entferntesten möglich sein könnte, so schuldig und hilflos, daß ich es nicht ertragen konnte. Ich befaßte mich sehr intensiv mit meiner Aufgabe als Mutter und mit den Theorien Montessoris, ich wollte Kindern helfen, später ein erfülltes und unabhängiges Leben zu führen, so daß der Gedanke fürchterlich war, ich selbst könnte Georgies völlig falsches Verhalten und ihre dickköpfige und selbstzerstörerische Unabhängigkeit verursacht haben. Meine Zuversicht als Mutter begann zu schwinden, obwohl ich weiterhin dachte, daß Georgie einen organischen Fehler hatte, mit dem sie schon geboren war.

Als die Spannungen zwischen Bill und mir zunahmen und wir uns immer weniger wie ein frisch verliebtes Paar fühlten, schickte ironischerweise ein Freund meiner Mutter, der als Moderedakteur bei *Daily News* arbeitete, einige Fotografen zu uns, um einen Bildbericht über das Thema zu machen: »Wo sind all die Debütantinnen geblieben?« Verarmter Adel macht es für ein paar Pfennige, und ich auch. Die Debütantinnenfeiern, an denen ich teilgenommen hatte, hatten mich eingeschüchtert, obschon mir einige davon auch Spaß gemacht hatten. Ich fragte mich, wie viele Debütantinnen wohl direkt bei den Windeleimern landeten, so wie ich, und das gab mir Auftrieb, diese Geschichte zu machen, wobei Bill, unsere Babys und ich versuchten, auf der Doppelseite elegant und entspannt auszusehen. Ich konnte so tun, als wäre ich wieder bezaubernd. Wir mußten zuvor Georgie kitzeln, damit sie für die Kamera lächelte, aber zumindest schaute sie direkt in die Linse. Sie sah auf diesen Bildern völlig normal aus.

Das war ein grüner Fleck in einer sonst trostlosen Landschaft. Ich war vom Tod meines Vaters am Boden zerstört; er war für mich der erste geliebte Mensch, der gestorben war, und sein Tod ging mir sehr nahe. Er war achtundsechzig Jahre, und obwohl er schon seit langem an Arterienverkalkung gelitten hatte, war ich in bezug auf seine Gesundheit recht zuversichtlich und optimistisch gewesen, seit er das Rauchen und Trinken aufgegeben hatte. Ich hatte geglaubt, er würde noch Jahrzehnte leben. Sein Tod war ein echter Schock, und ich fühlte eine dumpfe Trauer, die viel stärker war als alle schlimmen Gefühle, die ich bislang gekannt hatte. Dies kam noch zu meinen Sorgen um Georgie, meiner zweifelhaften Ehe mit Bill, meiner wilden Zweijährigen und meiner Schlaflosigkeit in den letzten sechs Monaten hinzu, und ich wußte, daß ich Gefahr lief zusammenzubrechen.

Als auch Bill langsam Georgies seltsames und unnahbares Verhalten registrierte, teilte er meine unbestimmten hilflosen Gefühle, und irgendwie wurden unsere Kämpfe, die schon immer schlimm gewesen waren, nun noch schlimmer. Wir stritten uns über alle möglichen Kleinigkeiten und hatten außer unseren Ängsten um unsere Ehe und Georgies Gesundheit auch ernsthafte finanzielle Probleme. Wir fühlten uns niedergeschlagen und wußten nicht, an wen wir uns wenden sollten.

An einem kalten Januarabend hütete ich für ein Ehepaar aus unserer Babysittergemeinschaft die Kinder. Ich kümmerte mich stets gerne um die Kinder der Wingates, weil in ihrer Wohnung eine so ordentliche und friedliche Atmosphäre herrschte, daß sie auf mich abzufärben schien. Als Judy und ihr Mann nach Hause kamen, blieb ich noch ein paar Minuten, und Judy fragte mich, wie es uns ging. Obwohl ich im allgemeinen nicht viel über meine wahren Gefühle redete, brach es jetzt aus mir hervor. Ich erzählte Judy, daß ich deprimiert und mein Vater vor kurzem gestorben sei. Als ich zu ihr sagte: »Ich kann die Vorstellung nicht ertragen, ihn nie wiederzusehen«, gab sie mir ein Buch mit dem Titel *Das Leben nach dem Tod* mit nach Hause, und ich fand die nüchterne Behandlung des Themas überzeugend und tröstend. Es stammte von H. Ralph Harlow, einem intellektuellen Christen, der keine Schwierigkeiten hatte, an das Vaterunser zu glauben, Visionen anzuerkennen und die christliche Lehre als Evangelium zu akzeptieren. Da ich, besonders in der letzten Zeit, hauptsächlich zwischen Agnostizismus und Atheismus schwankte, seit meiner Kindheit an keinen persönlichen Gott mehr glaubte und über Aufkleber wie *Jesus hilft* spottete, war es eine Offenbarung für mich, auf einen intelligenten, unpolemischen Autor ohne Fachjargon, aber mit einem so aufrichtigen Glauben zu stoßen. Ich kam zu dem Ergebnis, daß dies alles einen Sinn ergab, und erzählte mehreren Freunden, daß ich jetzt an Engel, den Himmel und Gott glaubte; eben an all das Ganze. War das nicht großartig? Aber mein Glaube war wie eine Luftblase in einem Meer voller Depressionen und hielt nicht lange an.

Als Georgie sechs Monate alt war, entwickelte sie eine besondere Vorliebe für eine große, leere, mit Rillen versehene Garnrolle, die ich ihr aus meinem Nähkorb gegeben hatte. Dotsie besuchte nun seit einem Monat eine Spielgruppe, und an einem Morgen malten Dotsie und ein weiteres kleines Mädchen gerade auf einer Zeitungsseite, während Georgie in ihrem Laufstall lag. Zwei kleine Jungen aus der Gruppe lauschten, während ich Gitarre spielte und dazu sang, und ein anderes Kind beugte sich zu Georgie hinüber und versuchte, ihre Aufmerksamkeit zu gewinnen. Die Kleine streckte ihre Hand aus und bewegte sie vor Georgies Gesicht hin und her. »Hallo, Baby! Hallo, Baby!« sagte sie. Georgie, die mit ihrer leeren Garnrolle spielte, reagierte nicht. Sie blinzelte nicht einmal.

»Hallo, Baby! Hallo, Baby!« rief die Zweijährige, und dann rief sie es noch einmal, nur lauter. Sie faßte hinunter, tätschelte Georgies Gesicht, doch Georgie zeigte keinerlei Reaktion. Das Mädchen drehte sich um und schaute zu Dotsie hinüber. »Deine Schwester sieht mich gar nicht an. Sie will nicht spielen.«

»Sie spielt nie mit jemandem«, sagte Dotsie. Sie hatte es wer weiß wie lange versucht, und ich fragte mich, wieviel es ihr ausmachte. Ihr blieb eine kleine Schwester und Spielgefährtin vorenthalten, mir ein glückliches, glucksendes und zärtliches Baby. Georgie schien die Versuche, ihre Aufmerksamkeit zu gewinnen, nie zu bemerken, und in diesem Augenblick drehte sie nur ihre Rolle weiter in ihren kleinen Händen und schaute wie gebannt auf die hölzernen Rillen. Ich legte meine Gitarre hin, ging zum Laufstall, löste Georgies Hände von der Rolle und versuchte, sie dazu zu bringen, einen meiner Finger zu fassen. Sie spielte nicht mit, sondern hielt ihre Handfläche offen hin: eine scheinbar absichtliche Handlung. Gefühle der Verzweiflung und Hilflosigkeit überwältigten mich. Es war immer das gleiche und schon so oft passiert. *Warum* wollte sie nicht lieber *mich* festhalten, statt sich für leblose Objekte zu interessieren? Und warum reagierte sie nicht auf Dotsie oder Bill oder andere Kinder? Oder Tiere?

»Georgie«, sagte ich sanft. Aber ich wußte inzwischen, daß sie nicht reagieren würde, wie ich sie auch anredete. Ich konnte leise singen, ihr schmeicheln, gurren oder schreien, doch nichts lockte sie aus ihrer Reserve. »Georgie, schau Mommy an, schau hierhin!« Ich schnippte mit den Fingern und hielt mit der anderen Hand die Rolle. »Schau!« Georgie starrte nur auf ihre Hände, als sie sie über ihren Kopf hielt und ihre Finger drehte. Ich nahm eine Rassel mit bunten Perlen und schüttelte sie direkt vor ihren Augen hin und her. »Georgie, schau mal! Siehst du die Rassel?« Sie ignorierte die Rassel genauso wie mich und konzentrierte sich nur auf ihre Hände. Sie schien Rasseln nicht zu mögen und spielte nie mit einer. Sie mochte auch ihren Bären mit der Spieluhr nicht. Ich gab ihr die Rolle zurück, sie griff danach, streichelte sie und starrte sie an, und ich ging zu meiner Gitarre zurück.

Ich setzte eine Weile meine Liederrunde fort, sang Kinderreime zu selbst erdachten Melodien, und schon bald kamen die Mütter, um ihre Kinder abzuholen. Wir waren alle befreundet, aber ich konnte über Georgie nicht mit ihnen reden, aus Angst, sie könnten vielleicht denken, es sei meine Schuld. Ich schämte mich, war verlegen und fürchtete mich vor Kritik, deshalb gab ich Georgie als normal aus. Das war einfach, weil sie nicht störte und allen tatsächlich unglaublich lieb erschien. Als ich mit der Mutter, die mir am nächsten stand, offen darüber zu diskutieren versuchte und sie fragte, ob ihrer Ansicht nach Georgie *zu* lieb sei, meinte sie, falls mit Georgie etwas nicht stimmte, würde sie das wahrscheinlich später ablegen.

Georgie war in der Entwicklung ihrer gesamten motorischen Aktivitäten, wie es in den Büchern hieß, ungefähr zwei Monate später dran als Dotsie. Georgie war neun Monate, als sie zum erstenmal aufrecht sitzen konnte. An einem Frühlingstag gingen wir zum Spielplatz in der Pierrepont Street, wo ein großer Sandkasten war. Während Dotsie beim Spielen mit ihren Freunden herumrannte, saß Georgie anderthalb Stunden im Sandkasten und ließ wie gebannt Sand durch ihre Finger rinnen. Mit einem seltsamen, steifen Lächeln auf dem Gesicht hob sie eine Hand hoch in die Luft, ließ den Sand in einem gleichmäßigen Strom herausfließen und immer wieder durch die Finger ihrer anderen Hand laufen. Sie nahm wie immer die anderen Kinder nicht wahr, und diese ließen sie instinktiv in Ruhe.

An jenem Abend hob ich Georgie nach dem Essen hoch, und sie reagierte wie gewöhnlich kaum. Ich nannte sie meinen kleinen Klumpen. Ich nahm im Schaukelstuhl Platz und setzte Georgie so auf meinen Schoß, daß sie sich gegen mich lehnte, während sie ihre Arme seitlich herunterhängen ließ. Dotsie stand mit ihrer zusammengeflickten, alten, abgewetzten Flanelldecke vor mir und zog die eine Hälfte auf dem Boden hinter sich her. Sie sah mit ernsten Augen zu mir auf.

»Komm, Dotsie, kletter hoch.«

»Dotsie in der Mitte sitzen.« Sie schaffte es nie, in der Mitte zu sitzen.

»Das geht nicht, Schatz, wir müssen Georgie einklemmen, damit sie nicht herunterfällt. Wie wär's, wenn ich dich alleine schaukle, sobald sie eingeschlafen ist?« Dotsie seufzte, schnappte sich ihre geliebte Decke und kletterte hoch. Sie lehnte sich an ihre Schwester, nuckelte am Daumen und schmiegte sich an, so gut sie konnte, während ich meine Arme um beide legte und anfing, sie zu wiegen. Georgie schlief beim Singen ein, und Dotsie kroch auf mein Zeichen hin von meinem Schoß herunter und wartete. Ich legte Georgie in ihr Kinderbett, ging zu Dotsie hinüber und schwang sie in meine Arme hoch. Was für ein Trost sie war! Sie klammerte sich an meinen Hals und kuschelte sich an mich.

»Sing von den Pferdchen, Mommy«, flüsterte sie, schon halb eingeschlafen. »All the Pretty Little Horses« war ihr Lieblingsschlaflied, und sie war schon eingenickt, als ich zu Ende gesungen hatte.

Weil Georgie nachts so oft aufwachte, hatten Bill und ich ihr schon lange unser Schlafzimmer überlassen, damit sie Dotsie nicht weckte. Wir beide schliefen auf der ausziehbaren Couch im Wohnzimmer. Die damals vorherrschende Theorie ermahnte die Eltern, dem Baby nicht nachzugeben: »Zeigen Sie ihm, wer das Sagen hat, und wenn es sich wohl fühlt, trocken und gefüttert ist, legen Sie es entschlossen hin und lassen Sie es schreien, wenn es will. Es wird bald wissen, daß Schlafenszeit ist.« Wir hatten Georgie vorher nie schreien lassen, weil wir glaubten, daß ein fester Vierstundentakt, wie unsere Mütter ihn eingehalten hatten, einen Menschen in eine von Zwängen getriebene Persönlichkeit mit einem Hungerkomplex verwandeln konnte. Aber an diesem Abend beschlossen wir erschöpft und verwirrt, daß wir warten würden, ob Georgie sich nicht wieder in den Schlaf weinen würde, wenn sie nachts aufwachte. Wir glaubten, daß die frische Luft im Sandkasten sie sehr müde gemacht haben mußte. Um drei Uhr morgens wachte sie auf und weinte mitleiderregend, aber wir wappneten uns, saßen dicht beieinander auf dem Bettrand und hofften und beteten, daß sie aufhören möge. Schon bald klingelte das Telefon. Georgies Weinen hatte unsere Nachbarin nebenan gestört, und sie rief an, um sich zu beschweren und sich mit uns zu streiten.

»Sie dürfen das Baby nicht so weinen lassen«, sagte sie zornig. »Sie müssen es aufnehmen und trösten, es ist grausam, wenn man ein Baby weinen läßt.« Und dann knallte sie den Hörer auf die Gabel. Ich hatte das Gefühl, des Kindesmißbrauchs bezichtigt worden zu sein, und sagte: »Nun, so klappt *die* Theorie.« Ich nahm Georgie mit einer

Mischung aus Erleichterung und Resignation auf und wiegte sie, während Bill die Flasche zubereitete. Georgie hatte, bis sie zwei war, keine Nacht durchgeschlafen, aber wenigstens beruhigte sie sich, sobald sie ihre Flasche bekam. Für mich war die Nacht dann meistens gelaufen, denn wenn ich einmal wach war, konnte ich oft nicht wieder einschlafen.

Georgie fing mit vierzehn Monaten an zu laufen und schien von Anfang an übervorsichtig zu sein. Sie riß nie Lampen um, zerbrach nie eine Vase, und wenn sie etwas zerstörte, tat sie es mit voller Absicht. Zum Beispiel konnte sie den Plattenspieler nicht ausstehen. Als Burl Ives einmal gerade »The Little White Duck« sang, ging sie zum Plattenspieler, hob ihn hoch und hätte ihn krachend zu Boden geworfen, wenn ich nicht dagewesen wäre. Ich stellte ihn außer Reichweite auf einen Tisch und legte die Platte wieder auf. Daraufhin ging Georgie ans andere Ende des Zimmers und wiegte sich auf allen vieren. Das machte sie, sobald sie krabbeln konnte, und es trieb uns zum Wahnsinn. Sie konnte sich stundenlang dranhalten. Als sie durch ihre wiegende Bewegung das Kinderbett durch das ganze Zimmer schaukelte, befestigten wir es mit Drahtschlingen an der Wand. Manchmal stieß sie mit dem Kopf sanft gegen das Kinderbett oder die Wand; sie tat sich nicht richtig weh dabei, hielt aber mit einem feinen Lächeln auf dem Gesicht einen unheimlichen Rhythmus ein. Wenn ich sie unterbrechen wollte, fing sie immer wieder von neuem an.

Sobald sie zu laufen begann, kam sie zu mir, während ich Gitarre spielte, schnappte sie sich und warf sie auf den Boden. Ich schrie sie an, doch sie ging – wie stets völlig emotionslos – nur gemächlich weg und wiegte sich an der Wand. Ich bin mir sicher, daß sie keine Reue oder Angst empfand, wenn sie getadelt wurde. Die einzigen Gefühle in ihrem emotionalen Arsenal schienen Faszination, Gleichgültigkeit und Hunger zu sein. Als ich ein anderes Lied spielte, kam sie wieder herüber und zog kräftig an der Gitarre. Keine einzige Erziehungsmethode hatte auf Georgie auch nur die geringste Wirkung. Sie machte, was sie wollte. Ich fühlte mich deshalb völlig unnütz, und es kamen mir beängstigende Begriffe wie »Wechselbalg« und »schlechte Brut« in den Sinn. Daß sie »verrückt« sein könnte, war auch eine, noch weit schrecklichere, Möglichkeit. Aber ich tröstete mich mit der Tatsache, daß sie nie jemanden wirklich verletzte, auch die Katze nicht, die am liebsten zusammengerollt neben Georgie lag, wenn diese schlief. Wachte Georgie auf und merkte, daß die Katze sich an sie kuschelte, blieb sie gleichgültig. Ihre Gewohnheit, Berührungen zu vermeiden, schloß alle Lebewesen ohne Ausnahme ein.

Eines der harmlosen Dinge, die Georgie Spaß machten, war, am Waschbecken zu spielen. Sie stand dort stundenlang und ließ das Wasser in einem dünnen, gleichmäßigen Strom durch die Finger rinnen. Sie faßte nie die Wasserhähne an oder brachte etwas in Unordnung. Ihre Augen, von einem dicken Rand dunkler Wimpern umgeben, starrten groß und hypnotisch auf das Wasser, als sei dies sehr unterhaltsam.

Georgie war fast anderthalb Jahre alt, als Dotsie, die drei war, in den Kindergarten ging und Schwierigkeiten hatte. Dotsie hatte sich in der Spielgruppe prächtig verhalten, deshalb war es für uns ein großer Schock, als ihre Kindergärtnerin sich beklagte, daß sie aggressiv sei, »schlimme Worte benutzte« und leicht in die Luft ging. Ich war sehr bestürzt. Dotsies Kindergärtnerin wollte wissen, ob ihre Probleme im Kindergarten mit Spannungen zu Hause zusammenhängen könnten. Sie schlug vor, daß sich Bill und ich einer Beratung unterziehen sollten. Wir wußten, daß wir das tun sollten, konnten es uns jedoch nicht leisten. Ich holte Dotsie immer mit Schrecken vom Kindergarten ab, aus Angst davor, was man mir erzählen würde. Damals gab ich den »Spannungen zu Hause« fast an allen Dingen die Schuld. Bill hatte angefangen, in der »Blarney Rose« einzukehren, um sich auf seinem Weg vom Büro nach Hause zu stärken. Ich verlor meine Beherrschung immer öfter, und mein Zorn entlud sich hauptsächlich auf Dotsie und Bill. Ich war nie auf Georgie wütend, weil sie zu verletzlich war und, offen gesagt, zuwenig darauf reagierte. Es war mir klar, daß sie an dem, was mit ihr geschah, nichts ändern konnte, und ich fühlte mich deshalb so hilflos, wie auch sie es wohl sein mußte.

Ich litt nun auch an Depressionen, die mich manchmal an den Wochenenden, wenn Bill zu Hause war und ich mich gehenlassen konnte, für zwei oder drei Stunden lahmlegten. Dann saß ich nur da und fühlte mich wie ein schwerer Klotz, der zu fliegen versuchte, wie meine Mutter sagen würde. Ein weiterer ihrer Lieblingssprüche lautete, daß es falsch sei, über sein Gefühlseinkommen zu leben, und ich hatte den Eindruck, daß ich das damals zuhauf tat. Manchmal schimpfte ich nachts auf Bill, weinte und warf ihm vor, daß alles besser wäre, wenn wir nur eine Wohnung von vernünftiger Größe und mehr Geld hätten. Also zogen wir um in eine größere Wohnung, und zwar in ein großes, altes Zweifamilienhaus mit Garten, das ein paar Häuserblocks entfernt lag; wir verdienten auch beide mehr Geld, weil ich den Auftrag für ein weiteres Buch erhalten und Bill seine Arbeitsstelle gewechselt hatte. Aber nichts half.

Nach einem besonders heftigen nächtlichen Zwischenfall dachte ich am nächsten Morgen einmal, daß wir uns trennen sollten. Aber im Grunde genommen hielt ich nichts von Scheidung und hatte das Gefühl, daß ich an den schlimmsten unserer Auseinandersetzungen selbst die Schuld trug, weil ich Bill provozierte. Damals wußte ich, daß uns eine Beratung geholfen hätte, weil ich Bill zu fürchten begann, und ich war mir nicht mehr sicher, ob ich ihm noch vertrauen konnte. Doch irgendwie glaubten wir weiterhin, daß wir alle Probleme allein lösen könnten. Bills sanfte und zuvorkommende Fassade, verglichen mit meiner reizbaren, extravertierten Persönlichkeit, vermittelte unseren Familien die Überzeugung, daß ich als Lösung einen Weg finden mußte, um »meine Veranlagung zu verbessern«. Ich sollte mich weiterentwickeln und glücklich werden.

Nach unserem Umzug begann Bill, jeden Abend auf

dem Heimweg einen Liter billigen Sherry zu kaufen und ihn im Laufe des Abends ganz auszutrinken. Einmal kaufte ich ihm vier Liter, und er war verärgert. »Ich komm' mit einem Liter am Abend aus, wenn nicht mehr im Haus ist«, meinte er. Ich leistete ihm beim Trinken keine Gesellschaft, außer wenn wir zu einer Party gingen, und ich erkannte nicht, daß er Probleme hatte. Wenn er vor dem Fernseher langsam erstarrte, nachdem ich zu Bett gegangen war, fühlte ich mich vernachlässigt, glaubte aber, es komme daher, daß er mit mir nicht glücklich sei. Schließlich hatte er sich vor unserer Heirat nicht so oft einen genehmigt.

Ich hatte langsam das Gefühl, als befänden sich Bill und ich in einem überschwemmten Zimmer. Obwohl das Wasser unaufhaltsam stieg, hatte er immer noch Platz genug, um seinen Kopf über Wasser zu halten; ich hingegen war untergetaucht. Falls wir überleben wollten, mußte jemand die Tür öffnen, um das Wasser herauszulassen, und das würde entweder Bill oder ich oder jemand auf der anderen Seite der Tür sein.

Daß ich an meinem Buch arbeiten und Thesen aufstellen konnte, lenkte meine Gedanken von meinen Sorgen ab. Mit einer Bekannten vereinbarte ich, uns regelmäßig bei der Kinderbetreuung abzuwechseln, damit sich ihr Sohn und Georgie Gesellschaft leisten konnten und ich Zeit genug für die Bibliothek hatte. Es war kein großer Erfolg. Die Kinder spielten nur Seite an Seite; man nannte es paralleles Spielen. Der kleine Junge ärgerte sich, daß er Georgie nie dazu kriegen konnte, bei irgend etwas mitzumachen.

An den zwei Vormittagen, die ich zu Hause blieb, kochten Georgie und ich, backten oder machten oft zusammen einen Eintopf. Dies wurde für uns zu einem Hobby, das wir teilen konnten. Bill und ich waren gerade in einer Phase, in der wir uns besonders gesund ernähren wollten. Fleisch hatten wir ganz aufgegeben, mochten aber gerne einmal die Woche Käsesouffle. Georgie machte besonders gerne Soufflés; mein Interesse daran mußte auf sie wohl ansteckend gewirkt haben. Sie kletterte auf die Trittleiter neben dem Herd, sah zu, wie die Butter im Topf zerschmolz, und half mir dann, die Sauce umzurühren, wobei sie sehr geschickt mit dem Löffel hantierte. Sie starrte meist in den Topf, als ob die Form und die Farben einen ungewöhnlichen Reiz auf sie ausübten. Wenn wir kochten, versuchte ich oft, sie zum Sprechen zu bewegen.

»Georgie, sag mal *kochen*«, sagte ich gewöhnlich. »Georgie kocht gerade. Sag *kochen*.« Aber sie antwortete mir nur mit gleichmäßigem, konzentriertem Rühren. »Wir essen, wenn Daddy nach Hause kommt. Kannst du Daddy sagen? Da-dii.« Sie schien sich mit voller Absicht zu weigern, mich anzusehen oder meine Worte zu wiederholen. »Kannst du *essen* sagen? ESSEN.« Ich steckte meinen Finger in den Mund und machte Kaugeräusche, erhielt aber nie eine Antwort. Ich fühlte mich hilflos und war verzweifelt, stand vor einem Rätsel und hoffte nur, daß sie reden würde, wenn sie es selbst wollte. Schließlich war sie noch nicht einmal zwei. Im übrigen hatte sie gewiß auch ihre Stärken. Außer ihrem Geschick beim Umrühren ließ sie auch nie etwas fallen, und man konnte ihr den Meßbecher aus Glas voll und ganz anvertrauen. Sie fiel auch nie hin, verletzte sich nicht und behielt stets, ohne zu wackeln, das Gleichgewicht auf der Trittleiter. Sie schien ein außerordentliches Gleichgewichtsgefühl zu haben, und ich fragte mich, ob sie wohl die tänzerische Begabung ihres Vaters geerbt hatte.

Sie ging immer völlig im Kochen und Backen auf, bis ich den elektrischen Mixer herausholte. Dann kletterte sie herunter und lief aus der Küche. Wenn ich den Mixer anstellte, zog sie sich bis ans Ende des Wohnzimmers zurück, wo sie sich auf Hände und Knie niederließ und anfing, sich mit starrem Blick hin und her zu schaukeln. Stellte ich den Mixer aus, hörte sie mit dem Schaukeln auf und kam in die Küche zurück. Ich wußte nicht, warum sie so reagierte, ob sie etwa Angst hatte, mit dem Finger in den Mixer zu geraten, oder ob der Lärm sie störte. Aber ihre Reaktion blieb stets gleich.

Wenn die Zeit zum Aufräumen nahte und ich die Töpfe und Schüsseln in die Spüle stellte, ging sie wiederum leise weg. Fragte ich sie, ob sie mir beim Aufräumen helfen wolle, ignorierte sie mich. Warum wollte sie mir nie beim Spülen helfen, wenn sie doch so gerne mit dem fließenden Wasser am Waschbecken spielte? Es war für mich ein Rätsel. Sie muß ein sehr widersprüchliches Geschöpf sein, dachte ich mir.

ZWEITES KAPITEL

Qualen

Unsere neue Wohnung war eigentlich eine Hälfte eines sehr alten Hauses. Es würde eine Weile dauern, sie in Ordnung zu bringen, falls es uns je gelang, aber wir schafften es fürs erste, das Wohnzimmer gelb und weiß zu streichen, konnten dort sitzen, die Sonntagsausgabe der *Times* nach der Kirche lesen und uns vergnügen. Der Kirchgang war gewöhnlich eine nette Abwechslung und eine Gelegenheit, sich in einer friedlichen Atmosphäre mit Erwachsenen zu entspannen, während Dotsie sich in der Sonntagsschule vergnügte und wir Georgie in den Kindergarten brachten. Ich betete wie immer sehnlichst um Kraft, um die nächste Woche zu überstehen. Ich hatte keinen starken Glauben, und außer an den Sonntagmorgen sowie einem gelegentlichen Aufflackern meinte ich, daß sich auf Gott zu verlassen meinem Selbstvertrauen eigentlich hohnsprach. Gott hatte bestimmt Besseres zu tun, als sich um mich Gedanken zu machen. In letzter Zeit hatte ich jedoch angefangen, die Woche über all meine Schallplatten von Händels *Messias* am Nachmittag zu spielen und mich dabei auf der Couch zusammenzurollen, während Georgie in der Nähe spielte. Es schien mir wie eine Erweiterung meines geistigen Bewußtseins.

Weil in der Sonntagsschule nie Beschwerden über die Kinder kamen, hatten wir nach der Kirche immer gute Laune und freuten uns darauf, die Zeitung zu lesen. Wie gewöhnlich nahm sich Bill den Wirtschaftsteil, und ich entschied mich für die Beilage. Als ich sie kurz durchschaute, erregte ein Artikel von Bruno Bettelheim mit dem Titel »Wo das Ich beginnt« meine Aufmerksamkeit. Besonders ein Satz beunruhigte mich: »Unsere Untersuchungen konzentrieren sich auf autistische Kinder – Jugendliche, die sich völlig von anderen Menschen abkapseln.« Ich las den restlichen Artikel mit wachsendem Schrecken. Ich hatte noch nie etwas von Autismus oder von Bettelheim gehört, erfuhr nun aber, daß er eine Autorität sei, die seit zwanzig Jahren auf diesem Gebiet arbeitete, und daß Autismus eine Krankheit sei, die sich in Verschlossenheit, Sich-Wiegen, Stoßen mit dem Kopf, Drehen der Finger, geringem Blickkontakt und häufig auch Aphasie, also Sprechunfähigkeit, äußerte. Dieses Bild traf genau auf Georgie zu.

Der Artikel beruhte auf dem Verhalten von Kindern in Bettelheims Orthogenischer Schule in Chicago. Die Tatsache, daß diese Kinder in einer Anstalt lebten, ermöglichte es mir, mich Bettelheims Erfahrungen zum Teil zu verschließen. Schließlich war Georgie nicht an einem solchen Ort und würde es auch nie sein. Ihr ging es nicht so schlecht! Aber ich war getroffen, als ich weiterlas und Bettelheims Überzeugung zu begreifen versuchte, daß Autismus durch Mütter verursacht werde, die ihre Babys entweder nicht beachteten oder sich zu sehr um sie kümmerten.

»Was erklärt den fast völligen Stillstand in der Persönlichkeitsentwicklung einiger Menschen?« Was auch immer es war, er schrieb so, als wüßte er die Antwort. »Das Wichtigste, was wir gelernt haben, lautet: Die Persönlichkeit hängt von der eigenen spontanen Reaktion des Kindes auf seine Lebensbedingungen ab.« Mit anderen Worten: Sie beginnt sich erst zu entwickeln, wenn das Kind *geboren* ist. »Unsere Arbeit beweist, wie wichtig es ist, daß das Kind von Geburt an Reaktionen von seiner Umgebung erhält, die es zu eigenen spontanen Schritten in die Welt ermuntern; es sollte nicht ignoriert und auch nicht zu stark umsorgt werden.« Dann warnte Bettelheim: »Es kann fürchterlich schiefgehen, wenn das Kind die Welt zu früh als grundsätzlich frustrierend erlebt.« Schließlich verkündete er: »Der entscheidende Faktor (...) ist, ob man das Kleinkind ermuntert oder nicht, selbständig zu handeln, um ein Ziel zu erreichen – und in welchem Ausmaß.«

Ich legte die Zeitung hin und hatte das Gefühl, als habe sich die Welt plötzlich verfinstert. Mein Verdacht, daß Georgie einen Schaden im Gehirn hatte, ließ sich zwar nicht erschüttern, aber war es nicht trotzdem möglich, daß ich bereits vorhandene Neigungen irgendwie verschlimmert hatte? Bestimmt war ich nicht der eigentliche Grund, oder? Die Tatsache, daß ein scheinbar so gebildeter und so hoch geachteter Mann wie Bettelheim diese Ansicht vertrat, war die beunruhigendste Nachricht, die mich je erreicht hatte. Ich hatte das Gefühl, als beschuldigte man mich eines Verbrechens, von dem ich noch nicht einmal wußte, daß ich es begangen hatte. Ich würde der Gesellschaft wie mir selbst, meinem Mann, Dotsie, Georgie und dem weiteren Kreis der Familie Rechenschaft ablegen müssen. Dennoch ergab es keinen Sinn, weil ich mich bei Georgie so angestrengt hatte und sie nicht hatte dazu bringen können, eine Beziehung zu mir oder sonst jemandem aufzunehmen, was immer ich auch anstellte.

Als ich den Artikel zu Ende gelesen hatte, war Bill in die Küche gegangen, um Kaffee zu holen. Ich erzählte ihm nichts von meinen Gefühlen. Es war einfacher, diesen Artikel zu ignorieren und darauf zu beharren, daß Georgie eigentlich nicht autistisch war, sondern nur in mancher Beziehung etwas langsam, vielleicht deshalb, weil sie zu früh geboren war. Und weil sie von ihrer wilden, älteren Schwester in den Schatten gestellt wurde; das war es. Außerdem kam sie auf ihren Vater heraus, der äußerst ruhig war.

Bettelheim schrieb jedoch mit solch einer Überzeugung, daß ich nur schwer glauben mochte, er könne unrecht haben. Obwohl mir meine eigene Erfahrung sagte, daß er vielleicht doch nicht recht hatte, besaß ich nicht das Selbstvertrauen, um gegen ihn anzukämpfen. Zum Teil deshalb, weil ich dadurch ausgebrannt war, daß ich die Mutter eines Kindes wie Georgie war und jemanden tagtäglich von morgens bis abends liebte, der einen offensichtlich nicht lieben konnte.

Um dem Ganzen noch die Krone aufzusetzen, stieß ich zwei Wochen später auf eine kurze Kritik von Bettelheims Buch *Die Geburt des Selbst* im *New York Times Book Review*: »Unter der kleinen Zahl von Psychiatern und Psychologen, die sich der Auflösung des Rätsels vom autistischen Verhalten gewidmet haben, ist Bruno Bettelheim führend.

Eine kurze Rezension kann seinem Wissen und Mitgefühl nicht gerecht werden. Auf den ersten Blick scheint Dr. Bettelheims Theorie vom Autismus entwaffnend einfach: Er stellt die These auf, daß autistisches Verhalten aus dem Glauben eines Kleinkindes resultiert, es habe keine Wirkung auf seine Umgebung. Die Mütter solcher Kinder reagieren nicht angemessen auf die Bedürfnisse ihres Babys. Vielleicht füttern sie ihr Baby, wenn es lieber unterhalten werden möchte, oder mißverstehen einen Konflikt beim Füttern als Zurückweisung und reagieren dann mit Haß auf das Baby. Manchmal ist die Wirkung auf das Kind stark genug, um Autismus zu verursachen; gelegentlich sogar so ernst, daß der Tod die Folge ist.«

Dieses Mal diskutierte ich alles mit Bill, und er beruhigte mich. »Also, ich weiß eines ganz genau, und zwar, daß du Georgie nicht haßt. Sie ist ohnehin nicht annähernd so wie diese Kinder. Bettelheim behauptet, daß autistische Kinder sich wie wilde Tiere verhalten, sich die ganze Zeit wiegen und sich verletzen. Georgie ist nicht so.«

»Du meinst, weil sie sich nur *manchmal* wiegt. Und weil sie sich nicht verletzt, wenn sie mit dem Kopf gegen das Kinderbett stößt? Aber ich mache mir wegen ihrer Verschlossenheit Sorgen.«

»Sie wird schon noch reden, mach dir mal keine Sorgen deswegen. Und dann hört sie gar nicht mehr auf, wie ihre Schwester. Ich habe auch nicht viel geredet, als ich in ihrem Alter war. Mit ihr ist alles in Ordnung. Im übrigen ist dieser Kerl Psychologe, und diese Leute sind alle verkorkst. Er haßt wahrscheinlich seine eigene Mutter.«

Ich war glücklich, ihm vielleicht Glauben schenken zu können.

Ende Februar, in demselben Monat, in dem die Artikel erschienen, feierte Dotsie mit genau vier kleinen Freundinnen ihren vierten Geburtstag, und ich entdeckte die »Brooklyn Heights of Folly«, eine örtliche Talentshow. Die Proben führten mich außer Haus und gaben mir Gelegenheit, neuen Leuten zu begegnen, und die Show selbst machte mir auch Spaß. Die Regisseuse und Autorin, Lee

Kneerim, war ein begabter Star aus dem Ort, und Jim Sellars, ein in der Nachbarschaft lebender Komponist, sorgte für eine wirkungsvolle, originelle Musik. Eine Reihe aus der Gegend stammende Talente opferte ihre Zeit und Energie und bewies erstaunliche Professionalität. Da das Nachahmen von Akzenten eine Spezialität von mir war, schrieb die Regisseuse einen Sketch für mich, in dem ich sechs Leute unterschiedlicher Nationalität spielte und bei jedem Wechsel der Kleider hinter eine Trennwand flitzen mußte. Auf der Bühne spielte ich stets alles so, daß ich Lacher erzielte, und ich war mir sicher, daß ich, wenn meine Kinder älter waren und meine Träume in Erfüllung gingen, eine Komödiantin wie Phyllis Diller oder Carol Burnett werden würde. In der Zwischenzeit konnte ich wenigstens an fünf Abenden meinen Spaß haben, wenn ich einen lustigen Sketch und sechs Leute in fünfzehn Minuten spielte und buchstäblich auf dem Kopf stand, um ein Solo zu singen.

Nach der Show sagte unsere Kinderärztin zu mir: »Warum heitern Sie nicht Ihre Familie zu Hause mit Ihren sprachlichen Darbietungen auf? Ich hatte ja keine Ahnung, daß Sie so lustig sind.« Ich faßte es so auf, daß sie die Atmosphäre bei uns für bedrückend hielt und mir die Schuld daran gab. Darauf wußte ich nichts zu erwidern. Ich war nicht in der Lage, ihr zu erklären, daß ich mich zwar auf den Kopf stellen und »Puff the Magic Dragon« singen konnte, während mir Rauch aus den Ohren kam, Georgie jedoch nicht einmal aufsehen und es noch viel weniger anerkennen würde.

Mein Gefühl, als Mutter zu versagen, verstärkte sich noch, als ich Eliot Fremont-Smiths Rezension von Bettelheims Buch *Die Geburt des Selbst* in der *New York Times* las. »Autistische Kinder haben es ohne bekannte organische Ursache nicht geschafft, eine Persönlichkeit zu entwickeln; ein Ich-Gefühl, das mit Bezug auf reale Erfahrung arbeiten kann.« Die Autorin bezeichnete den Zustand als »eine der schwersten Formen von Kindheitsschizophrenie (…), als eine Krankheit, sogar einen Selbstmord der Seele«. Die Rezension legte ferner dar, daß autistische Kinder sich bewußt entscheiden, autistisch zu sein. »Natürlich kann man bei Kleinkindern nicht davon sprechen, daß sie ›eine Entscheidung treffen‹, doch eine Art von Entscheidung – die sich auf einer Vorstufe der Logik entwickelt und zur Realität wird – liegt offensichtlich in dem rigorosen, komplex verteidigten Rückzug des autistischen Kindes aus wirksamen Beziehungen zu anderen Menschen und zu der Welt.« Bettelheim erklärte, er und seine Mitarbeiter seien, wenn sie die Abwehrhaltung eines autistischen Kindes durchdringen konnten, immer auf »extremen und explosiven Haß gestoßen. Hinter diesem Haß stand stets die auf ewig vereitelte, aber trotzdem nicht aufgegebene Sehnsucht; eine Sehnsucht, die jetzt tief in Verdrängung eingeschlossen war, damit sie nicht in unerträglichem Schmerz ins Bewußtsein drang«. Ich zitiere, um nicht der Übertreibung bezichtigt zu werden: »Der Haß und die Sehnsucht stammen aus extremen Enttäuschungen in der Mutter-Kind-Beziehung, die in dem Kind die Überzeugung entstehen lassen, daß es keine Wirkung auf seine Umgebung haben kann. Diese Überzeugung (...) ist, ja muß einfach völlig niederschmetternd sein, denn ein Kleinkind kann nur durch wiederholte und befriedigende Erfahrungen seiner Wirkung auf die Umgebung von Geburt an eine Persönlichkeit, ein Gefühl des ›Ichs‹, entwickeln.«

Nachdem Bill und ich das gelesen hatten, sagten wir uns, daß Georgie nicht so schlimm dran war und daß sie das bestimmt später noch ablegen würde. Wir konnten nicht einsehen, daß.ich der Anklage nach schuldig war. Selbstverständlich war ich seit Georgies Geburt völlig erschöpft und verwirrt, aber war das nicht normal für eine Mutter mit einer lebhaften Zweijährigen und einem beunruhigend gleichgültigen Baby? Ich hatte geglaubt, daß ich mich bemühte, unseren Kindern auf jede nur denkbare Art und Weise zu helfen, selbständig zu werden und sie so gut wie möglich zu Ausdrucksfähigkeit und Wahlmöglichkeiten anzuregen. Aber Bettelheim beschuldigte mich eines gewaltigen, geheimen Planes, einer Art passiven Kindesmords.

Einige Monate später sah ich eine Folge von »Marcus Welby, Dr. med.« über ein autistisches Kind, das mit vier Jahren in eine Sonderschule mußte, weil sich sein Zustand nur so bessern konnte. Der Junge und seine Mutter waren Ebenbilder von Georgie und mir. Ich konnte diese Vorstellung nicht ertragen, denn der Gedanke, daß Georgie woanders als zu Hause leben würde, war für mich völlig inakzeptabel und so undenkbar, wie vor einen Bus zu laufen.

Die Follies-Show ging, wie geplant, im Frühjahr über die Bühne, und gleich danach feierte Georgie ihren zweiten Geburtstag. Es hatte keinen Zweck, jemanden einzuladen, weil es für Georgie keinen Unterschied machen würde, also veranstalteten wir eine Familienfeier. Als ich ihren Kuchen mit den Kerzen hereinbrachte, konnte oder wollte sie diese nicht auspusten. Wir zeigten es ihr, schmeichelten und bettelten, aber nichts konnte sie dazu bewegen, auch nur die geringste Anstrengung zu unternehmen, obwohl sie sich dann unablässig mit dem Zuckerguß beschäftigte. Ich konnte nicht begreifen, wie sie mir bei den Soufflés helfen, aber trotzdem nicht ihre eigenen Kerzen auspusten konnte.

Kurz nach diesem Vorfall, als ich schon alle Hoffnung aufgab, daß sie je Anweisungen folgen würde, brachte mir Georgie ihre Turnschuhe, als ich draußen im Garten saß. Sie stand da und sah sie sich an, nahm sie mir dann weg, setzte sich hin und versuchte, sie sich anzuziehen. Ich half ihr dabei, und dann kam mir eine Idee. Dotsie konnte immer noch nicht ihre Schuhe binden, aber ich hatte eine leise Ahnung bei Georgie.

»Ich bringe dir bei, wie man sich die Schuhe schnürt, Georgie.« Sie setzte sich auf die Steinplatte vor mir und konzentrierte sich auf die Bänder, während die Bäume um sie herum ein Lichtspiel inszenierten. »Drüber und drunter, eine Schleife machen, so ist es richtig.« Sie strengte sich sehr an und wiederholte den Vorgang. Das Schuhband erreichte die letzte Wende, die zweite Schleife kam hervor, Georgie zog die Bänder fest und hatte sich ihre Schuhe geschnürt. Keine von all den Zweijährigen, die ich kannte, konnte das, und laut den Büchern über kindliches Verhalten lernte man dies erst viel später. Wir übten es noch einige Male, bis sie es wirklich verstanden hatte, und dann zog sie ihren zweiten Turnschuh an, schnürte ihn mit etwas Hilfe und ging weg. Kein kurzer Blick in meine Richtung und auch kein schüchternes Siegeslächeln. Sie schien kein Gefühl für Leistung zu haben, aber sie schnürte sich seitdem brav ihre Schuhe. Kurz darauf sagte meine Schwiegermutter: »Ich weiß nicht, was mit Georgie nicht stimmen sollte, denn sie ist bestimmt kein *dummes* Kind.«

»Vielleicht bin ich diejenige, die Hilfe braucht«, wagte ich zu entgegnen. »Vielleicht sollte ich mal einen Psychiater aufsuchen.«

»Ach, du lieber Himmel«, sagte sie. »Was wissen die denn schon? Ich bin mir sicher, daß sie dir nichts sagen können, was ich dir nicht auch sagen könnte. Außerdem ist mit dir alles in Ordnung. Warum kannst du nicht so sein wie die Tochter von Mrs. Smith? Sie hat sechs Kinder, erzieht sie allein und beklagt sich nie.«

Bald nach Georgies Kunststück mit den Turnschuhen begann sie zu malen. Dotsie war unsere hauseigene Künstlerin, und an einem Junimorgen, als der Kindergarten für diesen Sommer zu Ende war, trug sie ihre Materialien zusammen, legte sich am Bauch auf den Boden und malte Bilder. Ich hatte ein Buch darüber gelesen, wie man Kreativität bei seinen Kindern förderte. Dort wurde geraten, man solle einen unbegrenzten Vorrat an Papier, Stiften und Kugelschreibern zur Verfügung haben und freien Zugang zu allen Materialien gestatten. Um den kreativen Prozeß nicht im Keim zu ersticken, riet der Autor auch, eher »Interessant« zu sagen als »Prima«, wenn ein Kind einem sein Meisterstück zeigte. Ich machte dies zu meiner Standardreaktion und legte hundert Seiten Schreibmaschinenpapier, ein Bündel Kugelschreiber und Stifte auf ein niedriges Regal.

Als Georgie beschloß, es sei an der Zeit, ihre Karriere als Künstlerin in Angriff zu nehmen, griff sie sich vorsichtig das oberste Blatt Papier und ließ sich ihrer Schwester gegenüber auf allen vieren nieder. Sie begann damit, Schnörkel zu drehen, blieb auch innerhalb der Papiergrenzen und war glücklicherweise nicht daran interessiert, Kreationen auf ihre Kleidung oder die Wände zu zaubern. Sie malte noch lange weiter, nachdem Dotsie es schon satt hatte und nach draußen gegangen war, um zu spielen.

Wir erwarteten einen heißen Sommer, und meine Schwiegermutter spendierte uns einen einmonatigen Aufenthalt in einem zauberhaften, luftigen Häuschen auf einer Insel. Wir wären am liebsten ewig dort geblieben. Damit wir richtig Ferien machen konnten, nahmen wir eine Haushaltshilfe mit. Sie hatte mit den Kindern Geduld, und es war eine wahre Freude, sie um sich zu haben. Sie schien spielend damit fertig zu werden, daß Georgie eine Einzelgängerin war und zu niemandem eine Beziehung aufnahm. »Wenigstens kann man leicht mit ihr umgehen«, sagte sie. An regnerischen Tagen brauchten wir Georgie nur mit Papier und Stiften zu versorgen, und an schönen Tagen war sie immer glücklich, wenn sie am Strand bei der Meerenge sein konnte. Sie spielte stets in den kleinen Wellen, schaute stundenlang ins Wasser und sah zu, wie es über ihren Fingern und Zehen in leuchtende Lichtstücke und -punkte zerbrach. Sie setzte sich in die Hocke und betrachtete genau die Muster im Sand und die symmetrischen Riefen, die die Wellen hinterlassen hatten; sie strich über die glatten Innenflächen der Muscheln und schaute sich ihre Farben und Rillen an, als könne sie Dinge wahrnehmen, die wir nicht sahen und die sie faszinierten.

Als es einmal bewölkt und zu trüb für den Strand war, spielten Dotsie und Georgie draußen, während ich unter einem Baum saß und zufrieden las. Ich blickte auf und stellte fest, daß Georgie weggegangen war, um unter einem Busch ein Nickerchen zu machen. Das hatte sie schon im letzten Sommer gemacht, und jetzt lag sie wieder fest eingeschlafen und zusammengerollt da wie ein junger Hund. Sie schien die Kühle im Schatten und die Behaglichkeit dieser kleinen Stelle zu genießen. Kein Wunder, daß Bill angefangen hatte, sie »Hund George« zu nennen. Dieser Kosename störte mich, weil Georgie in vieler Hinsicht wirklich einem Haustier glich. Sie schlief nicht nur unter Büschen, sondern war auch leicht zu unterhalten, im wesentlichen nur an Essen und Schlafen interessiert und redete nicht. Aber im Gegensatz zum Haustier oder gar zum Hund sah sie einen nicht an und schien nicht treu zu sein. Jeder konnte sie füttern, sich um sie kümmern, sie auf den Arm nehmen, ins Bett bringen und wieder herausholen; sie schien zwischen ihren Pflegern gar keinen Unterschied zu machen. Sie hatte nie geweint, wenn ich ausging, und sich auch nie gefreut, mich wiederzusehen. Ich gab mir immer mehr die Schuld und glaubte, daß ich bei ihr irgendwie versagt hatte und daß sie sich wegen irgendeines emotionalen Fehlverhaltens nicht entwickeln konnte. Ich hatte das Gefühl, daß auch Bill anfing, an mir zu zweifeln, obwohl er dies nie laut sagte. Da er mich immer für zu vergeistigt gehalten hatte, glaubte er vielleicht, ich sei Georgie gegenüber zu kalt gewesen. Er pflichtete seiner Mutter bei, als sie mich als Intellektuelle bezeichnete, und das war bestimmt nicht als Kompliment gemeint. Die Art, wie sie immer »intellektuell« aussprach, ließ mich erschaudern; es war für mich unverständlich, wie man dies abwertend verwenden konnte, denn Intellektualität hatte bei meiner Familie in meiner Kindheit hohes Ansehen genossen.

Als wir nach diesem wundervollen Monat nach Hause zurückkehrten, begann Dotsie – sie war inzwischen vier – ihr zweites Jahr im Kindergarten. Sie hatte ihr erstes Jahr hinter sich gebracht, und ich befaßte mich gemeinsam mit ihr mit ihrem Verhalten. Ich hatte es für eine Hilfe gehalten, wenn sie ihr Leben in Bildern gestaltete – ihre Probleme, Freuden, alles, was ihr gefiel und nicht gefiel –, und wir hatten daran brav gearbeitet. Die Kunsttherapie schaffte einen engeren Kontakt zwischen uns beiden und schien sie ruhiger werden zu lassen.

Ich bereitete mich auf Georgies schreckliche Zeit als Zweijährige vor, aber diese Zeit kam nicht. Georgie wurde nie anstrengend, hartnäckig oder eigensinnig. Sie lebte nur ruhig in ihrer eigenen Welt, vergnügte sich und stellte zu keinem Menschen eine Beziehung her. Insekten waren die einzigen Lebewesen, mit denen sie etwas zu tun haben wollte. Kein noch so gutes Zureden, geschicktes Behandeln oder Bitten meinerseits konnte ihr ein Wort entlocken. Sie sagte einmal »Tets«, als ich ihr einen Keks hinhielt, aber ich konnte sie nie dazu bringen, es zu wiederholen, ob ich ihr nun den Keks gab oder nicht.

Ich beschloß, all meinen Mut zusammenzunehmen und *Die Geburt des Selbst* aus der Bibliothek zu entleihen. Ich wußte nicht genug über Autismus, und es wurde Zeit, mehr darüber zu erfahren. Als ich das Buch mit nach Hause brachte, legte ich es auf den Eßzimmertisch und ließ es dort liegen, als sei es verseucht. Ich hatte Angst, es aufzunehmen, als wenn dies meine Anklage wegen rätselhafter, unbeabsichtigter und unverzeihlicher Verbrechen untermauern würde.

Als Georgie eines Nachmittags ruhig mit Plastikklötzchen spielte (sie spielte nie mit Puppen oder Stofftieren) und Dotsie noch im Kindergarten war, dachte ich, ich könnte mich etwa eine Stunde in das Buch vertiefen und müßte die bittere Pille wie ein großes Mädchen schlucken. Ich schlug das Buch auf und las wahllos: »Autismus ist eine Verteidigung gegen unerträgliche Angst … die Quelle dieser Angst ist kein organischer Fehler, sondern die Einschätzung des Kindes, daß seine Lebensbedingungen katastrophal sind.« Ich konnte nicht mehr weiterlesen, legte das Buch hin, schlug es entschlossen zu und brachte es noch am gleichen Nachmittag zur Bibliothek zurück. Ich war zwiegespalten; ich wußte, daß Bettelheim nicht recht hatte, aber … was, wenn doch? Wer war ich denn, daß ich eine angesehene Autorität wie ihn in Zweifel zog? Vielleicht konnte ich nur nicht mir selbst ins Gesicht sehen.

Weswegen fühlte ich mich denn eigentlich so schuldig? Was an meinem Verhalten, als Georgie ein Baby war, konnte meiner Meinung nach Autismus verursacht haben? Zunächst einmal versuchte ich mich damit abzufinden, daß ich mit Bill nicht glücklich war, und machte mir Sorgen, daß die Atmosphäre aufgrund unserer Probleme vergiftet sei. Bill war verschlossen, ruhig und zurückhaltend, wenn es um Lob und Zuneigung ging; ich war streitsüchtig und herrisch – keine fruchtbare Kombination. Ich hatte ihm gesagt, daß ich mich eines Tages wegen Grausamkeit und Vernachlässigung von ihm scheiden lassen würde. Spaßeshalber schlug ich ihm mehrere Male vor, ich würde ihm fünfzig Cents im Monat für ein Kompliment zahlen. Ich holte immer mein Geld heraus und verlangte mein Kompliment, aber er schaffte es nie, sich eins auszudenken. Keiner von uns beiden schien viel Selbstachtung zu besitzen, und das wurde noch dadurch verstärkt, daß seine Familie uns für Versager hielt. Bill hatte nicht genug Geld verdient, ich hingegen war nicht elegant genug und versuchte auch nicht, meine Intelligenz wie eine vernünftige Frau zu verbergen.

Ein Teil des Problems entstand dadurch, daß Bill mit der Wahl seiner beruflichen Karriere unzufrieden war und sich von seinem gutmeinenden, aber unrealistischen Vater hatte in die Geschäftswelt drängen lassen. Bill war künstlerisch begabt (in den Augen seines Vaters war er ein Waschlappen). Er malte gerne, geisterte dauernd in den Galerien in der Madison Avenue herum und nahm auch Kunstkurse in Ateliers. Ich hatte ihn für eine romantische Gestalt gehalten, begabt und mißverstanden, als ich ihn anfangs kennenlernte, und ich hatte mich danach gesehnt, ihn aus seinen bürgerlichen Verhältnissen zu befreien. Ich stellte mir vor, wie er auf einem Speicher in Soho malte und ich mit Lebensmitteln durch die Tür trat; müde von der Mühe, uns zu unterstützen, aber glücklich und erfreut, schließlich selbst meinen künstlerischen Zielen nachgehen zu können. Statt dessen arbeitete er in Nadelstreifenanzügen im Maklergeschäft und versuchte, völlig darin aufzugehen, Geld zu scheffeln, und ich bekam weiter Kinder, die er weder emotional noch finanziell unterstützen wollte. Da er vor unserer Heirat nicht viel Alkohol getrunken hatte, glaubte ich, daß diese Umstände und mein Verhalten ihn zum Trinken getrieben hatten.

Nach unserer Heirat war es deprimierend, daß wir auf

alle überflüssigen Dinge verzichten mußten, um die Rechnungen bezahlen zu können. Ich konnte schon glauben, was ich einmal gelesen hatte, daß nämlich neunzig Prozent aller Ehen an finanziellen Problemen scheiterten. Ich war mir sicher, daß Bill vielleicht in der Lage gewesen wäre, sich zu verwirklichen, wenn ich nicht so leichtfertig und schnell schwanger geworden wäre, und zwar nicht nur einmal, sondern gleich zweimal. Nach einer Weile verlor ich die Tatsache aus den Augen, daß er sich bereits für die Wall Street entschieden hatte, bevor er überhaupt Kinder und Ehe in Erwägung zog.

Tatsache war, daß Bettelheim mich nur deshalb betroffen machen konnte, weil ich glaubte, daß er recht haben könnte. Ich war mir sicher, ich hatte es ausgenutzt, daß Georgie so ein »liebes« Baby war und sich selbst so leicht beschäftigen konnte, und ich hatte sie zuviel sich selbst überlassen. Und da Dotsie so eine aktive, redselige, fordernde und liebevolle Zweijährige gewesen war, hatte ich ihr die meiste Aufmerksamkeit geschenkt: »Das Rad, das am lautesten quietscht, wird geölt.«

In gewisser Hinsicht zog ich bestimmt die Möglichkeit in Erwägung, daß ich, wenn auch ganz unbewußt, den Boden für Georgies Unfähigkeit, sich normal zu entwickkeln, bereitet hatte. Wie entsetzlich, daß ich so zerstörerisch sein konnte, dachte ich – ein verrückter, emotionaler Bomber. Besaß ich solch ehrfurchtgebietende Kraft, daß ich einen so furchtbaren Zustand wie Autismus verursachen konnte? Sicher sollte man mich nach draußen schaffen und erschießen, auch wenn ich es nicht mit Absicht getan hatte. Auf jeden Fall sollte man mich an den Pranger stellen. Was war ich eigentlich, eine Art mütterlicher Hexe? Wir hatten sogar eine Katze, und die war schwarz.

Kurz nach dem Vorfall mit dem Buch *Die Geburt des Selbst* warb ich eine Bekannte für unsere Babysitter-Gemeinschaft, die Georgie regelmäßig zu sich nahm, damit ich mein Buch abschließen konnte. An einem Montagmorgen ließ ich Georgie bei ihr und ging in die Bibliothek. Als ich später zurückkam, setzten wir uns noch in die Küche, um zu plaudern. Ich ließ meinen Mantel an und setzte mich mit ihr an den Tisch.

»Ich muß mit dir über Georgie reden«, sagte sie mit grimmigem Gesichtsausdruck. »Ich werde nicht um den heißen Brei herumreden. Ich muß dir sagen, daß du meiner Meinung nach Georgie zu sehr wie ein Baby behandelst. Ich denke, du hältst sie wie ein Baby.« Ich kuschelte mich tiefer in meinen Mantel, dachte über Bettelheim nach und fragte mich, ob sie auch seine Theorien gelesen hatte. Ich hatte das Gefühl, als sei die Küche mit ihrem weißen Deckenlicht plötzlich zu einem Vernehmungszimmer geworden.

»Was meinst du damit, ›hältst sie wie ein Baby‹?«

»Also, zunächst einmal solltest du ihr einfach die Flasche wegnehmen. Sie braucht sie nicht mehr. Und du solltest sie dazu bringen, um etwas zu bitten. Du gibst ihr alles, was sie will; du erahnst, was sie braucht, und auf diese Art ermöglichst du es ihr, unreif zu bleiben. Bring sie doch dazu, zu sagen, was sie will; gib es ihr nicht, wenn sie das Wort dafür nicht gebraucht.« Ich fühlte, wie mir die Tränen in die Augen stiegen, und Georgie, die ich zum Trost auf meinem Schoß fest an mich gedrückt hatte, machte sich frei und rutschte herunter.

»Bringst *du* sie auf diese Art dazu, etwas zu sagen?« fragte ich.

»Nein, aber das muß daheim anfangen. Du bringst es ihr bei, und dann macht sie es auch woanders.«

»Glaubst du, daß mit ihr etwas nicht stimmt?«

»Du mußt sie nur sich weiterentwickeln lassen.«

Ich ging weg, so schnell ich konnte, und versuchte noch stärker, Worte aus Georgie herauszubekommen, aber sie machte nicht mit.

Nicht viel später ereignete sich eine ähnliche Situation im Supermarkt. Da mich wie immer die Vielfalt in der Abteilung für Frühstücksprodukte überwältigte, versuchte ich scheinbar seit Stunden, Cheerios zu finden, als eine andere Mutter neben mir stehenblieb. Sie hatte wie ich ein kleines Kind vorne im Wagen sitzen, und ein anderes Kind lief in der Gegend herum. Ich erkannte die Frau, es war eine der Mütter aus Dotsies Kindergarten, allerdings war ihr Sohn in einer Gruppe mit älteren Kindern. »Wie macht sich Dotsie dieses Jahr?« fragte sie.

»Ich glaube, es geht besser als im letzten Jahr.«

»Wie geht's Ihrem anderen Mädchen?« Sie sah zu Georgie hinüber, die in ihre Traumwelt versank, während sie ihre Finger über dem Kopf drehte.

»Oh, ihr geht's gut«, sagte ich.

»Spricht sie schon?«

»Nein, eigentlich nicht.«

»Und wie alt ist sie?«

»Zwei.« Ich wollte sie immer jünger erscheinen lassen.

»Also, ich sage immer, es gibt nichts Schlimmeres, als wenn ein Mensch der Entwicklung eines anderen im Wege steht.« Dabei sah sie mich ernst und wohlwollend an, lächelte unverbindlich und verließ den Gang mit den Frühstücksprodukten. Ich stand fassungslos da und hatte das Gefühl, als hätte mir jemand in den Magen getreten. Ich hatte keine Möglichkeit, mich zu verteidigen, weil ich langsam glaubte, daß sie recht hatte. Ich behinderte Georgies Entwicklung. Aber wie? Und was konnte ich tun? Ich schien sie nicht erreichen zu können, was ich auch machte. Ich konnte sie nicht einmal dazu bringen, mich anzusehen. Falls ich ihre Entwicklung blockierte, mußte ich ihr etwas Finsteres, sich im Unterbewußtsein Abspielendes antun. Ich zwang mich, wieder die Cheerios zu suchen, und als ich sie gefunden hatte, versuchte Georgie, sich den Karton zu nehmen. Sie wollte eine Handvoll Cheerios. Ich hielt sie außer Reichweite.

»Sag *Cheerios*.« Sie starrte in die Luft und schaltete ab. »Sag doch *Cheerios*«, fauchte ich sie an. »*Sag es* endlich!« Ich fing an zu weinen, warf den Karton in den Wagen, ergriff Dotsies Hand und lief zur nächsten Kasse. Ich stand dort, versuchte mich zu beherrschen und schaffte es kaum bis nach Hause, bevor sich die Schleusen öffneten und ich zu meinem Kissen lief. Immer wieder sagte ich unter Tränen: »Was soll ich denn nur machen? Was mache ich nur?« Dotsie kam zu mir und legte ihre Hand auf meinen Kopf.

»Wein doch nicht, Mommy«, sagte sie. »Es wird schon alles wieder gut.«

Dotsie und Georgie wurden im August wunderschön braun, als wir uns in unserem Inselhaus aufhielten. Sie hatten in diesem Sommer neue rotweiße Badeanzüge bekommen, ein Geschenk von Bills Mutter, und sahen bis auf eine Besonderheit wunderbar gesund aus: Dotsies Gesicht wurde nicht braun.

Als sie im September wieder in den Kindergarten ging, schien sie müde zu sein, und nach wenigen Tagen fing sie an, über Schmerzen im Ellbogen zu klagen. Ich brachte sie zu Dr. Weeks, unserer Kinderärztin, die sich seit Georgies Geburt um die Kinder kümmerte. Sie war eine große, imposante Frau in den Sechzigern und jagte mir fürchterliche Angst ein. Die Tatsache, daß sie die Schwester von Präsident Kennedys Hausarzt war, vergrößerte ihre geheimnisvolle Aura noch. Sie hatte keinerlei Schwierigkeiten, sich eine große Praxis aufzubauen, obwohl sie kritisch und selbstherrlich war und jeden mindestens eine Stunde warten ließ, gleichgültig wie krank die Kinder waren. Aber sie war die beste Ärztin in der Gegend und machte sogar Hausbesuche, deshalb blieb ich bei ihr.

Dr. Weeks' Praxis befand sich in ihrem Sandsteinhaus in der Willow Street, drei Häuserblocks von unserer Wohnung entfernt. Ich setzte Georgie in den Sportwagen. Wir gingen hinüber zu Dr. Weeks und genossen es wie üblich, draußen zu sein, obwohl die steife Brise, die vom Hafen herüberwehte, ein Vorbote der kalten Stürme war, die bald kommen sollten. Etwa eine halbe Meile entfernt konnte ich über dem Wasser die glänzenden Spitzen der Wolkenkratzer in der Wall Street sehen. Sie ragten über dem Geländer der Promenade hoch auf und sahen aus, als paßten sie nicht zueinander, wie Dominosteine. Die Oktobersonne wärmte uns, als wir die Straße entlangspazierten. Dotsie trat beim Laufen gegen die raschelnden Blätter, und Georgie umklammerte ihre glitzernden Plastikperlen. Ab und zu schaute sie auf, ihr Gesicht war angespannt, und ihre

Augen verengten sich zu Halbmonden. Sie schien alles, was sie sah, über sich ergehen zu lassen, als ob sie es nicht aufnehmen könne.

Im Wartezimmer herrschte der übliche Wirrwarr aus Spielzeug und kleinen Kindern. Wir fanden einen Platz auf einem Ruhebett und machten es uns für die Wartezeit bequem. Georgie setzte sich in einer Ecke neben einigen Bauklötzen auf den Boden und türmte einen gekonnt auf den anderen, bis sie einen imposanten Turm gebaut hatte. Dotsie rollte sich neben mir zusammen und hielt sich ihren schmerzenden Ellbogen.

Als wir zur Ärztin hinein mußten, schnappte ich mir Georgie und nahm sie mit ins Untersuchungszimmer. Dr. Weeks besah sich vorsichtig Dotsies Ellbogen, beugte ihn vor und zurück und fragte dann: »Tut er dir die ganze Zeit weh oder nur manchmal, Dotsie?«

»Er tut weh. Die ganze Zeit.«

»Kannst du dich daran erinnern, daß du darauf gefallen bist oder dich irgendwie verletzt hast?«

»Nein«, sagte Dotsie.

»Wie lange tut er schon weh? Lange?« Dr. Weeks sah mich an.

»Ich glaube, ungefähr eine Woche«, sagte ich.

»Lange«, sagte Dotsie. Dr. Weeks machte ein besorgtes Gesicht.

»Ich denke, wir warten ab und schauen, ob es besser wird, aber falls nicht, müssen wir ihn röntgen lassen. Möchten Sie mir sonst was sagen?«

»Also«, sagte ich und dachte nicht im Traum daran, daß da die geringste Verbindung bestehen könnte. »Ihr Gesicht ist diesen Sommer nicht braun geworden. Es war sehr seltsam. Sieht sie nicht blaß aus?« Dr. Weeks nickte. Dotsie hatte immer rote Backen gehabt und robust ausgesehen, aber jetzt war sie aschfahl. »Und sie wird immer so müde. Der Tag im Kindergarten geht in diesem Jahr von neun bis drei und scheint für sie viel zu anstrengend zu sein. Sie ist erschöpft, wenn sie nach Hause kommt, und klappt praktisch vor dem Fernseher zusammen.«

»Der Tag ist lang, und das ist vielleicht alles. Warten wir etwa eine Woche ab und schauen, was passiert.«

In der nächsten Woche hatte Dotsie immer noch Schmerzen, deshalb ließen wir den Ellbogen röntgen, doch auf der Röntgenaufnahme war nichts zu erkennen. Dr. Weeks meinte, wir sollten einfach abwarten und schauen, ob es schlimmer würde. Wir gingen immer seltener zum Spielplatz, als die Tage kälter und kürzer wurden, und begannen uns auf Weihnachten vorzubereiten. Obwohl Dotsie immer noch Schmerzen hatte, hatte sie sich daran gewöhnt und beklagte sich nicht viel.

Weihnachten herrschte die übliche Verrücktheit und Freude, und dieses Jahr bekamen wir alle die Grippe. Die ganze Familie befand sich in einem Chaos, und Bill und ich wechselten uns beim Aufstehen ab, um uns erst um das eine und dann um das andere Kind zu kümmern. Jeder hatte eine Woche lang Fieber, und wir mußten alle das Bett hüten, bis es vorüber war. Georgie war als erste wieder gesund, dann Bill und ich, und an Silvester war nur noch Dotsie krank. Die Infektion hatte sich auf ihr Auge geschlagen und setzte sich da für eine ungewöhnlich lange Zeit fest. Ich hatte mir am Anfang der Woche meine Kinder geschnappt und sie zu Dr. Weeks gebracht. Sie hatte Dotsie für ihr Auge antibiotische Tropfen verschrieben, aber als die Infektion nicht abklang, rief ich Dr. Weeks wieder an, und sie kam zu einem Hausbesuch. Als sie abends eintraf, sah sie müde, ängstlich und resigniert aus, während sie die Treppe hinaufstieg und Dotsie im Schlafzimmer untersuchte. Zusätzlich zu den üblichen Grippesymptomen und der Augenentzündung hatte Dotsie jetzt sowohl im Ellbogen als auch im Knie Schmerzen. Dr. Weeks beugte sich über ihr Bett und untersuchte sie sanft, indem sie ihr die Brust abhörte, ihren Hals und ihr Auge kontrollierte und sich sorgfältig ihr Knie, ihren Ellbogen und einige blaue Flecken an den Beinen ansah. Sie stand müde auf und sah mich so besorgt an, daß mir fast das Herz stehenblieb. Sie winkte mich aus dem Zimmer und beugte sich zu mir herüber, während sie flüsterte, damit Dotsie sie nicht hören konnte: »Sie muß leider ins Krankenhaus.« Der Flur war nur schwach beleuchtet, und die ganze Wohnung hatte etwas Düsteres an sich.

»Ins Krankenhaus? Warum?«

»Ich werde einige Bluttests bei ihr machen lassen. Ich rufe von hier aus an, wenn ich darf. Sie sollte noch heute abend aufgenommen werden.« Dr. Weeks benutzte das Telefon in unserem Schlafzimmer, um das Brooklyn-Cumberland-Hospital anzurufen und alle notwendigen Anordnungen zu treffen. Sie verabschiedete sich schnell und sauste an mir auf dem Weg zur Treppe vorbei. »Ich gehe allein hinaus und sehe Sie morgen im Krankenhaus. Sie werden dort erwartet. Sie können sofort hinüberfahren.«

Bill und ich standen fassungslos und schweigend da. Dr. Weeks schien uns etwas zu verheimlichen, aber wir hatten keine Zeit, darüber nachzudenken. Ich packte einige Sachen zusammen und trug Dotsie, in eine Decke gewickelt und mit einem Schal um den Kopf, nach draußen zum Auto. Binnen einer Stunde hatte sie es sich in einem netten Zimmer gemütlich gemacht und war fest eingeschlafen. Ich wollte bei ihr bleiben, aber man sagte mir, daß dies gegen die Vorschriften verstoße. Deshalb kehrte ich zu Bill und Georgie und dem wenigen Schlaf, den ich noch bekommen konnte, nach Hause zurück.

Am nächsten Tag rief uns die Ärztin an, um uns mitzuteilen, daß die Hämatologin des Brooklyn-Hospitals uns sprechen wolle, wenn wir Dotsie besuchten. Es war Samstag morgen. Wir ließen Georgie bei einem Babysitter, und fünfzehn Minuten später zeichnete sich das Brooklyn-Hospital mit seinen dunkelroten Ziegeln und dicken Türen düster und alt vor uns ab. Wir fuhren schweigend im Aufzug hinauf und wagten es nicht, Vermutungen anzustellen. Die Türen öffneten sich, und wir traten in einen weiten Korridor mit frisch gewachstem Linoleum und emaillierten Wänden. Dr. Kaufman kam selbst an die Tür ihres Büros und sah uns dienstbeflissen an.

»Sind Sie die Hämatologin?« fragte ich.

»Ja, ich bin Dr. Kaufman. Kommen Sie herein.« Sie war

etwa fünfzig und hatte in ihrem langen, weißen Labormantel und den hoch geschnürten Halbschuhen etwas Praktisches, ganz Geschäftsmäßiges an sich. »Bitte setzen Sie sich.« Sie zeigte auf einen Stuhl. Das Büro war klein und unpersönlich, keine Fotos, nur ein grauer Stahltisch und ein paar schwarze und chromfarbene Stühle. Dr. Kaufman und ich saßen, während Bill stand und sich an die Wand neben der Tür lehnte. Sie schaute uns an. »Leider habe ich sehr schlechte Nachrichten. Ihre Tochter hat Leukämie.«

Ich holte schnell und tief Luft, Bill stellte sich hinter mich, umfaßte meine Schultern, und das Zimmer war plötzlich noch weißer und kälter. Tränen liefen mir über die Wangen, und ich hatte das Gefühl zu ersticken.

»Wie können Sie so sicher sein?« fragte Bill. Seine Stimme klang hohl, und sein Gesicht war bleich.

»Die Tests sind leider eindeutig. Natürlich können Sie ein zweites Gutachten einholen, ja, Sie sollten sogar ein zweites anfordern. Aber es besteht leider kein Zweifel, daß sie Leukämie hat.« Im Dunst des Schocks und der Tränen bemerkte ich, daß auf ihrem Schreibtisch eine Spritzennadel auf einem Tablett lag, das einzige medizinische Utensil im Zimmer.

»Wie lange hat sie noch zu leben?« fragte Bill.

»Höchstens ein Jahr.« Ich brach zusammen und schluchzte. Dr. Kaufman senkte ihre Stimme. »Soll ich Ihrer Frau ein Beruhigungsmittel geben?« Bill nickte und half mir, den Mantel auszuziehen. Ich rollte mechanisch meinen Ärmel hoch und fühlte nicht einmal den Einstich der Nadel. Was ich fühlte, war eine Implosion, als wäre eine winzige Atombombe in meiner Brust hochgegangen und hätte mich innerlich in Asche verwandelt. Mein Herz war zu Scherben zersplittert. Der Schmerz war so grausam, daß selbst noch so viele Medikamente ihn nicht abzuhalten vermochten. Bill legte seinen Arm um meine Schultern, half mir beim Aufstehen und begleitete mich behutsam den Korridor hinunter zum Aufzug. Ich konnte nicht aufhören, zu weinen und zu zittern. Ich hatte das Gefühl, als ob Bills Arm, der fest um meine Schultern lag, mich buchstäblich vor dem Zerbrechen bewahrte. Der Aufzug kam, und die dichtgedrängte Gruppe darin wich ruhig zurück, um uns Platz zu machen. Fest eingezwängt weinte ich leise vor mich hin, während wir von Etage zu Etage fuhren, und ich bemerkte kaum die Leute, die ein- und ausstiegen. Als wir zur Eingangshalle kamen, blickte ich den Fahrstuhlführer kurz an. Er war groß und dünn, trug eine glänzende, fleckige und abgetragene blaue Uniform und hatte eine Kapitänsmütze auf dem Kopf. »Sie sollten sich nicht so aufregen«, sagte er, und ich hatte das Gefühl, geohrfeigt worden zu sein.

Eine Viertelstunde später waren wir wieder zu Hause und versuchten, uns Georgies wegen normal zu verhalten. Sie lag auf dem Wohnzimmerboden, malte und sah nicht einmal auf, als wir eintraten. Schwaches Januarlicht fiel durch die Fenster und fing die verblassenden hellen Strähnen in ihrem Haar ein, als sie ihre endlosen Schnörkel auf das Papier malte. Ich setzte mich neben sie auf den Boden und versuchte, ihre Aufmerksamkeit zu gewinnen. »Dotsie muß eine Weile im Krankenhaus bleiben, Georgie. Sie ist sehr, sehr krank.« Aber Georgie rührte sich nicht. Ich stand auf und begrüßte den Babysitter. Nach einem Blick auf unsere schmerzerfüllten Gesichter wagte sie nicht zu fragen, was nicht stimmte. Sie erzählte uns, Georgie sei so lieb gewesen, daß sie selbst viel habe lesen können. Dann verabschiedete sie sich schnell, und ich ging zu Bill hinüber, weinte in seinen Armen und wünschte mir, daß er auch weinen würde. Georgie lag nur in ihrem Sonnenflecken, ließ keinen einzigen Strich mit ihrem Stift aus und fügte der Feinheit ihres Entwurfs immer mehr Kreise hinzu.

Sobald ich mich gefaßt hatte, fuhr ich wieder zum Krankenhaus, um Dotsie zu besuchen. »Hallo, Mommy.« Ich konnte gerade noch an mich halten, um nicht zu weinen. Ich umarmte sie, gab auf die an ihrem Arm befestigte Nadel acht und küßte sie auf die Backe, die sich zwar immer noch heiß anfühlte, allerdings nicht mehr so heiß wie am Tag zuvor. Der gestrige Tag schien Monate zurückzuliegen, und ich hätte alles gegeben, um dorthin zurückzugelangen.

»Ich habe dir *Tom Kitten* mitgebracht«, sagte ich. Es war ihr Lieblingsbuch. Sie hörte mir ruhig zu, als ich ihr von den schrecklichen Schwierigkeiten vorlas, in die Tom immer geriet. Während ich las, kam ein kleiner Junge herein, lehnte sich gegen die Wand und lauschte. Er hatte schlimme Verbrennungen; die runzeligen Narben auf seinem Hals sahen tief und schmerzhaft aus. Er stand ruhig da und hörte zu, bis ich die Geschichte zu Ende gelesen hatte.

»Wie heißt du?« fragte ich ihn.

»Michael«, sagte er.

»Wie alt bist du?«

»Vier.«

»Dotsie ist auch vier, doch sie wird bald fünf. Das ist Dotsie.« Dotsie lächelte ihn an, und er sagte: »Hallo.«

»Ich kenne ein Lied über jemanden, der Michael heißt. Willst du, daß ich es dir vorsinge?« Sein Gesicht hellte sich auf.

»Ist das da deine Gitarre?« sagte er und zeigte auf den schwarzen Koffer in der Ecke.

»Natürlich«, sagte ich. »Willst du, daß ich euch etwas vorspiele, Dotsie?«

»Ja, sing das Lied von Michael.« Ich sang »Michael Row the Boat Ashore«, und es schien Michael zu gefallen; er klopfte mit seinem Fuß nach einer Weile den Takt mit und grinste. Als eine Schwester hereinkam und die Gitarre sah, meinte sie: »Lassen Sie die nicht hier. Sie ist bei uns nicht sicher.« Mir gefiel der Gedanke nicht, daß skrupellose Personen Zugang zum Zimmer meiner Tochter hatten, und ein Gefühl der Hilflosigkeit erfaßte mich und verschmolz mit dem Schmerz, bis ich mich so niedergeschlagen fühlte, daß ich glaubte, mich nicht mehr beherrschen zu können. Aber ich konnte es doch und blieb bei Dotsie, bis sie nach dem Abendessen zum Schlafen bereit war. Wenn es das Krankenhaus erlaubt hätte, hätte ich die Nacht vor ihrem Bett verbracht. Als ich den Flur entlangging, kam ich an Michael vorbei, der an der Schwesternstation stand, und ich fragte mich, warum er weiterleben würde und mein Kind nicht und wie es einen Gott im Himmel geben könne, der so viel Leid zuließ.

Nachdem ich zurückgekehrt war und Georgie ins Bett gebracht hatte, rief ich meine Freundin Lee an. Ihr Mann, Arthur, kam ans Telefon, und bevor ich mehr als nur »Hallo« sagen konnte, fragte er: »Ist was mit Dotsie?«

»Ja, sie hat Leukämie.« Er hatte von Dr. Weeks erfahren, daß diese Möglichkeit bestand. Dr. Weeks hatte mir gesagt, sie würde keinem die Wahrheit über Dotsies Krankheit erzählen, und ich solle es so gut wie möglich geheimhalten; es sei für Dotsie schädlich, wenn es jeder wüßte. Meine Mutter hatte es jedoch allen Mitgliedern unseres Theaterclubs erzählt, und viele von ihnen kamen aus Manhattan herüber, um für unsere Blutbank zu spenden. Wenn ich mich während der nächsten Tage umdrehte, stand wieder eine alte Freundin da und hatte ihren Ärmel aufgekrempelt. Aber ich versuchte, es meiner Gemeinde in Brooklyn Heights zu verheimlichen, von der Dotsie ein so großer Teil war. Ich hatte nicht die Reife oder die Erfahrung, um zu erkennen, daß Dr. Weeks' Rat falsch war. Ich neigte immer dazu, den Ärzten zu gehorchen, und deshalb ging ich wie ein Maulwurf in den Untergrund und zog das schreckliche Geheimnis wie einen Haufen Dreck über mich.

Bill und ich versuchten, uns in der Situation zurechtzufinden, und wir kämpften mit unserem Schmerz, während wir uns zugleich um Georgie kümmerten. Wir wußten, daß es nur eine Frage der Zeit war, bevor wir uns auch mit Georgies Problemen, neben denen ihrer Schwester, beschäftigen mußten. Ich verbrachte die Vormittage damit, wie unter einem inneren Zwang an meinem Buch zu arbeiten, und gab es noch vor dem Monatsende ab. Obwohl ich mir Dr. Weeks' Vorschlag, Stillschweigen zu bewahren, zu Herzen genommen hatte, mußte ich es schließlich doch meinen engsten Freundinnen erzählen. Nach zwei Wochen wußten Vicki und Lyn, die beiden Menschen, die ich im letzten Jahr am meisten gesehen hatte, alle Einzelheiten. Ihre Unterstützung bedeutete mir sehr viel, und daß wir uns immer noch mit ihnen und ihren Männern treffen konnten, machte vieles leichter.

Im März, zwei Monate nach der Diagnose, bot uns eine Freundin meiner Mutter für einen Monat ihr Haus in Sarasota an. Bills Eltern spendierten uns den Flug; Dotsie, Georgie und ich reisten los, und jeder meinte, es sei eine großartige Abwechslung, den April dort draußen, fernab aller Krankheitserreger, zu verbringen. Dotsies Immunsystem war von der Krankheit und den Medikamenten geschwächt und ihre Widerstandskraft gegen Infektionen niedrig.

Kurz vor unserem Abflug war ich meiner Hebamme auf der Montague Street in Brooklyn Heights über den Weg gelaufen. Es war ein grauer Märztag, und ich freute mich, ihre beruhigende, kräftige Gestalt zu erblicken, wie sie die Straße gegen den Wind heruntereilte.

»Hallo«, sagte sie, aber ohne ihr übliches Augenzwinkern. »Wie geht's Georgie?«

»Georgie geht es körperlich gut, aber sie ist immer noch äußerst verschlossen. Eigentlich hat sich nichts verändert, seit ich das letztemal mit Ihnen gesprochen habe.« Ich holte tief Luft, während ich mich an das Gespräch erinnerte, in dem ich mich selbst belastet hatte. Es hatte kurz nach meiner Lektüre der Rezension von Bettelheims Buch stattgefunden. »Sind Sie sicher, daß sich die vorzeitige Plazentalösung nicht doch irgendwie auf Georgie ausgewirkt hat? Ich werde das Gefühl nicht los, daß sie durch den Sauerstoffmangel irgendeine Art von Hirnschädigung erlitten hat.«

»Wir haben darüber doch schon gesprochen«, sagte sie, und ihr Tonfall war barsch und abrupt. »Damals meinten Sie, daß Georgies Probleme durch ihre Umgebung bedingt seien.« Ihr Gesichtsausdruck ging in Sorge und Mitleid über, als sie fragte: »Wie geht es Ihrem anderen kleinen

Mädchen? Ich habe gehört, daß sie Leukämie hat. Dr. Weeks hat es mir im Krankenhaus erzählt.« Offensichtlich konnte Dr. Weeks es der ganzen Welt erzählen, wenn ihr danach zumute war.

»Die Chemotherapie schlägt an«, sagte ich.

»Wie geht es denn? Und wie werden Sie damit fertig?« Ich erkannte an, daß sie sich um meine Gemütsverfassung Sorgen zu machen schien.

»Oh, ich weine sehr viel. Ich weine die ganze Zeit.«

»Also, das geht ja nicht. Hier, ich verschreibe Ihnen etwas.« Sie schrieb mir ein Rezept aus, fünf Milligramm Librium alle vier Stunden, verabschiedete sich, und ich ging zur Apotheke.

In Florida versuchten wir, uns zu amüsieren. Das Haus war wunderschön und der Strand herrlich. Obwohl Dotsie durch ein Medikament, das Prednison hieß, aufgegangen war wie ein Ballon, reagierte sie gut auf Mercaptopurin, ihr erstes Medikament gegen Krebs. Die Haare waren ihr ausgefallen, und das hübsche kleine Mädchen von vor vier Monaten war jetzt eine übergewichtige, glatzköpfige und verletzliche Fünfjährige, die trotzdem alles mitmachte und voller Energie steckte. Nach einer Woche sprang sie ohne Schwimmflügel in den Swimmingpool, und als ich mich schon auf ihre Rettung vorbereitete, tauchte sie schwimmend wieder auf. Es war ein wundervoller Augenblick. Das Leben ging weiter. Dotsie lernte und entwickelte sich. Georgie auch, als sie sich nämlich kampflos in derselben Woche entschied, ihre Windeln aufzugeben. Georgie war noch nicht drei, und ich war stolz, wie schnell und leicht sie ohne den Widerstand, den ihre Schwester an den Tag gelegt hatte, alles in den Griff bekam.

Eines Tages ließ ich die Mädchen mit einem Babysitter für einige Stunden allein, um Besorgungen zu machen, und bei meiner Rückkehr war der Babysitter in Tränen aufgelöst. »Ich kann sie nicht finden«, sagte sie. Sie war sechzehn Jahre alt und hatte panische Angst.

»Wen kannst du nicht finden?«

»Georgie! Georgie ist weg.«

»Wie lange ist sie schon verschwunden?« Mein Ton war maßvoll, um ihre Hysterie zu dämpfen.

»Eine Stunde.« Sie zitterte, als sie vor mir stand, und erwartete wahrscheinlich, daß ich in Wut ausbrechen oder zusammenklappen würde. Sie sah so verletzlich aus, daß ich sie nur beruhigen konnte.

»Ich wette, ich weiß, wo sie ist«, sagte ich. Ich kannte Georgie und ihre Vorliebe, sich das Wasser anzuschauen, und dachte mir, sie müsse wohl den Weg zur Lagune hinuntergegangen sein. Weil sie sicher auf den Beinen war und gerne nur im Wasser herumwatete, glaubte ich nicht, daß sie hineingefallen war. »Los, suchen wir sie. Wir gehen alle zusammen.« Ich machte mich auf den Weg, gefolgt von dem Babysitter und Dotsie. Natürlich war Georgie auch da; nur mit Baumwollhöschen bekleidet, saß sie in der Hocke, den Rücken zu uns gewandt, als wir um eine Kurve bogen, ein paar Meter vom Haus entfernt, und spielte mit einer wilden Blume. Als ich zu ihr rannte, sie mir schnappte und erleichtert umarmte, neigte sie sich von meinen Armen weg, beugte sich zur Seite und ließ den Kopf hängen, während sie die Blume aus der Hand fallen ließ. Ich erklärte dem Babysitter, daß Georgie ein äußerst vorsichtiges Kind sei und sich noch nie in Schwierigkeiten gebracht habe, deshalb sei es nur allzu logisch gewesen, anzunehmen, daß sie trotz ihres kindlichen Alters gewußt habe, was sie tat.

Nachdem ich zwei Wochen in Florida war und immer pünktlich mein Librium genommen hatte, fühlte ich plötzlich das Bedürfnis, mich auf die Tradition der Cocktailstunde zu berufen. Ich sagte mir, dies sei unter den gegebenen Umständen etwas Kultiviertes und äußerst Angemessenes. Bei meinen Problemen, wer konnte mir da Vorwürfe machen? Bill rief mich zu diesem Zeitpunkt an und bat mich abrupt und geheimnisvoll, doch nach Hause zu kommen. Ich schäumte über vor Neuigkeiten, daß nämlich Georgie jetzt die Toilette benutzte und Dotsie schwimmen lernte, und konnte mir nicht vorstellen, warum er mir immer wieder mit so angespannter Stimme erklärte, ich müsse nach Hause kommen. Was konnte ihn nur dazu veranlassen, eine für ihn so untypische und unglaubliche Bitte zu äußern? Ich telefonierte eine halbe Stunde mit ihm, damit er mir eine Erklärung gab, aber er wollte nicht. Aus irgendeinem Grund versuchte ich noch nicht einmal zu raten und machte mich auch nicht über ihn lustig, weil er so ernst klang. Ich konnte nicht fassen, daß er so herrisch und verschlossen sein konnte. »Ich muß hierbleiben«, sagte ich zu ihm, ich sei verpflichtet, auf das Haus aufzupassen, und müsse mein Wort halten, weil sich niemand anders um das Haus kümmern könne.

Am 1. Mai flog ich mit den Kindern nach Hause zurück, und Bill holte mich vom Flughafen ab. Zweierlei kam mir seltsam vor. Erstens hatte er Vicki mitgebracht, und zweitens landete ich mit allen vier Kindern, ihren und meinen, auf dem Rücksitz. Wir waren mit Vicki und ihrem Mann eng befreundet, und ihr Baby war mein Patenkind, aber obwohl ich ihre Kinder sehr gern hatte, hätte ich doch lieber vorne bei meinem Mann gesessen.

In Florida hatte ich mir blonde Strähnen in die Haare machen lassen, um meine Bräune zu betonen, und obwohl ich glaubte, so gut auszusehen wie nie zuvor, gingen Bill und Vicki im Auto gemeinsam auf mich los. Sie sagten, die Strähnen sähen schrecklich aus und ich solle sie wieder entfernen lassen. Weil ich dachte, sie hätten vielleicht recht, ging ich darüber hinweg und lenkte meine Gedanken auf die Heimkehr, auf den Frühling in Brooklyn Heights – der dort immer meine Lieblingsjahreszeit war – und auf die Follies-Show. Obwohl ich dieses Jahr nur im Chor mitsingen konnte, wollte ich bei den Proben mit meinen Freunden dabeisein.

Gleich nach unserer Rückkehr bekam Georgie Fieber und, wie ich vermutete, eine Ohreninfektion. Ich brachte sie zu Dr. Weeks in die Praxis. »Sie hatte schon einige Ohreninfektionen, nicht wahr«, sagte die Ärztin, als sie sich ihre Karteikarte ansah. »Hat sie Husten?« Ich verneinte. Sie sah mich nachdenklich an, beobachtete mich und sagte dann: »Sind Sie eigentlich darüber beunruhigt, daß Georgie noch nicht spricht?« Sie redete, als wollte sie mich mit Samthandschuhen anfassen.

»Nein«, sagte ich. Leugnen ist etwas Erstaunliches. Nein, natürlich nicht, Dr. Weeks. Wer denn, ich? »Ich glaube, es kommt nur durch die ganze Belastung mit Dotsie. Mit Georgie stimmt alles.«

»Sie ist jetzt fast drei«, sagte Dr. Weeks. »Geben Sie mir bitte Bescheid, wenn Sie irgendwelche Bedenken haben.« Ich versprach es ihr, nahm das Rezept für Georgies Antibiotikum und ging weg, so schnell ich konnte. Kurz darauf rief mich Lee an und fragte, ob nicht Georgie und Will, ihr kleiner Sohn, einmal wöchentlich zusammen spielen könnten. Wir verabredeten uns für den Donnerstag.

Lee kam, und ich war wie immer glücklich, sie zu sehen. Sie war nicht nur eine kluge, geistreiche Schriftstellerin, die sich in ihren Fähigkeiten durch die Gründung der Follies-Show selbst bestätigt hatte, sondern auch immer fröhlich, ausgelassen und stets zu einem Lob bereit. Will sah aus wie sie: groß, kräftig, rund, rote Backen und funkelnde, blaue Augen.

Sie ließ Will da, und ich brachte die beiden Kinder zum Spielen nach oben in Georgies Zimmer. Ich blieb eine Weile bei ihnen, um sicherzugehen, daß Will sich an alles gewöhnt hatte, und ging dann nach unten, um meine Wäsche zu erledigen. Als ich das Zimmer verließ, ging Will gerade zum Regal hinüber, nahm sich Dotsies alten Schachtelteufel und fing an, ihn aufzuziehen. Auf dem Weg zur Küche konnte ich hören, wie der Schachtelteufel sein lästiges »Bink, Bink, Bink« von sich gab, während Will dabei krächzte: »All around the mullberry bush the monkey chased the weasel.« Georgie wollte nie damit spielen, aber Will tat es immer wieder. Plötzlich hörte ich einen furchterregenden Schrei. Ich raste die Treppe zu Georgies Zimmer hinauf, und da saßen die beiden auf dem Boden, Georgie mit dem Schachtelteufel auf dem Schoß und Will, der sich mit beiden Händen seinen Kopf hielt. Blut sickerte ihm durch die Finger. Ich löste seine Hände und konnte eine häßliche Wunde mit einem schwarzen Rand entdecken, die auf seiner Kopfhaut eine Falte warf. Das war Georgies erste feindselige Handlung und zufällig auch das allererste Mal, wo sie wirklich zu einem anderen Kind eine Beziehung aufnahm.

Lee kam später am selben Nachmittag mit Will, der einen Verband trug, noch einmal vorbei. Er hatte mit vier Stichen genäht werden müssen, und sie kam sofort zur Sache. »Ich muß einfach mit dir mal über Georgie reden«, sagte sie.

»Komm doch herein, wir setzen uns auf die Couch«, sagte ich und versuchte, freundlich und ungezwungen zu sein. Will hielt sich am Knie seiner Mutter fest und war nicht bereit, einen weiteren Zusammenstoß mit Georgie zu riskieren, während Georgie und Dotsie auf dem Fußboden saßen und Puzzles machten. Dotsie nahm kein Prednison mehr. Sie hatte wieder ihr normales Gewicht und trug eine Perücke. Ihre Besserung hatte sich stabilisiert, und von ihrer Blässe abgesehen, schien sie fast normal. Ich lehnte mich in die Kissen zurück und versuchte, entspannt auszusehen, während Lee völlig aufrecht dasaß.

»Du *mußt* etwas wegen Georgie unternehmen. Irgendwas stimmt nicht mit ihr.« Lee hatte offensichtlich keine Zweifel, und trotz ihrer Offenheit war ihre Stimme so sanft und besorgt, daß dies meinen Schock milderte. Ich wußte, daß sie mir nur helfen wollte.

»Du meinst, weil sie Will mit dem Schachtelteufel auf den Kopf geschlagen hat? Glaubst du, daß sie unnatürlich feindselig ist?« Sie seufzte und sah mich verzweifelt an.

»Nein. Ich nehme an, daß jeder im Alter von zwei Jahren so was machen könnte. Obwohl es mir leid tut, daß es gerade Will war, der dabei verletzt wurde.« Sie griff nach unten und zog ihn auf ihren Schoß, und ich war neidisch, wie er sich an sie kuschelte und seinen Kopf wandte, um trostsuchend zu ihr aufzusehen. »Nein, es beunruhigt mich vielmehr, daß Georgie nicht spricht und daß sie dich nicht anschaut. Und an dem Kartenhaus, das sie bei mir gebaut hat, da war was, das mir einen Hinweis gab.« Georgie baute sehr gerne äußerst kunstvolle Kartenhäuser und konnte das so gut wie ein Erwachsener.

»Kinder wie Georgie haben oft neben ihren Problemen ungewöhnliche Fähigkeiten«, sagte sie. Ich verstand nicht, worauf sie hinauswollte, als sie diese beiden Dinge miteinander in Verbindung brachte. Aber der nächste Satz war nur zu deutlich. »Ich glaube, sie müßte von einem Spezialisten untersucht werden.« Obwohl ich wußte, was kommen würde, fühlte ich mich ungeschützt und verzweifelt.

»Du meinst von einem Kinderpsychiater.«

»Ja.« Es war irgendwie eine Erleichterung, daß es endlich heraus war und ich einen Anstoß zum Handeln bekam.

Ich setzte mich aufrecht hin und sagte: »In Ordnung, ich vereinbare einen Termin. Vielleicht kann Dr. Weeks mir jemanden empfehlen.«

Lee stellte Will wieder auf die Füße und stand auf, um zu gehen. Sie warf mir einen Blick zu, der besagte: »Ich weiß, daß du damit fertig wirst, auch wenn es schwer ist.«

»Halte mich auf dem laufenden«, sagte sie und umarmte mich kurz. Ich beneidete sie wieder, als Will ihr seine Hand hinstreckte und bereitwillig anbot, die ihre zu nehmen, während die beiden zur Tür hinausgingen.

DRITTES KAPITEL

Dr. Small

I ch vereinbarte mit einem Kinderpsychiater, den mir Dr. Weeks empfohlen hatte, einen Termin. Zumindest würden wir jetzt wissen, woran wir waren, und wir konnten einen Schlachtplan aufstellen. Bill und ich nahmen die beiden Mädchen mit, weil wir glaubten, daß der Arzt vielleicht die ganze Familie sehen wollte. Es war Juni; deshalb muß Brooklyn Heights wohl in voller Blüte gestanden haben, als wir zur Praxis liefen, aber das Leben hatte seinen Glanz und die Geranien und die Platanen ihren Reiz verloren. Dr. Singer war freundlich und wirkte professionell, als er mit einstudierter Ungezwungenheit hinter seinem großen Schreibtisch saß. Er beobachtete Georgie, während sie umherlief, Zeitschriftenseiten durchblätterte, mit den Fingern einen Lampenfuß berührte und mit Plastikbausteinen in einem Korb in der Ecke hantierte. Sie ging kreuz und quer durch das Zimmer und nahm alles in sich auf, kam dabei aber dem Arzt nicht nahe, sah ihn auch nicht an und ließ sich nur widerwillig mit gebührendem Abstand an der Hand halten. Nach einer Weile setzte sie sich ans Fenster, mit ihren Beinen zu einem V geöffnet, und beugte sich über einen Metallkreisel, den sie immer wieder drehte. Sie schaute ihn sich an, als ob seine Farben sie hypnotisierten, während sie surrend in ein kräftiges Rot übergingen und sich langsam wieder in Streifen verwandelten.

Dr. Singer tat so, als habe es keine Bewandtnis, was er in Georgies Gegenwart sagte, als ob sie es nicht verstehen könnte, und er stellte uns seine Diagnose: »Ihre Tochter ist autistisch. Wie Sie wissen, ist dies eine sehr schwere Störung. Eine emotionale Störung.«

»Emotional? Sie ist emotional gestört?« Ich haßte den Tenor dieser Worte, und sie bestätigten alles, was ich über Bettelheim und seine Theorien gelesen hatte. In diesem Augenblick, wo die Zeit für mich genauso stillstand wie zuvor bei Dotsies Diagnose, überwog der Schmerz des Mitgefühls mit Georgie meine Verlegenheit und Scham. »Ja«, sagte er. »Aufgrund einiger autistischer Merkmale ernsthaft gestört.« Ich war bedrückt, als ich da saß und mich daran erinnerte, was ich in *Die Geburt des Selbst* und den Rezensionen dieses Buches gelesen hatte. Wie konnte ich mir selbst ins Gesicht sehen, wenn ich glaubte, daß Autismus eine »Verteidigung gegen unerträgliche Angst« ist und »die Quelle dieser Angst nicht ein organischer Fehler [wie ich weiterhin steif und fest meinte], sondern die Überzeugung des Kindes, daß seine Lebensbedingungen katastrophal sind«. Nachdem man Dotsies Krankheit diagnostiziert hatte, konnte ich Bettelheim sogar noch leichter Glauben schenken. Georgie reagierte nur auf eine zerstörerische Atmosphäre – einmal auf die unglücklich verheirateten Eltern und dann auf ihre einzige, sterbende Schwester. Ein Artikel, den ich kürzlich über psychosomatische Faktoren bei Krebs gelesen hatte, bestätigte mich noch. Meine beiden Kinder *entschieden* sich, aus der Welt zu verschwinden. Und jetzt gab mir Dr. Singer, so liebenswürdig er auch war, das Gefühl, daß mit mir etwas nicht stimmte. Ich fragte mich nur, was für eine emotionale Strahlenpistole ich wohl besaß und wie ich sie eigentlich benutzte.

»Was können wir denn machen?« fragte ich. Bill saß da, das Kinn auf seine Hand gestützt, und sah aus, als ob er die Meinung des Arztes akzeptierte und billigte.

»Es gibt in dem Bezirk East New York in Brooklyn eine Sonderschule, an die ich Sie verweisen kann. Etwa eine Stunde von hier entfernt.«

»Eine Sonderschule, eine Stunde entfernt«, sagte ich.

»Nun, wir müssen über vieles nachdenken. Wollen Sie auch Dotsie noch sehen?« Sie war im Wartezimmer geblieben, sah sich Bücher an, spielte mit dem Spielzeug und war wahrscheinlich froh, daß Georgie zum Arzt mußte und nicht sie.

»Nein. Soweit ich weiß, ist sie, abgesehen von ihrer Krankheit, in Ordnung.« Schön, so was zu hören; und ich hatte nicht vor, den Zusammenhang zwischen Krebs und unterdrückter Wut zur Sprache zu bringen. Ich glaubte lieber, daß meine Tochter sterben mußte, weil man bislang noch kein Mittel gegen Leukämie entdeckt hatte, und fragte mich, ob man vor dem Zeitalter der Impfungen die Schuld an Masern, Diphtherie, Keuchhusten, Tetanus, Polio und Pocken auch auf unterdrückte Wut geschoben hatte. »Aber ich würde Sie und Ihren Mann gerne einmal einzeln sprechen«, sagte der Arzt.

Einige Tage später waren Dotsie und Georgie oben beim Baden, während Bill und ich im Wohnzimmer miteinander redeten. Er war nach Hause gekommen, hatte sich bequeme Sachen angezogen und wollte gerade mit seinem Sherry anfangen. Mein eigenes Bedürfnis nach einem allabendlichen Drink hatte sich gelegt, seit ich aus Florida zurück war. Ich hatte immer schon Angst vor der täglichen Trinkerei gehabt und mich besonders gefürchtet, meine Sorgen im Alkohol zu ertränken. Außerdem nahm ich Librium und wußte, daß man keinen Alkohol in Verbindung mit Beruhigungsmitteln trinken sollte.

Normalerweise beschränkte sich unsere Unterhaltung auf die banalen Tagesereignisse, aber es hatten sich seit meiner Rückkehr aus Florida so viele Spannungen zwischen uns aufgestaut, daß ich die Luft reinigen wollte. Ich gestand Bill plötzlich, daß ich ein romantisches Interesse für ein Mitglied der Follies-Show empfand und mich sogar einige Male mit ihm zu einem Spaziergang auf der Promenade getroffen hatte. Ich sagte Bill, es tue mir leid, und es sei mir klar, daß dies falsch und für unsere Ehe schlecht sei. Ich würde mich deshalb nicht mehr mit diesem Mann treffen. Doch Bill gab mir zur Antwort: »Ich würde deswegen keine allzu großen Schuldgefühle haben, denn Vicki und ich haben uns auch des öfteren getroffen. Es fing an, als du in Florida warst. Ich habe versucht, es dir beizubringen.«

Plötzlich wurden mir mehrere Dinge klar: Warum Vicki auf der Rückfahrt vom Flughafen vorne gesessen hatte und warum sie mir nicht sagen konnte, was sie bedrückte, als ich sie vor kurzem mehrmals in ihrer Wohnung besuchte, um »sie aufzuheitern«.

»Ist das der Grund, warum ich schon früher aus Florida nach Hause kommen sollte?« fragte ich. »Hast du das Gefühl gehabt, daß die Geschichte außer Kontrolle geriet?«

»Ja«, erwiderte er.

»Und war es so?« fragte ich.

»Ja.«

»Warum bist du nicht sofort damit herausgerückt und hast es mir gesagt?«

»Wir haben geglaubt, daß du nicht damit fertig wirst« antwortete er. Das zerstörte mich am Boden. Es roch nach Verschwörung und Überheblichkeit. Und was taten sie ihrer Meinung nach, als sie mit ihren Spielchen anfingen? Geschah das etwa zu meinem Schutz? Meine ganze Welt brach wie eines von Georgies Kartenhäusern zusammen, als er ernst sagte, wie wenn er seinen Worten Würde verleihen wollte: »Ich habe mich in sie verliebt. Ich konnte nichts dagegen machen.«

Es stellte sich heraus, daß sie recht hatten, ich wurde wirklich nicht damit fertig. Ich dachte einige Wochen darüber nach und versuchte, mit Vicki darüber zu sprechen. Ich sagte ihr, mir sei nie der Gedanke gekommen, daß sie eine Affäre mit meinem Mann habe, weil ich geglaubt habe, sie würde mir so etwas sofort gestanden haben. Schließlich lebten wir in den aufgeklärten sechziger Jahren, in denen die offene Ehe einfach großartig klang, solange man sich vertraute und nicht gegenseitig betrog. All unsere Freunde hatten sich darüber unterhalten und das Pro und Contra diskutiert. Ich hielt Reden für erbärmlich und offene Ehen für einen Widerspruch in sich selbst. Ich wollte nichts damit zu tun haben.

Als ich Bill erklärte, daß er Vicki entweder aufgeben oder aber ausziehen müsse, erwartete ich voll und ganz von ihm, daß er die Beziehung beenden würde. Nicht eine Sekunde glaubte ich, daß er wirklich gehen würde. Doch genau das tat er, und als er die Tür öffnete und hocherhobenen Hauptes davonging, lauteten seine Abschiedsworte: »Ich kann nicht mehr mit Lügen leben.« Mit Lügen leben? Lag ihm denn überhaupt nichts an uns? Und erkannte er nicht, daß er wie ein Feuerwehrmann handelte, der sein eigenes brennendes Haus im Stich ließ? Offensichtlich nicht, denn als ich mich gefaßt hatte, war er schon auf halbem Weg zur Straßenecke und schritt zügig in den roten Hosen dahin, die ich ihm gekauft, gesäumt und noch morgens gebügelt hatte. Ich ließ ihn gehen und glaubte, daß ich garantiert keinem von beiden den Verrat und die fehlende Hilfe, als ich sie am meisten brauchte, verzeihen könne. Ich hatte das Gefühl, als hätte man mich tot zurückgelassen.

Eine Woche später besuchten wir getrennt Dr. Singer. Er sagte mir, daß ich ein starker Mensch sei und mit meinen Problemen fertig werden könnte.

Bill sei jedoch nicht zu behandeln, sondern pathologisch verschlossen und unnahbar. Er habe kein Interesse daran, seine Einstellungen oder sein Verhalten zu ändern, man habe ihm nämlich in seiner Kindheit seelischen Schaden zugefügt. Dr. Singer meinte, ich solle nicht zuviel von Bill erwarten, er sei zu einer gesunden Partnerschaft nicht fähig.

Es heißt, wenn man durch die Hölle geht, lernt man seine Freunde kennen. In meinem Fall ließen mich viele Freunde im Stich, weil ich plötzlich eine alleinstehende Mutter war und weil wir alle es Bettelheim abkauften und glaubten, daß ich auf eine feine, aber entschiedene Art lieblos gewesen sein mußte. Vicki, die ihren Mann verlassen hatte und nun mit Bill zusammenlebte, gab mir das in etwa an einem Abend zu verstehen, als ich sie in Tränen aufgelöst anrief und bat, Bill doch wieder nach Hause kommen zu lassen. »Du hast nicht« verstanden, wie man ihn lieben muß«, sagte sie. Ich mußte unwillkürlich an all die Käsesoufflés denken, die ich für ihn gemacht hatte! Ganz zu schweigen von seinen japanischen und chinesischen Lieblingsgerichten, die ich kochen gelernt, den Hosen, die ich ihm an jedem Wochentag gebügelt, den Büchern über die Ehe, die ich gekauft und aus denen ich zu lernen versucht, und den gewaltigen Gefühlen, die ich in unser gemeinsames Leben investiert hatte. Hatte ich denn alles falsch gemacht? Ich vermutete es, weil mein Leben ein einziges Chaos war. Einiges davon mußte meine Schuld sein.

Als Bill mich verließ, ging es mit meinem labilen Selbstbewußtsein steil bergab, und mein Selbstmitleid kannte keine Grenzen. Die Liste meiner eigenen schlechten Eigenschaften wurde von Tag zu Tag länger: Ich war zu egozentrisch, zu kritisch, zu herrisch, zu deprimiert, zu ernst, zu unreif, zu ausgebrannt, zu zornig, zu müde. Ich sehnte mich, ja schrie geradezu nach Zuneigung, Bestätigung und nach jemandem, der mir versicherte, daß alles wieder in Ordnung kommen würde, selbst wenn es nicht stimmte. Ich glitt durch die Tage, nahm noch mehr Beruhigungsmittel und landete schließlich abends wieder beim Whisky. Immer wieder mußte ich daran denken, wie mein Bruder Johnny mich aufgezogen hatte, wenn er mich für eine Nervensäge hielt: »Ich bemitleide den Mann, der *dich* einmal heiratet.« Vielleicht hatte er mich gar nicht aufgezogen, und ich bekam genau das, was ich verdiente.

Georgies Zustand verschlechterte sich in jenem Sommer, ihre Symptome verstärkten sich und wurden noch bizarrer. Als wir an einem heißen Augusttag den Zoo im Central Park besuchten, konnte sie ihre Augen nicht von den Seehunden abwenden und fing plötzlich an, sie nachzuahmen. Sie sah aus, als wollte sie einer von ihnen werden, während sie sich an dem Eisengeländer festhielt. Das Erstaunliche war, daß sie die Seehunde so perfekt nachahmte. Ich konnte nicht begreifen, warum sie nicht auch menschliche Laute nachahmte und zu sprechen begann. Sie war so fasziniert, daß wir sie vom Geländer losreißen mußten, als wir zum Karussell gehen wollten. Als einige Minuten später die Karussellmusik zu hören war, wollte sie wieder zurück, und wir mußten sie praktisch mit Gewalt zur Kasse schleppen. Dotsie balgte sich um das größte Pferd, das sie finden konnte, während ich Georgie auf ein kleines braunes hob und den Riemen festschnallte. Ich stand an der Seite und war wie immer in unerklärlicher

Weise von der mahlenden, blechernen Musik und den vorbeifahrenden Kindern zu Tränen gerührt. Dotsie winkte mir gelassen und selbstsicher zu, als sie an mir vorbeikam, aber Georgie starrte direkt nach vorn; ihr Gesicht war zu einer Grimasse verzerrt, und ihre Augen verengten sich zu Halbmonden, während sie die Stange fest umklammerte.

Im Herbst ging Georgie in den Kindergarten unserer Kirche. Dotsie besuchte, sobald sie es konnte, die Vorschule der örtlichen Schule. Die von Dr. Singer vorgeschlagene Sonderschule lag eine Stunde entfernt und in entgegengesetzter Richtung vom Memorial Sloan-Kettering, wo Dotsie in Behandlung war. Da Georgie noch zu jung war, um mit dem Schulbus zu fahren, wußte ich nicht, wie ich sie dorthin bringen konnte. Ich hoffte nur, verwirrt wie ich bei meiner Ablehnung des Gedankens an Autismus war, daß der regelmäßige Besuch eines Kindergartens schon reichen würde. Ich hatte genug mit Dotsie zu tun, deren Zustand sich in diesem Stadium oft nicht bessern ließ.

Georgies Kindergärtnerin überhäufte sie mit Zuneigung und war sicher, daß sie Georgie eine Reaktion entlocken könnte, denn sie war ein herzlicher und fürsorglicher Mensch. Aber Georgie saß nur da, nahm wie immer nichts wahr, und es interessierte sie nicht, ob sie nun bei jemandem auf dem Schoß oder aber auf dem Fußboden saß. Es war ihr völlig gleichgültig. Die Kindergärtnerinnen ließen sie nur aus Freundlichkeit bleiben und erklärten mir, Georgie hätte nichts davon.

Im Januar kam unser Vermieter vorbei und kündigte an, daß wir ausziehen müßten, weil seine Schwester unsere Wohnung für sich selbst benötigte. Ich war so froh, unsere heruntergekommene Doppelhaushälfte gegen etwas Sonniges und Praktisches einzutauschen, daß ich den Umzug kaum erwarten konnte. Mit der Hilfe unserer Nachbarn waren wir im Februar in unserer neuen Wohnung. Unmittelbar danach kam mit der Post immer eine kleine Zeitschrift, die *Guideposts* hieß und von Norman Vincent Peale herausgegeben wurde. Ein freundlicher Mensch hatte sie für mich abonniert, obwohl ich nie herausfand, wer es war.

Manchmal waren die Geschichten albern und etwas schwülstig geschrieben; doch obwohl man mich gelehrt hatte, solche Geschichten zu verachten, fand ich sie trotz des schmalzigen Tons hinreißend. Eine Kolumne mit dem Titel »Gottes rätselhafte Wege« berichtete Geschichten über erstaunliche Zufälle und Vorkommnisse, die Menschen davon überzeugten, daß Gott in ihrem Leben gegenwärtig war. Trotzdem kam es mir nie in den Sinn, ständig zu beten, außer wenn ich in der Kirche war oder die Kinder zu Bett brachte, aber ich begann nun tatsächlich, mich für geistliche Dinge zu interessieren, nachdem ich all diese Geschichten über ein verändertes Leben gelesen hatte.

Die neue Wohnung schien Georgie völlig aus dem Konzept zu bringen. Sie stellte unaufhörlich ihre kleinen, farbigen Lochbrettstifte in langen wellenförmigen Reihen quer durch das Zimmer auf. Sie fing an, sich in einer bestimmten Ecke zu drehen, rollte dabei ihre Augen im Kopf und preßte die Hände fest in die Seiten. Sie drehte sich ununterbrochen eine halbe Stunde und trällerte dabei leise und unheimlich vor sich hin, wenn ich nicht dazwischenging.

Kurz nach unserem Umzug wurde ich dem Direktor einer örtlichen Privatschule vorgestellt, der sich bereit erklärte, Georgie aufzunehmen, sie aber erst von einem Freund, einem Psychiater in Manhattan, untersuchen lassen wollte. Ich machte einen Termin aus und glaubte, daß Georgie mit beratender Unterstützung und besonderer Aufmerksamkeit bestimmt eine normale Schule besuchen könnte. Mir stand ein letztes, unsanftes Erwachen bevor.

Dr. Derek Small praktizierte Psychiatrie auf der Upper East Side nahe der Fifth Avenue. Bill, den ich in den letzten neun Monaten nur wenig zu Gesicht bekommen hatte, traf uns in der Praxis des Arztes. Er sah wie immer elegant aus in seinem Nadelstreifenanzug, den französischen Manschetten und den glänzenden schwarzen Halbschuhen, besonders im Gegensatz zu unserer schlampigen kleinen Gruppe. Dotsie war inzwischen sichtlich krank, man konnte es an ihrem Haarausfall und der bräunlichen Färbung ihrer Haut erkennen. Georgie war verträumter und nervöser denn je und ich ausgelaugt und angespannt. Ich hatte meine typische Hausfrauenkleidung an: Parka, Denimrock und flache Schuhe. Ich konnte mich des Eindrucks nicht erwehren, daß Bill besser zurechtkam als ich. Ich hatte Dotsie mitgebracht, weil sie einen Termin für eine Transfusion im Memorial Sloan-Kettering hatte.

In der Arztpraxis demonstrierte Georgie alle ihre Symptome. Ihr Zustand hatte sich in den zehn Monaten seit dem Besuch bei Dr. Singer noch verschlimmert, Georgie selbst sah aber trotzdem reizender aus. Wie viele autistische Kinder war sie bildhübsch, hatte blaue Augen, die durch die dunklen Wimpern noch unterstrichen wurden, und ihr Haar war eine einzige Mähne seidener Locken. Während Georgie sich ständig an den Wänden entlangbewegte, saß Dotsie regungslos auf dem Schoß ihres Vaters, als ob sie ihn mit eben dieser Bewegungslosigkeit bei sich behalten könnte. Bill und ich saßen dem Arzt mit etwa einem Meter Abstand gegenüber, da Dr. Small wahrscheinlich meinte, daß es für die Therapie von Vorteil sei, auf die Barriere seines Schreibtisches zu verzichten.

»Es steht meiner Meinung nach außer Frage, daß Ihre Tochter gestört ist«, sagte er. »Sie ist autistisch und ist auch zurückgeblieben.« Niemand hatte das Wort *zurückgeblieben* je zuvor in meiner Gegenwart erwähnt, und ich konnte es nicht ertragen. Irgendwie hatte ich mich an die Vorstellung geklammert, daß Georgies Intelligenz noch im Normalbereich lag. *Zurückgeblieben* klang so endgültig und absolut, und deshalb reagierte ich mit verzweifelter Ungläubigkeit.

»Aber wie konnte sie dann mit kaum zwei Jahren lernen, sich die Schuhe zu binden, wenn sie zurückgeblieben ist?«

Dr. Small sah verärgert aus und beachtete meine Frage nicht. »Sie ist deutlich zurückgeblieben und nur eingeschränkt lebensfähig; und das ist in sehr starkem Maße der Tatsache zuzuschreiben, daß *Sie*«, er sah mich direkt an, »den Kontakt mit ihr gemieden haben.« Die Worte *Kontakt gemieden* trafen mich wie Pfeile, aber ich versuchte weiterzukämpfen. In Wirklichkeit hätte ich Pfeile vorgezogen.

»Trägt an ihrer Zurückgebliebenheit nicht auch ein organischer oder neurologischer Schaden die Schuld?« Er schaute mich an, als wollte ich ihm entwischen.

»Nein«, erwiderte er. »Und wenn Sie noch Zweifel haben, beweise ich es Ihnen, indem ich Georgie in das Rusk-Institut zu einer vollständigen Untersuchung einweisen lasse. Dort wird jeder Test, den es für Hirn- und Nervenschäden gibt, durchgeführt, aber ich kann Ihnen versichern, man wird keinen organischen Schaden bei Ihrem Kind feststellen.«

»Okay, dann weisen Sie Georgie ins Rusk-Institut ein.« Ich schenkte ihm keinen Glauben. Ich *wußte,* daß sie einen Hirnschaden hatte, und das würden die Ärzte bestimmt auch feststellen. Ich hörte Bill resigniert seufzen. Er meinte, daß dies nur ein weiterer Beweis für meine sinnlosen, verrückten Einfälle war, genau wie Dotsies Behandlung in Sloan-Kettering. Bill war der festen Ansicht, das Brooklyn-Hospital sei gut genug und Sloan-Kettering laufe schon auf Heldentum hinaus.

Ich war erleichtert, wieder draußen zu sein, selbst wenn uns der Märzwind, der durch die Straßen wehte, auf unserem Weg zum Bus kräftig durchblies. Wir standen an der Haltestelle, während unsere Mäntel flatterten und Dotsie ihre Hand auf den Kopf legte, damit ihr die Perücke nicht wegflog. Georgie zog an meiner Hand, als sie sich die Äste des Baumes neben uns ansah. Der Bus rollte an den Bordstein heran; ich stubste die Mädchen die Stufen hinauf und drehte mich um, um mich von Bill zu verabschieden. Er faßte nach meinem Arm, sah mich herausfordernd an und sagte: »Laß Dotsie sterben; gib Georgie in eine Anstalt und leb dein Leben weiter.«

Ich beobachtete ihn mit versteinerter Miene, als er um die Ecke in die Madison Avenue entschwand. Nie würde ich ihm zustimmen oder aufgeben, dachte ich. Da waren schließlich die Mädchen, die ernst hinten im Bus saßen. Dotsie klemmte Georgie am Fenster ein, weil sie sich dafür verantwortlich fühlte, Georgies Bedürfnis herumzulaufen zu unterbinden. Wie ich die beiden liebte! Niemand konnte mich davon überzeugen, daß Bill recht hatte. Ich lebte tatsächlich mein Leben weiter, denn meine Kinder waren mein Leben, und ich wußte, daß ich für die beiden bis zum Ende kämpfen würde. Es waren bereits mehrere Kämpfe im Gange, und wer weiß, vielleicht würde ich einen davon gewinnen.

Sloan-Kettering nahm ein ganzes Stadtviertel ein; seine hellroten Ziegel und die Fenster mit den einfach verglasten Scheiben sahen solide, modern und harmlos aus; wie ein armer Verwandter des New York Hospital, dessen gotisches Weiß sich nach Nordosten hin abzeichnete. Dotsie hatte es sich im Memorial heimisch gemacht, wie sie es nannte, und genoß das Krankenhaus trotz der damit verbundenen Schmerzen und der Krankheit als eine zusätzliche Gemeinschaft. Wir fuhren im Aufzug hinauf, meldeten uns an der Kinderstation und machten es uns in dem kleinen, fensterlosen Wartezimmer für ambulante Patienten bequem. Ein großer, ärmlich gekleideter, ausgezehrter und glatzköpfiger Junge, der an beiden Armen Spuren von Infusionen hatte, saß uns mit seiner Mutter gegenüber.
Als unsere Ärztin, Bettina Merrill, freundlich lächelnd zur Tür hereinschaute, freuten wir uns wie immer, sie zu sehen. Sie war zierlich und dynamisch, hatte kurzes rotbraunes Haar, das aus ihrem herzförmigen Gesicht nach außen schwang, warme, besorgte braune Augen und funkelnde, kleine Diamantohrringe. Sie verlieh der bedrückend traurigen Umgebung der Kinderstation einen gewissen fröhlichen Glanz, eine Dosis texanischen Charmes. Ihr Verständnis und ihre Einfühlsamkeit hatten mich davor bewahrt, mich wegen Dotsies Leukämie völlig in Schuldgefühle zu steigern. Dr. Merrill hatte nur den Kopf geschüttelt, als ich ihr meine Vermutung über mögliche zusätzliche Faktoren erzählte, und tröstlich über meine Dummheit gelächelt. Sie erklärte mir, daß Leukämie ein Rätsel sei und es manchmal, wie in Dotsies Fall, keinerlei Hinweise auf eine Ursache gebe. Oft seien es genetische Faktoren oder auch Faktoren, die mit der Vergiftung der Umwelt zu tun hätten. Dr. Merrill meinte auch, daß die

Leute über die Ursachen des Autismus spekulierten und sich, wenn möglich, selbst die Schuld gäben, bis jemand einen Impfstoff oder ein Medikament entwickelte. Sie beruhigte mich jedes Mal, wenn sie mich sah, und hatte uns in allen schwierigen Phasen der Behandlung beigestanden, beispielsweise bei den Rückenmarktests, den unzähligen Bluttests und den Nebenwirkungen der Medikamente, die Dotsie nehmen mußte.

Dr. Merrill meinte, es sei schwer, auf der Kinderstation menschlich zu bleiben. Sie wollte ihren Dienst aufgeben und Psychologie studieren, weil man sich ihrer Meinung nach Georgies Problemen noch intensiver widmen sollte als denen von Dotsie, denn diese würden ein ganzes tragisches Leben lang andauern.

Während Dotsie an eine Infusion angeschlossen wurde, fragte mich eine Sozialarbeiterin von der Kinderfürsorge, ob ich mich einmal mit ihr unterhalten möge. Ich willigte ein und weinte dann plötzlich untröstlich in ihrem kleinen weißen Büro. Sie erzählte mir, daß es eine Agentur gebe, die sich Krebshilfe nannte und die mir eine Haushaltshilfe zur Verfügung stellen würde, wenn ich dies für eine Erleichterung hielte. Ich lebte sofort auf, weil ich das als eine große Hilfe ansah, und stellte am nächsten Tag jemanden ein, und zwar genau den richtigen Typ: eine ruhige, sture und fähige Jamaikanerin, die aussah, als ob sie spielend einer Invasion vom Mars standhalten könnte. Eine meiner Freundinnen bemerkte anschließend bissig: »Endlich hast du ja, was du schon immer haben wolltest: eine Haushaltshilfe rund um die Uhr.« Eine andere »Freundin«, die ich vom College gut kannte, reagierte ebenso seltsam auf meine Probleme. Sie war wütend auf mich, weil ich mein Leben in ein solches Chaos verwandelt hatte – als wenn ich mir alles selbst ausgedacht hätte. Diese Menschen, die sich mit unangebrachtem Ärger gegen Mitgefühl sperrten, was sie auch bequem von der Verantwortung entband, mir zu helfen, verschwanden aus meinem Leben, während sich die Beziehung zu vielen alten Freunden, die mir treu blieben, vertiefte und festigte.

Dr. Small traf Vorkehrungen, daß Georgie eine Woche später in das Rusk-Institut aufgenommen wurde. Ich hielt die Luft an, als wir die Eingangshalle betraten, weil die hochfliegende Eleganz und das gewaltige Gewächshaus auf der Rückseite, das voll von exotischen Pflanzen und Blättern war, mich so beeindruckte. Es war schon ein Unterschied zur Kompaktheit von Sloan-Kettering mit den Kunststoffstühlen und unzähligen Philodendren. Ich wünschte mir, ich hätte einen Platz zwischen den Orchideen und den roten Jasminbäumen finden und dort bleiben können, um der mir bevorstehenden Aufgabe für immer aus dem Weg zu gehen.

Georgie schaute zur Decke hoch und trällerte leise vor sich hin, während wir im Aufzug zu der Etage hochfuhren, wo ihre Aufnahme erfolgen sollte. Als uns eine Schwester begegnete und Georgies Zimmer zeigte, stellte ich erleichtert fest, daß es mehrere Betten enthielt und farbige Vorhänge und Bettbezüge hatte. Der Aufenthaltsraum, in dem die Beschäftigungstherapie stattfand, war hell und voll von Spielzeug und Materialien zum Malen und Handwerken. Es waren keine anderen Patienten zu sehen. Obwohl es Georgie nichts auszumachen schien, alleine zu bleiben, und die Schwestern so nett waren, daß sie sich bestimmt um Georgie gut kümmern würden, konnte ich es kaum ertragen, ihnen die kleine Tasche mit Georgies Nachtsachen auszuhändigen. Es war wie ein Alptraum, aber es würde kein erleichterndes Erwachen folgen.

Als ich Georgie am nächsten Tag besuchte, spielte sie im Aufenthaltsraum auf dem Boden mit einem Kreisel. Ich ging zu ihr hin und umarmte sie, doch sie reagierte nur mit einem seitwärts zum Fenster gewandten Blick. Als körperlich gesundes Kind war sie unter den anderen Kindern völlig fehl am Platz. Ein etwa fünfzehnjähriges Mädchen lief ziellos herum, kaute Kaugummi, plauderte mit den Schwestern und bemühte sich, trotz der zwei Stahlhaken, die ihr jetzt als Hände dienten, gelassen auszusehen. Bei dem Versuch, Selbstmord zu begehen, hatte sie beide Arme bis zum Ellbogen verloren, als sie sich vor eine U-Bahn stürzte.

Ein jüngeres Kind, das gar keine Arme mehr hatte, sondern nur einen Körper, der gleichsam in Flossen endete, hielt einen Pinsel in einer ihrer zehenähnlichen Gliedmaßen. Es war ein Contergankind, das unentwegt lächelte und nicht verstand, warum man mit ihm Mitleid empfand: Es war ja schon immer so. Andere Kinder waren unterschiedlich stark behindert; einige hatten Hirnlähmungen, andere waren psychisch geschädigt. Was hatte mein kleiner Schlingel hier zu suchen? Wie paßte das alles zusammen? Sicherlich mußte es sich schädlich auf Georgie auswirken, diesen Kindern mit ihren schrecklichen Behinderungen ausgesetzt zu sein. Ich konnte gerade noch an mich halten, um sie mir nicht zu schnappen und davonzurennen. Aber ich hoffte auf den Sieg des Wissens, und so saß ich statt dessen eine Weile mit ihr auf dem Boden, lieh mir ihren Kreisel, drehte ihn und versuchte ihr dadurch etwas zu geben, daß ich einfach bei ihr war. Sie schien die anderen Kinder nicht zu bemerken und war wie immer nur mit sich selbst beschäftigt. Ich blieb nicht lange.

Obwohl nach Ansicht von Dr. Small Georgie zwei bis sechs Wochen in Rusk bleiben mußte, wollte der diensthabende Arzt sie schon nach zehn Tagen wieder entlassen. Er war ein herzlicher, gemütlicher, großherziger Mann, aber trotzdem schonungslos offen in seiner Diagnose. »Sie hat keine körperlichen oder nervlichen Schädigungen«, sagte er. »Keinerlei Hirnschaden.« Er konnte nicht verstehen, warum ich so sehr auf dem Hirnschaden beharrte, und ich konnte ihn nicht davon überzeugen, daß Georgie von Geburt an autistisch war. Ich hatte das Gefühl, als deutete er mit dem Finger auf mich und beschuldigte mich, mein Kind verrückt zu machen, als kritisierte er mich, weil ich es nicht zu schätzen wußte, daß Georgie gar keinen Hirnschaden hatte. Es schien mir, als glaubte er, ich hätte einen makabren Zug an mir, als ob ich nun, neben all meinen anderen verwerflichen Eigenschaften, meinem Kind auch noch so etwas Schreckliches wie einen Hirnschaden wünschte.

Bevor er Georgie entließ, brachte er mich zur Eingangshalle hinunter und stellte mich einer Ärztin vor, die mir einen geeigneten Behandlungsplan vorschlagen konnte und etwas von Autismus verstand. Wir trafen uns in einem kleinen, kalten und grauen Raum, in dem nichts stand außer einem weißen Tisch und zwei Stühlen. Die Ärztin, Mitte vierzig, hatte schwarzes Haar, dunkle Augen und ein ernstes, intelligentes Gesicht. Obwohl sie sehr einfühlsam auf die Tragweite der Situation reagierte, war ihr Verhalten umgänglich und zwanglos. Sie schaute sich gerade, einen Stift in der Hand, Georgies Karteikarte an, als ich eintrat, sah auf und zeigte auf den freien Stuhl. Sobald ich mich gesetzt hatte, sagte sie mir ganz ungeniert, daß der beste Ort für Georgies Behandlung die Versuchsstation für autistische Kinder in Bellevue sei. »Falls Sie Bellevue ertragen können«, fügte sie resigniert aussehend hinzu und zog die Augenbrauen hoch.

»Natürlich kann ich Bellevue ertragen, wenn es der beste Ort ist«, sagte ich mutig. Doch meinem Gefühl nach zu urteilen, war es nicht der beste Ort. Es vermittelte einem einen Eindruck wie vom Ende der Welt. Bellevue bedeutete Irrenhaus, Chaos, Gitter vor den Fenstern, Küchenschaben, Verbrechen, angstvolle und furcherregende Menschen, Medikamente gegen Psychosen, beispielsweise Thorazin, eine dunkle und trostlose Architektur, geschlossene Stationen, Pantoffeln aus Pappe, rasselnde Schlüssel und sadistische Schwestern. Es hieß, man komme dort nur hin, wenn man schon bei der Ankunft tot sei. Aber ich würde dieser Ärztin vertrauen. Sie sagte, daß auf der autistischen Station nur neun Kinder auf zweiundzwanzig Betreuer kämen, daß der Bereich groß, hell und sauber sei, man ständig mit Georgie arbeiten werde und sie an den Wochenenden nach Hause kommen könne.

»An den Wochenenden nach Hause kommen?« Ich traute meinen Ohren kaum. »Nur an den Wochenenden?« Sie betonte die dringende Notwendigkeit, bei der Behandlung von Autismus frühzeitig vierundzwanzig Stunden am Tag und in einer neutralen Umgebung eingreifen zu können. Ohne das hätte Georgie praktisch keine Chance.

Nach diesem »Verweis« stand ich am Rande eines Zusammenbruchs. Aber ich schaffte es, Georgie mit ihrem Koffer abzuholen und nach Hause zu gelangen. Wie in Trance versuchte ich die Tatsache zu verarbeiten, daß mein Kind, das bald vier war, nach Bellevue sollte, um in einer Gruppe psychotischer Kinder zu leben, in der möglicherweise törichten Hoffnung, daß sich ihr Zustand vielleicht bessern und sie solche Fortschritte machen würde, daß sie ein sinnvolles Leben führen konnte. Ich versuchte, mich zu trösten und ein Gefühl der Dankbarkeit aufkommen zu lassen. Georgie war nicht der Vergessenheit und Verschlechterung ihres Zustands überlassen. Vieles sprach dafür, daß sie sich mit dem Programm von Bellevue weiterentwickeln würde, und genau das war entscheidend. Daran würde ich mich klammern, aber es würde schwer sein. Ich fühlte mich wie jemand, der in einem dunklen Zelt kauert, während sich draußen ein Hurrikan zusammenbraut.

VIERTES KAPITEL

Freiheit

O bwohl ich immer nach einem Silberstreifen am Horizont Ausschau hielt, verwandelte sich mein Leben in eine einzige freudlose Anstrengung, in eine Erfüllung meiner Verantwortung und eine trostlose, tagtägliche Schinderei, um meiner Pflicht nachzukommen und alles zu bewältigen. Ich nahm inzwischen wöchentlich eine halbe Sitzung bei einem Psychiater, doch er konnte mir auch nicht viele Antworten geben. Ich hatte sogar das Gefühl, er glaube nicht daran, daß ich überleben würde. Er bot mir immer wieder an, meine Dosis Librium zu erhöhen, und ich willigte ein, bis ich die vom Gesetz erlaubte Höchstdosis nahm. Mein Apotheker gab mir immer kostenlos die doppelte Menge Tabletten, aber ich sagte meinem Arzt nichts davon, aus Angst, daß er mir weniger verschreiben würde. Zusätzlich genehmigte ich mir noch jeden Abend ein paar starke Drinks, nachdem ich die Kinder ins Bett gebracht hatte. Meine Mutter sagte mir, daß ich mich allmählich am Telefon verschwommen anhöre, und versuchte, mir zu helfen, aber sie war voll beruflich tätig und ein Jahr vor Georgies Geburt an der Parkinsonschen Krankheit erkrankt. Mein Bruder Johnny und seine Frau hatten drei kleine Kinder und lebten Hunderte von Kilometern entfernt. Mein anderer Bruder, David, und seine Frau Carol wohnten zwar in der Nähe und machten sich auch wegen meines Verbrauchs an Beruhigungsmitteln Sorgen, aber sie fühlten sich angesichts der ganzen Tragik genauso hilflos wie ich. Mein Selbstvertrauen war so erschüttert und mein Schmerz so groß, daß ich mich auf allen Seiten mit Abwehrmauern umgab. »Gott stehe Ihnen bei«, sagte einmal eine Frau auf der Straße zu mir, als ich ihr all meine Probleme aufzählte. Selbst der Kirchgang hatte für mich seine Bedeutung verloren. Ich hatte das Gefühl, daß mich nicht einmal jemand beachten würde, wenn ich mitten im

Gottesdienst aufstehen und schreien würde; es war so ein düsterer, feierlicher Ort. Ich machte meine eigene Version von Vietnam durch, in einem persönlichen und so unpopulären Krieg, daß es fast schon anstößig schien, ihn zu überleben. Ich hätte gern mit Dotsie getauscht.

An einem Juniabend, einige Wochen nach meinem dreißigsten Geburtstag, machte ich es mir vor dem Fernseher bequem, als ich bemerkte, daß ich nichts mehr zu trinken im Hause hatte. Ich schien mich nicht entspannen zu können und hatte innerhalb von zwei Stunden fünf Beruhigungstabletten genommen – alles, was noch in der Packung war. Es war mir nicht bewußt, daß ich jemanden auf mich aufmerksam machen wollte, doch ich rief meinen Psychiater an. Er geriet in Panik, weil er an Selbstmord dachte. Er hatte keine Ahnung, daß mein Apotheker die Dosis verdoppelt hatte, deshalb konnte er sich nicht vorstellen, daß ich überhaupt eine so große Menge verkraften konnte. Er sagte mir, ich solle dafür sorgen, daß zwei Freunde die Nacht bei mir verbrachten, um nach mir sehen zu können. Ich tat es, obwohl ich es für lächerlich hielt.

Am nächsten Morgen fühlte ich mich, als hätte ich mit Absicht alle Gitarrensaiten bis zum Zerreißen gespannt. Meine Freunde gingen nach Hause, um zu schlafen, und gaben meiner Familie Gelegenheit, mir zu Hilfe zu eilen. Meine Mutter und mein Bruder David saßen neben mir auf der Couch, während ich an ihrer Schulter weinte. Ich hatte Bill seit Monaten nicht mehr gesehen, und er kam auch vorbei, aber ich machte ihm nur gehörige Vorwürfe, daß er uns verlassen hatte. Nachdem er weg war, nahm mein Leid solche Ausmaße an, daß ich zu allem bereit war, um es nur abzustellen. Ich rannte ins Badezimmer, schloß die Tür ab und schluckte eine Handvoll rezeptfreier Schlaftabletten, die, wie ich gehört hatte, einen nicht umbringen konnten, ganz gleich, wieviel man davon nahm. Ich hoffte nur, sie würden den Schmerz so weit betäuben, daß ich aufhörte zu weinen und mich normal verhalten konnte. Die Tabletten wirkten nur zu gut und brachten mich einer Ohnmacht gefährlich nahe. Anschließend kümmerte es mich nicht mehr, was mit mir geschah: Als meine Mutter den Psychiater zu Rate zog und zu dem Schluß kam, mich ins Krankenhaus einliefern zu lassen, erhob ich keine Einwände. Ich war am tiefsten Punkt meiner Talfahrt angelangt, die ganz harmlos fünfzehn Monate vorher an dem Tag begonnen hatte, als ich das Angebot meiner Geburtshelferin akzeptierte, Beruhigungsmittel zu nehmen. Diese als Linderung bedachten Tabletten hatten mir auf Dauer nicht weitergeholfen. Ich nehme an, daß sie es nie tun.

In der Klinik wurde ich von einem jungen Assistenzarzt untersucht, der mich fragend über seine Hornbrille anschaute, als wollte er sagen: »Sind Sie sicher, daß Sie unbedingt hier sein müssen?« Ich wurde auf die Beobachtungsstation eingewiesen und erhielt einen Baumwollbademantel, ein Nachthemd und Pantoffeln aus Pappe. Abends gab man mir ein flüssiges Medikament in einem Pappbecher. »Das ist ein Schlafmittel, meine Liebe. Das schmeckt dir«, sagte die Schwester. Ich zog mich auf mein Zimmer zurück, dankbar, daß meine Zimmergenossin schizophren zu sein schien, und war in fünf Minuten eingeschlafen.

Am nächsten Morgen wachte ich erfrischt und mit klarem Kopf auf und wollte unbedingt nach Hause gehen, weil ich erkannte, daß dieser trostlose, schreckliche Ort nicht im entferntesten dem entsprach, was ich mir vorgestellt hatte. Als ich einmal eine Freundin vom College besuchte, die einen Nervenzusammenbruch erlitten hatte, war ihr Zimmer farbenfroh und heiter gewesen, nicht aber so eine triste Zelle wie diese hier, die ein nicht zu öffnendes Fenster hatte. Meine Zimmergenossin war auch keine große Hilfe, weil sie wie tot in ihrem Bett lag. Ich schaute sogar nach, um sicherzugehen, daß sie noch atmete, bevor ich mir meinen Bademantel und meine Pantoffeln anzog und mich auf den Gang wagte, um nach Essen Ausschau zu halten. Ich erreichte den Aufenthaltsraum, wo etliche unter dem Einfluß von Beruhigungsmitteln stehende Frauen im Nachtzeug schweigend frühstückten. Der Raum war riesig, hatte mit nicht zu durchdringendem Maschendraht versehene Fenster und eine lange Frühstückstheke an der entgegengesetzten Seite. Ich nahm mir ein gesprenkeltes Plastiktablett, das noch heiß und naß von der Spülmaschine war, erhielt einen Schlag Haferschleim und sah mich nach einem sicheren Platz um. Neben einem attraktiven, gepflegten Mädchen, das trotz der Mullbandagen an den Handgelenken intelligent und wach genug aussah, um eine Unterhaltung zu führen, war noch ein Platz frei. Ich stellte mich vor und fragte sie, was sie von der Klinik hielt.

»Oh, sie ist in Ordnung. Solange man keinen Ärger macht.«

»Ärger macht?«

»Ja, dann kommt man nach oben ins Cockpit.«

»Ins Cockpit?«

»Ja, wo sie einen in eine Zwangsjacke stecken und auf einen Rollstuhl schnallen.« Sie lächelte.

»Wie komme ich hier raus?« fragte ich.

»Fragen Sie die Sozialarbeiterin. Sie werden sie schon noch sehen, sie kommt etwas später.« Als ich mit dem Frühstück fertig war, stellte ich mein Tablett in die Durchreiche und ging zur Schwesternstation. Eine Schwester mit einem ziemlich dummen Gesicht blätterte einige Aufzeichnungen durch und schaute nach einer Weile auf.

»Darf ich bitte in mein Zimmer zurück?« fragte ich höflich und hoffte, daß gute Manieren einem Ausflug zum Cockpit vorbeugen würden.

»Nein«, sagte sie. »Tagsüber gibt's kein Hinlegen.« Ich konnte es nicht glauben. Ich war hier nicht nur wie ein Tier eingesperrt, sondern mir waren weder Ruhe noch Privatsphäre gestattet. Die Enttäuschung auf meinem Gesicht ließ die Schwester kalt.

»Nehmen Sie die hier«, sagte sie und reichte mir mehrere Pillen und einen Becher Wasser. Ich nahm sie gehorsam, und sie machte sich wieder an ihre Arbeit. Ich schlenderte zum Aufenthaltsraum zurück. Die Tische waren inzwischen zur Seite geschoben worden, und eine Gruppe von Frauen lief auf der freien Fläche in der Mitte im Kreis herum. Sie schlurften gemeinsam mit gesenktem Kopf herum, und ihre Pantoffeln aus Pappe raschelten auf dem Linoleum, bis eine der Frauen plötzlich ihre Faust erhob und mit einem obszönen Ausdruck die Decke anschrie. Im Abstand von einigen Sekunden wiederholte sie diesen Vorgang, während die übrigen Frauen schweigend mit gesenktem Kopf ihre Kreise drehten und in Zeitlupe Ringelreihen spielten. Ich war sprachlos. Ich hatte so etwas noch nie gesehen, nicht einmal im Film. An der Wand stand ein kleiner Tisch mit zwei Stühlen, und ich setzte mich auf einen davon. Sollte ich das Beste daraus machen, wo ich jetzt einmal da war? Eine Hilfsschwester kam raschelnd herüber und setzte sich mir gegenüber hin.

»Wie fühlen Sie sich heute?« fragte sie freundlich. Sie war hübsch und zierlich und hatte einen leichten spanischen Akzent.

»Danke, gut. Wie geht's Ihnen?« gab ich zur Antwort und versuchte zu lächeln.

»Danke, auch gut.« Sie schaute geistesabwesend weg. Ich hatte eine Idee.

»Hm, spielen Sie Bridge?« Ich dachte immer, daß alle Leute in einer psychiatrischen Klinik Bridge spielen. Sie sprang auf.

»Ich hole die Karten, und Sie bringen es mir bei, okay?« Ein paar Minuten später kam sie mit einem ramponierten, schäbigen Kartenspiel zurück. Ich zählte die Karten.

»Dieses Kartenspiel hat nur siebenunddreißig Karten«, sagte ich zu ihr und versuchte angesichts ihres Eifers freundlich zu sein. Sie sah enttäuscht aus. Ich drehte die Karten um und bemerkte, daß es nur Bildkarten waren. »Und es ist ein Binokelspiel«, sagte ich. Sie sah verwirrt und verärgert aus. »Also«, versuchte ich sie zu beruhigen. »Machen Sie sich deswegen keine Sorgen. Wir lernen ein anderes Mal Bridge. Danke.«

»Bitte«, erwiderte sie und stand auf, um zu gehen. Ich blieb noch einige Minuten sitzen und versuchte, zu einem Entschluß zu kommen, was ich machen sollte. Wenn ich einfach mit meiner Mutter reden und ihr erzählen könnte, wie es an diesem Ort aussah, würde sie bestimmt kommen und mich herausholen. Ich sah eine Schwester an der Tür stehen und dachte, sie wüßte vielleicht, wo ich telefonieren könnte. Es war eine große, autoritär wirkende Frau mit einem aufgedunsenen, zornigen Gesicht.

»Entschuldigen Sie bitte«, sagte ich. »Würden Sie mir bitte sagen, wo ich telefonieren kann?« Die Frage schien sie zu amüsieren, aber auch zu reizen.

»Was haben Sie gesagt?« fragte sie sorgsam, obwohl ich wußte, daß sie mich verstanden hatte.

»Ich sagte, ich würde gerne telefonieren.«

Sie wandte sich von mir ab, und während sie ihre Arme wie eine Ballerina hob, brüllte sie: »Nun, meine Damen! Ich möchte, daß Sie alle einen Augenblick stehenbleiben. Ich möchte, daß Sie das alle hören.« Die schlurfenden Damen blieben wirklich stehen und wandten sich ihr zu. »Diese Dame hier will telefonieren. Haben Sie mich verstanden? Diese Dame will telefonieren!« Sie schüttelte den Kopf, ein gezwungenes Lächeln absoluter Macht auf dem Gesicht, und ich erkannte verletzt und empört, daß sie mich völlig in ihrer Gewalt hatte. »Wo glauben Sie denn, daß Sie sind, meine Liebe? Im Gefängnis?« Sie zog ihre Schultern hoch, drehte sich um und ging weg, wobei sie mich verächtlich über die Schulter anschaute, während die Damen ihren Totentanz wiederaufnahmen.

Ich stand verwirrt und erniedrigt da, als ich erkannte, daß ich meiner bürgerlichen Rechte beraubt und hilflos skrupellosen Menschen auf einer geschlossenen Station ausgeliefert war. Ich kam zu dem Schluß, daß es das beste wäre, still zu sitzen und auf die Sozialarbeiterin zu warten, in der Hoffnung, daß sie vernünftiger sein würde als diese Wächterin des Gulag.

Eine Viertelstunde später sah ich die Sozialarbeiterin. Sie war nicht zu verkennen: neutral und anständig, in einem ordentlichen grauen Kleid und einer weißen Bluse. Als ich ihr erklärte, meiner Meinung nach bräuchte ich nicht länger zu bleiben, war sie höflich, verständnisvoll und schien mir zuzustimmen. »Sie können heute nachmittag mit dem

Arzt reden und die Möglichkeit einer Entlassung besprechen.« Ich war so erleichtert, daß es mir schwerfiel, mich
zu beherrschen. Sie erklärte mir, daß der Arzt um zwei Uhr
mit mir sprechen würde.

Ich ertrug das Mittagessen aus Makkaroni, Käse und
matschigen Karotten, das wir mit einem Löffel essen mußten, weil das andere Besteck als zu gefährlich galt. Um zwei
Uhr kam eine Schwester und begleitete mich zum Büro des
Psychiaters, dem Leiter der Station. Sein Zimmer war so
trostlos wie ein Güterwagen und hatte ein schmutziges
Fenster in einer ungünstig gelegenen Nische, aber der Arzt
selbst war freundlich, liebenswürdig und sehr attraktiv. Er
sah leger und entspannt aus, hatte seine Hemdsärmel bis
zum Ellbogen aufgekrempelt, kippte mit seinem Stuhl
nach hinten und lächelte, als ich eintrat. Sobald ich saß,
sagte er: »Ich habe gehört, daß Sie entlassen werden möchten.« Ich nickte. »Ich würde Ihnen zuerst gern einige Fragen stellen.« Als er mich danach fragte, wieviel Beruhigungsmittel und Alkohol ich gewöhnlich nahm, schüttelte
er den Kopf.

»Fünfzig Milligramm Librium alle vier Stunden, und das
in Verbindung mit Alkohol. Sie sind ein großes Risiko ein-
gegangen.«

»Ich wußte das nicht und habe geglaubt, daß ich es
brauchte. Ich werde nie wieder Tabletten nehmen. Ich
möchte nur hier raus und mich um meine Kinder kümmern.«

»Ja, ich habe mit Ihrem Arzt gesprochen und gehört, daß
Sie alle Hände voll zu tun haben. Ich werde Sie entlassen,
wenn jemand die Verantwortung für Sie übernimmt.«

»Wirklich? Einfach so?« Ich konnte mein Glück kaum
fassen. »Kann ich mal telefonieren?« Er sagte ja! Um drei
Uhr am gleichen Nachmittag drehte sich der Schlüssel hinter mir im Schloß; innerhalb weniger Minuten winkten
meine Mutter und ich uns ein Taxi herbei und steuerten auf
ihre Wohnung in Manhattan zu. Sie nahm mich zur Erho-
lung mit nach Hause. Sobald ich es mir in ihrem großen
Himmelbett mit einem Glas ihres exzellenten Möhrensafts

bequem gemacht hatte, erzählte sie mir, daß Georgie früher als erwartet nach Bellevue eingewiesen würde und daß Bill dies erledige. »Georgie ist morgen dort, und du sollst sie drei Wochen nicht besuchen, weil sie sich erst eingewöhnen muß. Bill kümmert sich um Dotsie, und du sollst dich nur ausruhen und Vitamine schlucken.«

Ich stellte fest, daß ich auf Beruhigungsmittel und Zigaretten ohne Schwierigkeiten verzichten konnte, aber ich fing an, mehr Alkohol zu trinken. Als ich nach Connecticut abreiste, um am Wochenende des 4. Juli eine Tante und einen Onkel zu besuchen, bemerkten sie das und gaben mir ein Buch mit dem Titel *Auf der Suche nach Heiterkeit* zu lesen. Der Autor schien zu verstehen, wie es ist, wenn man ständig in einem Zustand der Angst und Verzweiflung lebt. Mein Onkel und ich redeten darüber, und er hielt mir einen Vortrag über meinen Alkoholkonsum.

»Ich kenne eine Frau, die hier in der Nähe lebt«, sagte er, »und selbst wenn sie eine an Leukämie erkrankte Tochter hätte und eine andere, die autistisch ist, und wenn ihr Mann sie wegen einer anderen Frau verlassen hätte, würde sie beim Grüßen immer noch lächeln.«

»Quatsch!« sagte ich. Aber er bestand darauf, riet mir, mit dem Trinken aufzuhören und mich einer Therapiegruppe anzuschließen, dort würde ich lernen, wie ich meine Einstellung ändern könnte. »Nicht deine Probleme bringen dich um«, sagte er. »Es ist deine *Reaktion* auf deine Probleme.« Das Wort *Reaktion* hallte in mir wider und bot mir die Möglichkeit zum Überleben. Ich beschloß, seinem Rat zu folgen. Ich nahm den Zug zurück in die Stadt und fand mein Auto ausgeplündert und nur auf Felgen vor. Ich ließ es dort stehen, damit es abgeschleppt würde, und fragte mich, wie ich die Fahrten zu den Krankenhäusern meiner Kinder ohne Auto schaffen sollte.

Bei meiner Heimkehr schien ich Monate anstatt Tage weggewesen zu sein, und alles kam mir wie verwandelt vor. Anstatt mein Leben auf alle anderen auszurichten, hatte ich das erstemal seit Jahren ein persönliches Ziel, und das war, nicht in eine psychiatrische Klinik zu müssen. Obwohl ich glaubte, nie darüber hinwegzukommen, und für immer schockiert sein würde, an solch einem Ort gewesen zu sein, konnte ich wenigstens versuchen, nie mehr dorthin zurück zu müssen. Und das hieß, daß ich mich mehr um mich selbst kümmern mußte.

Als Dotsie und ich eines Morgens zum Spielplatz gingen, erblickte ich eine Freundin, die gerade ihren Doktor in Psychologie gemacht hatte. Dotsie rannte zur Rutsche, und meine Freundin und ich unterhielten uns intensiv. Ich erzählte ihr von meinem Tag in der Klinik und von meinen Schuldgefühlen wegen der Krankheiten meiner Kinder. Sie meinte, daß meine Schuldgefühle völlig übersteigert seien und aus meiner Kindheit stammen mußten.

Kurz nach dieser Begegnung freundete ich mich mit einer Schwester aus der Psychiatrie an. Ich hatte sie auf einer der Sitzungen der Therapiegruppe kennengelernt, die mein Onkel mir empfohlen hatte. Diese Schwester meinte, daß mein Erlebnis auf der psychiatrischen Station eine Art Abscheu vor dem Wahnsinn bewirkt habe; ich sei dort an meinem tiefsten Punkt angelangt und könne dafür sogar dankbar sein, weil mich das so erschreckt habe, daß ich lernfähig geworden sei. Wir verbrachten sehr viele Stunden damit, meine Kindheit zu analysieren. Ich machte bei ihr praktisch eine Therapie. Sie und andere halfen mir bei den Treffen, die ich besuchte, mit mir selbst besser fertig zu werden. Ich lernte den Wert des Augenblicks schätzen, »im Jetzt zu leben, weil das Jetzt alles ist, was man hat«, und es war, als ob man in das Auge eines Hurrikans kriechen würde. Meine Selbstachtung begann zu wachsen, und ich fing an, meine Gemeinsamkeiten mit anderen Menschen zu entdecken. Wo ich auch hinging, erlebte ich freundliche Begegnungen, und fast immer waren die Menschen liebenswürdig, wenn ich es auch war. Vorurteile, Unterschiede, Snobismus und Elitedenken verschwanden, und ich stellte fest, daß ich mich mit fast jedem verstand. Während ich klaren Kopf behielt und mein Nervensystem heilte, glaubte ich langsam, daß ich es schließlich doch schaffen könnte.

FÜNFTES KAPITEL

Reaktionen

Georgie wurde in Bellevue eingewiesen und lebte sich ohne ein Anzeichen des Protestes ein. Als die drei Wochen der Eingewöhnung vorüber waren, machte ich mich auf den Weg zur Klinik, um Georgie für das Wochenende nach Hause zu holen. Ich ließ Dotsie bei den Nachbarn nebenan, nahm die U-Bahn nach Manhattan und wünschte mir, doch noch ein Auto zu haben.

Ich ging die 30. Straße zur Klinik hinunter und konnte den East River sehen, wie er hinter der Franklin-D.-Roosevelt-Zufahrt träge dahinfloß. Ich schauderte, kauerte mich in meinem Regenmantel zusammen, krümmte die Schultern und versuchte, nicht zu den schwer vergitterten Fenstern der Gefängnisstation im zweiten Stock hochzuschauen. Mein neu erworbenes Wissen über städtische Krankenhäuser half mir da keineswegs, und ich mußte mich zwingen, mich auf die saubere, organisierte und leistungsfähige autistische Station im sechsten Stock mit Blick auf den Fluß zu konzentrieren. Ich rief mir in Erinnerung, daß die Station eigentlich gar nicht Bellevue war, womit man in Gedanken Gewalt und Armut verband. Dies hier war die Universität von New York mit seiner Autistischen Station Bellevue. Nicht etwa ein Pferch, in dem die Geistesgestörten dahinvegetierten, sondern ein freundlicher, organisierter Ort für Therapie und Heilung, mit viel Geld und Personal ausgestattet und einer hohen Erfolgsquote.

Ich fühlte mich bedrückt und zerbrechlich, und die schlimmen Erinnerungen an meinen Tag auf der »Psychostation« überfluteten mich, als ich die schwere Tür aufschwang und die schwachbeleuchtete Eingangshalle so schnell wie möglich durchquerte. Der dichte Maschendraht vor den Fenstern zerstreute das hereinströmende Licht, und überall waren Menschen, ein Querschnitt der Menschheit: Menschen in weißen Mänteln, Menschen mit

Dienstmarken, uniformierte Pfleger, Patienten. Eine gedrungene Frau mit Kopftuch wartete mit mehreren Kindern im Schlepptau auf den Aufzug. Während sich die Kinder in den Falten des schwarzen Rocks ihrer Mutter zusammendrängten, sahen sie mich mit dem Daumen im Mund und großen Augen an.

Der veraltete Aufzug brauchte einige Minuten, bis er kam, und der Zeiger kroch unsäglich langsam gegen den Uhrzeigersinn auf dem runden Messinganzeiger. Als ich nach oben fuhr, standen zwei Ärzte neben mir, der eine groß und blaß, der andere klein, zierlich und südamerikanisch. Sie unterhielten sich leise, aber ich konnte jedes Wort verstehen. »Maria.« Der Kleinere redete und sah lächelnd zu dem anderen hoch, der eine Karteikarte mit beiden Händen fest an seine Brust drückte. »Was willst du mit Maria machen?« Ich war sicher, daß er über ein kleines Mädchen in der autistischen Abteilung sprach. Ich war ihr begegnet, als ich die Station besuchte, bevor Georgie aufgenommen wurde. Maria war genau in Georgies Alter, hübsch, hatte glänzendes, welliges, schwarzes Haar, olivfarbene Haut und große, klare schwarze Augen. Sie tanzte und hüpfte, wenn sie sich bewegte, und ständig lief ihr der Speichel aus dem Mund. Sie starrte durch jeden hindurch und konnte nicht ruhig bleiben. Sie hatte noch nie ein Wort gesagt. Der Arzt machte eine abfällige Handbewegung, die einen großen rötlich goldenen Diamantring und einen diamantenbesetzten Manschettenknopf aufblitzen ließ. »Ich denke, wir schicken sie nach Lourdes!« witzelte er. Er lachte so, daß seine Goldfüllungen funkelten, der andere Arzt lachte leise, und ich hätte ihnen am liebsten ihre Schädel zertrümmert.

Im sechsten Stock stieg ich aus. Ich mußte den Spießrutenlauf durch die Station der geistesgestörten Kinder machen, um zur autistischen Abteilung zu gelangen, denn die verschlossene Tür zu meiner Rechten war der einzige Zugang. Der leuchtende, ursprünglich blaue Emaillelack war durch Tausende verzweifelter Versuche abgesplittert, jemanden von der anderen Seite herbeizurufen, der den großen, in das gewaltige Schloß passenden Messingschlüssel hatte. Ich klopfte und wartete auf das Geräusch nahender Schritte, aber ich hörte nur die mißtönenden Schreie der Kinder auf der anderen Seite. Schließlich schlug ich erst mit der Kante meiner Hand, dann mit meinen Schlüsseln dagegen und sorgte auch meinerseits für ein paar Splitter.

Nach einigen Minuten öffnete eine große, eindrucksvolle Frau in Straßenkleidung die Tür und sagte: »Kommen Sie hier entlang«, und ihre langen roten Fingernägel funkelten wie Rubine, als sie mich freundlich hereinließ. »Ich bin Miß Dials«, sagte sie. Ihre tadellose Kleidung und ihre überaus freundliche Ausstrahlung verkündeten, daß sie ein Teil der Lösung, ich hingegen ein Teil des Problems war.

Wir gingen am Aufenthaltsraum der Station entlang und hielten uns dicht an der Wand. Es wimmelte von älteren Kindern, fast alles Jungen. Einige drängten sich um mich, faßten nach meinem Regenmantel und dem Riemen meiner Handtasche und fragten mich »Wohin gehst du?« und »Was machst du hier?« Ein schlanker, nervöser Junge von etwa zehn Jahren streifte mich und stieß sein Gesicht nur wenige Zentimeter von meiner Nase entfernt nach oben. Er hoppelte, torkelte und sprühte vor Energie, wobei er unbewußt meinen Weg kreuzte. Mir war unbehaglich zumute, ich hatte Angst und Schuldgefühle, weil ich eigentlich Mitleid mit ihm haben sollte, statt dessen aber nur so schnell wie möglich an ihm vorbei wollte.

»Wen holst du denn ab?« fragte mich ein größerer Junge, der genauso dicht von der anderen Seite auf mich zugesteuert kam. »Hast du was für mich?« Ich folgte Miß Dials und war dankbar für ihre Anwesenheit, als sie die Kinder verscheuchte, einige von ihnen beim Namen nannte und über die Schulter zurückblickte, um sicherzugehen, daß ich sie mit Erfolg abwehrte.

»Oh, diese Kinder«, sagte sie lächelnd. »Albern immer herum. Lassen Sie sich nicht von ihnen stören.« Sie blieb an der Tür stehen, suchte unter den vielen Schlüsseln an ihrem riesigen Schlüsselbund nach dem richtigen, und dann tauchten wir erleichtert in die ganz andere Atmosphäre der autistischen Station ein Hier war es halbdunkel, leer und ruhig. »Georgie ist da unten am Ende des Flurs«, mit diesen Worten entließ sie mich und wies in die richtige Richtung. In einem großer Raum am Ende des breiten Korridors sah ich Georgie an einem Tisch sitzen und mit einem Puzzle spielen. Obwohl sie sich wie eine Flickenpuppe anfühlte, als ich sie umarmte, und sie sich weder wehrte noch reagierte, spürte ich irgendwie, daß sie wußte, wer ich war. Ich setzte mich auch auf einen kleinen Stuhl neben sie und reichte ihr ein Puzzleteil. Sie nahm es und legte es geschickt an den richtigen Platz. Es war schwer zu glauben, daß sie angesichts einer solchen Frühreife zurückgeblieben sein sollte. Sie war so gewandt und schnell, wenn es um Puzzles ging oder Schuhebinden, Anziehen, Kochen und natürlich Malen.

Eine leise sprechende, sanfte Frau über fünfzig mit verblaßtem rotblondem Haar und einem friedfertigen Gesicht kam und setzte sich zu uns. Sie stellte sich vor und sagte, sie sei die Beschäftigungstherapeutin. »Georgie macht sich gut; wir sind sehr zuversichtlich«, meinte sie. »Wir arbeiten eng mit ihr zusammen, und sie fängt jetzt an zu sprechen. Sie können mit ihr zu Hause weiterarbeiten. Georgie scheint wirklich gut zu reagieren. Sie ist entschlossen.« Dies war die erste positive Unterhaltung, die ich je über Georgie geführt hatte. Georgie sprach nicht nur, sondern war auch entschlossen. Das sagte, abgesehen von ihrem Autismus, auch etwas über ihren Charakter aus: Ihr wirkliches Wesen kam nun zum Vorschein. Endlich steuerten wir in die richtige Richtung, und ich hatte eine klare Vorstellung, was ich tun könnte: Georgie und ich würden miteinander reden. Ich könnte sie jetzt endlich kennenlernen. Es war die aufregendste und wunderbarste Aussicht, nicht nur für sie, sondern auch für mich. Ich hatte bis dahin nicht erkannt, wie ich mich nach Informationen über sie gesehnt hatte. Jetzt konnte ich herausfinden, wer sie wirklich war und was sie fühlte. Georgie mußte nicht auf ewig ein Rätsel bleiben, und wenn sie erst redete, bestand die Hoffnung, daß sie eines Tages »normal funktionieren« würde, ganz gleich was die Ärzte über ihre Chancen meinten.

Dr. Magda Campbell, die Leiterin der Station, kam zum Tisch herüber, um mich zu begrüßen. Ihr schönes, glänzendes Haar war zu einem perfekten Nackenknoten zusammengefaßt und ihr Lächeln ein therapeutisches Werkzeug aus Wärme und Strahlen. »Wir sind so erfreut über Georgies Anpassung«, sagte sie, und ein ungarischer Akzent färbte ihre Worte. »Ich hoffe, Sie haben ein angenehmes Wochenende mit ihr.« Die andere diensthabende Psychiaterin schloß sich uns an, eine sanfte, entspannte Frau. Sie vermittelte anderen ihren klaren Verstand, der alles durchdrang, was sie sagte und tat. Sie stellte sich vor, fragte, wie es mir gehe, und ging dann schnell mit Dr. Campbell weg. Die beiden überließen mich mit tausend Fragen, die bis auf weiteres warten mußten, meinem Schicksal.

Georgie und ich sammelten uns. Wir packten Zahnbürste, Pantoffeln, Haarbürste und Bademantel ein und gingen den Korridor entlang, wobei Georgie wie üblich meine Hand ablehnte. Wir gingen an Maria vorbei, die Zielscheibe des ärztlichen Spottes, die an einem Tisch saß. Ihre Arme bewegten sich wie bei einer Marionette, schlugen in die Luft und drehten sich ziellos. Ihr Kopf baumelte zur Seite, und ihre großen Augen funkelten, waren aber unter den seltsam hochgezogenen Brauen ausdruckslos. Es war noch ein weiteres Kind da: Emily, sie war drei und damit ein Jahr jünger als Georgie. Emily beschäftigte sich fleißig mit Plastikwürfeln und setzte sie in eine bestimmte Reihenfolge. Sie hielt den Kopf gesenkt, und ihre Gesten waren sorgfältig und behutsam. Ihr dünnes braunes Haar, die wächsernen Gesichtszüge und die blasse Farbe ihrer Wangen gaben ihr das Aussehen einer altmodischen Puppe. Ich stand einen Moment im Durchgang, sie blickte zu mir auf und warf mir nicht nur einen kurzen Blick zu, sondern lächelte sogar leicht. Sie war schon viel weiter als Georgie.

Ganz hinten im Raum, von wo sie die Kinder überblicken konnte, saß eine etwas unordentliche Frau, die freundlich lächelte. Mir wehte eine leichte Alkoholfahne entgegen, als ich an ihr vorbeiging. Als Miß Dials zu uns stieß und uns zum Aufzug begleitete, fragte ich sie nach der Frau. »Oh, sie ist schon lange hier. Sie ist gut zu den Kindern. Keiner kommt so gut mit ihnen zurecht wie sie. Machen Sie sich deswegen keine Sorgen.« Obwohl ich mich vor einem vorschnellen Urteil vorsehen wollte und versuchte, nicht allzu nüchtern und kritisch zu sein, war ich beunruhigt.

In einem der Schlafzimmer auf der rechten Seite sah ich eine große Frau ein Laken ausschütteln. Sie sah finster in unsere Richtung und ging dann wieder an ihre Arbeit. »Ich nehme an, daß sie auch gut zu den Kindern ist«, sagte ich und hoffte, daß es stimmte. Miß Dials versicherte mir, daß das der Fall sei.

In einer Ecke des Flurs stand neben der Tür ein weiterer kleiner Patient, der mit einem Zeh schlurfte und uns verführerisch ansah. Er war auch drei, ein winziger Junge mit kurzgeschnittenem Haar und einem breiten Grinsen. Als Miß Dials ihren Schlüssel nahm, setzte er sich in Bewegung, um uns zu folgen.

»Du wartest hier schön, José«, sagte sie. »Niemand außer Georgie und ihrer Mutter geht irgendwo hin. Deine Mutter ist noch nicht da.« Er schlich zu mir zurück und sah mich schmeichelnd an.

»Auf Wiedersehn, José«, sagte ich.

»Auf Wiedersehn, José«, sagte er leise. Ich sah Miß Dials fragend an.

»Oh, das ist Echosprache«, sagte sie. »Echolalie. Er spricht Ihre Worte nach. Sie machen das manchmal alle, wenn sie reden.« Ich dachte an Georgie, wie perfekt sie die Seehunde im Central Park nachgeahmt hatte.

Georgie und ich gingen bis zur Ecke der First Avenue und suchten uns ein Taxi. Als wir die vertraute Franklin-D.-Roosevelt-Zufahrt zur Brooklyn Bridge entlangfuhren, blickte Georgie ruhig auf ihre Finger und hielt sie gegen das Fenster. Es fing an zu regnen, kleine Tropfen rutschten ungleichmäßig über das Glas, und sie beobachtete die Muster, wie sie sich verbanden und im Wind wieder auflösten. Kein Kind war so leicht zu unterhalten: Langeweile war für sie ein Fremdwort. Ich amüsierte mich auch, aber auf meine Weise, kostete den Luxus einer Taxifahrt aus und freute mich über die Neuigkeit, daß Georgie redete und daß man mir gesagt hatte, sie sei entschlossen und reagiere gut auf die Therapie. Weil ich wußte, daß sie Fortschritte machte, konnte ich mich viel leichter mit den tatsächlichen Gegebenheiten abfinden, daß sie nämlich in »stationärer Heimbehandlung« war; so wie der kleine Junge in der Reihe »Marcus Welby, Dr. med.« vor zwei Jahren, als ich geglaubt hatte, daß so etwas Georgie und mir nie zustoßen könne.

Georgies Fortschritte und die Tatsache, daß sich ihr Zustand nicht mehr verschlechterte, bestärkten mich in meinem kürzlich gewonnenen Glauben, daß jemand die ganze Zeit über mich wachte und nicht nur ab und zu. Als wir im Verkehr dahinfuhren, wanderten meine Gedanken zu einem Vorfall zurück, der meine Einstellung radikal verändert hatte. Er hatte mir ein Gefühl des Schutzes und der Lenkung gegeben, das mich gefreut und in Erstaunen versetzt hatte. Dieses Gefühl, das meine Perspektive und meine Wahrnehmung der Realität veränderte, hatte ich beibehalten. Man konnte selbst den schlechtesten Dingen, die sich ereigneten, noch etwas Gutes abgewinnen, denn schließlich vollzog sich der Wandel in meinem Denken als direkte Folge meiner langwierigen, fürchterlichen Schlaflosigkeit.

Nachdem ich meine Pillen weggeworfen und dem Alkohol abgeschworen hatte, stellten sich solche Schlafschwierigkeiten ein, daß ich das Gefühl hatte, seit drei Wochen nicht mehr geschlafen zu haben. Bei den Treffen meiner Therapiegruppe erklärte man mir, die Beruhigungsmittel und der Alkohol hätten meinem Nervensystem so großen Schaden zugefügt, daß ich monatelang unter Schlaflosigkeit leiden könne.

Man riet mir zu beten, und als ich erwiderte, daß ich Agnostikerin sei und nicht wisse, zu wem ich beten solle, sagte jemand: »Also, dann beten Sie zu wem Sie wollen. Aber *beten* Sie.«

Ich war verlegen und skeptisch, beschloß aber, es zu versuchen. Was hatte ich denn zu verlieren, sagte ich mir; es würde wahrscheinlich ohnehin nicht funktionieren. Daß ich so eine Hilfe überhaupt brauchte, verletzte mein Gefühl der Selbständigkeit und mein Selbstvertrauen, aber ich mußte zugeben, daß ich verzweifelt war. Ich hatte schon so oft Menschen sagen hören, man müsse »es einer höheren Macht übergeben«; und da diese Menschen im Gegensatz zu mir mit sich selbst in Frieden zu leben schienen, kam ich zu dem Schluß, es sei vernünftig, auf sie zu hören und ihren Rat zu befolgen.

Eines Abends saß ich auf meinem Bett und sah auf die Pierrepont Street hinaus, die von Bäumen gesäumt war und sich bis zum Hafen erstreckte, wo das Wasser die Lichter der weit entfernten Wolkenkratzer widerspiegelte. Hoch droben im Himmel und weit weg stellte ich mir auf einer Wolke eine magere Gestalt in einem langen, weißen Gewand vor, den autoritären Gott meiner Kindheit, und während ich mir lächerlich und vernünftig zugleich vorkam, betete ich zu Gott und bat ihn um Rat bei einem kleineren Problem, das mit Dotsie zu tun hatte. Meine Sehnsucht nach einem Mittel gegen meine Schlaflosigkeit brachte ich dabei nur am Rande zum Ausdruck. Diese kleine Geste des Glaubens und des Sich-Verlassens veränderte mein Leben, als ich deutlich spürte, daß ich mir die Antwort nicht selbst gab, wie es eben in der Heiligen Schrift heißt. »Du meinst, der Mann auf der Wolke hat mit dir gesprochen?« fragte Dotsie, als ich ihr von meinem Erlebnis erzählte.

»Ja, irgendwie hat er das getan«, sagte ich. »Er redete mit mir von seinem Herzen zu meinem Herzen.« Sie akzeptierte dies in dem vollkommenen Kinderglauben, als ob sie sagen wollte: »Warum nicht?«

Diese »Lenkung« bot mir eine Lösung, an die ich nicht gedacht hatte, und zwar für jedes kleine Problem mit Dotsie, das ich weitergab. Indessen konnte ich erkennen, daß die Antwort richtig war und mir anscheinend beim Gebet gekommen war. Ich konnte dort Glauben schenken, wo Glauben angebracht war. Und zu meinem Erstaunen fühlte ich mich jetzt müde, obwohl es erst elf Uhr abends war.

Ich konnte mich nicht erinnern, daß ich das Radio angestellt hatte, aber plötzlich hörte ich wunderschöne Musik aus dem Radio kommen, und während ich auf meinem Bett saß und lauschte, schien sie anzuheben und das ganze Zimmer zu erfüllen. Sie hatte keinerlei Ähnlichkeit mit Musik, wie ich sie je zuvor gehört hatte. Nach einigen Minuten ging ich, von meinem Bedürfnis nach Schlaf überwältigt, quer durch das Zimmer, um das Radio abzuschalten, stellte aber fest, daß es schon *abgeschaltet* war. Während die Musik zu verstummen begann, schwebte ich zu meinem Bett und fiel in einen nebelhaften Schlaf.

Am nächsten Morgen rief ich eine Freundin an, die sich in spirituellen und psychologischen Angelegenheiten auskannte.

»Wonach hat sich die Musik angehört?« fragte sie.

»Das kann ich unmöglich beschreiben«, sagte ich. »Aber himmlische Musik mit Gospelbeat kommt dem ziemlich nahe. Und sie nahm an Lautstärke zu, erfüllte das Zimmer und verstummte dann. Und die ganze Zeit war das Radio aus. Ich habe es immer wieder überprüft. Der Knopf stand auf ›Aus‹.«

»Es war entweder eine Täuschung des Gehörs, dadurch bedingt, daß du die Tabletten abgesetzt hast, oder es war ein echtes spirituelles Erlebnis. Ich weiß nicht, was von beiden es nun genau war. Aber ich habe noch nie etwas von unterschiedlichen Lautstärken bei Täuschungen des Gehörs gehört.«

»Ich weiß nicht, ob ich mich mit Johanna von Orleans oder mit Ophelia identifizieren soll«, sagte ich. Sie beruhigte mich und sagte mir, ich brauche mir deswegen keine Sorgen zu machen, denn zu Beginn eines Konversionserlebnisses sei alles möglich. Sie hatte schon ähnliche Geschichten gehört, obwohl die Menschen sie immer nur widerstrebend preisgeben, aus Angst, für verrückt gehalten zu werden, oder weil Skepsis und/oder Spott schwer zu ertragen sind. Sie riet mir, ich solle dieses Erlebnis einfach in einer Ecke meiner Psyche als wunderbares Geheimnis begraben.

Ich wand mich hin und her, gab aber schließlich zu, daß es wohl ein Wunder gewesen sein mußte, weil es die völlige Heilung meiner Schlaflosigkeit und einen Glaubensanstoß bewirkte, der meine Einstellung auf Dauer veränderte.

Wunder hielten von da an mein persönliches Leben in Gang, und ich redete schonungslos und ohne Scham mit jedem darüber, der mir zuhörte. Meine eher weltlich gesinnten Freunde machten abschätzige Bemerkungen und dachten, daß ich mühelos von Verzagtheit in religiöse Manie überging. Mich interessierte nicht, was sie meinten, weil ich wußte, daß ich auf dem Weg der Gesundung war, und das war ein herrliches Gefühl.

Die Auswirkungen auf mein Leben zu Hause waren wunderbar. Ich fing an, mich vom Negativen zum Positiven hin zu verändern. Mein Leben nahm eine ordentliche Gestalt an, und daheim war es friedlich. Die Atmosphäre änderte sich. In einem Wunsch nach Klarheit hatte ich die ganze Wohnung weiß gestrichen und alles Unwichtige hinausgeworfen oder verschenkt. Ich spielte immer noch nicht Gitarre, wenn Georgie in der Nähe war, aber da sie jetzt während der Woche nicht zu Hause war, fingen Dotsie und ich an, zur Gitarrenbegleitung begeistert bekannte Lieder zu singen. Wir lernten den Text von »Bridge over Troubled Water«, »Raindrops Keep Fallin' on My Head« und »Let It Be«. »Let It Be« wurde unser Lieblingslied: »… whispering words of wisdom, let it be.« Ich besaß ein Gesangbuch, und obwohl es seltsam klang, Kirchenlieder zur Gitarre zu singen, dachte ich mir, warum eigentlich nicht, und wir sangen unsere aktuellen Lieblingslieder genauso gerne wie die, die ich in meiner Kindheit gelernt hatte. Da ich die Worte jetzt wirklich glaubte, hatten sie eine völlig neue Bedeutung und trösteten mich. Falls dies das Beruhigungsmittel für die Massen war, hatte es eine starke Wirkung, aber nichts von einer Droge an sich. Es glich der Realität. Es war eine Realität, die ich vorher noch nicht kennengelernt hatte. Es ermöglichte mir, wie jene Frau zu handeln, von der mir mein Onkel erzählt hatte: die, was auch geschah, lächelte, wenn sie morgens grüßte.

Ich liebte unser Hochhaus und fühlte, daß unsere erstklassige sonnige Wohnung mit fester Miete und Blick auf das Wasser der Segen unseres Lebens war. Im ganzen Haus waren die Nachbarn freundlich, hilfsbereit und eine Stütze. Ich verließ mich immer mehr auf sie. Kitty und Claire Griffin, zwei ältliche Schwestern, lebten nebenan. Kitty, die die Rolle von Dotsies Ersatzgroßmutter übernommen hatte, hatte Dotsie zu sich eingeladen, während ich Georgie zum Wochenende aus Bellevue abholte. Als Georgie und ich aus dem Aufzug stiegen, warteten sie vor der Tür auf uns.

»Wir haben den Aufzug gehört, und Kitty meinte, daß ihr es wahrscheinlich seid«, sagte Dotsie und lächelte das Lächeln einer Sechsjährigen, bei der zwei Schneidezähne fehlen. Kitty hatte ihre Hand auf Dotsies Schulter gelegt.

»Also, Dotsie«, sagte sie. »Du gehst nach Hause und kommst später wieder, wenn du Abendbrot gegessen hast, und machst dann mit dem Spiel weiter, mit dem du gerade beschäftigt warst.« Ich öffnete die Tür, ließ die beiden Mädchen in die Wohnung, und Kitty flüsterte mir verschwörerisch zu, während ihr sorgfältig gelocktes weißes Haar im Licht des Treppenhauses leuchtete: »Oh, diese Dotsie. Sie ist ein sehr unterhaltsames kleines Ding.« Ihr schmales, zerfurchtes Gesicht hellte sich auf, als sie mir erzählte: »Ich bin von ihr einfach hingerissen. Sie erfindet die wunderbarsten Spiele, Geschichten und Lieder, und sie spielt in so vielen verschiedenen Dialekten. Ich höre ihr einfach so gerne zu.« Als die Mädchen uns nicht mehr hören konnten, griff sie plötzlich nach meinem Arm, und ihre Augen füllten sich mit Tränen. »Ich kann es einfach nicht glauben, ich kann es einfach nicht glauben«, sagte sie. Sie verschwand und nahm ein Taschentuch aus der Tasche, während sie die Tür leise hinter sich schloß.

Obwohl es ein sehr großer Segen war, daß Kitty Dotsie gerne so oft um sich hatte, bremste mich doch plötzlich ihr Kummer. Daß sie Leukämie als absolut unheilbar akzeptierte, war logisch, für mich aber trotzdem unmöglich. Ich war nicht bereit aufzugeben. Und doch barg auch der Versuch, der Wirklichkeit zu entgehen, Probleme in sich. Die Berg-und-Tal-Bahn von Dotsies Besserungen, die fraglos die Mühe lohnte, war eine harte Fahrt.

Als ich meinen Regenmantel abschüttelte und ihn in den Schrank hängte, genoß ich das Gefühl, zu Hause zu sein und meinen Hafen, meinen eigenen Platz, anzusteuern, um mich zu entspannen. Kein Mann, für den ich kochen mußte, keine Mangel, durch die ich mich drehen lassen mußte, und niemand, der mir sagte, was ich zu tun hatte. Ich fühlte mich wie ein Sklave, der seine Zeit abgedient hatte und nun frei war.

Ich konnte kaum meine erste richtige Unterhaltung mit Georgie erwarten, wollte aber erst sichergehen, daß ich ihr keine Angst einjagte, weil sie sich gezwungen fühlte. Ich holte Papier von dem Stapel auf dem Regal, und wir legten uns alle drei mit dem Bauch auf den Fußboden, um zu malen, was ich noch nie getan hatte. Ich malte zwei große Kästen, einen gelben und einen roten. »Welche Farbe magst du lieber, Georgie, Rot oder Gelb?« fragte ich und zeigte auf die Kästen.

»Lot oder Gelb«, sagte sie.

»Nein. Welche magst du lieber, Rot oder Gelb?« Georgie sah mich nicht an, aber sie dachte anscheinend über die Frage nach und suchte nach einer Antwort, die keine reine Wiederholung war.

»Lot!« Es war unsere erste richtige sprachliche Verständigung, und ich werde sie nie vergessen. Ich hätte sie gerne in Bronze getaucht und auf den Kaminsims gestellt.

»Georgie, welche Farbe magst du lieber, Rot oder Blau?«

»Blau.«

»Okay. Welche Farbe magst du lieber, Blau oder Grün?«

»Gün.«

»Welche Farbe magst du lieber, Rot oder Grün?«

»Gün.«

»Welche Farbe magst du lieber, Gelb oder Grün?«

»Gün!« Ich schloß aus dieser Unterhaltung, daß Grün Georgies Lieblingsfarbe war, eine aufregende und herrliche Entdeckung. Da ich Blau vorzog, hatte sie sich die Farbe Grün allein gewählt. Sie konnte sie als Ausdruck ihrer Unversehrtheit ihr eigen nennen.

Im Sommer gingen wir gerne im Regen spazieren. Aus irgendeinem Grund benutzte Georgie nicht gerne einen Regenschirm, aber Dotsie liebte ihren, und wir patschten alle in Regenjacken und Gummistiefeln durch die Pfützen. Wir wichen denen mit einem buntschillernden Ölfilm aus, aber gerade diese faszinierten Georgie, die sich in die Hocke setzte und hineinstarrte, bis wir sie mit aller Kraft wegziehen mußten. Georgie war nie so begeistert wie Dotsie, wenn ich einen Spaziergang im Regen vorschlug, aber Dotsie und ich machten das unheimlich gerne, angefangen von den glänzenden Gehwegen bis zu dem eigenartigen Licht am Himmel. Wir gingen nie im Gewitter nach draußen, sondern nur, wenn es ungefährlich war, und ich konnte nicht verstehen, warum wir immer die einzigen draußen waren, die sich vergnügten. Es war so eine wundervolle Art, Spaß zu haben und sich dabei abzukühlen.

»Was magst du lieber, Sonne oder Regen?« fragte ich Georgie.

»Sonne.«

»Gehst du gerne im Regen nach draußen?«

»Legen.«

»Nein, Georgie, antworte mir mit Ja oder Nein. Gehst du gerne im Regen nach draußen? Sag ja oder nein.«

Schweigen.

»Wenn du ja sagst, gebe ich dir einen Keks.«

»Keks.« Ich gab ihr den Keks. Ich konnte nicht widerstehen.

»Gehst du jetzt gerne im Regen nach draußen? Antworte

mir mit Ja oder Nein.« Georgie schwieg, während sie an ihrem Keks kaute. Ich hatte nicht vor, ihr den Keks wegzunehmen. Brauchte sie deshalb eine neutrale Umgebung und ein ganzes Team von wunderwirkenden, geduldigen Mitarbeitern? Ich kniete mich hin, zog Georgie zu einer ungestümen Umarmung hoch und ignorierte die Tatsache, daß ihre Arme seitlich herunterhingen und sie ihren Kopf abwendete. »Ich möchte eine innige Umarmung«, sagte ich, weil ich feiern wollte, wie gut ich mich fühlte. Ich hatte gelernt, daß ich innige Umarmungen auch bei anderen Gelegenheiten sehr gut brauchen konnte, wenn ich mich beispielsweise unsäglich traurig fühlte und der Kontakt den Schmerz wirklich so viel erträglicher machte, daß ich ihn aushalten konnte. Dotsie, die gerade in unserer Nähe malte, stand auf, kam herbei und legte ihre Arme so um mich, daß unsere Herzen genau aneinander lagen. Sie drückte ihre Wange an meine, und ihr Krauskopf streifte mein Haar. »Ich liebe dich, Mommy.«

Im Herbst erhielt Dotsie ein neues Medikament, das anscheinend Wunder wirkte und ihr solche Besserung bescherte, wie niemand sie erwartet hatte. Da die Zahl ihrer weißen Blutkörperchen zu hoch war, als daß sie in die Schule hätte gehen müssen, sie sich jedoch gut fühlte, nutzten wir den Winter über die freie Zeit und unternahmen gemeinsam in ganz New York Ausflüge und Abenteuer. Als ein Freund von mir, der mit meinem ehemaligen Schwiegervater zusammen aufgewachsen war, diesen kritisierte, weil er seine Enkelkinder vernachlässigte, kaufte mir dieser ein Auto. Es war zwar gebraucht, aber nur zwei Jahre alt und in sehr gutem Zustand. Ich hatte Bills Vater mehr als ein Jahr nicht gesehen, und als er mir das Auto brachte, kicherte er und sagte: »Mensch, Annabel, du hast mehr Probleme als ein Hund Flöhe.« Was soll's, wenigstens hatte ich ein Auto und war dankbar. Dotsie und ich zockelten glücklich damit herum, hörten uns im Radio all unsere Lieblingslieder an und schufen uns damit besondere Erinnerungen.

Als ich gerade anfing, das Leben zu akzeptieren und zu

genießen, als ich nur für den Augenblick und einen Tag nach dem anderen lebte, begegnete ich einer Frau, die für die Christian Science predigte und ihren Glauben praktizierte. Sie glaubte, daß Dotsies damalige Besserung eine dauerhafte Heilung sei und nichts mit dem Medikament zu tun hatte, das sie gerade nahm. Ich dachte mir, sie könne vielleicht recht haben, denn die Leute in Sloan-Kettering hatten gemeint, daß das Medikament noch nie eine so hervorragende Wirkung erzielt habe wie bei Dotsie. Die Frau von der Christian Science teilte mir mit, daß bei ihnen der Glaube vorherrsche, Ärzte stünden Gottes Heilkräften im Weg und störten sogar wegen ihrer negativen Gedanken. Ihrer Ansicht nach waren die Krankheiten meiner Kinder nur Illusionen, die durch meine Ängste verursacht seien, und die Kinder würden gesund, sobald ich *verstehen* könne, daß sie Gottes vollkommene Geschöpfe seien. Der Hintergedanke dabei war, daß die Kinder jetzt so gesund seien, wie sie es in dem Leben nach dem Tod sein würden, und daß meine Kinder geheilt würden, wenn ich betete, Mary Baker Eddys *Schlüssel zur Heiligen Schrift* und meine Bibel las, einen praktizierenden Anhänger der Christian Science Church um Rat fragte, zweimal die Woche die Kirche besuchte und daran glaubte, daß der Geist wichtiger sei als die Materie. Meine Schuld – durch den Glauben entstanden, daß ich die Krankheiten meiner Kinder durch meine eigene kranke Angst selbst verursacht hatte – war zwar entsetzlich, besonders weil ich mich von irrationalen Schuldvorwürfen gelöst zu haben glaubte, doch der Gedanke, ein Rezept für die Heilung zu besitzen, war immer noch so verführerisch, daß ich anfing, alles zu tun, was mir meine Bekannte von der Christian Science riet. Ich war hoch erfreut und ließ mir nicht träumen, daß es sich mit meiner Entdeckung der Christian Science genauso verhielt, wie wenn man mitten in einer Schlacht frische Pferde bekommt und feststellt, daß sie lahmen.

Die erste Enttäuschung trat ein, als ich versuchte, Georgie zur Sonntagsschule der Christian Science mitzunehmen, und glaubte, daß sich keine Symptome mehr bei ihr zeigen würden, wenn die Lehrerin »Georgie gesundbeten« würde. Falls die Christian Science und auch Bettelheim recht hatten, dann hatte ich Georgie dazu »gebracht«, autistisch zu sein, weil ich ihr ihre Selbständigkeit raubte, d. h. nicht von ihrer Seite wich, ihre Bedürfnisse voraussah und sie davon abhielt, auf normale Art zu reifen. Es war wie der Witz über den autistischen Jungen unter der Dusche. Er ist vier Jahre alt und hat noch nie ein Wort gesagt, als er plötzlich ausruft: »Mommy, Mommy, das Wasser ist zu heiß!« Seine Mutter kommt herbeigelaufen. »Oh, mein Sohn! Du kannst sprechen! Wie wunderbar!« sagt sie. Und er erklärt ihr: »Nun, bis jetzt war alles in Ordnung.«

Weil ich wegen des Sauerstoffmangels, unter dem Georgie bei ihrer Geburt gelitten hatte, Angst vor einer geistigen Zurückgebliebenheit und einem Hirnschaden gehabt hatte, weil sie außerdem so klein war, weil ich im ersten Drittel der Schwangerschaft nicht richtig gegessen und mir nachträglich Gedanken gemacht hatte, ob ich sie überhaupt bekommen wollte, versuchte ich gerne zu glauben, daß vielleicht diese Angst allein Georgies Entwicklung gehemmt und sie unvermittelt in ihrem Reifeprozeß behindert hatte. Ich hatte sie verhext. Ich hatte sie in meinem festverwurzelten Glauben, daß sie hirngeschädigt sei, zu einem emotionalen Pechvogel gemacht und es ihr erst ermöglicht, wie ein hirngeschädigtes Kind zu handeln, obwohl sie es eigentlich gar nicht war – wie mir der Arzt im Rusk-Institut und Bruno Bettelheim so überzeugend versichert hatten. Wenn ich sie in diesem zerstörerischen Tun unterstützt hatte, konnte ich mich ändern, beiseite treten, Gott wirken lassen, und Georgie wäre geheilt. Ein verzwickter Gedanke, aber angesichts der Einflüsse, der ganzen Umstände und der Größe meines Kummers und meiner Verzweiflung verständlich.

Um mein Selbstmitleid zu verdrängen, hatte ich über eine vietnamesische Mutter nachgedacht, über die ich einen Bericht gelesen hatte. Sie hatte miterlebt, wie ihre Familie bei einem Überfall auf ihr Dorf getötet wurde, und die Kraft zum Weiterleben gefunden. Ich hielt die Christian

105

Science für einen besseren Weg: Ich brauchte schließlich nicht erst meine Familie verlieren, damit alles wieder in Ordnung kommen würde. Eine schon lange bestehende und geachtete Religion sagte mir das, und dieser große Gott, den ich erst vor kurzem auf so dramatische Weise entdeckt hatte, trug für alles die Verantwortung.

Als ich Georgie von der Sonntagsschule der Christian Science abholte, schüttelte die Lehrerin den Kopf. »Ich mußte unheimlich viel *verstehen*«, sagte sie verzweifelt, und mein Mut sank. In Georgies alter, konventioneller Sonntagsschule war es besser gewesen, wo man nicht so viel von ihr erwartet hatte. Dort war sie wenigstens gern gesehen, und niemand hatte sich je beschwert.

Dotsie gab mir weiterhin Anlaß zur Hoffnung, weil es ihr dank des Medikaments unerwartet gut ging. Georgie machte wunderbare Fortschritte in Bellevue und veränderte und entwickelte sich von Tag zu Tag. Sie hatte aufgehört, sich zu drehen, zu trällern und wie ein Seehund zu bellen, und sie wiegte sich jetzt auch weniger. Das Programm in Bellevue war so aufgebaut, daß die Kinder wenig Freizeit hatten und ständig getadelt wurden, wenn sich ihr Verhalten nur auf sie selbst konzentrierte.

Die Kinder spielten, arbeiteten und nahmen ihre Mahlzeiten in einem großen, sonnigen und schlichten Raum ein, in dem Dinge wie Bauklötze, Puzzles und Perlen ordentlich in ge- und verschlossenen Schränken aufbewahrt wurden. Verglichen mit dem Wirrwarr an Spielzeug, Büchern, Staffeleien, Tafeln, Musikinstrumenten und lauten, aufgedrehten Kindern in Georgies Kindergarten das Jahr zuvor, herrschte in Bellevue Grabesstille.

In dieser Atmosphäre verschlimmerte sich Georgies Zustand nicht mehr, und sie fing an, sich zu entwickeln. Sie war in der Lage zu lernen. Und zufällig hatte ich ihr Verhalten zu Hause nachgeahmt, oder war es anders herum? Auch mein Zustand hatte sich nicht mehr verschlimmert, und ich hatte angefangen, mich zu entwickeln. Meine Reaktion auf Autismus, Leukämie und Scheidung hatte ihren Höhepunkt überschritten, und nun lernte ich, wie ich es schaffen konnte, mich um mich selbst zu kümmern, verantwortlich zu sein und das Beste aus unserer Situation zu machen. Obwohl der Schmerz noch entsetzlich war, muß Georgie wohl meinen inneren Frieden gespürt und davon gezehrt haben.

Täglich wurde in Bellevue das Sprechen mit Hilfe einer Filztafel und leuchtendbunten Filzgegenständen geübt. »Was ist das?« pflegte die Beschäftigungstherapeutin die neun Vorschüler zu fragen, die auf kleinen, gelben Stühlen saßen. Einige konnten zuschauen, andere hingegen ihren Blick nicht darauf konzentrieren. »Ist das ein Haus?« Die Therapeutin hielt ein weiches Filzhaus von kräftiger Farbe hoch. »Georgie, was ist das? Sag ›Haus‹.«

»Haus«, sagte Georgie dann gewöhnlich. Als Belohnung durfte sie den Gegenstand aus Filz halten, bevor er auf die Tafel gesteckt wurde.

Wenn man der Christian Science Glauben schenken konnte, würde Georgie, ob sie nun in Bellevue war oder nicht, ihren Aufschwung und ihre Besserung fortsetzen, weil ein göttlicher Wille am Werk war.

Ich dachte daran, den Versuch zu unternehmen, diese Gefühle bei meinen wöchentlichen Gruppentherapiesitzungen für Mütter in Bellevue mitzuteilen, aber ich überlegte es mir anders. »Für den, der versteht, ist keine Erklärung notwendig. Für den, der es nicht tut, ist keine Erklärung möglich.« Wie konnte ich erwarten, daß die Therapeutin, die die Treffen leitete, es verstehen würde, wenn »von der Angst loslassen« und »gesundverstehen« die Grundlage für die Besserung meiner Kinder bildeten? Miß Wiel war eine pragmatische und analytische Sozialarbeiterin, außerdem eine herzliche, freundliche Frau, die einen trockenen Sinn für Humor besaß. Sie tat ihr Äußerstes, um die Mütter, die alle bis zu einem gewissen Grad schuldbewußt waren, davon zu überzeugen, daß die genetischen und naturgegebenen Faktoren ausschlaggebend seien und daß wir selbst keine Schuld trügen. »Sie haben Ihr Bestes gegeben«, pflegte sie zu sagen. Sie meinte, daß die Menschen als Umwelt bei jeder Krankheit helfen und behindern – einige mehr als andere – und daß unsere Behandlung der Kinder wichtig sei. Aber Autismus lief offiziell immer noch unter dem Etikett »Ursache unbekannt«. Als ich die Ansicht äußerte, daß Bettelheim ihr nicht zustimmen würde, erwiderte sie mir, Bettelheim wisse auch nicht alles und stelle nur Theorien auf, verfüge aber über keine Beweise. Auf dem Heimweg von den Therapiegruppen ließ ich mir dies durch den Kopf gehen und kam zu dem Schluß, daß ich letztendlich doch kein Ungeheuer sei. Dann wiederum erzählten mir die Leute von den Christian Scientists, daß Autismus meine eigene Erfindung sei. Ich pendelte zwischen diesen beiden Vorstellungen hin und her wie ein festgebundener Ball.

Ich hätte mich der Christian Science bestimmt nicht zugewandt, wenn ich nicht von meiner ungeheueren Schuld überzeugt gewesen wäre. Irgendwie brauchte ich wohl den Glauben, die Krankheiten meiner Kinder seien meine eigene Schuld; sie würden gesund werden, wenn ich mich genug veränderte. Es gab mir ein Gefühl der Kontrolle und einen Schutz gegen meine Hilflosigkeit. Ich hatte einen Alptraum, bei dem ich in einem riesigen, braunen, schwachbeleuchteten Gerichtssaal angeklagt war, Georgie zu vernachlässigen und ihren Wahnsinn zu verursachen. Ich weinte und gestand, daß ich sie mehr lieben, mehr umarmen, mehr anregen und es irgendwie hätte schaffen sollen, eine bessere Mutter zu sein, und ich wußte, daß ich schuldig war. Ich wachte kurz vor dem Urteilsspruch auf – wahrscheinlich Tod durch Erhängen.

Ich schien ein härenes Gewand anlegen zu müssen, wenigstens für den Augenblick.

Im Memorial herrschte allgemein Freude über Dotsies unerwartete Besserung, obwohl man mich vor allzu großen Hoffnungen warnte, da ihr Zustand nicht von Dauer sein könne. Weil Dotsie nun schon sechs Monate länger lebte, als die Ärzte angenommen hatten, hielt ich diese für unnötig pessimistisch und kurzsichtig. Wie konnten sie es im übrigen wirklich wissen? Nach Auskunft einer Schwester, die mir dies mit voller Absicht erzählte, kamen im Memorial manchmal spontane, dauerhafte und unerwartete Besserungen vor. Ich klammerte mich an den Glauben, daß wir zu dieser kleinen, bevorzugten Minderheit gehörten und diese glücklichen Tage auf ewig anhalten würden.

Als wir in unsere neue Wohnung zogen und uns mit Tom und Doris anfreundeten, unseren Nachbarn von gegenüber, wurden Dotsie und deren Tochter Evie enge Freundinnen. Dotsie spielte oft in ihrer Wohnung, und ich war froh, daß ihr Evies Familie als Vorbild für ein normales Familienleben diente, in dem beide Elternteile noch da waren. Sie waren herzlich und liebevoll und behandelten Dotsie wie ihr eigenes Kind. Tom erzählte mir einmal, er habe die Mädchen angeschrien, weil sie auf dem Bett herumsprangen, und Dotsie habe daraufhin die Bemerkung gemacht: »Oh, Gott, schütze mich vor diesem Mann!« Die Nachbarn auf unserer Etage wurden wie eine große Familie für uns.

Bei uns regierte eine Politik der offenen Tür, und Evie und Dotsie rannten ständig hin und her, schleppten Plastikkoffer mit Barbiekleidern herum und putzten ihre Barbiepuppen jederzeit zu jeder nur vorstellbaren Aktivität heraus. An den Wochenenden kam Evies Schwester Louisa, die zwei war, zu uns, um mit Georgie zu »spielen«. Sie saßen meist einen halben bis einen Meter voneinander entfernt kritzelnd und malend auf dem Fußboden. Sie entwickelten zwar keine Beziehung zueinander, waren aber wenigstens nicht allein, und ich hoffte immer, daß sie anfangen würden, miteinander zu reden, weil Georgie ganz langsam zugänglicher wurde. Sie ließ sich einfacher von ihrem autistischen Verhalten ablenken und schaffte es langsam, auf Erziehungsmaßnahmen zu reagieren. Ihr Drehen und Trällern hörte auf, und sie verbrachte weniger Zeit damit, auf ihre Finger zu starren. Gelegentlich war sie auf Zehenspitzen gegangen, ein seltsames, unerklärbares Zeichen ihrer Störung, doch dieses Verhalten hatte sie vollkommen abgelegt. Es gelang ihr auch, ihre Zunge nicht mehr auf der Unterlippe hängen zu lassen und mit offenem

Mund zu atmen. Sie fing aber nie von sich aus eine Unterhaltung an und zog es immer noch vor, mich an der Kleidung dahin zu ziehen, wo sie Hilfe wollte, etwa um einen Keks oder ein Glas Milch zu bekommen. Wenn ich sie jedoch bat, »Keks« oder »Milch« zu sagen, tat sie es auch und hatte dabei einen etwas vorsichtigen, aber deutlich sichtbaren Ausdruck der Befriedigung auf ihrem Gesicht, weil sie dieses Wort ausgesprochen hatte. Sie nahm immer noch keinen Blickkontakt auf, und selbst wenn ich sie mit den köstlichsten Freuden zu bestechen versuchte, schienen ihre Augen leer und ziellos, während sie mich anschauen wollte. Aber wenigstens versuchte sie es.

Manchmal war mir ihr Verhalten völlig schleierhaft. Auf der Fahrt nach Bellevue war sie oft schwierig und reagierte ziemlich unverständlich. Als ich einmal einen neuen Weg über die Brooklyn Bridge entdeckte, eine Abkürzung, die an dem St. George Hotel vorbeiführte, kauerte sich Georgie plötzlich mit beiden Händen auf den Ohren auf dem Rücksitz zusammen. Sie stöhnte, schaukelte mit geschlossenen Augen auf dem Sitz hin und her und fing dann an, in den höchsten Tönen zu schreien.

»Was ist los, Georgie?« fragte ich und lenkte das Auto schnell an den Rand.

»Das da! Das da!« Sie nahm eine Hand gerade lange genug von einem Ohr, um in Richtung des Hotels zu deuten. Alles, was ich sehen konnte, war eine ununterbrochene Fläche beiger Ziegel, die auf den unteren zehn Etagen kein Fenster hatte. Es war nur ein Loch in der Mauer zu sehen, einen Meter vom Gehweg entfernt und fünfzehn Zentimeter im Durchmesser.

»Ich kann nichts hören«, sagte ich. Während Georgie weiter jammernd auf dem Rücksitz kauerte, gingen Dotsie und ich hinüber, um das Loch in der Wand zu untersuchen. Es war mit dichtem Maschendraht bedeckt, und in regelmäßigen Abständen drang ein keuchendes Geräusch nach draußen. Wir gingen zum Auto zurück. Ich setzte mich auf den Rücksitz, zog Georgie auf meinen Schoß, nahm ihr die Hände von den Ohren und hielt sie fest.

»Da kommt ein keuchendes Geräusch raus, Georgie. Magst du das nicht?« Sie entzog mir ihre Hände, legte sie wieder auf ihre Ohren, warf sich auf den Rücksitz und begrub ihren Kopf in einer Ecke.

»In Ordnung«, sagte ich. »Dann fahren wir hier nicht mehr vorbei.« Ich setzte mich auf den Fahrersitz und bog um die Ecke. Selbst als wir schon einen Häuserblock entfernt waren, verharrte Georgie immer noch in ihrer zufluchtsuchenden Stellung. Als ich rief: »Kannst du es noch hören?«, nahm sie behutsam eine Hand weg. Offensichtlich konnte sie es nicht mehr hören; sie entspannte sich und ging zufrieden wieder dazu über, ihre Finger in Wellen zu bewegen und anzustarren. Es war schwer, sie im Auto von dieser selbststimulierenden Tätigkeit abzuhalten, denn es gab keine Möglichkeit, sie abzulenken.

Wir fuhren ruhig auf der Franklin-D.-Roosevelt-Zufahrt entlang, bis wir an die Baustelle eines Wohnkomplexes kamen, der in den East River hinausgebaut wurde. Riesige Rammen trieben große, runde Holzblöcke in den Fußboden, und der Lärm war selbst für Dotsie und mich ohrenbetäubend. Da es keinen anderen Weg gab, sprang Dotsie schon im voraus auf den Rücksitz und schlang ihre Arme um Georgies schon versperrte Ohren. Zu zweit schafften wir es.

Diese Geräusche bereiteten Georgie wirklich Schmerzen, und doch wußten wir nie, welche ihr weh tun würden und welche nicht. Sie konnte die U-Bahn ertragen, der Bus schien sie auch nicht zu beunruhigen, und doch konnte ein keuchendes Geräusch, das kaum zu hören war, sie zum Wahnsinn treiben. Das ergab keinen Sinn.

Im März war Georgie acht Monate in der Therapie von Bellevue, und es hatte, wie ich glaubte, ein Heilungsprozeß eingesetzt, der ohne Rücksicht darauf, ob sie daheim war oder in Bellevue, weitergehen würde. Meine Bekannte von der Christian Science, die ich für ein klar denkendes, hochgebildetes Muster an Tugendhaftigkeit hielt, war wegen all der Medikamente beunruhigt, die Georgie als Teil der experimentellen Forschung von Bellevue erhielt, und auch ich war deswegen besorgt. Sie drängte mich, Georgie dort nicht mehr behandeln zu lassen. Deshalb machte ich mich mit Georgie an einem Freitagabend, einem kalten und windigen Märztag, heimlich davon, nahm sie mit nach Hause und beabsichtigte nicht, sie am Sonntag zurückzubringen. Ich pfiff auf die Medizin, und als Dr. Campbell mich anrief und mich drängte, Georgie zurückzubringen, antwortete ich ihr, daß es Georgie zu Hause gutginge und dies für sie besser sei.

Zwei Tage später rief mich Bill an, um mir mitzuteilen, daß er arbeitslos sei. Es ließ ihn ungerührt, und er plante, mit Taxifahren so viel Geld zu verdienen, daß er uns mit Lebensmitteln und Benzin versorgen könnte. Für die Miete würde er allerdings eine Weile nicht aufkommen können. Da schon mein Auto nicht versichert war und ich meine Wohnung mit einem Besen fegte, weil ich mir die Reparatur des Staubsaugers nicht leisten konnte, hatte mir dieser neue Schlag gerade noch gefehlt. Ich wußte nicht, wie ich es schaffen sollte, wenn Georgies Zukunft so stark von meiner Fähigkeit abhing, ihre Bedürfnisse zu befriedigen, und wenn auch Dotsie ein Vollzeitjob war. Die Angst vor Armut und Obdachlosigkeit brach wie eine große Welle über mich herein. Ich sagte Bill, daß ich diese Unsicherheit wohl nicht aushalten könne. »Nun, wir hätten einfach keine Kinder bekommen sollen«, meinte er philosophisch. Ich hatte die enorme Wut überwunden, die ich auf ihn gehabt hatte, und auch die Mordphantasien, die ich gehegt hatte, als ich meine Sorgen fast ein Jahr vorher vor dem Fernseher in Alkohol ertränkt hatte. Aber diese Bemerkung versetzte mich in tiefe, hilflose Verzweiflung, die fast so schmerzhaft war wie vorher die Wut. Ich fühlte mich im Stich gelassen. Seine Familie hätte uns helfen können, das wußte ich, aber ich vermutete, sie hatten es einfach abgelehnt. Ich mußte jetzt alles allein ausbaden, und das war ungerecht.

Entschlossen ersetzte ich »die Angst durch den Glauben« und gab das Problem weiter. »Übernimm du es, ich werde damit nicht fertig«, betete ich.

SECHSTES KAPITEL

Bewältigung

G eorgie wurde der »Hauptrichtung« eines winzigen Kindergartens zugeteilt, den die Stadt in einem nahegelegenen Park unterhielt. Ich versuchte mir vorzustellen, daß es ihr gutging. Daß ich diese Vorstellung eigentlich eher bezweifelte als daß ich ihr Glauben schenkte, tat ich als negatives Denken ab. Georgie spielte den Rest des Frühlings ruhig in einer Ecke im Kindergarten, und das einzige Problem, das ich mit ihr hatte, bestand darin, die Kindergärtnerin zu beschwichtigen, wenn sie sich – was mich nicht gerade überraschte – beklagte, daß Georgie nichts von dem Programm mitbekam.

Ich schrieb sie für die Gruppe »Moderner Tanz« ein, aber als ich Georgie abholte, verriet mir das leidgeprüfte Gesicht der Lehrerin, daß wir wohl nicht wiederkommen sollten. Anscheinend hatte die Musik Georgie explodieren lassen, und sie hatte erbarmungslos versucht, aus dem Zimmer zu flüchten. Die Lehrerin, die sie gewaltsam die ganze Stunde zurückgehalten hatte, während Georgie darum kämpfte zu entkommen, war wütend und völlig außer Atem, als ich eintraf. Die anderen Mütter warfen sich kurze Blicke aus den Augenwinkeln zu und gingen weg. Inzwischen beruhigte sich der Atem der Lehrerin so weit, daß sie mir ihre Meinung mitteilen konnte. Als wenn es eine Enthüllung für sie wäre, rollte sie die Augen und sagte: »Das ist nichts, was ihr Umfeld verursacht haben könnte.« Gedemütigt, fassungslos und vor einem Rätsel stehend, warum sich Georgie so verhielt, brachte ich sie nach Hause und hielt sie am Handgelenk fest, als sie mir nicht ihre Hand geben wollte.

Daheim machte Georgie in ihrem Verhalten keineswegs Rückschritte, und ich war mir immer sicherer, daß ich das Richtige (und das Edle und Mutige) getan hatte. Ich war überzeugt, daß sie über den Berg war und imstande sein würde, in der ersten Klasse lesen und schreiben zu lernen, wenn es in anderthalb Jahren soweit sein würde. Die Tatsache, daß Georgie die Ordnung oder Bedeutung von Zahlen oder Buchstaben nicht erfassen konnte, bereitete mir keine allzu großen Sorgen. Sie würde das schon noch aufholen, wenn sich ihr allgemeiner Zustand besserte. Daß sie ständig wahllos das Haar von Menschen streichelte und nicht ja, sondern nur nein sagte, beunruhigte mich zwar, aber ich war sicher, daß sie das alles später ablegen würde. Ich fand es seltsam, daß sie nie Pronomina benutzte und von sich selbst als Georgie sprach. Sie spielte immer noch mit niemandem, aber auch das würde sich ändern. Es machte mir Sorge, wenn sie wie besessen mit ihren Horden von Plastikcowboys und -indianern spielte. Sie stellte sie dauernd in großen, schwungvollen Kurven auf und mähte sie dann lachend wie eine Dominoreihe nieder. Ihre Augen verengten sich dabei zu angespannten kleinen Halbmonden, als ob sie das Licht irgendwie filtern müßten. Aber solange sie ihre Zeit mit solch harmlosen Tätigkeiten verbrachte, was machte das schon aus? Sie würde das meiste davon später ablegen. So ähnlich redete ich es mir ein.

Inzwischen lobte ich sie für bestimmte Aspekte ihrer Selbständigkeit. Sie konnte sich selbst an- und ausziehen, ihre Kleidung auswählen, die Zähne putzen, das Haar kämmen, gut essen und schlafen. Die Tatsache, daß sie praktisch nicht zu unterrichten und unzufrieden war und sich ihre Fähigkeiten alle durch Nachahmung aneignete, schien nicht völlig unüberwindlich zu sein. Georgie würde mit der Zeit gefügiger werden. Sie konnte lernen, ihre zeichnerische Begabung zu ihrem Vorteil zu nutzen. Ihre Bilder waren immer komplizierter und eindrucksvoller geworden, obwohl sie immer noch nichts Bestimmtes darstellten. Sie begann zwar von sich aus immer noch keine Unterhaltung, hatte aber angefangen, in kurzen Sätzen zu sprechen. Ihr würde es schon gutgehen.

Eine Woche, nachdem Georgie das Programm von Bellevue verlassen hatte, ging es Dotsie, über die ich mir fast keine Sorgen mehr gemacht hatte, wieder schlechter. Ich war so überrascht und enttäuscht, daß ich kaum arbeiten konnte und dem Zusammenbruch nahe war. Es war bestimmt meine Schuld. Ich mußte etwas falsch gemacht haben. Vielleicht war die Belastung, Georgie aus Bellevue wegzunehmen, für Dotsie und mich zuviel gewesen und hatte meine Ängste wieder geweckt und den Rückfall ausgelöst. Ich betete noch mehr und ging brav zu den Treffen der Christian Science, aber Dotsie ging es sehr schlecht. Georgie und sie erkrankten an Mumps, und das war für Dotsie lebensgefährlich. Sie bekam zum viertenmal eine Lungenentzündung, und als sie sich wieder erholt hatte, war sie ausgezehrt. Man konnte nur schwer glauben, daß wir uns erst vor zwei Monaten auf unseren wunderbaren Ausflügen vergnügt hatten. Wir hatten es sogar geschafft, uns zweimal bei Matineevorstellungen Dotsies Lieblingsmusical, *Man of La Mancha*, anzusehen.

Da mir mein Betreuer von der Christian Science sagte, daß die Medikamente in Sloan-Kettering Dotsies Heilung verhinderten, befand ich mich in einem Dilemma. Ich hatte es satt, daß meine Hoffnungen erst wuchsen, aber dann wieder zunichte gemacht wurden, und daß ich nie wußte, ob Dotsie leben oder sterben würde; deshalb wollte ich alles auf eine Karte setzen. Das schloß auch mit ein, alle Medikamente abzusetzen und so auch die schädlichen Nebenwirkungen wie Geschwüre, Übelkeit und Schwächung des Immunsystems zu vermeiden.

Bei dem Treffen der Christian Science am darauffolgenden Mittwoch hörte ich, wie ein Mann bezeugte, er sei von Krebs geheilt worden, indem er alle Medikamente und medizinischen Behandlungen ablehnte und darauf vertraute, daß Gott ihm helfen würde. Und eine Frau aus der Gemeinde rief mich an, um mir mitzuteilen, sie habe, nachdem sie Tausende von Aussagen gelesen habe, in Kalifornien einen Zeugen für eine Heilung von Leukämie durch die Christian Science gefunden. Das gab den Ausschlag. Ich beschloß, daß ich es versuchen müßte; ich würde es mir sonst nie verzeihen. Als Dotsie am nächsten Tag erwachte, war sie sehr krank, und normalerweise hätte ich sie ins

Krankenhaus gebracht. Statt dessen kümmerte ich mich zu Hause um sie, las ihr etwas vor, fütterte sie mit Hühnersuppe und hoffte verzweifelt, daß sich ihr Zustand auch ohne Medikamente plötzlich bessern würde. An jenem Abend hielt eine Freundin mit mir Nachtwache, und als Dotsies Atem beim Schlafen unregelmäßig wurde, geriet ich in Panik und wählte den Notruf. Ein Polizist kam, und da er für das, was wir zu tun versuchten, Verständnis hatte, organisierte er eine Sauerstoffflasche und blieb eine Stunde da, um mit uns zu reden und uns zu ermutigen. Die ganze Nacht beteten meine Freundin und ich, voller Glauben und wider alle Tatsachen hoffend, daß wir recht hätten, daß Dotsie sich plötzlich ohne Medikamente erholen, ja völlig geheilt würde, um, wie es die Christian Scientists voraussagten, ein vollkommenes Kind Gottes zu werden.

Morgens war Dotsie dem Tode nahe, und wir waren erschöpft und besiegt. Wir schauten uns hilflos an, und ich sagte: »Ich rufe den Notarzt.« Innerhalb von fünf Minuten konnten wir die Sirene des Krankenwagens heulen hören, der vor der Haustür vorfuhr. Dotsie und ich wurden schnellstens ins Krankenhaus geschafft. Ihr Herz schlug nur schwach, ihre Hände waren eiskalt, und ihr Hämoglobin, der rote Blutfarbstoff, hatte einen Tiefstand erreicht, aber sie reagierte deutlich auf die Bluttransfusion, und die Krise ging vorüber. Die Ärzte in Sloan-Kettering waren verständlicherweise verschlossen und distanziert, als ich Dotsie zu ihnen brachte, weil ich ihrer Meinung nach mutwillig und auf kriminelle Weise fahrlässig gehandelt hatte. Ich neigte dazu, ihnen zuzustimmen, versuchte aber, ihnen zu erklären, daß ich eher naiv als kriminell war, weil ich die besten Absichten gehabt hatte. Sie schüttelten nur den Kopf, obwohl sie zugaben, daß vom medizinischen Standpunkt aus praktisch keine Hoffnung mehr für Dotsies Heilung bestand, nachdem sie all ihre »besten« Medikamente bereits angewendet hatten.

Meine Enttäuschung von der Christian Science war vollkommen, als ein Anhänger, den ich gut kannte, an einem Gehirntumor erkrankte. Er entschied sich zu meinem Erstaunen für eine chirurgische Behandlung, was seinem Glauben an sich hohnsprach, und wurde sogar öffentlich als Beispiel eines Versagers angeprangert mit seinem rasierten, angeschwollenen Kopf. Dann starb er. Offensichtlich hatte kein noch so großes Maß an Glauben, Beten, Vertrauen, Wissen, Bibellesen oder Vorherrschaft des Geists über die Materie diesem Anhänger helfen können, obwohl Tausende von beglaubigten Heilungen in den Veröffentlichungen der Christian Scientists verzeichnet waren, und ich hielt sie auch für echt.

Ich schloß daraus, daß es das Wichtigste war, jeden Tag gut zu leben und schließlich einen guten Tod zu sterben, ohne Rücksicht auf das Wann und Wie. Für meine wundervolle Dotsie versuchte ich die unbestreitbare Tatsache zu akzeptieren, daß ihre Krankheit als unheilbar galt. Das Problem war, daß ich den Gedanken nicht ertragen konnte, daß ihr Leben unterbrochen werden könnte. Es schien völlig unnatürlich, eine schreckliche Verschwendung. Aber ich konnte versuchen, jetzt vernünftig zu sein und zu glauben, daß, falls das Schlimmste eintrat und man ein Wunder ausschloß, uns beiden die Kraft geschenkt würde, wenn die Zeit kam.

Wegen meines Verhaltens wurde ich in Sloan-Kettering einem richtigen Verhör unterzogen, das der Psychiater vornahm. Ich fühlte mich leichtsinnig, wehrlos und durch die Niederlage gedemütigt, als ich ihm gegenüberstand. Er saß hinter einem großen, leeren Schreibtisch, und hinter seinem Gesicht verbarg sich nüchterne Gleichgültigkeit. Ich blieb stehen, wie eine Gefangene, die dem Direktor vorgeführt wird. »Was empfinden Sie tief in Ihrem Innersten?« erkundigte er sich, als sei ich unter aller Kritik. Seine Andeutungen machten mich zornig.

»Eigentlich habe ich ein paar Fragen wegen der Ärzte hier, die in dieselbe Richtung gehen.« Als ich das sagte, war ich selbst überrascht.

»Sie haben Fragen wegen der Ärzte hier?« Frage und Gegenfrage, während sein dünnes, angeklatschtes Haar im

Licht glänzte. Er sah blaß und krank aus, als ob er unter der Erde lebte. Ich beschloß, die Schuld auf andere zu schieben, und startete einen Angriff, den ich schon seit Monaten vom Stapel lassen wollte.

»Ich glaube, man muß schon ein ganz besonderer Arzt sein, um hier zu arbeiten. Als erstes erhält man falsche und übertrieben negative Informationen, wie lange ihrer Meinung nach ein Kind noch zu leben hat. Dann bombardieren sie die Kinder mit noch nicht ausgetesteten Medikamenten und benutzen sie als Versuchskaninchen. Viele der Prozeduren sind schmerzhaft, ja manche ausgesprochen barbarisch. Einer der Ärzte gestand mir, man habe ihm geraten, sich einen möglichst dicken Panzer zuzulegen. Man kritisierte ihn wegen Mitgefühls. Wegen Menschlichkeit! Was glauben Sie, was die *Ärzte* hier tief in ihrem Innersten empfinden. Das ist die Frage, die Sie sich stellen sollten. Ich bin nach Sloan-Kettering gekommen, um für meine Tochter die beste Pflege zu erhalten, doch statt dessen verabreichen Sie ihr Medikamente mit schrecklichen Nebenwirkungen, und die meisten davon wirken ohnehin nicht. Sie erwarten nicht einmal, daß sie wirken. Sie können mir keine Vorwürfe machen, daß ich etwas anderes probiert habe. Die Hämatologin im Brooklyn Hospital warnte mich vor diesem Ort. Sie wußte, daß es entmutigend und deprimierend sein würde. Ich wünschte, ich hätte auf sie gehört. Oh, und um Ihre Frage zu beantworten: Danke, ich stehe zu meinem Innersten, und ich habe hart um das Leben meiner Tochter gekämpft.«

»Also, das klingt sehr gut.« Er räusperte sich und stand auf, um mir das Ende unserer Sitzung anzudeuten. Ich verabschiedete mich, war stolz auf mich selbst und ging zum Spenderraum hinunter, um Blutplättchen zu spenden. Blutplättchen, wie Dotsie sie oft brauchte, sind für die Gerinnung des Blutes verantwortlich. Bei einem gesunden Menschen erneuern sie sich schnell und können bis zu dreimal wöchentlich gespendet werden. Das Blut wird ganz normal abgenommen, die Plättchen werden dem Blut entzogen und die roten Zellen dem Spender zurückgegeben. Wie viele andere Eltern im Memorial war auch ich regelmäßig zu Gast im Spenderraum und wußte die entspannende, lustige Atmosphäre zu schätzen, für die die zwei verrückten diensthabenden Schwestern sorgten. Sie machten den Spenderraum zu einer Oase, zu einem Ort, wohin man ging, wenn man lachen wollte und ein verständnisvolles Ohr brauchte.

Georgie beendete das Jahr im Kindergarten und begleitete mich nachmittags zum Memorial, wenn Dotsie ambulant oder stationär behandelt werden mußte. Ich machte mir Sorgen, wie sich das Krankenhaus auf Georgie auswirkte, obwohl sie dort nie auf irgend etwas zu reagieren schien. Ich war mir sicher, daß niemand, wie stark er sich auch schützte, die Erfahrung von Sloan-Kettering unbeschadet überstehen konnte. Mir erschien das Betreten der Warteräume immer wie die Überquerung des Styx, jenes Flusses aus der griechischen Mythologie, besonders wenn Erwachsene mit bösartigen Entstellungen zu sehen waren. Ich stellte mir vor, wie meine Freunde draußen lässig herumspazierten, ihr Leben lebten und nichts von der Hölle des Krankenhauses mit sterbenden Patienten, kühlen Ärzten und endlosen, fensterlosen Behandlungszimmern ahnten. Als deshalb meine Nachbarin von der ersten Etage, Occu (sie war Deutsche und ihr Name klang wie Aku), mir anbot, Georgie zu sich zu nehmen, wenn ich ins Krankenhaus fuhr, nahm ich das erleichtert an.

Occu war Kindergärtnerin und hatte eine Tochter genau in Georgies Alter. Sie sagte, Georgie vertrage sich stets gut mit ihren Kindern, mache genau das, was diese auch machten, und bereite ihr deshalb keine Mühe. Ich setzte Georgie dort regelmäßig ab, und selbst wenn dies eine Zeitlang jeden Tag geschah, beklagte sich Occu nie, daß es ihr ungelegen komme. Ja, sie ermutigte mich sogar. Einmal sagte sie: »Sie kämpfen um das Leben Ihrer Tochter, und ich bewundere Sie deswegen.«

Ich hatte weder die Zeit noch die Energie für ausgeprägte soziale Kontakte außerhalb meiner Gruppentreffen und

Kirchbesuche. Aber ich war jemandem begegnet, dessen Freundschaft ich hoffte aufrechterhalten zu können, bis ich mein Leben wieder besser in Griff bekam. Als mich eine Freundin aus dem Stadtteil, wo dieser Mann zufällig wohnte, zu einer Party einlud, schien es nur naheliegend, ihn um seine Begleitung zu bitten. Als ich ihn anrief und er einwilligte, lud er mich sogleich zum Essen ein. Er sagte, er könne nicht bis zu der Party warten, um mich zu sehen. Ich konnte nicht widerstehen, obwohl ich nicht mehr genug Kraft und Hoffnung besaß, um mir vorzustellen, daß sich irgend etwas daraus entwickeln könnte.

Er hieß Peter, und als er mich um sechs Uhr abholte, spazierte er herein und begrüßte jeden herzlich ohne eine Spur von Unbehagen oder Überraschung. Er sah anziehend und attraktiv aus und strahlte Ruhe aus, als er in seinem eleganten Anzug zum Wohnzimmerfenster hinüberging und hinausschaute.

»Ich kann mein Büro sehen«, sagte er, als er zu einem Bürogebäude hinüberblickte, das uns gegenüber und mit der Front zum East River in der Nähe der Wall Street lag. Seine Stimme, die so volltönend war wie die eines Radiosprechers, klang dabei erfurchtsvoll, als ob er sich wünschte, mit einer Drahtseilbahn von meinem Fenster zu seinem zu pendeln. Er sah mich über die Schulter an und sagte: »Ich würde Sie wegen Ihrer Wohnung heiraten.«

»Das könnte Ihnen so passen«, erwiderte ich ihm, aber ich freute mich. Wir verabschiedeten uns von den Kindern und dem Babysitter, und mir war nach Tanzen zumute, als wir die Straße entlang zu seinem Auto gingen. Es war so schön, auszugehen. Er wollte bei der Wohnung seiner Schwester in Manhattan kurz auf einen Drink anhalten, da sie Geburtstag hatte, und ich preßte meinen Rücken fest gegen den Sitz, während wir die Franklin-D.-Roosevelt-Zufahrt in fünfzehn Minuten hinaufrasten. Als er beim Überholen um Haaresbreite an einem Auto vorbeisauste, holte ich tief Luft, und er warf mir einen kurzen Blick zu.

»Keine Angst«, sagte er. »Ich habe bei der Air Force drei Jahre lang Jets im Formationsflug geflogen und gelernt,

Dinge nicht zu treffen.« Ich beschloß, mich zu entspannen und den Mann in Ruhe fahren zu lassen, aber es fiel mir schwer. Es war für mich ein Akt des Willens und eine Vertrauensfrage, aber als wir weiter dahinjagten, mußte ich zugeben, daß er gut fuhr.

Schon bald saßen wir auf einer Terrasse, von der aus man über den Süden der Stadt sehen konnte, genossen den klaren Juniabend und tranken mit seiner Schwester und ihrem Mann Perrier. Ich stellte fest, daß sie als Aushilfsverkäuferin im Collegeladen bei Bloomingdale gewesen war, als ich dort einmal im Sommer gearbeitet hatte, und das schien mir ein erstaunlicher Zufall. Wir blieben eine Stunde bei ihr und ihrem Mann, redeten viel über die Vergangenheit, feierten ihren Geburtstag und spielten mit ihren zwei sehr kleinen Kindern. Im Vergleich zu meinem eigenen Leben schien alles so zivilisiert und normal.

Wir gingen in ein romantisches Restaurant, das einen Garten mit einem Wasserfall hatte. Während der Wind in den Bäumen rauschte, die Sterne funkelten und herrliche Speisen vor uns standen, fragten wir uns praktisch gegenseitig aus. Als wir uns alles erzählt hatten, woran wir denken konnten, erkannten wir mit wachsender Scheu, wieviel wir gemeinsam hatten: die Verhältnisse, aus denen wir stammten, Wertvorstellungen, unseren Geschmack. Ja selbst die Tatsache, daß unsere Großväter den gleichen Beruf gehabt hatten, schien Bedeutung zu haben. Wir hatten beide bei unserer Scheidung Qualen gelitten und doch durchgehalten. Am wichtigsten war daß wir beide vor kurzem Erfahrungen gemacht hatten die mitten in unserem Leben einen völligen Wandel ausgelöst hatten, die wir den meisten unserer alten Freunde also nur schwer erklären konnten, und wir waren erleichtert und erfreut, miteinander darüber reden zu können. Selbst als Peter mir mitteilte, er solle in zwei Wochen in die Schweiz versetzt werden, entwickelte sich bei ihm und mir die Vorstellung, daß unsere Beziehung vorherbestimmt war, bis wir gegen Ende des Abends davon überzeugt waren, daß wir gut zueinander paßten. Als ich ihn anschaute, wie er dort am

Tisch unter den Bäumen saß, mit dem Geräusch des plät-
schernden Wasserfalls im Hintergrund, sah er glücklich,
entspannt und gewillt aus, es mit allen Dingen aufzunehmen. Ich hatte das Gefühl, als ob ich ihn erwartet hätte.

Am nächsten Tag, dem 10. Juni 1970, feierte ich meinen
einunddreißigsten Geburtstag, aber da Dotsie mit hohem
Fieber aufwachte, mußte jede Feier warten. Ich ließ Georgie bei Occu, und Dotsie und ich fuhren zum Memorial
hoch. Sie würde wahrscheinlich im Krankenhaus bleiben
müssen, und das bedeutete eine oder zwei weitere Wochen Infusionen und Medikamente. Dotsie ließ wie immer
alles über sich ergehen und machte es sich glücklich vor
ihrem Fernseher bequem, nachdem sie die Schwestern
und die Kinder begrüßt hatte, die sie kannte.

An jenem Nachmittag fühlte ich mich ausgelaugt, wie
immer, wenn ich Dotsie über Nacht im Krankenhaus lassen mußte, obwohl sie ihre Zimmergenossin gut kannte.
Der Tag war klar und sonnig, und die Promenade und die
viktorianischen Sandsteinhäuser von Brooklyn Heights
sahen in der Ferne zauberhaft und einladend aus, wie aus
den Büchern von Edith Wharton. Ich ging davon aus, das
Auto abzustellen, Georgie abzuholen und daheim einen
ruhigen Abend zu verbringen. Der letzte Abend erschien
mir fast wie ein Traum. Ich hatte den ganzen Tag über Peter
nachgedacht, wagte es aber nicht, irgendwelche Andeutungen zu verstehen oder gar zu glauben, er würde mich
anrufen, wie er versprochen hatte.

Ich bog in unsere Straße ein, und Occu, die nach mir
Ausschau gehalten hatte, lief vom Randstein runter mitten
auf die Straße auf mein Auto zu. Sie grinste über das ganze
Gesicht und trug eine glänzende, weiße Schachtel, die fast
so groß war wie sie selbst. Leute aus unserem Haus sahen
im strahlenden Sonnenschein aus den Fenstern, und Georgie saß zusammen mit Occus Kindern auf der Eingangs-
treppe. Ich fuhr an den Bordstein heran, sprang aus dem
Auto und fühlte mich wie ein Kind an Weihnachten. Kein
Verkehr störte den Augenblick, als ich die Schachtel öffnete und ein Dutzend gelber Rosen und eine Karte er-

blickte, auf der stand: »Herzlichen Glückwunsch zum Geburtstag. Ich liebe dich, Peter.« Meine Augen füllten sich mit Tränen, als ich Occu umarmte. Er würde mir beistehen, und obwohl es zu schön schien, um wahr zu sein, wußte ich, daß es so war.

Unsere Gefühle bestätigten sich, als wir uns das nächstemal trafen, und wir vertrauten darauf, daß Peters Umzug nach Lausanne kein unüberwindbares Hindernis darstellen würde. Da wir beide Französisch sprachen und Europa liebten, würden wir uns als Ausländer zusammengehörig fühlen; und wir konnten nach einem Weg suchen, um meine Kinder drüben behandeln zu lassen. Lausanne mit seinen malerischen Häusern, die zwischen den Alpen und dem Juragebirge am Genfer See eingezwängt waren, klang so romantisch für mich wie eine Südseeinsel, und mit Liebe, so argumentierten wir, war alles möglich.

Während der Zeit, die Peter noch verblieb, sahen wir uns so oft wie möglich, ohne Dotsie und Georgie zu vernachlässigen. Als ich ihn zu Dotsie ins Krankenhaus mitnahm, hatten die beiden sofort ein ausgesprochen enges Verhältnis und verhielten sich wie zwei alte Freunde. Ich hatte den Eindruck, daß Dotsie uns gerne zusammen sah und ihr dies ein Gefühl von Sicherheit gab.

Peter fand sich spielend mit Georgie zurecht, akzeptierte sie als das ruhige und äußerst liebe kleine Mädchen (solange man nicht versuchte, sie zu etwas zu drängen, das sie nicht wollte) – was sie auch tatsächlich war. Er machte mir Komplimente, wie gut sie gelernt hatte, »bitte« und »danke« zu sagen, und daß man sie nie zu unterhalten brauchte. Peter wußte nicht viel über Autismus und glaubte mir, als ich ihm erzählte, wie große Fortschritte Georgie gemacht habe und daß sie meiner Meinung nach auch weiterhin auf eine normale Schule gehen könne.

Peter war seit zwei Jahren geschieden und hatte drei Kinder im Alter von dreizehn, elf und neun Jahren. Er machte sich zwar Sorgen, sie allein zu lassen, plante aber, sie zu Besuch kommen zu lassen, und er würde sie auch alle sechs Wochen sehen, wenn er geschäftlich in die Staaten zurückkehrte. Seit der Scheidung hatten sie jedes zweite Wochenende bei ihm in der kleinen Wohnung verbracht, die er sich in ihrer Nähe gemietet hatte; die übrige Zeit wohnten sie bei ihrer Mutter. Als ich ihnen begegnete, gefiel es mir, daß es gesunde, normale Kinder waren. Sie waren einnehmend, liebevoll und offensichtlich verrückt nach ihrem Vater. Er hatte eine wundervolle Art, mit ihnen umzugehen, und es überraschte mich nicht, zu erfahren, daß er die Ehre hatte, sechs Patenkinder zu haben.

An dem letzten Sonntag, den wir vor Peters Abflug zusammen verlebten, fuhr ich mit Georgie nach Long Island zu dem Strandclub, wo Peter Mitglied war. Wir trafen ihn und seine Familie am Swimmingpool. »Schau mal da drüben, auf dem Sprungturm«, sagte er. Dort stand Pam, seine älteste Tochter, so groß und blond wie er selbst, konzentrierte sich und machte sich gegen den blauen Himmel zu einem perfekten Schwalbensprung fertig. Während wir dort standen und bewundernd zusahen, kam Kitty, seine zierliche und drahtige elfjährige Tochter, herbei, begrüßte mich und faßte nach Peters Arm. »Komm schon, Daddy, du *weißt* doch, daß du ins Wasser willst.« Hunt, der neun war, rannte auch herbei, um ihr bei dem gewaltigen Kampf zu helfen, und Peter gab schließlich nach. Er riß solch einen Krater ins Wasser, als er durch die Wasseroberfläche brach, daß die Wellen über die Zehen der Kinder schwappten, während sie beim Zuschauen Beifall klatschten.

Kitty und Pam paßten auf Georgie auf, nahmen sie behutsam mit ins Wasser und spielten mit ihr am flachen Ende. Georgie schob sich an den Seitenwänden entlang, spritzte voller Vergnügen und trat mit den Füßen ins Wasser. Sie meinten, Georgie sei so süß, aber sehr schüchtern (Georgie blickte sie nämlich nicht an). Als Peter ihnen erklärte, daß sie autistisch sei, schien es keinen großen Eindruck auf sie zu machen. Ich saß da, nahm das alles im strahlenden Sonnenschein in mich auf und wünschte mir, daß es ewig so bleiben könnte.

Peters Eltern waren beide mit über fünfzig an Krebs gestorben, und wir hatten uns gerade mit seiner einzigen Schwester getroffen, deshalb mußten wir nur noch meine eigene Familie kennenlernen. Meine Brüder und meine Mutter mochten Peter gern, wie ich schon vorab gewußt hatte, und hofften natürlich nur, daß er es wirklich ernst mit mir meinte, wenn sie es auch nicht sagten. Als seine Schwester ihn davor warnte, daß er wegen meiner Kinder viel auf sich nahm, beruhigte er sie. »Ich werde schon damit fertig«, erwiderte er ihr.

Als Peter in die Schweiz flog und wir uns verabschiedeten, wußte ich nicht, wie ich es aushalten sollte. Er sagte, er wolle uns ein Haus suchen, das groß genug für uns alle sein würde, und ich könnte dann eines Tages nachkommen. Als sein erster Brief eintraf, war ich außer mir vor Aufregung, riß den Umschlag auf und zog schnell die Seiten heraus, noch bevor ich in den Aufzug trat. Ich konnte mir vorstellen, wie Peter draußen unter dem Apfelbaum neben dem Haus saß, das er für uns in dem kleinen Dorf Meis gefunden hatte. Es hatte drei Schlafzimmer, war aus grauem Stuck mit einem hellgrünen Ziegeldach, was typisch für die Häuser in der Nähe von Lausanne war. Auf dem Foto, das er mir schickte, konnte ich wogende, kurze, weiße Vorhänge in den Balkontüren erkennen, die von milchig-grünen, hölzernen Läden eingerahmt waren. Das Haus hatte einen kleinen, eingezäunten Garten voller Rosen, und das Juragebirge erhob sich in der Ferne.

Peter hatte vor seiner Abreise im Juli nicht offiziell um meine Hand angehalten, doch nachdem er einen Monat fort war, fragte er mich, ob ich ihn heiraten wolle. Ich nahm mir Zeit, um darüber nachzudenken, und rang mit dem Gedanken, daß es nicht gerecht sei, ihm meine Probleme aufzubürden. Ich fragte mich, ob ich ihm Glauben schenken sollte, wenn er mir versicherte, daß ich ihn keineswegs ausnutzen würde, denn er liebe mich. Ich fühlte mich wie ein Ertrinkender, der sich Sorgen macht, das Rettungsboot zum Sinken zu bringen, aber es gelang mir auch nicht, das Selbstvertrauen aufzubringen, daß ich auch ohne ihn zurechtkäme. Deshalb sagte ich ja.

SIEBTES KAPITEL

Lebensqualität

Einige Wochen später war Dotsie immer noch in stationärer Behandlung, und als ich sie einmal besuchte, erlebte ich eine Überraschung, die mich etwas über die Lebensqualität lehrte. Gegen mehrere Kissen gestützt, malte sie im Bett auf dem Krankenhaustablett, als ich eintrat.

»Hallo, Schatz«, sagte ich und umarmte sie behutsam, damit ich nicht an ihre Infusion stieß. Obwohl diese auf einer Schiene ruhte und die Nadel sorgfältig befestigt war, konnte die kleinste plötzliche Bewegung Schmerzen verursachen und die Infusion sogar lösen und Flüssigkeit heraussickern lassen. Falls das geschah, mußte Dotsie wieder die Schmerzen beim Anschließen aushalten, und es war schwierig geworden, eine Vene zu finden.

»Hallo, Mommy. Schau mal hier, meine Spielplatzszene.« Ich sah mir die Zeichnung an. Sie war bezaubernd, voll von Details, wie alle ihre Zeichnungen, mit genau dem richtigen Ausdruck auf den runden Gesichtern der Kinder.

»Oh, schau dir das an«, sagte ich. »Du hast ja wirklich an alles gedacht: Sandkasten, Rutsche, Schaukeln und ein Klettergerüst. Der Sprenger ist eine großartige Idee.« Eine Schwester erschien an der Tür.

»Hallo, Dotsie. Ist mein Bild fertig?« Sie blinzelte mir zu.

»Ich bin gleich fertig.« Dotsie signierte es und hielt es hoch, um es bewundern zu lassen. »Gefällt es Ihnen?« Sie lächelte stolz.

»Oh, es ist wundervoll«, sagte die Schwester. »Ich werde es mir sofort an die Wand hängen. Wieviel hast du gesagt, kostet es? Ich glaube, du hast einen Dollar gesagt.« Sie wühlte in ihrer Tasche und zog einen zerknitterten Dollarschein heraus.

»Ja«, sagte Dotsie, nahm das Geld an sich und reichte ihr das Bild. Als ihre Kundin weg war, nahm Dotsie eine Schachtel von ihrem Nachttisch und stellte sie vor sich auf das Krankenhaustablett. Es war meine alte, schwarze und verbeulte Geldkassette, die ich seit meiner Kindheit aufbewahrt und ihr geschenkt hatte. Dotsie hob den Deckel hoch und legte den Dollar zu einem, wie mir schien, beträchtlichen Geldschatz. Sie sah mich von der Seite an, und ich fragte sie, was los sei.

»Also, ich habe eine Art Geschäft«, sagte sie. »Ich verkaufe meine Zeichnungen.« Als ich ihr sagte, daß ich beeindruckt sei und es für eine großartige Idee halte, entspannte sie sich.

»Ich weiß, du magst es nicht, wenn ich Leute um Geld bitte, deshalb war ich nicht sicher, ob du es für richtig hältst, wenn ich meine Bilder verkaufe.«

»Ich mag nur nicht, wenn du Tanten, Onkel und Freunde um Geld bittest, das ist alles. Aber es ist etwas anderes, wenn du den Leuten dafür etwas gibst. So funktioniert halt die Welt. Wieviel Geld hast du schon verdient?«

»Fünfundsechzig Dollar und vierzig Cent.« Ich versuchte mich an den Gedanken zu gewöhnen, daß meine siebenjährige Dotsie nicht nur eine erfolgreiche Unternehmerin war, sondern sie dies allein geschafft hatte.

»Ich bin beeindruckt. Aber wo kommen die vierzig Cent her? Ich dachte, die Bilder kosten einen Dollar oder fünfzig Cent. Gibt es auch billigere?«

»Ja«, sagte sie. »Sie fangen bei fünf Cent an. Dafür male ich eine kleine Szene in Schwarzweiß auf ein Blatt Schreibpapier. Ich mache vier verschiedene Szenen, je nachdem, was die Leute wollen. Für zehn Cent male ich ein größeres Bild auf normalem Papier und male es für einen Vierteldollar bunt aus. Dann male ich noch ein ganz großes auf meinem besten Papier für fünfzig Cent und mache es für einen Dollar farbig. Auf dem Papier im Skizzenblock. Außer der Spielplatzszene kann ich auch noch eine Schlafszene, eine Badeszene und eine Geburtstagsparty. Die Leute kommen aus dem ganzen Krankenhaus, nicht nur von der Kinderstation. Ich glaube, viele Leute wissen über mein Geschäft Bescheid. Ich fange jetzt gerade mit einem Eindollarbild für Mr. Spielberg an.« Sie griff zum Bettende hinunter, nahm sich ihren großen Skizzenblock, schlug ihn auf und begann zu arbeiten. »Er will eine Geburtstagsparty mit vielen bunten Luftballons.«

»Also, das hast du dir ausgedacht und ganz allein gemacht. Ich bin sehr stolz auf dich.« Ich stand auf, um zu gehen. »Du bist wirklich schon so eine.« Ich zerzauste ihren kleinen Bürstenschnitt. »Und ich liebe deinen Krauskopf.«

»Ich weiß«, sagte sie. »Alle lieben meinen Krauskopf.«

Innerhalb von zwei Wochen war Dotsies Infektion unter Kontrolle, und sie erhielt ein anderes Medikament. Wir gingen dazu über, den Juli und August in Brooklyn Heights zu überstehen, und verbrachten Stunden draußen auf dem Spielplatz. Georgie saß gerne in ihrem Bikinihöschen unter dem Sprenger und spielte ständig unter den Wasserstrahlen, die in großen Bögen herausschossen, den rauhen Beton abkühlten und Regenbögen entstehen ließen.

Gegen Ende Juli traf Peters Gesellschaft die Entscheidung, die Geschäftsstelle in Lausanne zu schließen und ihn nach Hause zu schicken. Obwohl meine wundervollen Hoffnungen auf ein Leben in der Schweiz zunichte gemacht wurden, wußte ich, daß es nur zu unserem Besten war.

Peter kehrte in der zweiten Augusthälfte aus Genf zurück, und als ich zum Flughafen fuhr, um ihn abzuholen, war meine Angst so groß, daß ich fürchtete, das Auto könnte auf der Straße zusammenbrechen. Auf dem Rückweg nach Brooklyn Heights machte ich mir Sorgen, daß ihn die harte Realität mit voller Wucht treffen könnte, und ich hatte schreckliche Angst. Wie konnte ich schließlich von jemandem, der die Kinder kaum kannte, erwarten, daß er damit fertig werden würde, wenn sich der Vater der Kinder aus dem Staub gemacht hatte? Aber Peter war prächtig, weil er eben Peter war. Er erklärte mir zum zehntenmal, daß er alles pauschal und ohne Zögern annehme, weil er sich in mich verliebt habe.

Ende August hatte er drei Stellenangebote, die ihn interessierten, und wir fingen an, Heiratspläne zu schmieden. Wir beschlossen abzuhauen und luden zwei Paare, enge Freunde von uns, zu der Feierlichkeit und zum anschließenden Essen ein. Meine Mutter erklärte sich einverstanden, am Wochenende die Kinder zu hüten. Es tat uns leid, daß wir Peters oder auch meine Kinder nicht mitnehmen konnten, aber es gab für mich keine Möglichkeit zu heiraten, es sei denn, wir feierten im kleinen Rahmen. Als Termin setzten wir den ersten Freitag im Oktober fest.

Dotsie und Georgie gingen beide in die örtliche Schule, und obwohl es ziemlich gut klappte, weil manchmal wirklich beide Kinder gleichzeitig die Schule besuchten, war es immer noch die alte Geschichte. Dotsie versäumte die Hälfte des Unterrichts, weil sie krank war, und Georgie »hatte nichts davon«. Wenn mir das noch einmal eine Kindergärtnerin sagt, dachte ich, schreie los. Es war kaum zu glauben, daß die beiden schon in der zweiten Klasse bzw. in der Vorschule waren. Ich wollte nicht darüber nachdenken, was mit Georgie in der ersten Klasse geschehen würde. Ich wußte, daß für Georgie keine Möglichkeit bestand, auf normale Weise Lesen und Schreiben zu lernen, aber ich nahm zu der Hoffnung Zuflucht, daß es eine Lösung geben mußte, an die ich bislang nur noch nicht gedacht hatte. Sie gab immer noch seltsame Laute von sich, nahm keinen Blickkontakt auf, berührte das Haar von Leuten und zeigte keinerlei Erregung oder Gefühlsausdruck. Ich konnte mir unmöglich vorstellen, daß sie normale menschliche Gefühle in Worte kleiden konnte, obwohl sie gelegentlich Sätze wie »Georgie hungrig« sagte. Wenn ich sie fragte, ob sie traurig oder glücklich sei, sprach sie mir das ohne ein Zeichen echter Empfindung nach: »Georgie traurig« oder »Georgie glücklich«, als ob sie sich in Konversation übte. Wenn ich zu ihr sagte, »Ich liebe dich« oder »Georgie, Mommy liebt dich so sehr«, wenn ich sie umarmte und küßte, dann schüttelte sie sich immer, zerrte sich los und gab mir keine Antwort, nicht einmal in Echosprache. Wäre sie auf einer einsamen Insel gewesen, nur mit einem gefüllten Kühlschrank und einer Landschaft, an der sie sich erfreuen konnte, wäre es ihr prächtig ergangen, solange wir sie mit einem Lebensmittelvorrat auf Lebenszeit versorgt hätten.

Peters Kinder verbrachten im September einige Tage bei uns. Sie verhielten sich Dotsie und Georgie gegenüber wundervoll und spürten, daß es für mich wichtig war, gesunde und normale Kinder in meinem Leben um mich zu haben. Ich war ihnen sehr dankbar, aber dennoch mußten wir uns alle erst an so viele Dinge gewöhnen. Wie um alles in der Welt, dachte ich mir, konnte das nur klappen.

Obwohl wir unsere Hochzeit schlicht feierten, war sie trotzdem ein freudiges Ereignis. Anschließend fuhren wir mit unseren Freunden zum Feiern in ein Restaurant an einem Fluß. Dann blieb uns noch das restliche Wochenende, das wir gemeinsam, aber für uns allein wie kleine Flitterwochen verbringen konnten.

Als Peter einzog, wurden wir als Eltern zu Partnern und versuchten, unsere eigenen Kinder und die des anderen zu hegen und zu pflegen. Es war schwer, und ohne unsere Überzeugung hätten wir es nie geschafft. Wir gingen zu unseren Gruppentreffen, beteten, hielten uns an unserem positiven Denken fest, schlugen uns durch, lernten und entwickelten uns, ja lachten sogar manchmal. Ich bemühte mich sehr, eine gute Frau, Mutter und Stiefmutter zu sein, und trug eine tapfere Miene zur Schau, obwohl ich wußte, daß ich mich Georgies Problemen nicht richtig gestellt hatte, und wegen Dotsies sich verschlechterndem Zustand verzweifelt war. Ich mußte noch eine Menge über Verständigung und Vertrauen lernen und hätte Peter Glauben schenken sollen, als er mir sagte, er werde mich nie verlassen, was auch immer passierte.

Obwohl meine Stiefkinder gewisse Dinge an mir zu schätzen wußten, daß ich mir beispielsweise Kaugummi als Ersatz für meine Zigaretten erlaubte (und mich der Größe meiner Kaugummiblasen rühmte), war es schwer für sie, sich auf ihre neue Familie einzustellen. Genau da setzte Peters Begeisterung ein, und seine Beteuerungen hielten mich aufrecht. Glücklicherweise hatten wir nie zur gleichen Zeit einen Tiefpunkt.

Dotsies achter Geburtstag rückte immer näher, und da sie jetzt schwer krank war, fürchtete ich, daß sie im Krankenhaus feiern müßte. Ich redete mit Miß Anderson, jener Schwester, die mir erzählt hatte, daß manche Menschen spontane und andauernde Besserungen erleben, die die Ärzte vor ein Rätsel stellen. Sie sagte, daß auf der Kinderstation oft Partys stattfänden. Wir könnten Dotsie, falls dies nötig sei, in ihrem Bett zum Spielzimmer schieben, für Luftballons, Musik und Kuchen würde schon gesorgt. Das hörte sich nicht so schlecht an.

»Da ist noch was, das wir besprechen müssen«, sagte sie und bat mich, ihr durch den Flur in ein kleines Büro zu folgen, wo wir uns zusammensetzen könnten und unter uns seien.

»Sie müssen mit Dotsie reden«, sagte Miß Anderson. Sie war normalerweise fröhlich, aber jetzt war ihr Gesichtsausdruck angespannt und ernst. »Sie weiß, daß sie Leukämie hat.«

»Nein, das weiß sie nicht.« Ich war sicher, daß Dotsie es nicht wußte, weil sie es mir sonst gesagt hätte. »Ich bin *sicher*, daß sie es nicht weiß. Sie hat keine Ahnung. Sie glaubt, es ist Anämie. So nennt sie es.«

»Sie *weiß* es«, sagte Miß Anderson. »Wir sind ganz sicher, daß sie es weiß.« Es klang, als ob sie ganz Sloan-Kettering hinter sich hätte.

»Wie können Sie da so sicher sein?« Ich konnte den Gedanken an Dotsies Reaktion nicht ertragen und wollte nicht wahrhaben, daß mein drei Jahre langes, ausgeklügeltes Versteckspiel nicht geklappt hatte.

»Einige der anderen Kinder haben uns erzählt, daß Dotsie mit ihnen darüber gesprochen hat. Sie weiß, daß Sie es vor ihr geheimhalten wollen, und versucht, Sie zu schützen.«

»Wie bitte?« Ich konnte es nicht glauben. »*Sie* versucht

mich zu schützen?« Das war verrückt. Ich wollte aus dem Zimmer stürzen.

»Sie versucht Sie vor der Kenntnis zu schützen, daß sie es weiß. Glauben Sie mir, so etwas passiert hier die ganze Zeit. Und es ist ihr gegenüber wirklich nicht gerecht. Sie *müssen* mit ihr darüber reden; Dotsie braucht Sie, sie braucht Ihre volle Unterstützung. Sie weiß zum Beispiel, daß einige der Kinder gestorben sind.«

»Wie hat sie das denn festgestellt?«

»Eigentlich hat sie es herausbekommen, weil sie diese Kinder nicht mehr gesehen hat, aber wußte, daß sie zu krank sind, um nach Hause zu können. Dann hat sie mehrere Kinder gefragt, und die haben ihr gesagt, daß sie recht habe, die Kinder seien gestorben.« Wie schrecklich es für sie gewesen sein muß!

»Weiß sie, daß sie sterben muß?« Ich fragte und wußte, was mir Miß Anderson antworten würde, aber ich hoffte, daß ich vielleicht nicht recht hätte.

»Ja«, sagte Miß Anderson äußerst bestimmt. »Bitte reden Sie mit ihr. Dotsie braucht Sie.«

Dotsie saß aufrecht im Bett und sah fern, als ich in ihr Zimmer trat. Carla, ihre Zimmergenossin, und ihre Mutter waren auch da. Ich begrüßte die beiden, obwohl es mir schwerfiel, zu Carlas Mutter höflich zu sein, seit sie Georgie ein Glas Saft im Wartezimmer aus der Hand geschlagen hatte, nachdem Dotsie einen Schluck daraus getrunken hatte. »Wissen Sie nicht, daß sie davon *krank* werden kann?« hatte sie mich angeschrien. Ich hatte sie beruhigt und ihr gesagt, daß das nicht möglich sei, aber sie hatte es mir nicht geglaubt. Diese Situation hatte uns davon abgehalten, uns gegenseitig mehr zu unterstützen.

»Dotsie«, sagte ich, als ich sie küßte. »Komm, laß uns einen Spaziergang machen.«

»Okay.« Sie kletterte auf der anderen Seite aus dem Bett und jonglierte wie ein Profi mit ihrer Infusion. Sie nahm die Stange in die rechte Hand, schlüpfte in die Pantoffeln und ging langsam um das Bettende herum. Wir schlenderten den Gang entlang, vorbei an der Schwesternstation zu unserer Linken und einem ausgemergelten Jungen, der in einem Bett an der Wand lag.

»Hallo, Tommy«, sagte Dotsie im Vorbeigehen und blitzte ihn lächelnd mit ihren neuen, gleichmäßig gewachsenen Vorderzähnen an. Sie waren perfekt gekommen.

»Hallo.« Tommys Backen waren eingefallen und seine Arme so dünn wie Duschstangen. Er war an eine Infusion angeschlossen, stützte sich auf einen Ellbogen und beobachtete alles um sich herum mit großen, traurigen Augen. Dotsie winkte den Schwestern hinter dem hohen Schalter zu und folgte mir in das kleine Büro, das auch Miß Anderson und ich benutzt hatten.

»Warum liegt Tommy draußen auf dem Flur?« fragte ich.

»Weil er sich in seinem Zimmer einsam fühlt, und er ist so krank, daß die Schwestern ihn in ihrer Nähe haben wollen.«

»Dotsie.« Ich ging zu einem der Stühle und setzte mich. »Komm, setz dich zu mir.« Sie schleppte ihre Stange hinter sich her, setzte sich auf meinen Schoß und lehnte sich an meine Schulter. Ich umarmte sie, drehte sie zu mir hin, damit sie mich anschauen konnte, und dachte mir, daß man nur schwer glauben konnte, daß sie schon fast acht und nun mehr als drei Jahre krank war. Die Ärzte hatten ihr nur noch ein Jahr gegeben. Immer wieder ein neuer Tag. Wir hatten die zwei zusätzlichen Jahre gut genutzt.

»Dotsie, erinnerst du dich an Joey?« Ich nannte ihr eines der Kinder, das gestorben war.

»Klar.«

»Was ist mit ihm passiert?«

»Er war zu krank, um nach Hause zu können.« Sie sah mich erwartungsvoll an.

»Ich weiß, was mit Joey geschehen ist«, sagte ich.

»Wirklich?« Sie sah mich aus den Augenwinkeln an.

»Ja, wirklich.«

»Die Kinder und ich glauben, daß er gestorben ist.«

»Das glaube ich auch. Er hatte Krebs.«

»Ich auch. Die Anämie. Das ist Krebs.«

»Wir haben es Anämie genannt, Dotsie, weil ich es nicht ertragen konnte, daß du es weißt, aber der richtige Name ist Leukämie. Und das ist eine Form von Krebs.«

»Man kann daran sterben«, sagte sie nüchtern. Ich fing an zu weinen, drückte sie fest an mich, sah sie aber immer noch an. Sie blickte zu Boden, dachte nach und sagte dann etwas Unglaubliches: »Ich weiß nicht, warum du dir solche Sorgen machst. Ich komme doch in den Himmel.« Miß Anderson hatte recht. Sie wußte es, akzeptierte es irgendwie und schaffte es viel besser als ich. Und jetzt tröstete sie mich.

»Natürlich kommst du in den Himmel. Ich auch. Und es besteht auch noch die Möglichkeit, daß du gesund wirst. Manchmal kommt das vor. Es kann immer geschehen.«

»Aber die meisten der Kinder sterben hier, nicht wahr?« Ihre Augen füllten sich plötzlich mit Tränen. »Ich werde Bapa sehen.« Meinen Vater. Dann ließ sie ihren Tränen freien Lauf; wir weinten beide gemeinsam und hielten uns gegenseitig fest, während sie ihren Krauskopf an meine Schulter kuschelte und unser Schmerz dadurch etwas gelindert wurde, daß wir ihn teilten.

Als ich nachmittags das Krankenhaus verließ, war mir wohler zumute. Ich wünschte mir, daß ich schon vorher ehrlich zu Dotsie gewesen wäre. Wieder so krank wie meine Geheimnisse, dachte ich, und daß alle Heimlichkeiten, wie edel die Absichten auch sein mochten, falsch waren. Falls der Weg zur Hölle mit guten Vorsätzen gepflastert ist, hatte ich mein Bestes getan, konnte aber anderen nur empfehlen, in derselben Situation ehrlicher zu sein. Damals erschien es mir unerhört, Dotsie wissen zu lassen, daß sie an einer unheilbaren Krankheit litt. Ich konnte mit der Genauigkeit, die man erst in der Rückschau hat, erkennen, daß ich nicht recht gehabt hatte: Unsere Verständigung hatte gelitten, unsere gegenseitige Unterstützung war geschwächt, und Dotsie hatte es ohnehin erfahren.

Eine Woche später traf ich meinen Lieblingsarzt von der Kinderstation, als ich nach einem Besuch bei Dotsie zum

Aufzug ging. Er gehörte zu den herzlichen Typen; irgendwie hatte er sich nicht so weit in seine Abwehrhaltung zurückgezogen, daß er die Fähigkeit sich einzufühlen verloren hätte. Er hatte mir einmal erzählt, daß er Alpträume hatte, sein Sohn könne Leukämie bekommen, und ich wußte, daß er die ärztliche Versorgung auf der Kinderstation für psychisch quälend und fast unerträglich hielt. Wenn er nicht die Hoffnung gehabt hätte, daß das Experimentieren mit Medikamenten sie der Genesung näher brachte, hätte er es nicht ertragen können.

»Wie geht's?« fragte er, als ich im Gleichschritt neben ihm herging.

»Dotsie ist sehr krank«, sagte ich. »Mehr wegen der Nebenwirkungen als wegen der eigentlichen Krankheit. Die Geschwüre, die das Medikament verursacht, machen ihr wirklich sehr zu schaffen. Wann hören Sie endlich auf, ihr neue Medikamente zu geben?«

»Ich kann nichts daran machen, das wissen Sie. Wir müssen einem Behandlungsplan folgen und können keine Änderungen vornehmen.«

»Unsinn«, sagte ich und ging schneller, um mit ihm Schritt zu halten. »Wie können Sie das nur so wissenschaftlich und kaltblütig sehen? Warum müssen Sie die Dinge bis zum bitteren Ende treiben? Was muß ich tun, Dotsie mit nach Hause nehmen? Das sollte ich wahrscheinlich tun, wenn sie die Medikamente nicht mehr ertragen kann. Das würden Sie sagen, nicht wahr? Wenn man die Hitze nicht aushalten kann, muß man halt raus aus der Küche?«

»Also, ich meine Ihnen schon einmal gesagt zu haben, daß Sie der Betrieb in einem Forschungskrankenhaus nichts angeht. Sie müssen verstehen, was wir hier versuchen. Und auch, daß es die Aufgabe eines Arztes ist, die Menschen um jeden Preis am Leben zu erhalten. Wenn wir das einmal aus den Augen verlieren, sind wir in einer Grauzone, die man unmöglich von einem rechtlichen, geschweige denn von einem moralischen Standpunkt aus bewältigen kann.«

»Ich *verstehe* das. Aber wie steht's mit dem guten Tod?

Die Lungenentzündung bezeichnete man früher als den Freund des alten Mannes. Warum zögern Sie alle Qualen so hinaus? Für Ihre kostbare Forschung? Damit Sie das Gefühl haben, daß Sie alles für Ihr medizinisches Ego, aber auf Kosten der Patienten getan haben? Das nennen Sie Ethik? Meine Tochter hat wegen dieser Medikamente Schmerzen, verstehen Sie das nicht? Hat hier jeder den Befehl, das Leben dieser Kinder zu verlängern, egal wie große Schmerzen Sie ihnen mit Ihrer widerlichen Medizin zufügen? Jeder hier scheint so schreckliche Angst vor dem Tod zu haben, daß niemand sterben darf. Gibt es nicht so etwas wie eine barmherzige Erlösung?« Er sah mich flehend an und wollte weggehen, aber ich faßte nach seinem Ärmel.

»Ich lasse Sie nicht in Ruhe«, sagte ich. »Wir haben zusammengearbeitet. Sie kennen meine zwiespältigen Gefühle, diese Kinder für die Forschung zu benutzen, und Dotsie hat ihren Teil für die Menschheit beigetragen, oder? Vor einem Jahr war sie eines der ersten Kinder, das Sie mit diesen vier wichtigsten Medikamenten bombardiert haben, und zwar alle gleichzeitig, und es klappte fast bei ihr, und Sie haben etwas gelernt. Wäre Dotsie so behandelt worden, als ihr ganz am Anfang die Diagnose gestellt wurde, würde sie heute wahrscheinlich auf dem dauerhaften Weg der Besserung sein. Und dank ihr und solchen Kindern wie ihr funktioniert es jetzt bei anderen. Reicht das als Beitrag nicht aus? Wie viele andere Medikamente Dotsie bekommen hat, weiß ich nicht. Zehn? Was war damals, als Sie ihr zehn vertikale und horizontale Kratzer in Form eines Gitters auf ihren Arm gemacht und dann das Medikament hineingerieben haben?« Der Arzt zuckte zurück. Er hörte mir endlich zu und hatte den Versuch aufgegeben, vor mir wegzulaufen. »Sie ist außerordentlich schwach und fühlt sich unwohl, und die Geschwüre erschweren ihr das Essen.«

Er sah zu Boden und seufzte, während er seine Hände in die Taschen steckte und fest mit den Füßen auftrat. »In Ordnung. Das war das letzte Medikament. Aber wir müssen diesen Behandlungsplan zu Ende führen.«

Abends kehrte ich zu Peter und Georgie nach Hause zurück und fühlte mich erschüttert und einsam. Ich war so dankbar, daß er da war und ich Georgie noch hatte, bei der wenigstens Hoffnung bestand. An diesem Abend rief ich Georgies Patin in New Jersey an und bat sie, sich für mich um Georgie zu kümmern, weil Dotsie meine uneingeschränkte Aufmerksamkeit brauchte. Am nächsten Tag fuhren wir zu ihrem Haus, das zwei Stunden entfernt lag, und als wir in der Küche beim Kaffee saßen, fühlte ich mich zum Zerreißen angespannt. Ich beneidete plötzlich Georgie um ihre Abwehrhaltung. Sie war so unbetroffen, wie ich es erwartet hatte, als wir aufbrachen, und paßte sich so ruhig an, als hätte sie ihr ganzes Leben in diesem normalen, lauten Haushalt mit den drei Kindern verbracht. Peter und ich fuhren wieder nach Hause und wußten, daß Georgie nicht das Gefühl hatte, wir hätten sie in Pflege gegeben, weil sich Menschen um sie kümmerten, die sie immer geliebt hatten – falls Georgie diese Atmosphäre überhaupt spüren konnte.

Dotsies Geburtstag folgte binnen einer Woche, und sie genoß ihre Party, obwohl wir sie in ihrem Bett dorthin schieben mußten und ihre Infusionsflasche hinter ihr herzogen.

Dotsie war zu schwach, um aufzustehen, und ich fragte mich, ob sie nur für ihren Geburtstag am Leben geblieben war. Peter und ich bliesen Luftballons auf, bis unsere Bakken steif waren, befestigten sie überall im Spielzimmer, und alle, die sich gesund genug fühlten, kamen vorbei. Ich spielte Gitarre, sang Dotsies Lieblingslieder und erfüllte auch die Wünsche der Gäste, soweit es meine beschränkten Kenntnisse erlaubten.

Nach ihrem Geburtstag wurde Dotsie auf die kritische Liste gesetzt, und ich blieb fast die ganze Zeit im Krankenhaus. Peter kam nach der Arbeit, und wir lasen oder sahen zusammen fern. Es war eine ruhige Zeit, und es erschien mir unheimlich, daß Dotsie mit Peter und er mit ihr so gut auskam, daß es keine Fremdheit oder Spannungen zwischen ihnen gab und auch nie gegeben hatte.

Der Februar ging in den März über. Dotsie stand schon seit drei Wochen auf der kritischen Liste, als ich am 6. März zu Besuch kam. Sie hatte jetzt ein Einzelzimmer, und als ich eintrat, sah sie müde und teilnahmslos aus.

»Hallo, Dotsie«, sagte ich.

»Hallo, Mommy.« Ihre Stimme war leise, fast nur ein Flüstern. »Ich fühle mich schrecklich.«

»Ich weiß, Schatz. Möchtest du ein bißchen bei mir auf dem Schoß sitzen?«

»Ja.« Sie kämpfte mühsam, um sich aufzurichten.

»Beweg dich nicht, ich hole dich.« Ich faßte mit meinen Armen unter sie und hob sie hoch.

»Ich habe die Stange«, sagte sie und zog sie klirrend hinter sich her, als ich zum Sessel hinüberging, mich unbeholfen setzte und es ihr auf meinem Schoß bequem machte. Der Fernseher lief, aber wir konnten uns nicht richtig konzentrieren. Wir kuschelten uns nur aneinander und entspannten uns. Plötzlich faßte sie sich an die rechte Seite des Kopfes, drehte sich um und schaute mich fest an.

Sie sagte klar und deutlich: »Mommy, es ist aus mit mir.« Sie verlor das Bewußtsein und sackte gegen mich. Ich stand auf, hielt sie fest an mich gedrückt, ging zu ihrem Bett hinüber und legte sie, nachdem ich sie noch ein letztes Mal in meine Arme genommen hatte, sanft hin und deckte sie zu.

Ich ging zur Schwesternstation, um mitzuteilen, was geschehen war. Als die Schwester sie untersuchte, sagte sie, Dotsie liege im Koma und müsse eine Gehirnblutung gehabt haben, was in diesem Stadium häufig vorkomme. Sie sagte mir, ich solle Dotsies Hand halten, da sie dies spüren könne. Ich ging zu ihrem Bett hinüber, setzte mich hin und nahm ihre Hand in meine, während ich der Schwester einen Blick zuwarf, der ihr verriet, daß ich allein sein wollte. Ich blickte in Dotsies hübsches, friedliches Gesicht und begann, das Vaterunser zu flüstern, und als ich fertig war, fing ich noch einmal von vorne an. Ich benutzte die

nächsten drei Tage das Vaterunser als Litanei und Medita-
tion, und es gab meinem Verstand Klarheit, tröstete mich
und diente mir als Mittel gegen die schreckliche Mischung
aus Schmerz und Erleichterung, die ich verspürte. Am
neunten März starb Dotsie sanft und friedlich.

Mach dir keine Sorgen, Mommy, ich komme in den
Himmel.«

ZWEITER TEIL

ACHTES KAPITEL

Das Meer

Bei Dotsies Beerdigung war ich von Gefühlen überwältigt. Ich saß in der ersten Reihe der riesigen, düsteren Kirche, die mir so vertraut war wie eine Schule, aus dunklem Stein, von leuchtenden Glasfenstern unterbrochen, und ich spürte den Druck der Menge hinter mir. Ich hätte nur ein Zehntel der Menschen erwartet.

Die drei Lieblingslieder, die ich ausgesucht hatte, erklangen, und eines davon – mit dem Titel »Ye Watchers and Ye Holy Ones« – erschütterte mich zutiefst. Als ich den kleinen, weißen Sarg erblickte, verschlossen und endgültig, gab meine Selbstbeherrschung völlig nach. Peter mußte mich durch den Seitenausgang hinausbringen, als der Gottesdienst vorüber war. Ich wollte die Fassung wiedergewinnen, aber als ich versuchte, die Menschen trotz meiner Tränen zu grüßen, brachte ich kaum einen zusammenhängenden Satz zustande. Ich konnte der ganzen Belastung einfach nicht standhalten. Mein Glaube war von der aus jahrelanger Agnostik geborenen Überzeugung überschattet, daß ich mein Kind nie wiedersehen würde. Ich vermißte Dotsie so sehr, daß mir die Vorstellung, sie würde nie mehr dasein, völlig unerträglich war. Ich fühlte mich betrogen, hilflos, erschöpft, leer und bar jedes Kontakts mit diesem Gott, auf den ich so begierig gewesen war. Er konnte einfach nicht existieren, konnte nicht solches Leid und solche Verschwendung zulassen, wenn ein so wundervoller Mensch wie Dotsie im Alter von acht Jahren einfach aufhören mußte zu existieren. Hätte man alle Gelder, die man aufwendete, um Menschen zu töten, statt dessen für die Krebsforschung eingesetzt, hätte man bestimmt ein Mittel für Dotsie gefunden. Die Welt war grausam und voll von Bösem, und bei Dotsies Beerdigung wollte ich nichts mehr von ihr wissen. Wäre Peter nicht dagewesen, wäre ich völlig zerbrochen.

Georgie kam über Dotsies Tod wesentlich leichter hinweg als ich; eigentlich war ihr Gleichmut vollkommen und beunruhigend. Sie schien nichts zu bemerken, sah ausdruckslos und verständnislos drein, als ich ihr alles zu erklären versuchte, wie wenn Leben und Tod Vorstellungen wären, die sie nicht begreifen konnte. Sie war fast sechs und hatte nur einmal eine Gefühlsregung gezeigt, als ich sie an einem Freitag ein Jahr zuvor aus Bellevue abholte. Ihr Gesicht hatte sich aufgehellt, als sie mich erblickt hatte, und sie war auf mich zugerannt. Ich war hingerissen, hatte mit ausgebreiteten Armen wie angewurzelt dagestanden und gedacht: »Sie liebt mich.« Aber Georgie war anderthalb Meter vor mir stehengeblieben, hatte abgeschaltet und dieses Verhalten nie wiederholt. Deshalb vermochte ich nicht zu sagen, ob sie Dotsies Tod spürte oder nicht. Anscheinend tat sie es nicht. Und doch hatte Georgie nichts übermäßig Feindliches oder absichtlich Herzloses an sich. Von der Geschichte mit dem Schachtelteufel, als sie zwei war, einmal abgesehen, hatte sie nie jemanden verletzt. Es schien nicht so, als ob Zorn oder Angst ihre Gefühle blockierten, trotz allem, was einige Experten so ernsthaft erklärten. Georgie war einfach nicht an Gefühlsäußerungen interessiert; und doch muß sie daheim irgendwie glücklich gewesen sein, weil sie nur ein einziges Mal ausgerissen ist, was Kleinkinder ja manchmal tun. Sie wußte, wo sie zu Hause war, und sie wollte dort auch sein, falls ich meinen instinktiven Gefühlen vertrauen konnte. Ich konnte Georgie nicht einfach als »leere Festung« ansehen, denn sie war sehr vorsichtig, entschlossen und konstruktiv. Sicherlich entsprangen diese Eigenschaften ihrer Seele, ihrem Verstand und ihrem Charakter und waren nicht etwa Kennzeichen eines innerlich hohlen Kindes. Was mich zum Wahnsinn trieb, war ihr rätselhaftes Verhalten, daß es für so vieles, was sie tat und auch nicht tat, keine logische Erklärung gab.

Die Wochen nach Dotsies Beerdigung waren schmerzhaft und verschwommen. Als Peter mir vorschlug, ich solle ihn doch auf seiner nächsten Geschäftsreise nach Europa begleiten, dachte ich mir, ein Tapetenwechsel und etwas verwöhntes Leben würden mir guttun. Bill konnte die Verantwortung für Georgie übernehmen, sich um ihren Babysitter kümmern und sicherstellen, daß sie gut versorgt war. Er hatte sein Trinken so weit eingeschränkt, daß es nicht mehr auffiel, und war immer mehr zu einer – wenn schon nicht finanziellen, so doch seelischen – Stütze geworden. Ich hatte seit langem Großmut walten lassen, meine Fehde eingestellt und um die Gnade gebetet, ihm vergeben zu können. Ich hatte es satt, meine Bitterkeit und meinen Groll noch weiter zu nähren, fühlte mich auch nicht mehr moralisch verpflichtet, den Versuch zu machen, Bill an seinem zerstörerischen Verhalten zu hindern, weil er sich genau wie ich veränderte. Wir wünschten uns beide, um Georgies und auch um unserer selbst willen, eine freundliche Beziehung.

Nachdem ich die Auswirkung von Dotsies Tod auf Bill beobachtet hatte, konnte ich ihn nicht mehr schlicht als gefühlskalten Gesellschaftsfeind bezeichnen. Wenn er während der letzten Tage ins Krankenhaus kam, war er immer in Tränen aufgelöst, und ich wußte, daß er unerträgliche Schuldgefühle haben mußte. Er tat mir leid, denn mir war klar, daß an seinem falschen und unverantwortlichen Verhalten in großem Maße sein Alkoholismus die Schuld trug, und da die Amerikanische Ärztevereinigung Alkoholismus als eine hauptsächlich genetisch bedingte Krankheit bezeichnete, konnte ich ihn eigentlich nicht dafür zur Verantwortung ziehen. Es schien mir nur menschlich und vernünftig, ihn zu ermutigen, für Georgie dazusein. Und außerdem, alle edlen Motive einmal außer acht gelassen, brauchte ich seine Hilfe bei Georgies Betreuung.

Im Sommer 1971, drei Monate nach Dotsies Tod, traten wir einem Strandclub am Atlantischen Ozean bei. Georgie blieb sofort gern lange im flachen Teil des Swimmingpools, lief am Rand entlang und schwebte wie eine Kaulquappe durch das Wasser. Aber wenn wir versuchten, sie mit zum Meer zu nehmen, schreckte sie stets zurück. Die Wellen, die sich gut hundert Meter entfernt hoben und dann zusammenstürzten, schienen sie zu beunruhigen, und sie weigerte sich, auch nur in ihre Nähe zu gehen. »Komm schon, Georgie. Willst du nicht mit zum Meer hinuntergehen?« fragte ich und redete ihr gut zu.

»Georgie nicht«, sagte sie dann. Wenn sie nicht im Swimmingpool war, siebte sie und grub im Sand in der Nähe des sicheren großen Holzzauns, der den Swimmingpool vom Strand trennte.

»Georgie, warum willst du nicht zum Meer hinuntergehen? Hast du vor dem Wasser Angst?« Sie benutzte nie das Wort *ja,* was für autistische Kinder typisch ist, und sie konnte Gefühle und Empfindungen nicht klar ausdrücken oder beschreiben. Es blieb mir überlassen, mir darüber Gedanken zu machen, warum ihr das Meer Angst einflößte, selbst aus so großer Entfernung. Es konnte nicht das Geräusch der Brandung sein, dachte ich, weil das etwas war, was jeder liebte, eins der beruhigenden Geräusche der Natur, noch beliebter als der Regen auf dem Dach und der Wind in den Bäumen. Vielleicht war Georgie vom Anblick der Wellen überwältigt. Als wir in Florida am Golf von Mexiko in Sarasota waren, ging sie gerne zum Strand und spielte am Wasser. Und die Strände am Long Island Sound hatten ihr auch keine Angst eingejagt. Sie war nie zuvor einer richtigen Brandung ausgesetzt gewesen, deshalb mußten es wohl die riesigen Wellen sein. Aber warum mußte sie sich so weit abseits von ihnen halten? Wenn andere Kinder Angst vor Wellen hatten, gingen sie zumindest direkt ans Wasser oder bis auf einen halben Meter heran. Georgie schien Hunderte von Metern zu brauchen. Das ergab keinen Sinn.

Ich kehrte zu Peter und Georgie am Swimmingpool zurück und erblickte eine Bekannte aus Brooklyn Heights. Ich hatte sie während der letzten Jahre beobachtet, weil ihr Leben erstaunlich geordnet zu verlaufen schien; sie jonglierte erfolgreich zwischen Karriere und Familie, während sie in ihrem prachtvoll geschmückten Sandsteinhaus lebte. Da war sie nun, sah in ihrem weißen Bikini braungebrannt, geschmeidig und sinnlich aus, als wir beide unseren sechsjährigen Kindern zuschauten. Ich erzählte ihr, daß Georgie sich nicht zum Meer traute. »Oh, ich glaube, daß Georgie davor zurückschreckt, wenn Sie selbst zurückschrecken«, sagte sie zu meinem größten Unbehagen. Was glaubte sie denn eigentlich? Daß Georgie einen »wandelnden Angstblock« hatte, der sich an alles hängen konnte? Oder glaubte sie vielleicht, daß Georgies Widerwillen gegen das Meer auf Zwangsvorstellungen beruhte? Meinte sie etwa, daß Dotsies Krankheit und Tod oder mein Kummer Georgies extreme und verwirrende Reaktionen verursacht hatten? Obwohl ich wußte, daß sie unrecht hatte, war mir nicht klar, warum, und ich fühlte, daß ich meinen Standpunkt unmöglich verteidigen konnte. Ich saß verlassen da und ließ meine Füße im Wasser baumeln.

Peters Kinder zelteten im ersten Sommer nach unserer Hochzeit, und weil wir sie alle besuchen wollten, uns aber nicht zwei Wochen Motel und Essen im Restaurant leisten konnten, beschlossen wir, es mit einer Campingtour zu verbinden.

Georgie war das Musterexemplar eines Campers. Neugierig wie eine Naturforscherin erkundete sie den Campingplatz und spielte ohne Unterlaß mit Steinen, Zweigen und Ungeziefer. Sie half mir, in unserem geschwärzten Topf über dem Feuer zu kochen, und aß ohne Murren unsere Kreationen. Einmal regnete es nachts in Strömen, und Peter mußte um zwei Uhr morgens nach draußen, um einen Graben um das Zelt zu ziehen und das Wasser abzuleiten. Georgies Schlafsack war an einer Seite naß, aber sie kuschelte sich nur am trockenen Ende wie eine Raupe zu einem kleinen Ball zusammen und verschlief das Ganze.

Peters zehnjähriger Sohn Hunt wollte in Maine zelten, und wir hielten es für eine lustige Idee, im nahegelegenen Haus einer Tante an einem See Station zu machen. Tante Ceci begrüßte uns herzlich und bestand darauf, daß wir ein paar Tage blieben. Nachdem Georgie am ersten Abend im Bett war, versuchten wir, Tante Ceci etwas über Georgies Entwicklung zu erzählen, aber sie nahm es auf die leichte Schulter und tat so, als ob wir irgendeinem psychiatrischen Geschwafel Glauben schenkten. »Georgie ist halt ein normales Kind, das ungewöhnlich ruhig und schüchtern ist«, sagte sie entschieden mit der Autorität und Erfahrung des Alters. Sie weigerte sich zu glauben, daß mit Georgie etwas nicht stimmte, und wir beließen es dabei. Georgie tat nichts allzu Unangebrachtes, bis sie am dritten Tag im Schreibtisch auf den Briefmarkenvorrat meiner Tante stieß und die Marken auf alle wichtigen Papiere klebte. Tante Ceci war wütend und gab Georgie das auch zu verstehen, aber Georgie, die dies in aller Unschuld getan hatte, sah sie ausdruckslos an und ging weg.

»Diesem Kind sollte man den Hintern versohlen«, sagte sie. »Hast du ihr Gesicht gesehen, als ich sie erwischt habe? Es kümmert sie einfach nicht! Sie weiß ganz genau, was sie getan hat. Wirst du sie nicht dafür bestrafen?« Ich fühlte mich überfahren und hilflos und versuchte, es ihr zu erklären.

»Sie wußte ehrlich nicht, daß sie etwas Unrechtes getan hat«, sagte ich. »Ich bewahre meine Briefmarken in meiner Brieftasche auf und schreibe nicht viele Briefe, und sie hat sich nie für Dinge wie Briefe oder andere Arten der Kommunikation interessiert. In dem Augenblick, wo sie erkennt, daß sie etwas falsch macht, hört sie damit auf und tut es nie wieder. Man braucht sie nicht zu verprügeln. Außerdem schlage ich sie nie. Und sie war nicht böswillig oder frech.«

Das war der Auslöser.

»Du hast ihr noch *nie* den Hintern versohlt? Also, das ist ja entsetzlich! Kein Wunder, daß sie so verwöhnt ist! Sie ist ja das verwöhnteste Kind, das ich je gesehen habe! Sie weiß ganz genau, was los ist. Sie wickelt dich um den kleinen Finger. Ich erinnere mich daran, wie sich Grafton (ihr Sohn und mein Cousin) das bei mir angewöhnt hat, als er im selben Alter war, und es war eine *Kraftprobe*. Und ich habe *gesiegt*. Ich weiß nicht, was geschehen wäre, wenn ich ihm so nachgegeben hätte wie du.«

Inzwischen atmete ich immer schneller, und Peter trat ins Zimmer.

»Ich geh zum See hinunter«, sagte ich so neutral wie möglich. »Kommst du mit?« Wir nahmen Georgie mit und gingen den Weg hinunter, wo wir auf einen Felsen kletterten und unseren Blick über das Wasser schweifen ließen. »Laß uns nach Hause fahren«, sagte ich.

»Ich habe die Auseinandersetzung zum Teil mitangehört«, sagte Peter. »Sie versteht es einfach nicht, und es hat auch keinen Sinn, ihr das zu erklären zu versuchen. Ich kann mir vorstellen, was sie denkt. Erinnere dich daran, daß ich das auch nicht sofort verstanden habe. Es war so schwer zu akzeptieren, daß Georgie sich nicht richtig verständigen kann. Sie scheint es mit Absicht zu tun, als ob sie schon etwas dafür könnte. Und dann erkennt man allmählich, daß sie ihr Bestes gibt und etwas mit ihr nicht stimmt.«

»Sie muß mich für die schlechteste aller Mütter halten.«

»Nun, du und ich wissen, daß das nicht stimmt.« Peter sagte immer so etwas Nettes, und ich fühlte mich dann stets besser.

Wir packten unsere Sachen zusammen und brachen binnen einer Stunde auf. Ich fühlte mich elend und fragte mich, ob all meine Verwandten so dachten wie Tante Ceci. Wußten sie denn wirklich genau, wie Georgie als Baby oder jetzt war? Selbst meine engsten Freunde hatten es nicht richtig begriffen, weil ich versucht hatte, es zu verbergen oder zu leugnen. Offensichtlich hatte ich meine Grenzen als Schauspielerin nicht erkannt und ein Drehbuch geschrieben, das zum Bild der guten Mutter paßte, welches ich gern vermitteln wollte; und ich hatte, unter einem inneren Zwang handelnd, für mein eigenes Wohl meine Rolle zu gut gespielt.

Als wir nach Brooklyn zurückkehrten, regnete es, und der Regen hielt mehrere Tage an. An Regentagen war es bei uns üblich, neu zu streichen, und als wir beschlossen, Georgies Zimmer in Angriff zu nehmen, unterhielt ich mich mit ihr. »Georgie, du hast mir gesagt, daß Grün deine Lieblingsfarbe ist.«

»Grün«, bestätigte sie.

Da ich wußte, daß sie Schwierigkeiten mit dem Wort *ja* hatte, sagte ich: »Was magst du lieber, Grün oder Blau?«

»Grün.«

»Du magst Grün am allerliebsten?«

»Grün.«

»Würde es dir gefallen, wenn wir grüne Farbe kaufen und dein Zimmer grün streichen?«

»Streichen.«

Wir gingen zum Haushaltswarengeschäft und studierten genau die Farbtabelle. Georgie war von den kleinen, rechteckigen Farbmustern fasziniert, berührte ihre glatte Oberfläche und fuhr mit den Fingern um die Ecken.

»Georgie, siehst du Grün?« Wir hatten einen Bogen mit dreißig Schattierungen von Grün, Blaugrün und Blau vor uns liegen. Georgie zeigte sofort auf Smaragdgrün.

»Welche Farbe magst du lieber für dein Zimmer, diese hier oder die da?« Ich prüfte Georgie, um ihre Wahl zu bestätigen, und sie suchte sich jedesmal Smaragdgrün heraus. Wir kauften Farbe und Zubehör und gingen nach Hause.

Wie die meisten autistischen Kinder mochte auch Georgie keine Veränderung, obwohl sie sich nie deswegen direkt mit mir anlegte. Als wir nun alle Möbel aus ihrem Zimmer räumten, ging sie uns einfach aus dem Weg. Meine Tante hätte Georgie kritisiert, weil sie nicht mithalf, aber Georgie hatte keine Vorstellung vom Helfen, außer wenn es eine Tätigkeit war, die sie interessierte. Sie war nicht uneigennützig und suchte auch nicht nach Anerkennung.

Georgie richtete ihre Aufmerksamkeit auf die cremige, sämige Farbe und auf die dicken, kleinen Wellen, die entstanden, wenn Peter die Farbe ausgoß. Sie half uns beim

Anstreichen und war dabei sorgfältig und geschickt. Zu dritt hatten wir die Wände in einer Stunde fertig. Peter und ich strichen das Holz weiß, und obwohl das Smaragdgrün und das Weiß dem Zimmer ein elegantes, vornehmes Aussehen verliehen, das eher zu einer Bibliothek paßte als zum Zimmer einer Sechsjährigen, gefiel es Georgie ausgezeichnet. Als sie an diesem Abend ins Bett ging, kroch sie hinein, als wäre es eine Höhle, ein friedlicher, behaglicher Platz, der ihr allein gehörte.

Am nächsten Tag tapezierten wir ihr Bad mit einer freundlichen Dschungelszene, die für Kinder gedacht war: süße, kleine Affen und bezaubernde Tiger. Als Georgie abends ein Bad nahm, sah sie aus wie ein kleines wildes Kind, das in seiner eigenen, besonderen Welt zu Hause war. Es war mir wichtig, daß ich ihr, ungeachtet ihrer Schwächen, die Würde ihres rechtmäßigen Platzes im Leben einräumte und darauf vertraute, daß sie ihren eigenen speziellen Beitrag leisten würde. Als ich sie abends in der Badewanne ansah, wußte ich, daß ich sie so liebte, wie sie war, und auch lieber so lassen wollte, statt so, wie ich glaubte, daß sie sein müßte. Es war ein gutes Gefühl, ein Gefühl des Loslassens. Wer war ich denn, um den großen Diktator zu spielen? (Ja, wer hatte überhaupt das Recht dazu?) Ich lernte gerade erst selbst, es mir auf dieser Welt gemütlich zu machen, und mußte Georgie die Freiheit zugestehen, ihren eigenen Frieden zu finden. Gott hatte einen Plan für ihr Leben und würde den Weg wählen, den sie nehmen sollte. Ich brauchte nur auf ihn zu hören. Während ich so dastand, zu ihr hinunterlächelte und mir immer noch wünschte, sie möge mich doch anschauen, aber verstand, daß sie es aus irgendeinem Grund nicht konnte, sprach ich ein Gebet des Verzichts. Dein Wille geschehe, und was auch immer ich an Hilfe leisten muß, gib mir die Kraft, es zu tun.

Im Juli kamen Evie und Louisa mehrere Male zum Spielen zu uns, aber ohne Dotsie war es eine unglückliche Zeit. Und obwohl Georgie und ich jeden Sonnentag am Strand verbrachten, was für die beiden eine Verlockung gewesen wäre, konnte ich mich nicht aufraffen, jemanden dorthin mitzunehmen. Jede Art von Sozialisation, selbst mit Kindern, die wir gut kannten, war schwierig, weil Georgies unangemessenes Verhalten, selbst wenn es oft subtil war, eine unbehagliche Atmosphäre schuf. Und ich trug auch dazu bei, weil ich meine eigene Unsicherheit und Angst nicht ablegen konnte. Es war für mich zermürbend, mit anderen Leuten lange gemeinsam in einer Situation zu sein, wie etwa bei einer Autofahrt, aus der ich mich nicht befreien konnte, und der Strand war immerhin eine Stunde entfernt. Eine andere Situation, bei der ich Schwierigkeiten hatte, waren Parties, die nicht von guten Bekannten veranstaltet wurden. Bei Georgie mußte man immer damit rechnen, daß sie herumlief, das Haar von Menschen anfaßte und diese nicht beachtete, wenn sie mit ihr sprachen. Sie neigte auch dazu, sich etliche Vorspeisen zu stibitzen, indem ihre kleine Hand flink wie die Pfote eines Waschbären über den Rand eines vorbeigetragenen Tabletts langte. Einige der Gäste verstanden es mit Sicherheit nicht, daß Georgie geistesabwesend und behindert war, und glaubten lieber, sie sei ungezogen und habe schlechte Manieren. Ich stellte mir vor, wie sie tuschelten, und hörte auch wirklich einmal: »Ihre Mutter sollte etwas dagegen machen.« Ja, gerne, aber was?

Draußen am Strand nahm Georgie Schwimmstunden bei einer Frau, die schon seit vierzig Jahren Unterricht erteilte. Obwohl Georgie sie verwirrte, war sie so geduldig und tüchtig, daß sie es schaffte, ihr das Schwimmen beizubringen. Sie sagte, daß Georgie den Anweisungen nicht folgen könne und nur durch Üben lerne.

Als wir einmal in einem Geschäft Zeichenpapier kaufen wollten, sah Georgie in einer rechteckigen Schachtel etwas mit der Aufschrift »Der menschliche Körper«. Sie brachte es mir und blieb neben mir stehen, um mir anzudeuten, daß sie das haben wollte. »Oh, das ist ein Modell«, sagte ich.

»Modell«, wiederholte sie.

»Wie ein Modellflugzeug, nur daß es ein Körper ist.« Wir

nahmen es mit nach Hause und breiteten alle Teile auf dem Eßtisch aus: Herz, Lunge, Nieren und Darm. Obwohl es anatomisch nicht ganz stimmte, hatte der menschliche Körper einiges zu bieten, und Georgie war fasziniert. Ich machte mir Sorgen, daß ein Teil dieses Interesses durch unsere Fahrten zum Memorial geweckt worden war, und hoffte, daß es sich um keine schädliche Manie handelte. Vielleicht würde Georgie eines Tages Ärztin werden.

Zu dem Modell gehörten auch ein Pinsel und ein Farbsatz in kleinen Töpfen, und gemeinsam malten wir alle Körperteile an. Diese Teile in der durchsichtigen Hülle der Plastikhaut an den richtigen Platz zu setzen, war wie ein Puzzle. Immer wieder nahm Georgie das Modell auseinander, setzte es erneut zusammen und ließ die Teile einrasten.

Wenn ich nicht wie Schachtelteufel gewesen wäre, der mal drinnen und mal draußen ist, mal geleugnet und mal nicht geleugnet hätte, hätte ich mich nie getraut, Georgie im September in die erste Klasse zu schicken. Selbstverständlich rief mich ihre Lehrerin am Ende der zweiten Woche an. »Ich würde Georgie einen schlechten Dienst erweisen, wenn ich sie bei mir in der Klasse behalten würde«, sagte sie. »Sie braucht eine spezielle Ausbildung.« Georgie sei nicht im normalen Sinne lernfähig, könne aber vielleicht mit der Zeit lesen und schreiben lernen, falls es ihr ausgebildete Leute, etwa einer pro Kind oder in sehr kleinen Klassen, besonders beibrächten. Ich wußte nicht, wohin ich mich wenden sollte. Die League School, die einzige Möglichkeit in Brooklyn, hatte eine zweijährige Warteliste, und als ich sorgfältig mein Handbuch für Sonderschulen studierte, fand ich praktisch keine, die vor allem für autistische Kinder bestimmt war. Schließlich fragte ich telefonisch in Bellevue um Rat, und Dr. Campbell drängte mich, doch in Betracht zu ziehen, Georgie zurückzubringen. »Sie muß behandelt werden«, sagte sie.

Nachdem ich inzwischen alle Bücher von Norman Vincent Peale gelesen und in mich aufgenommen hatte, versuchte ich, positives Denken zu praktizieren. Aber es fiel mir schwer, positiv über Bellevue zu denken, obwohl es der beste Ort in der Stadt, vielleicht sogar auf der ganzen Welt, für die Behandlung von Autismus war. Woanders würde Georgie mit Kindern zusammensein, die ernsthafte Behinderungen und Nervenschäden hatten, und dort konnte man sich ihrem Autismus nicht richtig widmen und behandeln. Dennoch war Bellevue deprimierend und bedrohlich. Und wie würde sich dieser Ort, mit all seinen negativen Kennzeichen, auf ihrem Zeugnis ausmachen? Peter verstand das, meinte aber, Bellevue bedeute, die schwersten Geschütze aufzufahren, die man finden könne, und schwere Geschütze seien in Ordnung. Aufgrund der Objektivität und vergleichsweisen Neutralität eines Stiefvaters weigerte er sich, das Problem zu verniedlichen, und war einfach froh, daß eine so ausgezeichnete Hilfe zur Verfügung stand. Zweiundzwanzig Betreuer kommen auf neun Kinder, rief ich mir in Erinnerung. Und Dr. Campbell galt als eine Kapazität auf diesem Gebiet. Wir würden nirgendwo etwas gleich Gutes finden.

Ich zwang mich dazu, einen Termin mit Dr. Campbell zu vereinbaren, und bei unserer Ankunft war Bellevue wie immer: Die fliegenbefleckte Eingangshalle, die schwerfälligen Aufzüge und die abgestoßenen blauen Türen hatten sich nicht verändert. Miß Dials, gelassen und wunderbar, ließ uns ein. Ich nahm Georgie an die Hand, ließ sie auf der Seite gehen, die der Wand näher lag, und wir machten gemeinsam den Spießrutenlauf durch die Station der geistig behinderten Kinder.

Dr. Campbell war erfreut, uns zu sehen, und erklärte uns, daß Georgie eine Klasse zusammen mit zwei anderen Sechsjährigen besuchen würde. Eine davon, die wir noch nicht von früher kannten, konnte schon lesen. Das gab mir Hoffnung. Die Ärztin staunte über die Fortschritte, die Georgie in den vergangenen anderthalb Jahren gemacht hatte, seit sie sie zuletzt gesehen hatte, und beglückwünschte mich dazu, wie gut ich sie betreut hatte. Aber sie bestand darauf, daß Georgie ohne Behandlung und besonderen Unterricht praktisch nicht ausgebildet werden könne und daß Bellevue am besten dafür geeignet sei, ihr all das zu vermitteln, was sie brauchte. Obwohl sie der festen Ansicht war, daß Georgie wieder stationär behandelt werden und nur an den Wochenenden nach Hause dürfen sollte, konnte ich mich nur dazu durchringen, sie als Tagesschülerin in das Programm zurückkehren zu lassen.

Georgie schien in Bellevue so glücklich zu sein, wie sie es überall war, außer wenn es zu den Bluttests kam. Routinemäßige Blutuntersuchungen waren Teil der Behandlung in Bellevue. Dr. Campbell stellte fest, daß die Faktoren der Zusammensetzung von Georgies Blut am äußersten Ende einer jeden Skala lagen und daß Georgie eine Chromosomenabweichung hatte. Georgie wußte jedoch diese aufregenden Ergebnisse nicht recht zu würdigen und protestierte lautstark gegen die zudringlichen Methoden, die diese Ergebnisse zutage förderten. Obwohl sie nie gegen etwas mehrmals und direkt mit Worten protestiert hatte, wiederholte sie wie eine Litanei: »Georgie mag nicht Spritzen.« Wer mag sie schon, vor allem welche kleinen Kinder! Aber Georgies Reaktion war ungewöhnlich stark, besserte sich nicht im Laufe der Zeit und beunruhigte uns um so mehr, weil sie so rätselhaft war. Dotsie hatte sich so weit an Spritzen und »Fingerstechen« gewöhnt, daß sie sich selbst in den Finger stechen konnte ohne zusammenzuzucken. Bei Dotsie hatte ich mir ein System aus Zauberarmbändern, Zauberringen und Zauberuhren ausgedacht, die den größten Schmerz abhalten konnten, solange diese Dinge jemand anders gehörten (gewöhnlich mir) und nur zeitweise von ihr getragen wurden. Nach einer Weile brauchte sie diese Methode nicht mehr. Aber bei Georgie schien dies alles nichts zu helfen. Ich fragte mich, ob sie die Bluttests und die vielen Medikamente, die sie nehmen mußte, mit der Krankheit ihrer Schwester in Verbindung brachte und ob sie glaubte, sie sei als nächste dran. Ich versuchte, sie zu beruhigen, obwohl sie mich ausdruckslos anschaute, wenn ich sie danach fragte.

153

Alle zwei Monate machte Peter eine zweiwöchige Geschäftsreise nach Europa. Manchmal begleitete ich ihn und ließ Georgie bei Bill, da es mir stets guttat, etwas anderes zu erleben, und es auch keine negativen Auswirkungen auf Georgie zu haben schien. Auf einer dieser Reisen speisten wir abends in Genf zusammen mit einem Ehepaar, alten Freunden von Peter. Ihr jüngstes Kind war autistisch, und sie erzählten uns, es sei gerade in Frankreich wegen eines Hörfehlers behandelt worden. Sie erklärten uns, eine Verzerrung im Gehör ihres Sohnes habe zu seinem Autismus beigetragen, und eine Korrektur habe nun Abhilfe geschaffen. »Ihr solltet bei Georgie mal darüber nachdenken. Es könnte ihr vielleicht auch helfen.« Ich versuchte, höflich zu sein, hatte aber das Gefühl, daß sie keine Ahnung hatten, wie ernst Georgies Probleme waren; sonst hätten sie nicht so etwas Einfaches vorgeschlagen wie eine Behandlung ihres Gehörs.

»Euer Sohn ist nicht im entferntesten so schlimm wie Georgie«, behauptete ich. Ich hatte ihn mehrmals gesehen. »Er erscheint mir vollkommen normal. Er schaut euch zum Beispiel an, wenn er spricht. Georgie tut das nie. Ich werde nie vergessen, wie er sagte ›Können Sie mir bitte das Brot reichen‹ und dabei Französisch, Deutsch und Englisch in einem Satz verwendete. Als Georgie drei war, konnte sie noch gar nicht sprechen.«

»Aber seit du ihn das letztemal gesehen hast, hat dieser Arzt bei Henri Autismus festgestellt«, betonte seine Mutter, »und er hat sein Gehör behandelt, und nun geht es Henri viel besser. Er ist ruhiger, und seine Beziehung zu uns hat sich auch gebessert. Er wird sogar imstande sein, in der Schule zu lernen.« Das klang so wie die Ziele, die sich Eltern autistischer Kinder setzen, und deshalb dachte ich mir, daß ich wenigstens nach der Art der Behandlung fragen sollte. In Georgies Fall würde es aber bestimmt so sein, als würde man ein Heftpflaster auf eine starke Blutung kleben.

»Also, wie funktioniert diese Behandlung?« fragte ich.

»Der Arzt macht ein Audiogramm und stellt fest, wo die

Verzerrungen im Gehör auftreten. Er behauptet, daß die meisten autistischen Kinder solche Verzerrungen haben und bestimmte Töne auf bestimmten Frequenzen lauter hören als wir. Es tut ihnen weh. Wenn er die Frequenzen herausgefunden hat, auf denen die Kinder zu gut hören, spielt er per Kopfhörer Musik auf dieser Frequenz, und das Kind reguliert automatisch sein Gehör, damit es nicht so gut auf dieser Frequenz hört.« Das ergab für mich keinen Sinn.

»Aber Georgies Gehör ist schon getestet worden, und es ist in Ordnung«, betonte ich. »Ihre Probleme sind ohnehin so ernst, daß ich nicht weiß, wie so was funktionieren könnte. Sie kann sich, im Gegensatz zu Henri, überhaupt nicht verständigen. Ihr geht es viel schlechter als ihm, wirklich. Ihr könnt euch das nicht vorstellen.«

Da sie erkannten, daß sie mich nicht umstimmen konnten, und glaubten, Georgie sei vielleicht zu autistisch, um von dieser Behandlungsmethode zu profitieren, lenkten sie die Unterhaltung auf angenehmere Themen. Ich war erleichtert. Ich würde bestimmt nicht Hals über Kopf Georgies Behandlung abbrechen und mit ihr nach Europa fliegen, nur wegen so einer zweifelhaften, bizarren und unbekannten Therapie, selbst wenn sie Henri geholfen hatte. Nach meinem Ermessen war er kaum autistisch. Nein, ich würde den konventionellen Weg beschreiten, ohne mich auf irgendwelche seltsamen Seitenwege einzulassen, und ich würde Dr. Campbell vertrauen. Sie war die Expertin und würde bestimmt, falls diese Gehörbehandlung ihre Vorzüge hatte, darüber Bescheid wissen, da die Behandlung von Autismus ihr Spezialgebiet war. Sie war der Typ Mensch, der über die neuesten Entwicklungen auf dem laufenden war, denn experimentelle Forschung war ihr Schwerpunkt. Als ich aus Europa zurückkehrte, hielt ich es nicht einmal für wichtig genug, die Gehörbehandlung ihr gegenüber zu erwähnen.

Das Personal in Bellevue arbeitete das ganze Jahr über unermüdlich mit Georgie, doch als der Juni nahte, konnte ich

erkennen, daß selbst mit dem Vorbild einer Klassenkame-
radin, die schon lesen und schreiben konnte, Georgie noch
keineswegs zum Lesen oder Schreiben bereit war. Ich
spürte schlechte Nachrichten auf mich zukommen. Als ich
Georgie an einem Aprilnachmittag abholen wollte, sprach
mich auf dem Weg zur autistischen Abteilung ein kleines
Mädchen auf der Station für geistig behinderte Kinder an.
Es war intelligent und freundlich und erschien mir völlig
normal. Ich wollte es mit nach Hause nehmen. Ich fragte
bei Dr. Campbell nach und erhielt die Auskunft, daß das
Mädchen an einen Ort namens Childville verlegt werde.
Das Wort *Childville* versetzte mir einen echten Schock. Es
klang wie der Anfang vom Leben in einer Anstalt, und das
würde dann das Ende sein.

Einige Wochen vor Georgies siebtem Geburtstag im Mai
bat mich Dr. Campbell in ihr Büro. Als ich mich setzte, sah
sie mich vom Schreibtisch aus an, die Hände sorgsam ge-
faltet und die gleichmäßigen, vollkommenen Züge voller
Grimm. Nur ihre Augen verrieten ihre Sorge und das Unbehagen über das, was sie zu tun plante. Da Georgie jetzt
für das Programm von Bellevue zu alt war, aber immer
noch eine Behandlung und spezielle Ausbildung brauchte,
empfahl sie mir, wie im übrigen auch die Ärzteschaft, Georgie nach Childville zu schicken. Sie sagte, es sei eine sehr
gute Einrichtung mit einem guten Verhältnis von Personal
zu Kindern, und es würden nur Kinder im Alter zwischen
sechs und zwölf aufgenommen. »Keine Jugendlichen«,
sagte sie, als sei dies ein gewaltiger Anreiz, was es meiner
Vorstellung nach auch war. Ich brauchte mich nicht zu sorgen, daß ein älteres Kind sexuelle Annäherungen machen
würde. »Childville hat ein besonderes Bildungsprogramm
im Haus, obschon einige der Kinder auch in die Schule gegenüber gehen können.« Als ich Dr. Campbell erklärte,
daß ich nicht damit fertig werden ja, daß es mich umbringen würde, meinte sie mit einem Anflug von Verachtung:
»Dann werden Sie Georgie wie ein *Haustier* halten.«

Obwohl ich mit dem Gesicht in den Händen dasaß,
zählte Dr. Campbell mir weiter alle Vorzüge von Childville

auf: Die Kinder dort lebten auf einem höheren Niveau als Georgie und könnten ihr als Vorbild dienen. Sie würde ständig in Kontakt mit einer Gruppe Gleichaltriger stehen und vierundzwanzig Stunden am Tag eine Therapie erhalten. »Es dauert nur ein oder zwei Jahre. Sie werden glücklich sein, wenn Sie Georgies Fortschritte sehen.«

Als Peter abends nach Hause kam, schüttete ich ihm mein Herz aus. Was war, wenn Dr. Campbell nicht recht hatte, wenn es nicht klappte und Georgie für immer in stationärer Heimbehandlung bleiben mußte? Und wie konnte ich die Trennung von ihr ertragen? Peter wußte in seiner Zerrissenheit auch nicht, was das Beste für Georgie und für mich sein könnte und wie ich mich wirklich in diesem Augenblick fühlte. Er hatte seit zwei Jahren, also seit Dotsies Tod, die Scherben meines Lebens wieder zusammengekittet, wußte, daß ich erschöpft und ausgebrannt war, und wollte, daß ich zur Ruhe kam. Und doch hatte er Angst, daß sich eine Heimbehandlung als zu drastisch erweisen könnte. Natürlich war Dr. Campbell die beste Ärztin, und wenn sie sicher war, daß Georgie in ein oder zwei Jahren in deutlich gebessertem Zustand wieder nach Hause zurück könnte, dann würde das die Sache schon wert sein. Georgies Zukunft sah so trüb aus, daß wir es wahrscheinlich versuchen sollten. Er riet mir, ein paar Tage darüber nachzudenken.

Am nächsten Tag stand ich im Geschäft gerade in der Schlange, als jemand, den ich kaum kannte, einen kurzen Blick in meine Einkaufstasche warf, während ich mein Portemonnaie herausholte. Drinnen herrschte das übliche heillose Chaos: Schlüssel, eine Zeitschrift, ein Buch, Taschentücher, eine Bürste, Papiere, Zeichnungen, Quittungen, Kleingeld und Kaugummipapier. »Wie können Sie von Georgie Ordnung erwarten, wenn Sie selbst sich in solch einem chaotischen Zustand befinden?« meinte sie.

Ich stand wie erstarrt da, dachte über die Bemerkung nach und suchte nach der Wahrheit, die sie enthalten könnte: Tasche durcheinander, Kind durcheinander? Das klang für mich einleuchtend.

Am Tag nach Georgies siebtem Geburtstag hatte ich das Gefühl, als Mutter ausgedient zu haben. Es war ein bedeckter Maitag im Jahre 1972, als Georgie neben unserem Auto stand, um sich fotografieren zu lassen und dann mit mir nach Childville zu fahren. Bei unserer Ankunft erschien mir Childville wie ein Waisenhaus. Während wir die Stufen hinaufgingen, fühlte ich plötzlich Wut in mir aufsteigen, obwohl ich nicht sicher war, auf wen oder was eigentlich. Ich wußte nur, daß es mich wütend machte, Georgie an diesem Ort zu lassen. Ich hätte den Laternenmast auf dem Bürgersteig ausreißen können. Ich konnte mich kaum beherrschen, als ich es ihr in dem kleinen Zimmer auf der vierten Etage gemütlich machte, ihre Sachen in die Kommode räumte und aus dem Fenster auf Wäscheleinen und Götterbäume in den Hinterhöfen herabschaute. Ich umarmte Georgie, weinte und wünschte mir so innig, daß sie ihre Arme um meinen Hals legen und sagen würde: »Geh nicht weg, Mommy!« Aber sie reagierte nicht. Es war, als ob ich gar nicht existierte.

NEUNTES KAPITEL

Adler

Georgie passe sich an, habe aber Heimweh, teilte man mir mit, deshalb sei es das beste, sie einen Monat lang nicht zu besuchen. Anscheinend verbrachte sie viel Zeit damit, sich »Nights in White Satin« anzuhören, ein Lied, das wir oft auf unseren Autofahrten gespielt hatten, obwohl mir dabei nicht aufgefallen war, daß es Georgie besonders gefiel. Jetzt in Childville war ihr elend zumute, sie hatte Heimweh, wenn sie das Lied hörte, und weinte. Heimweh? Ich konnte es nicht fassen. Es war für mich wie ein Durchbruch. Wie wunderbar, dachte ich, ein konkretes Zeichen der Liebe (das zweite in sieben Jahren). Aber nein, hieß es, das bedeute nur, daß sie mich nicht sehen sollte, und das Traurige war, ich konnte nichts daran ändern. Ich hatte nur zwei Möglichkeiten: entweder sie in eine Umgebung zu versetzen, wo sie sich ihren Weg suchen mußte, oder sie zu Hause zu behalten, zu verhätscheln und ihr für immer Funktionsstörungen zu bescheren. Wenigstens schien Dr. Campbell so zu denken, und ich vertraute ihr.

Ich tröstete mich mit dem Gedanken an die Adlermutter, wie sie ihr Nest immer dorniger macht, wenn die Adler älter werden, um sie zum Fliegen zu ermuntern. Bleibt ein kleiner Adler, der Angst hat, sich vom Fleck zu rühren, trotzdem im Nest, nimmt sie ihn letzten Endes auf den Rücken, fliegt mit ihm davon und läßt ihn fallen. Dann fliegt er. Hatte meine Mutter nicht mit mir dasselbe gemacht, als sie mich auf einer geschlossenen Station im Krankenhaus ließ? Auf subtile Art hatte ich mich an das Nest geklammert, und sie hatte mich verlassen, damit ich selbst Kraft fand. Sie hatte es nicht als Übung in »harter Liebe« gedacht, sondern es hatte sich einfach so ergeben. Jetzt spürte ich, daß ich dasselbe für Georgie tun mußte, selbst wenn ich das Gefühl hatte, gegen den Strom zu schwimmen.

Dann überkamen mich Zweifel. Würde dieses völlig sich selbst verleugnende, sklavische Befolgen der ärztlichen Vorschriften wirklich funktionieren? Würde Childville Georgie die Bestätigung in der Gruppe, die Ordnung, die Haltung und die Bildung geben, die sie brauchte? Würde all dies Georgie wirklich in die Lage versetzen, den Weg in die reale Welt zu schaffen? Warum reichte es nicht, wenn ich sie zu Hause behielt? Als ich einer Freundin erzählte, daß wir Georgie nach Childville schicken wollten, meinte sie: »Aber wir dachten, du kommst mit ihr so gut zu Rande.« Das hatte ich auch gedacht. Aber Dr. Campbell glaubte, daß ich sie wie ein Haustier halten würde. Was hatte sie damit gemeint? War Georgie zu behütet und umsorgt? Mangelte es mir an der Neutralität und Objektivität, die sie brauchte, um aus ihrem Kokon zu schlüpfen? Vertraute ich nicht genug auf ihre Fähigkeit, erwachsen zu werden? Konnte ich mich also nicht ändern und ihr mehr Disziplin, mehr Anregung und mehr Gesellschaft mit Kindern wie ihr selbst bieten? Ich war verwirrt, verletzt, zornig und gekränkt, weil sich meine mütterlichen Instinkte meldeten, um sie zu schützen, zu hegen und zu pflegen. Ich hatte das Gefühl, als sage man mir, daß das Beste, was ich ihr geben konnte, nicht gut genug sei.

Georgie machte in der Tat Fortschritte. Ihre Zimmergenossin und ihre »Wohngruppe« von dreizehn Mädchen lockten Georgie aus ihrer Welt, weil sie sie als Spielgefährtin brauchten. Sie spielten zunächst »Ungeheuer« (ein Verfolgungsspiel), die Reise nach Jerusalem, Indianer und gingen dann zu Lotto und Pingpong über. Nur eines der anderen Kinder, Emily, war autistisch. Sie war schon mit Georgie in Bellevue gewesen, und ich beneidete ihre Mutter, weil Emily viel mehr Anschluß hatte, zugänglicher war als Georgie und größere Aussichten zu haben schien.

Ich glaubte allmählich, die richtige Entscheidung getroffen zu haben, als sich Georgie wirklich mit einigen der anderen Kinder anzufreunden begann. Ihre erste Freundin war ein großes, herrisches Mädchen, das Cindy hieß, und sie stellte eine Brücke zu den anderen Kindern her. Georgie und die anderen Kinder gingen gegenseitig aufeinander ein. Zum erstenmal in ihrem Leben kämpfte sie, spielte und »ging zum Vergnügen Beziehungen ein«. Das war der Durchbruch, auf den ich gehofft hatte, den ich selbst aber nicht glaubte in die Wege leiten zu können, jedoch für lebenswichtig hielt, wenn Georgie je zum Leben in einer normalen Gemeinschaft fähig sein sollte.

Eines der Mädchen in der Wohngruppe war ein überaktiver, zäher kleiner Irrwisch mit olivfarbener Haut und dunklen Haaren, ein richtiger Bengel, der den Betreuern immer noch etwas entgegensetzte und wie ein Seemann fluchte. Georgie lernte einige erstklassige Ausdrücke von ihr, darunter haarsträubende, mehrsilbige Obszönitäten, und sie freute sich über die Wirkung, die sie auf die Betreuer hatten. Einige von ihnen waren Schwarze, und Georgie fing an, ihnen rassistische Beleidigungen an den Kopf zu schleudern, und genoß es, wenn sie zurückzuckten. Als Strafe mußte sie eine bestimmte Zeit in der Ecke stehen oder mit dem Gesicht zur Wand auf einem Stuhl sitzen. Anscheinend verwandelte sich mein ernstes, verträumtes kleines Mädchen in eine aggressive, zotige Göre, obwohl sie zu Hause immer noch äußerst lieb war.

Auch ihre Fortschritte in der Schule sprachen für Childville. Sie besuchten im Haus zu viert eine Klasse, und die meisten ihrer Lehrer waren herzlich, heiter, geduldig und fähig. Als sich herausstellte, daß Georgie stark legasthenisch war, arbeitete ein Lehrer des Förderunterrichts täglich eine Stunde mit ihr. Die uneingeschränkte Aufmerksamkeit, die Georgie zuteil wurde, war sogar in Sonderschulen selten und trug schließlich Früchte. Georgies künstlerische Arbeiten waren gleichfalls ein Pluspunkt. Ihr Interesse, ihr scharfes Auge und ihre gute Hand zeigten sich auch weiterhin, zum Teil dank eines Kunstlehrers, der Georgie unterstützte, ihr keine Vorschriften machte und ihr in der Selbstentfaltung sowie der Wahl der Mittel freien Lauf ließ. Dies waren einige der Erfolge, die mich aufmunterten, und Georgie machte große Fortschritte. Wenn das

Spiel den Namen »Glück durch Entwicklung« trug, hatte Georgie Erfolg.

Die meisten Mitarbeiter der Jugendfürsorge, die für die Obhut der Kinder die Verantwortung trugen, waren freundlich und liebevoll und stellten eine Beziehung her, auf die die Kinder (und die Eltern) bauen konnten. Einige handelten jedoch manchmal wie Tyrannen, und der verantwortliche Psychiater bereitete mir Sorgen. Er war jung, kalt, elegant und sah aus wie ein Modell aus einer Kaufhausabteilung für Männerbekleidung, das sich aus Versehen zur U-Bahn verirrt hatte. Wenn der Direktor den Ton angab, wie es in der Schule üblich ist, mußte Childville auch etwas Klinisches, Doktrinäres und Fehlgeleitetes an sich haben. Der Psychiater machte den Eindruck, als würde seine einzige Reaktion darauf, daß ich in seinem Büro saß und mir etwas auf der Seele brannte, darin bestehen, meine Psyche auf die versteckten Motive hin zu untersuchen, die zu so einem interessanten Verhalten geführt haben könnten. Und bezeichnenderweise hieß er auch noch Dr. Bloch. Das Feuer zu löschen wäre ihm als Lösung nie in den Sinn gekommen, da der Patient lernen mußte, sein bzw. ihr Feuer selbst zu löschen, um die für den therapeutischen Prozeß gewünschten Ergebnisse zu erzielen. Dieser Freudsche Ansatz (bei dem alles, was man tat, dachte oder fühlte, der Deutung im Lichte der wahren, unbewußten Motivation unterworfen wurde) bewirkte oft eine Entkräftung der Gefühle, eine Zerstörung der Spontaneität und eine Verkrüppelung der Selbstachtung, weil man keine Handlung mehr für bare Münze nehmen konnte. Unglücklicherweise wußte ich wegen meiner »Schriftstellermentalität« alles darüber. Es kam mir der Gedanke, daß Ärzte vielleicht ihre eigenen abwertenden Bezeichnungen verdienten, etwa »eiskalter Klapsmühlendoktor« oder, um die Würde des Berufs zu wahren, »Kryopsychiater«.

Als uns Freunde für August ein Haus am Strand zur Verfügung stellten und Peters Kinder den Monat bei uns verbrachten, war ich beeindruckt, wie nett sie zu Georgie waren, als sie daheim war. Die Wiederheirat ihres Vaters und Georgies Autismus, dazu noch Dotsies Krankheit und Tod – ich wußte nicht, wie sie oder wir es schafften, alles zu bewältigen. Ich hatte das Gefühl, mich übertriebener Hoffnungen schuldig zu machen, wenn ich glaubte, daß wir es wirklich schaffen könnten. Aber Peter bestand immer darauf, daß wir dazu bestimmt waren, zusammenzugehören, daß wir Gott nur um Kraft bitten und jeden Tag so nehmen sollten, wie er kam.

Georgie kam jedes zweite Wochenende nach Hause, und ich besuchte sie in den dazwischenliegenden Wochen. Wenn ich sie nicht nach Hause mitnahm, gingen wir ein oder zwei Stunden in einen nahegelegenen Park, und dann traf ich mich gewöhnlich mit Judith, einer Sozialarbeiterin, die unsere gemeinsame Therapeutin war. Judith jagte mir Angst ein, weil sie immer darauf beharrte, Georgie sei schizophren. Wenn ich ihr entgegnete, daß Georgie schon autistisch geboren sei, schaute sie skeptisch und schwieg, als ob sie annahm, ich wollte das Problem verniedlichen.

Judith schien sich an den Gedanken zu klammern, daß Georgies Schwierigkeiten aus Problemen mit ihrer Umgebung stammten und Georgie sich wegen der Spannungen um sie herum abgekapselt habe. Ihrer Meinung nach kannte man zwar die Ursache für Kindheitsschizophrenie noch nicht genau, doch schienen oft umweltbedingte und genetische Faktoren in der Familie des Kindes und der Herkunft der Eltern ausschlaggebend zu sein. Sie versuchte, mich zu analysieren, und ich ärgerte mich darüber, machte aber teils aus reinem Unwissen mit, teils auch aus Angst, durch mangelnde Bereitschaft meinen Widerstand irgendwie auf Georgie zu übertragen. Der Zusammenhang zwischen Autismus und Kindheitsschizophrenie sollte später widerlegt werden, aber damals war dies noch die vorherrschende Theorie. Neben Bettelheims Theorie der »eiskalten Mütter« waren Prügel für die Mutter das bevorzugte Spiel vieler Psychoprofis, von denen die meisten sich vor allem wegen Schwierigkeiten mit ihren eigenen Müttern zu diesem Beruf hingezogen fühlten. Bei meinen egozentrischen und selbstzerstörerischen Neigungen, meinem Hang zu Schuldgefühlen und Vorwürfen und meiner Herkunft als Tochter der »Lieben Abby« für die Jugendlichen war ich für diesen besonderen Zug wie geschaffen. Es wäre schon ein Wunder gewesen, hätte ich ihn an mir vorbeifahren lassen.

Judith war völlig auf ihre Theorien fixiert. Obwohl ich mehrere Mütter und Väter schizophrener Kinder kannte, die vollkommen normal waren, ist die Häufigkeit von Geisteskrankheit bei Eltern schizophrener Kinder hoch, bei Eltern autistischer Kinder dagegen niedrig. Es war offensichtlich, daß weder Bill noch ich schizophren waren. In ihrer Entschlossenheit, Georgie Schizophrenie und mir wenigstens etwas Verrücktheit anzudichten, stöberte Judith jedoch alle nur möglichen Gründe auf. Ich tat mein Bestes, um sie glücklich zu machen, wurde fast von all den negativen Tatsachen überschwemmt, die ich aus meiner Vergangenheit ans Licht zerren konnte, und vergaß all das Gute (das beträchtlich war), das mir und meinen Brüdern als Rüstzeug diente, um zu überleben und uns einzubringen. Am bedrückendsten war, daß ich nach monatelangem Überreden sogar einwilligte, Georgie Stellazin und Thorazin geben zu lassen, starke Beruhigungsmittel, die bei der Behandlung von Schizophrenie eingesetzt wurden. Der Gedanke war frustrierend, daß Childville so auf seine Theorien über umweltbedingte Ursachen festgelegt war. Man konnte sich kaum vorstellen, daß Georgie an diesem Ort je die richtige Behandlung erhalten würde.

Georgie, die sich bei Judith einer Therapie unterzog, entwickelte schließlich die Fähigkeit, einige Gefühle auszudrücken. In dem Klaustrophobie auslösenden, engen und tiefgelben Büro auf der obersten Etage mit seinen billigen Möbeln und einem schmutzigen Fenster saßen sie sich gewöhnlich gegenüber und versuchten, Licht in Georgies Probleme zu bringen. Judith blieb entschieden unnahbar und verschlossen, wie man es ihr beigebracht hatte.

Georgie erzählte Judith, sie glaube, ich hätte sie nach Childville geschickt, weil sie verrückt sei. »Was bedeutet das denn?« fragte Judith in ihrem leisen und neutralen Tonfall.

»Es bedeutet gewalttätig«, erklärte Georgie. »Ich habe Wutanfälle. Ich schreie und fluche auf die Betreuer und verprügele andere Kinder.« Sie hatte angefangen, unter anderem wegen ihrer Hausaufgaben Wutanfälle zu bekommen, um sich dann davor drücken zu können. »Meine Mutter hat mich hierher gebracht, weil sie wütend auf mich ist und weil ich wohl verrückt sein muß.«

»Warum ist sie wütend auf dich?« fragte Judith.

»Weil ich verrückt bin?«

»Vielleicht«, sagte Judith verständnisvoll. Niemand berücksichtigte die Tatsache, daß ich mich um Georgies willen als Mutter in der Luft zerrissen hatte, um zu vermeiden, »sie wie ein Haustier zu halten« – was ich bestimmt nach Dr. Campbells Ansicht machen würde, wenn Georgie zu Hause lebte. Und niemand schenkte der Tatsache auch nur im geringsten Beachtung, daß Georgie chronisches und starkes Heimweh hatte.

Als Georgie ein Jahr in Childville war, beschloß ich, ein zweites Gutachten einzuholen. Zugleich suchte ich Hilfe, weil ich mich zu einer ausgesprochenen Hypochonderin entwickelt hatte und zum Ärger und Verdruß meines Arztes eine unheilbare Krankheit nach der anderen bekam. Der Psychiater, den ich konsultierte, hatte eine riesige, erfolgreiche Familienpraxis. Als wir an der Schuld zu arbeiten begannen, die meine Hypochondrie verursacht hatte, bat ich ihn, auch in Childville Erkundigungen einzuziehen.

Nachdem er sich mit Dr. Bloch unterhalten hatte, erklärte er mir, daß Childville eine für Georgie sehr geeignete, hervorragende Einrichtung sei. Ich sollte dankbar sein, sie dort zu wissen. Erfreulicherweise meinte er auch, daß mein Geisteszustand bis auf meine Schuldgefühle in Ordnung sei – und diese würden sich mit der Zeit legen. Er entließ mich und sagte, ich würde mich unter den gegebenen Umständen sehr gut halten.

Meine Hypochondrie blieb weiterhin groß, obwohl mir allmählich die Krankheiten ausgingen, deshalb beschloß ich, mehr Sport zu treiben. Wir mieteten uns am Wochenende ein Haus in Catskills, machten lange Wanderungen, und neben Tennis, was ich drei- oder viermal wöchentlich in der Halle spielte, fing ich an, Schlittschuh zu laufen und Ski zu fahren. Während dieser hektischen Betriebsamkeit hoffte ich immer, daß sich die von Dr. Campbell verordneten ein oder zwei Jahre Verbannung bei Georgie nur als ein Jahr herausstellen würden. Ich zählte die Tage und hoffte, daß Georgie nach Hause kommen konnte.

Doch es war schwierig, wenn sie wirklich zu Hause war. Sie war immer noch äußerst lieb und distanziert, und ich gab alle Hoffnung auf, mich ihr je durch Zuneigung und Gespräche verbunden zu fühlen. Wenn sie nach dem Wochenende nach Childville zurückkehrte, tobte sie sich nach Auskunft der Betreuer richtig aus, und besonders an den Montagen war es schwer, mit ihr fertig zu werden. »Was macht sie denn?« fragte ich, und dann erzählte man mir alles auf solch eine Art, daß ich mich irgendwie schuldig fühlen mußte.

»Also, sie spielt ›Ungeheuer‹ zu grob, und wenn sie nicht ihren Willen bekommt, schlägt sie um sich und tritt mit den Füßen, bis alle sie in Ruhe lassen. Wenn sie glaubt, daß das Fernsehen zu laut ist, schreit und flucht sie und benutzt unglaubliche Ausdrücke. In der Klasse kann sie sich nicht konzentrieren und meint, das Haus stürzt zusammen, wenn es draußen windig ist. Sie hört buchstäblich Dinge, die es gar nicht gibt. Es ist gut, daß Georgie hier den Haß und Zorn auslebt, die sie zu Hause nie auszudrücken wagte. Sie fühlt sich sicher, es hier tun zu können, und das ist ein gutes Zeichen.« Sie sei von Gewalt und Blut besessen und habe gewaltsame Phantasien. Wenn sie eine Puppe finde, versuche sie, diese zu zerstören, ein Verhalten, das äußerst bedeutsam und bezeichnend für ihren durch meine Zurückweisung erzeugten Haß auf Menschen sei. »Aber ich habe nicht sie zurückgewiesen, sondern sie mich«, protestierte ich, und Judith pflegte mir einen Blick zuzuwerfen, der bedeutete: »Das sagen sie alle.« Georgie habe Angst davor zu verbluten und reagiere schon bei dem geringsten Kratzer hysterisch. Das sei eine Reaktion auf Dotsies Krankheit und Tod, meinten sie. Ich stimmte ihnen in diesem Punkt zu, obwohl es seltsam und verwirrend war, daß Georgie sich zu Hause, selbst als Kleinkind, buchstäblich nie geschnitten oder verletzt hatte, schon lange bevor Dotsie an Leukämie erkrankte. Judith erwähnte oft Georgies Überaktivität und Legasthenie, aber meiner Ansicht nach konnte man beides praktisch außer acht lassen, weil es im Verhältnis zu Georgies Autismus so unbedeutend schien, als sorgte man sich wegen Nesselsucht, wenn jemand die Pocken hat.

Inzwischen war Georgie zu Hause weiterhin unwahrscheinlich lieb. Judith sagte immer: »Das ist Schizophrenie.« Georgie schwebte wie eine Meerjungfrau mit einem schwachen Lächeln auf dem Gesicht durch die Zimmer unseres Hauses in den Bergen und streifte mit den Händen über die Möbel. Sie werkelte herum, zeichnete, half mir beim Kochen und störte erstaunlich wenig; fast so, als versuchte sie zu vermeiden, nach Childville zurückgeschickt zu werden. Sie hatte ein langes blaues Kleid, das sie sehr gerne trug, und sah darin mit ihren großen, blauen Augen und dem welligen Haar, das ihr bis zu den Schultern reichte, wundervoll aus. Sie war auch übermäßig nachgiebig. Wenn ich ihr vorschlug, ein Puzzle zu machen, setzte sie sich hin und ging an die Arbeit. Man hatte ihr in Childville das Häkeln beigebracht und wie man Sticktücher und Schleifen macht, und sie arbeitete zufrieden an diesen Dingen. Aber sie war weder stolz auf ihre Arbeit, noch reagierte sie auf Lob. Alles, was sie sagte, klang fast monoton, ohne Tonfall, und ihr Gesichtsausdruck war oft leer. Manchmal kam ihr kleines Mona-Lisa-Lächeln zum Vorschein, und ihre Augen hellten sich fasziniert auf, etwa wenn sie ein Spinngewebe oder einen Schmetterling sah. Aber bei anderen Tieren oder Menschen zeigte sie nie eine ähnliche Reaktion. Wenn ich zu ihr sagte: »Was für ein wunderschönes Spinngewebe, Georgie, schau dir mal das Muster an«, erlosch das Leuchten, und sie schaltete ab. Es bestand keine Verbindung zwischen uns, keine Brücke der Gemeinsamkeit und keine Verständigung.

Wir stellten sie auf Skier, weil wir dachten, daß ihr das Skifahren dieselbe Freude bereiten würde wie uns. Es machte ihr Spaß, und sie begriff es erstaunlich schnell. Aber Judith sagte, Georgie reagiere lediglich auf ihre Angst, es sei alles nur Draufgängertum und eigentlich sehr gefährlich, und wir sollten sie bitte zu ihrem eigenen Schutz von den Skipisten fernhalten (anstatt das zu tun, was wir taten und was an Pflichtverletzung grenzte). Wir behandelten diesen Freudschen Quatsch wie ein Evangelium, katzbuckelten vor den Experten und beschränkten unser Skifahren von da an auf die Wochenenden, an denen Georgie nicht da war.

Georgies Aufenthalt in Childville ging über die zweijährige Frist und ihren neunten Geburtstag hinaus. Judith und Dr. Bloch bestanden hartnäckig darauf, sie weiter bei sich zu behalten, aber ich begann, mich nach Alternativen umzusehen. Peter und ich prüften Vororte mit guten Sonderschulprogrammen und fanden in Connecticut das, was wir uns als Lösung erhofften. Wir zogen um und rechneten voll und ganz damit, Georgie an der dortigen Schule einschreiben zu lassen, aber als diese Georgies Zeugnisse erhielt, verweigerte sie ihr die Zulassung. »Wir sind nicht darauf eingerichtet, mit Kindern wie Ihrer Tochter umzugehen«, hieß es. »Sie stört zuviel. Sie bleibt besser dort, wo sie ist.« Ich konnte es nicht fassen. Georgie war im Teufelskreis der Anstaltsbehandlung gefangen. Ich war geradewegs hineingelaufen und hatte naiv geglaubt, es würde nur für kurze Zeit sein.

»Wir sitzen in der Falle«, sagte ich zu Peter. »Außer wir nehmen sie gegen den Rat der Ärzte heraus und unterrichten sie zu Hause. Mit den Empfehlungen von Childville wird keine Schule sie nehmen. Und selbst dann würde wahrscheinlich der Beamte, der sich um die Schulschwänzer kümmert, auftauchen und sie zurückschicken.«

Kurz nachdem wir diese Nachricht erhalten hatten, stellte ich fest, daß ich schwanger war. Ich hatte mir innigst ein Baby gewünscht, aber mich bis jetzt nicht getraut. Ich wollte auch eigentlich noch damit warten, bis Peters Kinder älter waren und Georgie wieder daheim sein würde. Aber da ich jetzt vor vollendeten Tatsachen stand, war ich begeistert. Mit einem feierlichen Gefühl und dazu dem starken Bedürfnis, mich häuslich niederzulassen (und einer Warnung des Arztes, es nicht zu übertreiben), gab ich meine Arbeit auf. Meine Stelle als Suchtberaterin in einer Klinik für ambulante Patienten in Brooklyn, die ich damals hatte, war eine zu große Belastung und die Bahnfahrt zu lang, wo ich jetzt schwanger war. Ich kündigte, und nachdem ich meinen letzten Arbeitstag hinter mich gebracht und mich von all meinen Patienten verabschiedet hatte, gewöhnte ich mich ans Landleben. Wir hatten ein Haus in einer romantischen Umgebung gefunden, umsäumt von Bäumen und hinten an einen sich windenden Fluß grenzend, der tief genug war, um darin zu schwimmen.

Ich nähte Vorhänge und Tagesdecken für das Bett in Georgies Zimmer, und wenn sie an den Wochenenden nach Hause kam, kochten wir und machten gemeinsam Puzzles, aber es schien ihr nicht viel zu nutzen. Anscheinend war sie am glücklichsten, wenn sie ihren einsamen Tätigkeiten nachging: zeichnen oder draußen spielen und mit den Augen der Naturforscherin Erkundungen machen. Wenn sie erwachsen ist, kann sie Biologin oder Naturforscherin werden, hoffte ich im stillen.

Voller Verzweiflung begannen Peter und ich, eine Kirche zu besuchen, die für ihre Heilkräfte bekannt war. Wir fanden die Gottesdienste bewegend und aufregend, und sie stillten bei uns beiden ein schon lange empfundenes Bedürfnis. Ich hatte immer einige religiöse Schwarze um die Art beneidet, wie sie auch in der Kirche mit Gefühlen, Überzeugung und Spontaneität »weitermachten«. Und ich liebte auch Gospelmusik. Peter und ich waren erstaunt, in dieser kleinen Kirche in Darien in Connecticut, die von außen so gesetzt aussah, solche Gefühle anzutreffen. »Die Leute machen richtig mit«, wie ein Freund bemerkte.

Jeden Sonntag war ich während des Gottesdienstes zu Tränen gerührt, und wenn ich meinen Mann kurz anschaute, weinte auch er immer, und zwar wegen genau derselben Dinge, die auch mich dazu gebracht hatten. Das zu teilen, an denselben Stellen zu weinen, war etwas ganz Besonderes. Wir waren dabei jedesmal vollkommen überrascht.

Wenn der Gottesdienst vorbei war, gingen wir zum Altar hoch, wo die Leute mit uns beteten. Ich konnte meine natürliche Zurückhaltung, meine Abneigung und den Widerwillen, meine religiösen Gefühle zu zeigen, zeitweilig aufgeben und mich von den Gebeten nähren und aufrichten lassen. Einmal ging ich an einem Wochentag morgens zur Kirche, redete stundenlang mit drei Frauen in einem Zimmer und erzählte ihnen meine Geschichte, damit sie ständig für die »Heilung der Erinnerungen« beten konnten. Sie lehrten mich einen Bibelvers, der mich mehr als jedes andere Versprechen begleiten sollte: Alle Dinge wirken sich zum Guten aus für die, die Gott lieben und sich zu seinen Zielen rufen lassen. Ihrer Meinung nach bedeutete das nicht, daß alles zum *besten* endet – Autismus und Leukämie würden stets etwas sehr Schlimmes sein –, aber es bedeute schon, daß etwas Gutes daraus entstehen könne und die Kinder (und ich) nicht vergeblich gelitten hätten. Es verlieh mir die Sicherheit und Freiheit zu glauben, daß Gott alles, was geschah, auch die Fehler, die ich machte, »zum Guten wendete«. Wie nach einem Messingring an einem Karussell, so griff ich nach diesem Vers und klammerte mich an ihn: als Belohnung (Gott zu lieben und gewillt zu sein, sich zu seinen Zielen rufen zu lassen) und als Anreiz (es würde mich für einen weiteren Gang aufrichten).

Als wir Georgie in die Kirche mitnahmen, schien sie von der Art, wie die Gemeinde teilnahm, fasziniert zu sein. Ich spürte, wie sie mich anstarrte, wenn ich bewegt war und betete, und als ich sie fragte, ob es ihr gefalle, sagte sie ja.

(Georgie hatte endlich gelernt, ja zu sagen, nachdem sie jahrelang »la« statt ja, »Lasmin« statt Jasmin und »Lo-Lo« statt Jo-Jo gesagt hatte.)

Wir planten, sie taufen zu lassen. Wir hatten das versäumt und bereiteten uns gerade auf diesen Anlaß vor, als Childville eingriff und uns bat, das Ereignis abzusagen. Sie meinten, es würde Georgie zu sehr aufregen und verwirren. Einer der Geistlichen aus unserer Kirche war darüber verärgert und meinte, er habe zu Gott gebetet, und seiner Überzeugung nach sei Childville nicht der richtige Ort für Georgie. Er bat, Georgie auf die Fürsprecherliste setzen zu dürfen, was bedeutete, daß zweihundert Menschen regelmäßig um den richtigen Weg und die Heilung beteten. Es handelte sich dabei um eine ernst zu nehmende Gruppe, die nachweisbar viele Erfolge vorweisen konnte, und man würde mich bitten, meine Erlaubnis jede Woche zu erneuern, bis eine Lösung erreicht war.

Georgie reagierte seltsam auf meine Schwangerschaft, sie nahm nämlich zusammen mit mir zu. Judith meinte, daß sie sich mit mir zu sehr identifiziere, weil sie noch so kindlich sei und sich in Gedanken nie von mir gelöst habe. »Aber sie hat überhaupt nicht an mir gehangen«, sagte ich.

»Nun, sie wollte es bestimmt und muß auch wohl geglaubt haben, daß sie es irgendwie schaffen könnte.« Das leuchtete mir ein, weil meine Zuneigung zu ihr gewachsen war, obwohl sie mich völlig ignorierte. Ob sie nun an mir hing oder nicht: Ich spürte Georgies Eifersucht auf das Baby und konnte mir vorstellen, wie völlig ausgeschlossen sie sich fühlen mußte. Und trotzdem duldete sie noch immer keinerlei Zuneigung von mir oder sonst jemandem. Ihre Freundinnen in Childville umarmte, küßte oder berührte sie nie. Zu Hause war es immer dasselbe, wenn sich die Nachbarskinder ins Haus trauten oder wir bei Freunden eingeladen waren. »Warum ist sie so seltsam?« fragte mich eines der Kinder. »Warum will sie nicht mit uns spielen?« Aber Georgie fühlte sich nicht wohl genug, um mit normalen Kindern zu spielen. Sie brauchte ihresgleichen um sich, wenn sie sich richtig entspannen wollte. Daheim schien sie sich einfach nicht vergnügen zu können. Sie reagierte nicht auf Späße oder Scherze und weigerte sich, selbst bei den einfachsten Spielen mitzumachen. Sie fuhr unbeirrt mit ihren üblichen Tätigkeiten fort, zeichnete, baute Kartenhäuser und spielte draußen mit allem, was ihr in die Hände kam, zum Beispiel Steine, Vogelnester, seltsam geformte Stöcke, glänzende Kiesel, Kiefernzapfen und Farne.

Als wir im Sommer über den Fluß hinter unserem Haus einen Karren bauten, ein Trapez, das an einer Rolle zwischen zwei Bäumen von einem Ufer zum anderen führte, glaubten wir, daß es ihr sicher solchen Spaß machen würde wie uns, auf der Stange zu schaukeln und sich ins tiefe Wasser fallen zu lassen. Aber sie wollte nur im flachen Wasser spielen und im Sand graben.

Das Baby kam im Juni 1975 pünktlich und ohne Komplikationen zur Welt, und wir nannten es Mark. Er wog stramme neun Pfund, schlief viel und war von seinem ersten Schrei an dem Leben aufgeschlossen: ein normaler, gesunder, dicker großer Junge. Ich hatte alles, was ich mir immer gewünscht hatte: eine natürliche Geburt, bei der der Vater beteiligt war, Stillen auf dem Entbindungstisch und ein gemeinsames Zimmer mit dem Baby. Es war solch eine Erfüllung und ein Hochgefühl, wie ich es mir erhofft hatte, und als Mark mich am Tag nach der Geburt direkt ansah und anlächelte, war ich nicht nur entzückt, sondern auch erleichtert und euphorisch. Ich schwelgte in meiner Freude, und auch Peter verliebte sich in den Jungen.

Als wir nach Hause kamen, legten wir ihn zwischen uns ins Bett, ließen ihn dort die ganze Nacht schlafen und auch trinken, bis er für das Kinderbett und sein eigenes Zimmer alt genug war. Ich war glücklich, daß die Zeit vorbei war, wo die Kinderärzte davor gewarnt hatten, daß man sich auf das Baby legen und es ersticken könnte; eine Theorie, die durch Statistiken nie bestätigt wurde. Man hatte mir solche Angst eingejagt, daß ich dies glaubte, als Georgie noch klein war; deshalb hatte ich sie immer aufrecht sitzend und in hellwachem Zustand gestillt. Kein Wunder, daß es mich so ermüdet hatte. Jetzt war das Zeitalter der aufgeklärten Eltern angebrochen. Wir wußten, daß Babys nicht von schlafenden Eltern erstickt werden, und »das Familienbett« kam in Mode.

Nach Marks Geburt schien ich über besondere Energie zu verfügen, die mich alles schaffen ließ, was ich gern tun wollte. Ich las wie gewöhnlich die *New York Times* und Zeitschriften, aber ansonsten beschränkte sich meine Lektüre auf christliche Bücher und die Bibel (Peter hatte sie im Pendlerzug schon von Anfang bis Ende gelesen), als ich mich wie Don Quichotte auf den Weg machte und »den Frieden, der über alles Verstehen geht« zu verstehen suchte. Ich wollte mehr darüber wissen. Ich wollte ihn erforschen. Und vielleicht war der Frieden so stark, daß ich ihn entschärfen wollte, indem ich meine Gefühle mit meiner Vernunft blockierte.

Ich tröstete mich damit, daß Teddy Roosevelt, Lincoln, Washington und Einstein auch an Gott geglaubt hatten. Die Redensart »Weise Menschen suchen Gott noch immer« gab mir das Gefühl, weniger ein Jesusfan als ein vernünftiger Mensch zu sein, der endlich in den Besitz der Wahrheit gelangt war. Wenn ich sorgfältig die Evangelien las, erkannte ich, daß, ungeachtet der Tatsache, wie Menschen bestimmte Passagen aus der Bibel mißbraucht hatten, Jesus durch und durch Feminist und Befürworter der Rassenintegration gewesen war und daß man ihm nicht die Schuld an der Sklaverei oder an der Stellung der Frau in der Kirche in die Schuhe schieben konnte.

Mein Glaube an erhörte Gebete weitete und verstärkte sich, was wichtiger war als alles andere, besonders nachdem die Amerikanische Ärztevereinigung unmißverständlich festgestellt hatte, daß laut Studien Gebete die Heilung erleichtern (obwohl niemand erklären konnte, warum).

Peter, der einige Wochen vor mir zu einer ähnlichen Einstellung gekommen war, teilte meine Ansicht völlig, stellte philosophische Überlegungen an und betete. Es erschien uns nicht mehr so seltsam, daß wir in der Kirche und im Kino, bei Fernsehshows, Buchpassagen und Aussprüchen von Menschen zu Tränen gerührt waren. Ich verstand langsam, daß die Worte »die zwei sollen ein Fleisch werden« sowohl den Geist als auch den Körper meinten. Ich hatte nicht gewußt, daß diese Art der seelischen Verschmelzung und Gefühlsgleichheit möglich war, und die zeitliche Abstimmung war unheimlich. Wenn Peters Kinder bei uns waren, schauten sie uns an, lachten und sagten: »Da fangen die schon wieder an«.

Als uns Georgie am ersten Wochenende nach Marks Geburt besuchte, beachtete sie ihn gar nicht. Aber Judith sagte uns, wir sollten die beiden nie allein in einem Zimmer lassen. Ich vertraute Georgie blindlings und instinktiv, aber nach Judiths Warnung wagte ich es nicht, mich auf mein eigenes Urteil zu verlassen. Deshalb entstand eine neue Barriere zwischen Georgie und mir, als ich versuchte, das Unfaßbare zu akzeptieren: Es war jemand im Haus, der meinem Sohn weh tun konnte.

Georgie spielte im Sommer und Herbst, als Mark ein Baby war, stundenlang draußen im Wald. An stürmischen Tagen schien sie besonders bei der Sache zu sein. Sie verzog ihr Gesicht und starrte die Äste an, als höre sie etwas, das wir nicht hören konnten.

Eigentlich machten wir uns nie Sorgen, daß sie sich draußen verirren könnte. Obwohl ihr Intelligenzquotient laut Tests in Childville nur 75 betrug, wußte sie immer, wo sie war. Seit dem einen Mal in Florida, als sie fast drei war, war sie nicht mehr weggelaufen, hatte mir allerdings einige Male einen Schrecken eingejagt, als ich sie vier- oder fünfmal zum Mittag- oder Abendessen rufen mußte.

Ihr Interesse an Erkundungen hielt unvermindert an, und sie nahm oft Dinge mit auf ihr Zimmer. Wenn wir sie danach fragten, zeigte sie auf die Furchen eines Stücks Rinde oder auf die Symmetrie eines Farnblatts oder eines Kiefernzapfens, als ob ihr diese Muster auf besondere Weise zusagten. Ich dachte daran, wie typisch dies für

Leute mit einer Vorliebe für die Natur ist, die in Georgie wohl in vielfacher Weise ausgeprägt sein mußte. Sie schien dem Klischee vom Schmetterlingsforscher, Vogelbeobachter und Insektenforscher zu entsprechen: ernsthaft, übersensibel, aufmerksam, verzaubert und vergeistigt. Nur war sie es in noch viel stärkerem Maße.

Ich konnte Georgie immer noch nicht im geringsten als geisteskrank bezeichnen, wie sehr man mir auch in Childville dazu riet und darauf bestand, dies zu akzeptieren sei die einzige gesunde Einstellung. Georgie schien mir innerhalb ihres Wahrnehmungsbereichs angemessen zu reagieren und nur nach einer anderen Melodie zu tanzen. Ansonsten hätte sie sich nicht so gut verhalten können, wie sie es zumindest zu Hause tat. Ich hatte immer das Gefühl, daß Georgie ein Rätsel war, das nur darauf wartete, gelöst zu werden.

Childville schien Georgie jedoch weniger für ein Rätsel zu halten als ich. Geisteskrankheit bedeutete unangemessenes Verhalten, und vieles von dem, was Georgie tat, entsprach einem unangemessenen Verhalten. Ihr Intelligenzquotient von 75 war dabei auch keine Hilfe, und ihre sprachlichen und interpretatorischen Fähigkeiten schienen begrenzt zu sein, ganz davon zu schweigen, daß sie ihre Gefühle nur durch Wutanfälle zum Ausdruck bringen konnte. Es war sehr die Frage, ob sie noch andere Gefühle außer Wut besaß. Laut Childville war Georgie eindeutig verrückt und würde zweifellos, wenn man sie als Erwachsene sich selbst überließ, zu einer Pennerin werden, die mit niedergeschlagenen Augen und hochgezogenen Schultern mit ihren Einkaufstüten in der Hand durch die Straßen zog, Flüche ausstieß und Passanten beschimpfte.

Childville hielt Georgies Reaktion auf Regen und Wind für eine Wahnvorstellung, weil ihr beides lauter als in der Wirklichkeit und dadurch bedrohlicher vorkam. Georgie war von ihren Zyklonen, Hurrikanen und Flutwellen so besessen, daß Childville alle Hoffnung bei ihr aufgab.

Georgies letzter Beweis eines psychotischen Verhaltens hatte die Besorgnis der Ärzte noch unterstrichen: Kurz nach Marks Geburt war Georgie am Wochenende zu Besuch und mißmutiger als sonst. Meiner Meinung nach muß sie äußerst eifersüchtig gewesen sein. Als sie nach Childville zurückkehrte, geriet sie durch irgend etwas in Wut und regte sich so stark auf, daß sie sich gegen das Fenster stürzte. »Ich bring' mich um«, schrie sie und brach dann in hysterisches Schluchzen aus, kämpfte heftig gegen die Betreuer an, trat mit den Füßen und schrie, als diese sie zurückzuhalten versuchten. Vor dem Fenster befand sich ein starker Schutzdraht, und Georgie wußte das auch, aber trotzdem hielt man es eher für einen Selbstmordversuch als für ein Zeichen, und ein weiteres dickes schwarzes Kreuz fand in ihr Zeugnis Eingang.

Wenn ich manchmal mit Mark spielte, ihn angurrte und ihm, während wir auf dem Fußboden lagen, in die Augen sah, wünschte ich mir jedoch, ich könnte mich einfach der Auffassung von Childville anschließen und mich mit Georgie abfinden, sie als zwar behandelbar, aber ansonsten hoffnungslos abschreiben, als »geschädigtes Kind«, das für die Anstalt bestimmt war. Ich wollte alles den schlechten Umständen in ihrem Leben ankreiden, mit Peter und Mark vorankommen und Childville Glauben schenken, wenn man dort Georgie für ein Opfer von Kindheitsschizophrenie hielt. Die verschiedenen Teile paßten bestimmt gut zusammen: Gewalttätigkeit, Wutanfälle, Selbstmordgedanken, Distanziertheit, Mangel an Spontaneität, Initiative und Gefühl, Introvertiertheit, sehr ausführliche und komplizierte Zeichnungen, Unfähigkeit, sich zu konzentrieren, Feindseligkeit, »innere Wut«, Zwiespältigkeit, unflätige Sprache, Sturheit, Hörhalluzinationen, soziale Zurückgebliebenheit, Entwicklungslücken, niedriger Intelligenzquotient, gespaltene Persönlichkeit (gutes Benehmen zu Hause, schlechtes Benehmen in Childville). All das ergab ein sehr schönes Puzzle.

Aber »ich roch Lunte«, wie mein Vater gesagt hätte. Ich war immer unsicher, genau wie Georgie. Es mußte noch eine andere Möglichkeit geben.

ZEHNTES KAPITEL

Am Scheideweg

Peters Kinder, inzwischen alle im Teenageralter, kamen Weihnachten zu Besuch und brachten für Mark und Georgie gleich viel Geschenke mit. Sie teilten Marks Spaß an seinem ersten Weihnachtsfest und beobachteten ihn, als er wie ein kleiner Buddha auf dem Boden saß, kicherte, Babygeräusche von sich gab und dabei das Geschenkpapier in Stücke riß. Er war sechs Monate alt und lernte gerade zu krabbeln. Da er ein abenteuerlustiger Typ war, hatte ich alle Hände voll zu tun.

Einige Monate nach Weihnachten kam Bob Weeks, der Geistliche unserer Kirche, der sich so stark für Georgie interessiert hatte, nach dem Gottesdienst auf mich zu. »Gail und ich wollen nach Childville fahren, um Georgie mit dir zu besuchen«, sagte er. Gail war eines der aktiveren Mitglieder unserer Gemeinde. Ich war erstaunt, daß sie diese Mühe auf sich nehmen und eine Stunde nach New York fahren wollten, aber Bob meinte, Gail habe zehn Tage lang gebetet, gefastet und das Gefühl gehabt, fahren zu müssen. Ich war gerührt, freute mich, Gesellschaft zu haben, und war daran interessiert zu erfahren, was sie von Childville hielten.

Im letzten Augenblick konnte Bob nicht mitkommen; deshalb fuhren Gail und ich zusammen hinunter. Während wir in der Eingangshalle auf Georgie warteten, fing Gail an, sich unbehaglich zu fühlen. Childville hatte eine bedrückende Atmosphäre. Jetzt konnte sie es selbst spüren. »Das kann nicht das richtige sein«, sagte sie.

Wir brachten Georgie in einen abgelegenen Bereich des Parks, und als Gail sie fragte, ob sie für sie beten dürfe, erklärte sich Georgie einverstanden. Gail salbte ihre Stirn mit Öl aus einem kleinen Gefäß, und dann legten wir beide unsere Hände auf ihre Schultern und beteten. Als wir fertig waren, fragte ich mich, ob ich es mir nur einbildete, daß

Georgie mit solch glänzenden und glücklichen Augen zu mir aufsah, wie ich es noch nie zuvor erlebt hatte.

Am nächsten Tag rief Judith an und wollte wissen, was mit Georgie geschehen sei. Sie sei während der Sitzung am Tag zuvor ungewöhnlich aktiv gewesen, habe jeden bekehren wollen, der ihr zuhörte, und über Gott, Jesus und Christus in ihrem Herzen geredet. »Jetzt haben Sie den vielen anderen Problemen auch noch eine religiöse Manie hinzugefügt«, sagte sie. »In Kürze wird die Besprechung über Georgies Behandlung stattfinden, dann werden Sie und Ihr Mann dort erwartet, um diese Angelegenheit zu klären.«

Bei ihrem Besuch am Wochenende lächelte Georgie, als Gail nach der Kirche mit ihr redete, und obwohl sie Gails Umarmung auf die übliche steife Art über sich ergehen ließ, hatte ihr Gesicht ein bißchen von der Anspannung verloren. Peter und ich spürten beide eine Veränderung.

Als wir bei der Besprechung über Georgies Behandlung waren, saßen dreißig Mitarbeiter um einen langen ovalen Tisch. Viele von ihnen waren uns bekannt, und sie begrüßten uns mit gedämpfter Freundlichkeit. Weil sie schon alle saßen und keiner aufstand, um uns zu begrüßen, kamen wir uns ziemlich gedemütigt vor, als ob man uns am Ende einer Hackordnung plaziert hätte. Aber wir waren für sie gerüstet; die Indianer gegen die Cowboys. Als wir nach Georgies neuer Religiosität befragt wurden, setzte sich Peter kerzengerade hin und sagte: »Wir glauben, daß Georgie gesund wird.«

Alle starrten uns mit höflich unterdrückter Ungläubigkeit an, sahen dann zu Judith hinüber und warteten ihre erste Bemerkung ab. Sie brauchte einige Sekunden, räusperte sich und sagte nachsichtig: »Nun, das hoffen wir bestimmt alle, aber glauben Sie nicht, daß Sie etwas unrealistisch sind?«

»Ich weiß es nicht«, sagte Peter. »Ich weiß nur, daß es geschehen wird, und glaube, daß wir am Ende bestätigt werden.«

Da Judith eine Sackgasse spürte, lenkte sie die Unterhal-

tung auf unverfänglichere Themen wie Georgies Schular-
beit und ihren Kontakt mit Gleichaltrigen.

Nach der Besprechung nahmen wir unser normales Leben
wieder auf, waren, was Georgie betraf, erwartungsvoll,
wollten aber keine Ergebnisse erzwingen oder etwas über-
stürzen. Unser Leben verlief wochentags normal und angenehm. Peter pendelte nach New York, während Mark
und ich schwimmen gingen, andere Mütter und Babys besuchten und lange Spaziergänge machten. Es war ein ruhiges, friedliches Leben. Die Wochenenden, an denen Georgie nach Hause kam, verbrachten wir geruhsam, blieben
hauptsächlich allein, machten Puzzles, zeichneten und
kochten. Peters Kinder lebten im Internat und im College,
und wir sahen sie nicht mehr so oft wie früher, aber wenn
sie ein Wochenende oder im Sommer längere Zeit bei uns
verbrachten, unterstützten sie Georgie und waren lieb zu
Mark. Obwohl sich auch bei uns die normalen Verhaltens-
muster mit Spannung, Eifersucht und Verzicht zeigten,
wie sie gewöhnlich in »Mischfamilien« vorkommen,
schwächte das ständige Elend – erst von Dotsies und dann
von Georgies Zustand – viel davon ab. Wir waren alle aufgerufen, tapfer und großmütig zu sein, und Peters Kinder
stellten sich der Herausforderung mit ungewöhnlicher
Würde und Reife und steuerten ihr Beispiel einer gesunden Beteiligung am Leben und eines Sinns für Spaß bei,
was sich positiv auf Georgie auswirkte.

Nicht so war das jedoch bei anderen Kindern, die sich für
oder gegen Georgie entscheiden konnten. Die vier Kinder,
die uns gegenüber wohnten, und andere Kinder, die wir in
der Kirche und in der Stadt getroffen hatten, schienen
keine tiefere Beziehung zu Georgie herstellen zu können.

Georgie feierte ihren elften Geburtstag, und Ende des
Sommers bereitete uns Judith allmählich auf die Therapie
vor, die man für Georgie beschlossen hatte, wenn sie zwölf
und damit für Childville zu alt sein würde. Als Gegenmaß-
nahme zog ich meine eigenen Erkundigungen ein, und
Peter und ich sahen uns Wohnungen in New York an, weil

wir glaubten, wir könnten wieder in die Stadt ziehen und Georgie in eine Schule schicken, die unseres Wissens einige autistische Kinder aufnahm. Wir hofften, sie dazu überreden zu können, Georgie trotz des negativen Zeugnisses von Childville eine Chance zu geben, weil es sich um eine Privatschule handelte.

Wir fanden eine Wohnung und standen vor einer Entscheidung, als uns Childville mitteilte, daß Georgie unmöglich zu Hause leben und eine Tagesschule besuchen könne. Sie sei viel zuwenig selbständig, zu verletzlich und gefährlich, als daß wir mit ihr fertig werden könnten, behaupteten sie. Sie würden unverantwortlich handeln und ihre Pflicht verletzen, wenn sie dies auch nur in Erwägung ziehen würden. Sie bestanden darauf, daß die einzig mögliche Lösung für Georgie eine stationäre Heimbehandlung sei, und gaben mir zu verstehen, daß ich in einer Traumwelt lebe. Marks Kinderarzt stimmte dem zu. »Sie wollen doch nicht etwa ein autistisches Kind zusammen mit einem *Baby* zu Hause haben«, sagte er und erschreckte mich zu Tode.

Judith traf Vorkehrungen, damit Georgie nach Devereux übersiedeln konnte, einer sehr guten Einrichtung in Pennsylvania, »dem Harvard der Heimbehandlungszentren«, wie sie es nannte, wo Georgie ihre Ausbildung beenden und den Rest ihres Lebens bleiben konnte. Wir könnten sie natürlich, wann immer wir wollten, besuchen, und Judith war sich sicher, daß es uns gefallen würde. Sie glaubte fest, daß wir es schaffen würden, der Entscheidung mit Reife zuzustimmen, wenn wir wußten, daß Georgie dort das glücklichste Leben führte, das bei den ihr gesetzten Grenzen möglich war.

Ich fühlte mich hereingelegt, hintergangen und betrogen, besonders von Dr. Campbell. Hier hatte ich nun meinen Teil der Abmachung erfüllt und alles getan, was sie mir empfohlen hatte, und jetzt wurde Georgie in ein hübsches Dorf für geistig Behinderte abgeschoben, wo sie bis zu ihrem Tod Körbe weben würde.

»Warum geben Sie ihr nur so widerstrebend eine

Chance?« fragte ich Judith, als sie mir erklärte, wie dankbar ich doch sein sollte, daß Devereux Georgie angenommen hatte. »Was haben Sie zu verlieren, Ihren Ruf? Sie handeln, als klammerten Sie sich irgendwie an Georgie und wollten ihr Schicksal auch weiterhin kontrollieren.« Judith versicherte mir, daß *ich* es sei, die sich an Georgie klammere. »Alles, was ich versuche, ist, ihr ein wirkliches *Leben* zu ermöglichen«, sagte ich. »Und ihre Mutter zu sein.«

Bevor ich noch eine Möglichkeit hatte, meine Truppen um mich zu scharen, unterbreitete ein großes Maklergeschäft Peter das Angebot, die Leitung des Büros in Genf zu übernehmen. Ihm gefiel die Vorstellung, nach Europa zurückzukehren, und obwohl es äußerst schwierig war, eine Arbeitserlaubnis für die Schweiz zu erhalten, würde seine schweizerische Herkunft es wahrscheinlich möglich machen. Er wollte das Angebot annehmen, mußte aber die Gesellschaft davon in Kenntnis setzen, daß unser autistisches Kind in Behandlung war, was es erschwere, wenn nicht gar unmöglich mache, das Land zu verlassen. Als Antwort schlug die Gesellschaft vor, wir sollten nach Europa fahren und das Gelände sondieren, in der Hoffnung, dort drüben eine Lösung für Georgies Behandlung zu finden.

»Also, fahren wir los«, sagte Peter.

ELFTES KAPITEL

Zeichen und Wunder

Obwohl wir uns nicht vorstellen konnten, welchen Nutzen eine Reise in die Schweiz für Georgies Behandlung haben könnte, stimmte ich Peter zu, als er meinte, wir sollten alle Möglichkeiten prüfen. Vielleicht würde sich auf der anderen Seite des Ozeans etwas ergeben. Zusammen mit Mark flogen wir nach Europa und blieben bei amerikanischen Freunden, die schon lange im Ausland lebten und in einem bezaubernden alten Haus am rechten Ufer des Sees, zehn Minuten von Genf entfernt, wohnten. Von ihrem Vorgarten aus ging der Blick kilometerlang über Weinberge, die sich hinunter bis zu der blauen Wasserfläche erstreckten, und in der Ferne konnten wir die Alpen sehen.

Gleich nach unserer Ankunft riefen wir Marks Patenonkel an, dessen Sohn Henri autistisch war, und fragten ihn, ob er über Möglichkeiten hinsichtlich Georgies Ausbildung und Behandlung Bescheid wüßte. Wo wir jetzt wirklich da waren und uns dem Problem stellen mußten, hegten wir keine großen Hoffnungen, aber er schien mit der Frage spielend fertig zu werden und schlug uns vor, wir sollten eine Psychologin aufsuchen, eine Frau Dr. Cecile Wuarin. Peter, der besser Französisch sprach als ich, rief sie an und machte für den nächsten Tag einen Termin aus.

Eine Viertelstunde nach meiner Abfahrt begann es plötzlich heftig zu regnen, und da ich einige Häuserblocks entfernt parken mußte, erreichte ich die Praxis völlig durchnäßt: Der Schal klebte an meinem Kopf, und das Wasser quatschte in meinen Schuhen. Dr. Wuarins Praxis lag in einer imposanten Häuserreihe mit großen Verandatüren in einem unverbauten, eleganten Teil von Genf.

Ich fuhr mit dem alten Aufzug, der ein feingearbeitetes Eisengitter hatte, nach oben, und zu meiner Erleichterung – denn ich fühlte mich der Sprache noch nicht so mächtig –

begrüßte mich Dr. Wuarin (die Aussprache war unmöglich, nämlich »Wuahrän« auf englisch. Sie nahm mir meinen triefenden Mantel ab und bat mich, auf der Couch im Wohnzimmer, das ihr gleichzeitig als Praxis diente, Platz zu nehmen. Perserteppiche und verblichene Polster verliehen dem Zimmer ein gemütliches Aussehen, eine sehr kleine Vorstellung von der Alten Welt, die ich zu schätzen wußte. Keine Schmucktafeln an der Wand, keine modernen dänischen Möbel, nichts, was krampfhaft freundlich aussah und aus Kunststoff war; lediglich gedämpftes Licht strömte aus alten Tischlampen, während der Regen rhythmisch an die Fenster klopfte. Dr. Wuarin war eine Frau vom Typ Lincolns – groß, ernst und einfach –, über sechzig und saß gelassen in dem kleinen, antiken Sessel zu meiner Rechten.

»Also«, sagte sie, »ich habe gehört, daß Sie eine autistische Tochter haben. Sie besucht eine Sonderschule in den Vereinigten Staaten.« Ich nickte, zwang mich dazu, mich auf der Couch zurückzulehnen, meine Beine übereinanderzuschlagen und mich zu entspannen. Dr. Wuarins Auftreten und ihr klarer Geist verliehen ihr eine ernst zu nehmende Ausstrahlung. Dann stellte sie mir eine seltsame Frage, nicht etwa die übliche erste Frage einer Sitzung beim Psychiater. »Reagiert Georgie irgendwie empfindlich auf Geräusche?«

Ich hatte nie auf Georgies Empfindsamkeit für Geräusche geachtet, weil sie mir ziellos erschienen war. Viele laute Geräusche störten sie, aber genauso viele andere auch nicht, und bestimmte leise Töne schienen ihr lästiger zu sein als andere. Weil dahinter kein System zu erkennen war, wußte ich nicht, was mit ihr nicht stimmte. Ich erzählte Dr. Wuarin von dem Rohr in der Mauer des St.-George-Hotels in Brooklyn und wie seltsam es war, daß Georgie das Geräusch so deutlich hören und sich dadurch so gestört fühlen konnte, während Dotsie und ich es vom Auto aus gar nicht hörten.

»Das ist sehr wichtig«, sagte Dr. Wuarin. »Daß solch ein Geräusch sie dermaßen stören konnte, als Sie und Ihre andere Tochter es kaum zu hören vermochten, das ist sehr wichtig.« So ermutigt, erinnerte ich mich an den Tag, als wir unsere Plätze in der fünften Reihe im Parkett während einer Aufführung des *Nußknacker* verlassen mußten, weil Georgie den Klang der Geigen nicht ertragen konnte. Ich mußte die siebenjährige Dotsie dort allein zurücklassen, als ich Georgie ans äußerste Ende des Theaters brachte, wo sie sich das Ballett aus der größtmöglichen Entfernung ansehen konnte. »Georgie hielt sich die Ohren zu und sagte laut und deutlich: ›Dieser Krach, dieser Krach‹, immer wenn die Geigen spielten. Und im *Nußknacker* kommt wirklich viel Geigenmusik vor.«

Dr. Wuarin nickte, bat mich weiterzuerzählen, und mir fielen immer mehr Ereignisse ein. Ich berichtete ihr von Georgies Abneigung gegen Rohre, und daß sie in ihrer Nähe immer nervös war, wenn sie hören konnte, wie das Wasser hindurchrauschte. »Als wir einmal bei Bekannten in den Keller hinuntergingen – Georgie war damals vier –, blieb sie auf der Treppe stehen und rührte sich nicht vom Fleck. Man konnte deutlich das Geräusch von Wasser hören, das durch die Rohre rauschte, die kreuz und quer durch die Decke des im Keller liegenden Spielzimmers führten. Georgie fing an zu schreien und rannte die Treppe wieder hinauf. Danach hatte sie immer Angst vor Rohren.«

Dr. Wuarin hörte mir weiter mit gespannter Aufmerksamkeit zu, als ich ihr so viele Beispiele wie möglich gab und erzählte, wie manche Geräusche »Georgie wahnsinnig machten«.

Sie unterbrach meinen Wortschwall, lehnte sich in ihrem Sessel zurück und sah mich fest an. »Sie haben im wahrsten Sinne des Wortes recht«, sagte sie. »Es macht sie tatsächlich wahnsinnig, wie Sie es nannten. Einige Kinder, besonders autistische, haben einen überentwickelten Hörsinn auf bestimmten Frequenzen, wenn Sie sich das Gehör wie ein Radio vorstellen, das Signale auf bestimmten einzelnen Stationen empfängt. Georgies Stationen sind vielleicht anomal, und sie hört auf einigen viel zu gut, als wäre der Ton äußerst laut eingestellt.« Ich erwähnte, daß Georgie schreckliche Angst vor Donner und Regen hatte und beides mit Erdbeben und Sintfluten in Verbindung brachte. Dr. Wuarin meinte, das sei eine typische Reaktion bei Kindern mit einem empfindlichen Gehör, weil sich Donner und Regen für sie wie Erdbeben und Sintfluten *anhörten*. Ich erzählte ihr auch von meiner Gitarre, wie Georgie sie mir immer aus der Hand gerissen und zu Boden geworfen hatte, als sie noch klein war, und wie sie versuchte, den Plattenspieler zu zerstören, indem sie auch ihn zu Boden warf. Das sei besonders wichtig, meinte Dr. Wuarin, weil sie damals noch so jung gewesen sei. »Es gab sogar schon Anzeichen dafür, als sie noch viel jünger war«, sagte ich und erinnerte mich daran, wie sie nie mit Rasseln spielen wollte und sich dagegen wehrte, daß ich die Spieluhr in ihrem Teddybären aufzog.

»Diese Kinder empfinden«, so sagte Dr. Wuarin, »besonders wenn sie mit dieser Funktionsstörung geboren sind, normale, gewöhnliche Töne als unangenehm und schmerzhaft. Stimmen stören sie zum Beispiel oft so sehr, daß sie versuchen, ihren Klang zu meiden. Selbst die Stimmen ihrer Mütter.«

»Könnte mich Georgie vielleicht auch gemieden haben, als sie klein war, weil sie den Klang meiner Stimme nicht mochte?«

»Natürlich«, sagte sie nüchtern.

»Sie meinen, es war nicht meine Wirkung auf sie oder die Atmosphäre bei uns zu Hause bzw. die Art, wie ich sie behandelte?«

»Natürlich nicht«, antwortete sie. Falls das stimmte, hätte ich gern einige Fragen an Dr. Bettelheim, den »Kryopsychologen« der westlichen Welt, gerichtet, aber ich konnte jetzt nicht weiter darüber nachdenken. Ich war zu sehr damit beschäftigt, Hinweise zu erhalten, und fing an, über Georgies Angst vor dem Meer nachzusinnen. Nachdem sie lesen gelernt hatte, entwickelte sie eine rätselhafte, fixe Idee in bezug auf Flutwellen, Erdbeben und Überschwemmungen. Hatte sie etwa vor dem Meer Angst, weil es sich für sie wie eine Flutwelle anhörte? Konnte es sein, daß Regen in ihrer Vorstellung mit Erdbeben und Überschwemmungen identisch war? Nach Meinung von Dr. Wuarin war dies gut möglich.

»Aber wenn so vieles bei Georgie nicht stimmt«, warf ich ein, »warum ist dann das Symptom des anomalen Hörens so wichtig?«

»Weil es der Schlüssel ist«, sagte sie.

»Der Schlüssel wozu?«

»Der Schlüssel zu ihrer Heilung.« Ich saß fassungslos da. Bis jetzt war ich zur Hilfe bereit und interessiert gewesen, hatte mir aber gedacht, daß Georgies Reaktion auf Geräusche nur ein Teil des Rätsels sei. Dr. Wuarin erklärte mir, daß sie persönlich die Heilung vieler Kinder als Ergebnis einer Gehörkorrektur ansah. Sobald dieses »Symptom« kuriert sei, könnten sie lernen, sich zu konzentrieren, und das andere falsche Verhalten ablegen, weil sie die elementare Verständigung zum erstenmal in ihrem Leben als angenehm empfänden. Dr. Wuarin meinte, ein Arzt in Frankreich – eben derselbe, der Henri behandelt hatte – könnte Georgies Gehör trainieren, damit sich das Meer nicht mehr wie eine Flutwelle anhörte.

»Und wie?« fragte ich.

»Er ist Hals-, Nasen- und Ohrenspezialist«, antwortete sie. »Als er vor vielen Jahren als junger Mann in Indochina selbst taub wurde, heilte er sich von dieser Taubheit, indem er Musik auf jenen Frequenzen spielte, auf denen sein Gehör nur unvollkommen funktionierte. Dabei stellte er fest, daß sein Gehör sich anpaßte und feiner wurde: Er schaffte es, sein Gehör zu verbessern, so, als ob Sie lernen, das Schreien Ihres Babys noch einige Zimmer entfernt zu hören. Deshalb wurden auch nicht alle Soldaten in den Schützengräben im Krieg taub, weil sich ihr Gehör anpaßte und sie lernten, das Geräusch der Gewehre leiser als vorher aufzunehmen, um es ertragen zu können. Sie paßten ihr Gehör nach unten an, damit sie schlechter hörten, freilich nur auf bestimmten Frequenzen, denn sonst hätten sie einen einseitigen Gehörverlust erlitten. Die Nerven im Inneren des Ohrs sind in beide Richtungen flexibel.

Als der Arzt feststellte, daß diese Methode bei ihm so gut wirkte, fing er an, auch andere zu behandeln, und erkannte, daß es in umgekehrter Hinsicht gleichfalls nutzte, d. h. für Leute, die zu laut hörten. Diese Methode hatte Erfolg, und seit zwanzig Jahren behandelt er zum Großteil Kinder mit einem überempfindlichen Gehör. Diese Kinder sind glücklich, wenn ihnen die richtige Diagnose gestellt wird und sie feststellen, daß nicht jeder so hört wie sie. Da sie Geräusche immer so wahrgenommen haben, glauben sie, daß ihre Art des Hörens normal ist. Wenn dann andere Menschen bei diesen Geräuschen, die sie als so unangenehm und schmerzhaft empfinden, ruhig bleiben, halten sie ihre eigene Reaktion für anomal, und andere Leute behaupten sogar, sie verhielten sich verrückt. Eigentlich aber reagieren sie nur entsprechend angemessen auf das, was sie hören. Wenn man dann ihr Gehör anpaßt, ist die Erleichterung, die sie verspüren, oft sehr groß.

Sie müssen mit dem Arzt sprechen. Das ist der nächste Schritt. Wenn Sie dann beschließen, Ihre Tochter in die Schweiz zu bringen, wird er ihr Gehör untersuchen und die genauen Frequenzen bestimmen, auf denen die Verzerrung auftritt. Deshalb spielt er auf allen Frequenzen ziemlich laut Musik, außer auf jenen, die Georgie Unbehagen bereiten, und ihr Gehör wird sich mehr oder weniger anpassen.«

Während ich mir vorstellte, wie Georgie monatelang mit einem Kopfhörer auf den Ohren herumlief, fragte ich: »Wie lange wird das denn dauern?«

»Zweimal pro Tag eine halbe Stunde, und zwar zehn Tage lang«, sagte Dr. Wuarin. Ich zog die Augenbrauen hoch. Wie, konnte etwa ein scheinbar so großes Problem wie das von Georgie, das uns und sie unzählige qualvolle Stunden gekostet hatte, in einer halben Stunde zweimal täglich in zehn Tagen gelöst werden? Dr. Wuarin gab mir ein Beispiel, das ich verstehen konnte.

»Wenn Sie neben einem Feuerwehrhaus einziehen und die Sirenen wecken Sie jede Nacht, wie lange braucht Ihr Gehör dann wohl, um sich so anzupassen, daß die Sirenen

Sie nicht mehr wecken?« Ich antwortete: »Sechs Monate.«
»Ja, aber wie viele Minuten hören Sie wirklich zu, wenn
Ihnen die Sirenen in den Ohren heulen? Sie würden wohl
kaum sechs Monate lang den Lärm einer Sirene ertragen,
die laut genug ist, um Sie zu wecken. Sie würden verrückt
werden.«

»Was Sie mir erzählen«, sagte ich, »läuft darauf hinaus,
daß die eigentliche Zeit des Zuhörens höchstens drei Minuten pro Nacht beträgt. Ich nehme an, drei Minuten Sirenengeheul mal sechs Monate ergeben umgerechnet etwa
zehn Stunden, ja? Deshalb ist eine halbe Stunde zweimal
täglich, und zwar zehn Tage lang, eine plausible Zeit, nicht
wahr?« Dr. Wuarin verfolgte alles genau und nickte mit
dem Kopf. »Und drei Minuten Sirenengeheul pro Nacht ist
wahrscheinlich ohnehin viel zu hoch angesetzt. Eher ein
Viertel davon, wenn man es auf den durchdringenden
Lärm beschränkt, der einen wirklich aufweckt.«

Dr. Wuarin schrieb den Namen des Arztes und seine
Nummer auf eine Karte und gab sie mir. »Wenn Sie ihn besucht haben, werden wir uns weiter unterhalten.« Wir
standen da, und sie reichte mir, mich trotz ihrer flachen
Schuhe überragend, die Hand. Im Zimmer herrschten eine
Wärme und ein Gefühl der Hoffnung, die sich durch die
verblichene Harmonie der Möbel, das gedämpfte Licht
und den trommelnden Regen auf den Fensterbrettern noch
verstärkten. Dr. Wuarin hatte eine Tür geöffnet, und Georgie und ich würden gemeinsam hindurchgehen.

Während ich zum Auto ging, schüttelte ich den Kopf und
freute mich trotz der unvermeidlichen Zweifel und Ängste. Konnte dies wirklich die Heilung sein, an die wir so
fest geglaubt hatten? Konnte es wirklich gerade auf uns zu-
treffen? Jetzt, wo die Heilung so nahe war, erschien uns
selbst die Möglichkeit unglaublich und unbegreiflich. Wie
konnten all die Jahre einer zerstörten Kindheit zu Ende
gehen? Wie konnten wir die Heilung von etwas so Ernstem
wie Autismus auch nur in Erwägung ziehen? Machte ich
mir nur etwas vor, wie ich es schon bei der Christian

Science getan hatte? Und was war mit Dr. Wuarin? Konnte man ihr Glauben schenken, oder war sie nur eine Fanatikerin, die unsere Hoffnung zerstörte? Verstand sie eigentlich, wie ernst Georgies Problem war? Was geschah, wenn dieser Arzt, dessen Namen sie mir genannt hatte, ein Quacksalber war? Was machte ich in einem fremden Land, dessen Sprache ich zwar erlernt hatte, aber kaum sprechen konnte, während ich einen Schritt in Erwägung zog, der sich auf die positive Reaktion meiner Tochter gegenüber einer medizinischen Behandlung gründete, die kein amerikanischer Arzt auch nur erwähnt hatte? Und wenn es nicht funktionierte? Dr. Wuarin hatte gesagt, daß sich Georgies Gehör mehr oder weniger anpassen würde. Wenn es etwa weniger sein würde? Und angenommen, wir probierten es, wie würde sich das auf Mark auswirken? Er war gerade gut ein Jahr alt und brauchte ein ruhiges, sicheres Familienleben mit einer Mutter, die ihn emotional unterstützte und sich nicht völlig auf die scheinbar unmögliche Aufgabe konzentrierte, Georgie bis zur Heilung beizustehen. Wie konnte sich Georgie überhaupt von einem beschränkten, funktional zurückgebliebenen, höchst legasthenischen, überaktiven, autistischen Kind mit hoffnungslosen Zukunftsaussichten weiterentwickeln, bis sie sich in der Schule und der Familie richtig verhielt? Es war unvorstellbar, oder?

Der Arzt hieß Dr. Guy Bérard, und seine Praxis befand sich in Annecy, einer lieblichen kleinen Stadt in Frankreich, eine Autostunde von Genf entfernt. Als Peter und ich zwei Tage später dorthin fuhren und auf dem ganzen Weg über Georgies Aussichten redeten, hatten wir das Gefühl, uns selbst kneifen zu müssen, damit wir vor den Fallstricken auf der Hut waren. Eine halbe Stunde nach dem Grenzübergang durchbrachen wir die Bewölkung und tauchten in herrlichen Sonnenschein ein. Als wir uns dem *centre ville* näherten, konnten wir das glitzernde Blau des Lac d'Annecy erblicken, den spitze, schneebedeckte Alpengipfel wie ein zerklüftetes Kolosseum umringten.

Dr. Bérard begrüßte uns freundlich lächelnd und mit einem kräftigen Händedruck. Er war munter und fröhlich, höflich und direkt und hatte absolut nichts von einem Quacksalber an sich. Als er uns seine Methode erklärte, erschien uns die Gehörschulung noch vielversprechender. Es war besonders beruhigend, daß er seine Erfolge nur bescheiden erwähnte und betonte, er sei sich nicht sicher, wie weit er Georgie helfen könne.

Er zeigte uns die schalldichte Kabine, den Kopfhörer und die verstärkerähnlichen Geräte, die den Ton veränderten, und sagte: »Ich habe von Dr. Wuarin gehört, daß Georgie Angst vor dem Meer und den Wellen hat und vor allem diese fixe Idee mit den Flutwellen.« Ich nickte und war dankbar, daß ich nicht noch einmal Georgies Geschichte, wie sie auf Geräusche reagierte, erörtern mußte. »Ich glaube, daß beides miteinander zusammenhängt, und möchte, daß Sie Georgie eine Frage stellen. Fragen Sie sie bitte, ob sie vor dem Atlantischen Ozean Angst hat, weil er sich für sie wie eine Flutwelle anhört. Ich glaube, daß sie ja sagen wird. Und dann sollten Sie mit ihr in New York einen Hörtest machen lassen.« Ich erklärte ihm, ihr Gehör sei schon einmal in New York untersucht worden, doch man habe nichts festgestellt.

»Natürlich hat man nichts festgestellt«, sagte er, »weil man nicht wußte, wonach man suchen sollte.« Er schlug vor, wir sollten beobachten, ob Georgie während des Tests das Gesicht vor Schmerzen verzog. »Kinder mit einem überfeinen Gehör sperren sich normalerweise nicht gegen das Geräusch, wenn sie wissen, daß ihr Gehör getestet wird. Gewöhnlich sagen sie nichts und schreien oder weinen auch nicht, weil sie wissen, daß das Geräusch nicht lange anhält. Aber sie schneiden Grimassen, und Sie können den Schmerz auf ihrem Gesicht erkennen. Dann wissen Sie, daß sie behandelt werden muß.« Ich empfand so etwas wie Erleichterung, als er das sagte, eine Bestätigung, die sich schon viele Jahre vorher angedeutet hatte: Es stimmte schließlich doch körperlich etwas nicht mit Georgie. Ich fing an, dies zu glauben und daraus Kraft zu schöpfen, daß es vielleicht nicht nur einen Weg gab, sondern auch meine Intuition richtig gewesen war.

Dr. Bérard erklärte, er werde, wenn wir Georgie zu ihm brachten, ein umfassendes Audiogramm machen, das so genau wie möglich die einzelnen Frequenzen bestimmte, auf denen die Verzerrungen auftraten. Georgie müßte dann in der schalldichten Kabine Platz nehmen und den Kopfhörer aufsetzen. »Ich werde ihr sagen, daß sie den Kopfhörer nicht abnehmen darf. Soweit ich weiß, ist sie alt genug und auch gehorsam genug, um ihn auflassen zu können. Es ist für kleine Kinder ein Problem, besonders für Aphasiker, die gegen den Kopfhörer ankämpfen. Bei ihnen ist die Methode oft nicht so wirkungsvoll.« Als ich Zweifel äußerte, weil die Behandlung nur eine halbe Stunde zweimal täglich zehn Tage lang dauern würde, tat er diesen Einwand ab. »Das Gehör kann sich sehr schnell anpassen. Sie werden schon sehen.«

Wir verließen Annecy und fuhren aufgeregt und mit der Gewißheit nach Genf zurück, daß wir Georgie von Dr. Bérard behandeln lassen würden, aber wir waren zugleich auch ängstlich. Als wir abends beim Essen mit unserem Gastgeber und unserer Gastgeberin darüber sprachen, machte Peter eine ungewöhnliche Bemerkung, die auf einigen Spott traf.

»Ich habe beschlossen, ein Vlies auszulegen«, sagte er. »Ich werde um ein Zeichen bitten.« Er fuhr furchtlos fort, obwohl das Zeichen, das er erbitten wollte, ein sehr unwahrscheinliches Ereignis war, wenn man bedenkt, daß Genf von Oktober bis Mai in Wolken gehüllt ist, zwei Stunden davon vielleicht ausgenommen.

»Wenn wir mit Georgie hierher kommen sollen, werde ich morgen den Montblanc sehen können.« Dann stand Peter auf, entschuldigte sich und ging zu Bett, während ich, vor mich hin murmelnd, hinter ihm hertrottete. Ich erinnerte mich an ein anderes prophetisches Ereignis in Childville, als er verkündete, daß Georgie gesund werden würde.

Am nächsten Tag standen wir alle um zehn Uhr morgens zusammen mit Peter vor dem Haus und sahen zu, wie sich die Wolken auf der Spitze des Montblanc lichteten.

Um sechs Uhr am ersten Abend nach unserer Rückkehr griff ich zum Telefon, um den wohl wichtigsten Anruf meines Lebens zu machen. Georgie sagte auf ihre übliche monotone Art »Hallo«. Sie nannte mich nie »Mom«, sagte immer nur »Hallo«, wie ein dumpfes Geräusch, entfremdet und kalt. Aber ich dankte Gott immer, daß sie wenigstens redete. Was sie sagte, war oft vernünftig und richtig, allerdings stets nur kurz und direkt zur Sache, weil Georgie nicht oft bloß zum Vergnügen sprach. Normalerweise redete sie, um einem Informationen mitzuteilen, und sie vermittelte Tatsachen und Gefühle nur dann, wenn man sie danach fragte oder wenn ihr etwas äußerstes Unbehagen bereitete. Für Scherze, Nuancen, Zweideutigkeiten, Andeutungen, Vorahnungen, Schlußfolgerungen und sprachliche Feinheiten jeglicher Art hatte sie keinen Sinn. Ich mußte meine Sprache immer reduzieren. Unsere Verständigung glich Primärfarben: vereinfacht und ohne Schattierungen.

Ich holte tief Luft und stellte ihr die folgenschwere Frage. »Hast du Angst vor dem Meer, weil es sich für dich wie eine Flutwelle anhört?«

»Ja«, sagte sie.

Ich wünschte mir, daß in allen Kirchen auf der ganzen Welt die Glocken läuteten.

»Ich höre es nicht so wie du«, sagte ich vorsichtig und hoffte, daß ich es ihr erklären konnte. »Es hört sich für mich nicht wie eine Flutwelle, sondern gut an. Es ist gar nicht unheimlich. Eigentlich beruhigt es mich. Es ist ein schönes Geräusch für mich. Ein wunderschönes Geräusch. Du hörst das Meer viel lauter als ich, deshalb klingt es so unheimlich und gewaltig. Verstehst du das?«

»Du meinst, der Atlantische Ozean hört sich für dich nicht wie eine Flutwelle an?« Wie konnte sie zurückgeblieben sein, wenn sie so argumentieren konnte.

»Genau«, sagte ich zu ihr. »Du hast ein physisches Problem, Georgie. Mit deinem Gehör stimmt etwas nicht. Du hörst Dinge zu laut, und wir können das in Ordnung bringen lassen. Es gibt eine Möglichkeit, es zu korrigieren, damit du das Meer so hören kannst wie ich.« Dann rückte sie mit einer erstaunlich vernünftigen Feststellung heraus, das erste Mal, daß ich sie eine Schlußfolgerung ziehen hörte.

»Ich dachte, jeder hört das so und wird damit besser fertig als ich«, sagte sie, und in ihrer Stimme schwang echtes Gefühl mit. Ihr Gehör war immer so gewesen, wie konnte sie also wissen, daß jemand anders hörte als sie?

»Du hast nur deshalb so auf die Geräusche reagiert, weil sie für dich sehr viel lauter klingen. Es gibt einen Arzt, der mit dir üben kann, daß du normal hörst, so wie Mark und ich. Er verwendet Musik, um damit dein Gehör zu trainieren. Es gibt eine Möglichkeit, dein Gehör in Ordnung zu bringen, so daß dir die Geräusche nicht mehr so laut und unangenehm sind. Du wirst gesund, Georgie.« Und dann zog sie eine weitere unvergeßliche Schlußfolgerung.

»Du meinst, ich bin nicht verrückt?« sagte sie.

Ich fing an zu weinen. Sie bewies nicht nur enorme Einsicht in ihr Verhalten, was ich bis dahin nicht erkannt hatte, sondern hatte sich offensichtlich deswegen auch minderwertig gefühlt.

»Nein, du bist nicht verrückt«, sagte ich. Es war der wunderbarste Satz, den ich je sagen durfte.

Unser Hausarzt hielt *uns* bestimmt für verrückt, weil wir solch eine komische, unzulängliche Methode bei etwas so Kompliziertem wie Autismus ausprobierten, doch wir vereinbarten einen Termin mit dem Leiter der audiologischen Abteilung eines Krankenhauses, das als eines der besten in der Stadt galt. Er war unverhohlen skeptisch, willigte aber ein, Georgie zu testen und uns zu gestatten, sie dabei zu beobachten.

Als wir Georgie in Childville abholten, war sie immer noch unnahbar und kühl, während ich sie umarmte. Wir konnten ihre Besorgnis bei dem Wort »Test« spüren. Wie konnte man von ihr erwarten, mit elf Jahren schon die Bedeutung unserer Unterhaltung zu verstehen und zu glauben, man würde ihr etwas gestatten, das praktisch dem Luftholen gleichkam?

Georgies rechtes Ohr wurde zuerst getestet. Sie weinte zwar nicht, aber der Schmerz war ihr deutlich anzusehen, als sie Grimassen schnitt und mit knirschenden Zähnen ihr Gesicht verzog. Obwohl ich es haßte, darüber nachzudenken, was sie die ganzen Jahre durchgemacht haben mußte, wollte ich aufspringen und triumphierend im Zimmer herumtanzen. Alles, was mir Dr. Bérard und Dr. Wuarin erzählt hatten, schien sich bei diesem einen schmerzvollen Anblick zu bewahrheiten.

Als Georgies linkes Ohr getestet wurde, reagierte sie nicht so stark, obwohl es ihr sichtlich unangenehm war, wenn sie bestimmte Töne hörte. Nach dem Test kam der Arzt arrogant auf uns zu, ja, er stolzierte geradezu herbei und sagte mit einem zweifelnden Lächeln: »Beverly Sills wäre wirklich *hingerissen*, wenn sie so gut hören könnte wie Ihre Tochter. Mit ihrem Gehör ist alles in Ordnung.« Da wir wußten, daß uns in unserer Situation keine Erklärung möglich war, dankten wir ihm und verabschiedeten uns. »Aber bevor Sie gehen, wollen wir noch einmal das rechte Ohr testen. Wir glauben, sie hat vielleicht den Kopfhörer etwas zur Seite geschoben.« Georgie, die mit ängstlichem Gesichtsausdruck am anderen Ende des Zimmers saß, hatte die Bitte des Arztes mitgehört und griff nach den glänzenden Metallehnen ihres Stuhls, als sie mich kommen sah. Blankes Entsetzen lag auf ihrem Gesicht, und sie weigerte sich mitzumachen.

»Das dürfen sie nicht«, sagte sie. Sie preßte die Hände auf beide Ohren, beugte sich so weit wie möglich nach rechts und drückte ihr Gesicht gegen die Rückenlehne des nächsten Stuhls. Wir sagten ihr, sie brauche das nicht noch einmal über sich ergehen zu lassen und solle sich ihren Mantel anziehen. Dann dankten wir dem Arzt und gingen weg. Wir wußten alles, was wir wissen mußten.

Bei meiner nächsten Sitzung mit Judith in Childville war ich nicht überrascht, auf Widerstand gegen unseren großartigen Plan zu stoßen. Judith war besonders vorsichtig, redete leise und behandelte mich, wie Polizisten es bei Selbstmördern zu tun pflegen, die sprungbereit am Abgrund stehen. »Es ist verständlich, daß es Ihnen schwerfällt, mit Ihren Gefühlen über Georgies Unterbringung in Devereux fertig zu werden«, sagte sie mit dem Wissen um ihre zweijährige Erfahrung als Sozialarbeiterin. »Obschon es eine so ausgezeichnete Einrichtung ist, daß ich überrascht und erleichtert war, als Georgie angenommen wurde. Es ist ganz normal, daß Sie Trennungsangst empfinden.« Sie beugte sich nach vorn, faltete die Hände und sah mir in die Augen. »Aber zu denken, irgend so ein Arzt könnte sie vielleicht heilen, ist so unrealistisch, daß es an Unverantwortlichkeit grenzt. Selbst wenn mit Georgies Gehör etwas nicht stimmt, ist das nur ein kleiner Teil ihres Problems. Und da ihr Gehör nur ein einziger Aspekt ist, reicht auch Ihr Behandlungsplan nicht aus. Ganz zu schweigen von der Nachbehandlung.«

Als ich sie daran erinnerte, daß Dr. Wuarin, eine staatlich zugelassene Psychologin mit einem Doktor der Philosophie – Judith hingegen hatte nur einen Magister – damit einverstanden war, die Nachbehandlung vorzunehmen, warf sie mir einen unsicheren Blick zu. »Wir wollen Ihnen nur klarmachen, daß es unserer Meinung nach von Anfang an Schwierigkeiten geben wird, wenn Sie auf dem Plan bestehen. Zum Beispiel wird Georgie im Flugzeug dekompensieren.«

»Sie wird was?« fragte ich, unwillkürlich begierig auf einen neuen Leckerbissen des psychiatrischen Jargons.

»Sie wird anfangen zu toben. Sie wird nicht mehr zu kontrollieren sein. Sie hat Angst vor Flugzeugen.«

»Sie hat wahrscheinlich nur Angst davor, wie sich Flugzeuge anhören«, sagte ich. »Und wir können ihr jetzt dabei helfen, weil sie weiß, daß sie anders hört. Außerdem hat sie noch nie in ihrem ganzen Leben in meiner Gegenwart geschrien oder ist unkontrollierbar herumgerannt. Deshalb sehe ich keinen Grund, warum sie plötzlich damit anfangen sollte.«

»Aber sie hat sich hier oft widerspenstig verhalten. Sie wissen doch, daß sie sich aus dem Fenster stürzen wollte und geschrien hat, sie wolle sich umbringen.«

»Vor dem Fenster war dicker Maschendraht, und außerdem hat sie nur wegen der Geräusche so reagiert. Sie hat mir erzählt, daß überall Radios und Fernseher plärrten und der Krach ohrenbetäubend war. Sie durfte den Fernseher nicht leiser stellen und auch nicht auf ihr Zimmer gehen, weil sie ›an ihrer Sozialisierung arbeiten‹ mußte.«

Je mehr ich Judith Georgies überfeines Gehör und die damit verbundenen Probleme zu erklären versuchte, desto hoffnungsloser war es. Judith konnte einfach die Vorstellung nicht akzeptieren, daß die Korrektur von Georgies Gehör einen großen Unterschied bewirken, geschweige denn ihr die Chance für ein normales Leben einräumen würde. Ich nehme an, es war Judith peinlich, daß sie erst durch mich etwas von dieser Methode erfuhr; wie wenn ein todkranker Patient einen Internisten über ein Medikament informiert, das ihn eventuell heilen könnte. Ich versuchte, Judith das zu erklären, indem ich sie darauf hinwies, wieviel ruhiger Georgie in der letzten Zeit zu sein schien und daß dies mit ihrem neuen Verständnis für das Problem und die möglichen Lösungen zusammenhing. Sie erwiderte mir jedoch nur, Georgie habe schon oft Zeiten gehabt, in denen sie ruhiger als gewöhnlich zu sein schien. »Vielleicht interpretieren Sie etwas in ihr Verhalten hinein, um dadurch Ihre eigenen Überzeugungen zu bestätigen«, meinte sie.

Einige Wochen später erhielt ich von Georgies Vater die Nachricht, die Ärzte in Childville seien wegen unserer Entscheidung so besorgt, daß sie von ihm verlangten, er solle uns am Flughafen aufhalten, wenn wir mit Georgie das Land zu verlassen suchten. Er sagte, er lasse seine Schwester in Paris über Dr. Bérard Nachforschungen anstellen, und wenn er von ihr Nachricht habe, werde er uns Bescheid geben. Einige Tage später rief er an, um uns mitzuteilen, daß nach Auskunft seiner Schwester der Arzt seriös sei. »Ich rufe in Childville an, um sie zu informieren, daß ich mit deinem Vorgehen einverstanden bin«, sagte er, »deshalb sehe ich nicht, wie sie dich aufhalten könnten.« Ein weiterer Sieg.

Ich war mit zwei Psychiatern aus unserer Stadt befreundet und rief sie an, um sie um Unterstützung zu bitten. Sie meinten beide, daß eine Gehörschulung nicht schlechter sei als alle anderen Methoden und daß wir nichts zu verlieren hätten. Sie glaubten, es bestünde eine gute Chance, daß es funktionieren könnte, weil autistische Kinder oft empfindlich auf Geräusche reagierten. Als ich sie bat, mir nach unserer Heimkehr bei Georgies Problemen zu helfen, willigten sie ein, mir mit ihrem medizinischen Rat zur Seite zu stehen. Ich fragte sie, ob ich Georgies wichtigste Beruhigungsmittel absetzen sollte, was der eine bejahte, der andere hingegen verneinte, und sie überließen Georgie und mir die Entscheidung. Mir war nicht klar, wie jemand behaupten konnte, daß wir unverantwortlich handelten, wo wir doch die Zustimmung und den Rat zweier Psychiater dieses Formats hatten.

An einem Dezembermorgen fuhr ich nach Childville, angeblich, um Georgie für zweiwöchige Weihnachtsferien abzuholen. Georgie und ich packten gemeinsam ihren Koffer, und sie schien fast gelassen, als sie sich von ihrem Lieblingsbetreuer verabschiedete und den anderen Kindern auf ihrer Etage zuwinkte. Emily war auch da – Emily, die schon zusammen mit Georgie in Bellevue gewesen war. Sie war so ruhig und blaß wie immer und sah mit runden Augen zu uns hinüber, nahm aber nie richtig Blickkontakt auf. Ihr dünnes Haar und ihre ausdruckslosen Gesichtszüge hatten sich nicht sehr verändert, seit sie drei war, und obwohl sie Fortschritte machte, war sie immer noch äußerst autistisch. Welche Chance würde sie jetzt noch haben, fragte ich mich. In einem Jahr war sie für das Programm von Childville zu alt und mußte dann in eine andere Anstalt. Ihre herzliche, liebevolle Mutter, die ich seit

Jahren kannte, würde sie weiter brav besuchen, Emily immer lieben und die Hoffnung nie aufgeben.

Auf der Heimfahrt fragte ich Georgie, ob sie nicht aufhören wolle, Medikamente zu nehmen, und sie antwortete ganz entschieden mit »Ja«. Als ich sie weiter fragte ˒' die Medikamente unangenehm seien, bejahte si nauso entschieden.

»Du brauchst sie nicht mehr zu nehmen«, sag sah mich an, als wollte sie über diese neue Quel¹ rität nachdenken. Ich griff nach ihrer Hand, »Wir werden in der Schweiz leben, und du wirs᷉ sagte ich, als wollte ich ihr erklären, warum ihr Schiṅ neuen Kapitän zu haben schien. Sie reagierte nicht, soṅ dern blickte weiter aus dem Fenster und war wie immer von der vorbeirasenden Welt fasziniert.

Das Weihnachtsfest von 1976 war das beste, das wir je erlebt hatten, und all unsere Kinder, deren Alter von neunzehn bis anderthalb reichte, waren da. Georgie schien sich ohne Medikamente viel besser zu fühlen, und wir glaubten alle fest daran, daß sie es schaffen würde. Meine Stiefkinder waren traurig, daß wir anscheinend das Land für längere Zeit verlassen würden, aber wir würden uns gegenseitig besuchen, und sie wußten, daß wir uns so oft wie möglich sehen würden. Diese Kinder, die sich so viel um Georgie gekümmert hatten, sie in ihre Gemeinschaft aufgenommen, umsorgt und in Childville besucht hatten, würden uns keine Hindernisse in den Weg legen, wenn sie sahen, daß dies Georgies Chance war, um gesund zu werden.

Am Silvestertag besuchten wir zum letztenmal den Gottesdienst. Peter, Mark, Georgie und ich läuteten das neue Jahr gemeinsam in einer Atmosphäre voller Liebe und Unterstützung ein. Am nächsten Tag flogen wir nach Genf. Im Flugzeug saßen wir vier in der Mitte nebeneinander, und Georgie ließ nicht das geringste Anzeichen erkennen, »im Flugzeug zu dekompensieren«. Sie genoß den Flug, hörte sich fast die ganze Zeit im Kopfhörer Musik an, blät-

terte in Zeitschriften und ließ sich sogar das Essen der Flug-
linie schmecken.

Unsere Wohnung befand sich in einem Appartement-
Hotel etwas außerhalb von Genf, in einem malerischen
Dorf mit Kopfsteinpflaster. »Was denn, kein Neonlicht?
Keine Glasflächen? Keine Werbetafeln? Keinen McDo-
nald's?« fragte ich Peter.

»Es gibt schon einen McDonald's, keine Angst. Direkt
am Bahnhof.« Das gefiel Georgie. Wir waren bester Stimmung, und nichts konnte sie dämpfen, nicht einmal der
altmodische Ofen in der Küche, der wie ein großer kubisti-
scher Vogel auf seinen langen Beinen hockte, und auch
nicht der kleine, laute Kühlschrank, dessen Tiefkühlfach
einem eisverkrusteten, offenen Schuhkarton glich. Wir
wußten, daß wir mit unserem Kommen ein Risiko eingin-
gen. Niemand gab uns eine Garantie. Peters Arbeitserlaubnis war noch nicht bewilligt, vielleicht klappte es auch
nicht recht mit seiner Arbeit, und Georgies Behandlung
konnte erfolglos enden. Außerdem waren wir ängstlich
und müde. Aber dahinter stand bei uns beiden der felsen-
feste Glaube, daß wir auf diesem fremden, neuen Weg,
den wir jetzt eingeschlagen hatten, Schritt für Schritt in die
richtige Richtung steuerten.

ZWÖLFTES KAPITEL

Tanz im Regen

W ir wachten ausgeruht wieder auf, fragten unsere zuvorkommende Wirtin nach einem Babysitter für Mark und ließen ihn bei einer mütterlichen Schweizerin, die sie uns empfohlen hatte. Wir nahmen die Straße südlich von Genf in das hügelige Hochland hinauf, durch mit Büschen bewachsenes Ackerland, wo seltsame Reihen von Stadthäusern auf Hügelketten hockten wie Krähen auf einem Zaun. Wir hörten uns Kassetten mit religiösen Folk Songs an, sangen einträchtig mit, um unsere Moral zu heben, und trafen in weniger als einer Stunde in Annecy ein.

Dr. Bérards Sprechstundenhilfe führte uns in die Praxis des Arztes, wo Georgie sich sichtlich entspannte, als er sie begeistert begrüßte. Er plauderte mit ihr ganz normal, schätzte die Möglichkeit einer Heilung ab und ging mit ihr dementsprechend um. Sie sonnte sich in der guten Meinung, die er von ihr hatte, und gab ihm das Gefühl, daß sie voll und ganz mit ihm zusammenarbeiten würde.

Wir überreichten ihm die Ergebnisse von Georgies Audiogramm, und er sah sie sich sorgfältig an. »Oh, ja, ich kann die Überempfindlichkeit des Gehörs deutlich erkennen«, sagte er. »Ich werde Georgie jetzt selbst testen, aber ich bin mir sicher, daß ich viele Verzerrungen entdecken werde.« Er ging zum Test über, und das daraus resultierende Diagramm sah wie eine Bergkette mit spitzen Gipfeln über der Grundlinie und darunterliegenden Tälern aus. »Die Behandlung wird ihrer Legasthenie abhelfen«, sagte er und wies auf die Täler, die die Hypakusis, also die Hör*defizite* auf bestimmten Frequenzen, anzeigten. »Legasthenie hängt in vielen Fällen mit dem Gehör zusammen, sie ist nicht nur rein visuell bedingt. Daß Georgie Buchstaben falsch gebraucht, ist ein Zeichen dafür, und sobald sie behandelt wird, werden Sie eine große Veränderung in ihrer Lesefähigkeit bemerken.« Er zeigte auf die Spitzen des Diagramms. »Das ist äußerst fein. Sie hört viel zu gut auf diesen Frequenzen, und das ist ihr sehr unangenehm. Es bereitet ihr sogar Schmerzen. Ein alltägliches Geräusch, das andere gar nicht stört, verursacht ihr große Schmerzen. Aber«, er sah Georgie an, die ihn auch anschaute, »selbst wenn dir die Behandlung vielleicht unangenehm ist, darfst du den Kopfhörer nicht abnehmen. Versprichst du mir, daß du ihn aufläßt?«

»Ja«, sagte Georgie. Dr. Bérard führte sie zu der schalldichten Kabine, ließ sie Platz nehmen und den Kopfhörer aufsetzen. Er bat uns, im Wartezimmer die halbe Stunde der ersten Sitzung abzuwarten. Dann ging er in seine Praxis zurück, stellte die Skala auf seinem Gerät ein und regulierte sorgfältig die Einstellung, um die Frequenzen festzustellen, auf denen Georgie zu empfindlich war. Dann suchte er genau die richtige Musik aus, die sie sich seiner Meinung nach gerne anhören würde, wenn das Gerät erst einmal die schmerzhaften Töne entfernt hatte. Die Maschine regulierte irgendwie die übrigen Frequenzen, um Georgies Gehör bei den nicht schmerzhaften Tönen zu üben und zu kräftigen. Dr. Bérard wechselte zwischen lauten und leisen Tönen ab, weil Georgie die laute Musik nicht zu lange an einem Stück aushalten konnte.

Eine halbe Stunde später kam Georgie schüchtern lächelnd nach draußen, und Dr. Bérard trat ins Wartezimmer. »Du warst sehr gut«, sagte er zu Georgie. »Du hast dein Versprechen gehalten. War es dir manchmal sehr unangenehm?«

»Ja«, sagte Georgie. »Vor allem die lauten Teile.«

»Es tut mir leid. Ich weiß, das es schwer ist. Geh jetzt und iß was, wir sehen uns dann später noch einmal.« Um zwei Uhr kehrten wir zur zweiten Hälfte der Tagesbehandlung zurück. Wir mußten Versicherungsformulare ausfüllen und erfuhren, daß die gesamten Kosten für die Gehörschulung fünfhundert Dollar betragen würden, von denen achtzig Prozent als Behandlung einer körperlichen Behinderung gedeckt waren; eine Lappalie im Vergleich zu den gewaltigen anderen medizinischen Kosten für meine Kinder.

An Georgies drittem Behandlungstag blieb ich mit Mark zu Hause, und Peter brachte Georgie zum Arzt. Nach der morgendlichen Sitzung gingen sie zum See hinunter und sahen sich dann bis zum Mittagessen Schaufenster an. Sie entdeckten am Bahnhof ein Restaurant, das ein *plat du jour*, ein auf schwerem, weißem Porzellan serviertes Tagesgericht, anbot. Georgie schwelgte bei dem nach Peters Ansicht faden Essen und genoß die öligen Pommes frites und die Scheibe fahles Kalbfleisch. Nachdem sie fertig war, begann sie, eine Frau am Nebentisch anzustarren, die langes, seidiges, dunkelbraunes Haar hatte. Sie trug es hinten zu einem dicken Dutt zusammengerollt und hatte diesen mit einer großen Haarspange befestigt. Die warmen Braun- und Schwarztöne der Schildpattklammer verliefen in asymmetrischen Wellen Seite an Seite, und das Profil der Frau mit ihrer blassen Haut, der Adlernase und den langen, dunklen Augenwimpern hob sich wohltuend von dem grellen Licht des Fensters vorne ab.

»Hör auf, sie anzustarren, Georgie«, sagte Peter leise. Georgie starrte weiter. Die Frau drehte sich um, sah Peter vorwurfsvoll an und begegnete dabei Georgies Blick. Georgie schaute auf ihren leeren Teller, doch dann kehrten ihre Augen wieder zu dem Anblick zurück, der sie so in den Bann schlug. Obwohl sie nicht mehr das Haar fremder Leute anfaßte, was sie, bis sie sieben war, unaufhörlich getan hatte, brachte sie immer noch Leute aus der Fassung, wenn sie sie mit solcher Intensität anstarrte.

»Hör auf«, zischte Peter sie an und dachte sofort: »Wie kann ich nur so reagieren?« Georgie blickte erst ihn an und dann, wie zum Verrücktwerden und mit voller Absicht, die Frau mit dem glänzenden Haar. Peter packte sie an der Schulter und drückte sie hart.

»Hör auf, sie anzustarren, ja?« Georgie zuckte zusammen und starrte nun Peter mit angstgeweiteten Augen an. Er hatte sie niemals körperlich gestraft und ich auch nicht. Wir waren immer über ihr unangemessenes Verhalten hinweggegangen, hatten sie mit Schmeicheln von dem Objekt der Versuchung abgelenkt, entschuldigend gelacht und hilflos mit den Schultern gezuckt, was jeder verstand, der es je mit einem behinderten Kind zu tun hatte. »Geh raus, Georgie«, knurrte er. »Nimm deinen Mantel und geh raus. Warte draußen auf mich. Und laß dich nicht erwischen, daß du auch nur eine Sekunde zum Fenster reinschaust, sonst ...« Er hatte dabei den Hintergedanken, daß sie auf dem Wege der Besserung war, und nun durfte man störendes, ärgerliches oder unverschämtes Verhalten nicht mehr dulden, unterstützen oder ermöglichen. Peter spürte auch, daß er jetzt, wo Georgie den ganzen Tag zu Hause war, die Kontrolle über sein friedliches, gemütliches Familienleben verlor; ein Leben voller Scherze, Spiele und Zärtlichkeiten, an denen sich Georgie nie hatte beteiligen wollen. Sie war ewig der Hemmschuh und Spielverderber gewesen, und jetzt war sie hier und drohte die Atmosphäre zu bestimmen. Peter versuchte mit aller Macht, sie nicht ungeschoren davonkommen zu lassen.

Selbst nach so wenigen Behandlungstagen schien Georgie weniger verwirrt und besser imstande, Disziplin und Anweisungen aufzunehmen. Während sie geduldig auf dem Gehweg wartete, betrachtete sie die Autos, die draußen vorbeisausten. Sie lernte ihre Lektion gut und hörte auf zu starren.

Nach fünf Behandlungstagen machte Dr. Bérard ein weiteres Audiogramm von Georgies Gehör »Es funktioniert«, sagte er und zeigte uns das neue Diagramm, auf dem wir erkennen konnten, daß die spitzen Berggipfel rund und wellig geworden waren. Und die Täler lagen gleichfalls nicht mehr so tief unter der Grundlinie »Wir erhalten ein ausgezeichnetes Ergebnis. Sie werden sehen, Georgies Verhalten wird sich allmählich ändern Sie wird weniger starrköpfig sein und sich besser von ihnen lenken lassen. In ihre Stimme wird Leben kommen. Natürlich müssen Sie verstehen, daß sie verärgert sein wird. Sie wird meinen, sie sei elf Jahre unter Wasser gewesen, und nun habe sich endlich jemand entschlossen, sie nach ober zu ziehen. Dieser

Jemand sind Sie.« Er sah mich an und zog die Augenbrauen hoch, als wollte er sagen: »Sehen Sie sich vor.«
»Normalerweise empfindet das Kind große Wut, wenn es sich körperlich besser fühlt, und ist natürlich verwirrt darüber, warum es so lange leiden mußte. Es neigt dann dazu, das auf dem Rücken seiner Mutter auszutragen.«

Nach zehn Tagen war die Behandlung vorüber, und wir hegten große Hoffnungen. Das letzte Audiogramm war nur noch eine Wellenlinie, und Dr. Bérard war sehr optimistisch, obwohl er uns warnte, nicht zuviel zu schnell zu erwarten. »Ihr Gehör bewegt sich jetzt im Normalbereich«, sagte er. »Halten Sie uns bitte auf dem laufenden, wie es ihr geht, und rufen Sie sofort Dr. Cecil Wuarin an, um mit ihr einen Termin zu vereinbaren. Sie kann sehr gut mit diesen Kindern und« – er sah mich verständnisvoll an – »auch mit ihren Eltern umgehen.« Wir gaben uns die Hand. Obwohl Georgie zur Seite gewandt auf den Arzt reagierte und ihr Händedruck zögernd kam, sah sie erleichtert und dankbar aus und hatte ein Gefühl der Würde, wie ich es nicht an ihr kannte.

Um sechs Uhr abends kam Georgie plötzlich herein, als wir im Wohnzimmer saßen. »Kann ich nach draußen gehen und spielen?« fragte sie. Die Frage erschien uns seltsam, weil es dunkel war und heftig regnete. Normalerweise fragte Georgie nicht, ob sie nach draußen gehen durfte, sondern sie ging einfach.

»Warum willst du nach draußen?« fragte ich. »Es ist dunkel und naß dort draußen.« Sie stand startklar mit Mantel und Stiefeln in der Tür.

»Der Sturm hört sich nicht mehr wie ein Maschinengewehr an«, sagte sie. Peter und ich blickten uns an.

»Geh schon!« sagten wir, und im Nu war sie aus der Tür, die Treppe hinunter und rannte durch den Flur in den Hof hinaus. Peter und ich standen auf und traten auf den geschützten Balkon. Da unten war Georgie, wirbelte herum und drehte Pirouetten, die Arme ausgestreckt und die Handflächen geöffnet, während der Regen über ihr nach oben gewandtes Gesicht lief. Peter und ich standen da und hielten uns in den Armen. Tränen liefen über unser Gesicht, während wir Georgies Tanz im Regen beobachteten.

Immer wieder traten nun erstaunliche Anzeichen der Besserung auf. Als Georgie einige Tage später ein Skateboard in einem Geschäft entdeckte, bettelte sie, damit ich es ihr kaufte. Sie fuhr sofort gerne Skateboard, und ihr guter Gleichgewichtssinn erleichterte es ihr. Ich beobachtete sie, wie sie das Skateboard über den Kopfsteinpflasterhof auf den glatten Gehweg trug, auf das Brett sprang, sich abstieß und verschwand. Ich hatte sie zuvor nie aus den Augen gelassen, und es war ein großartiges Gefühl.

Sie fuhr die sanfte Neigung zur Stadt hinunter und sah einige Mädchen, die plauderten und an der alten Steinkirche, dem Zentrum des Dorfes, spielten. Sie waren ungefähr in Georgies Alter, und eine von ihnen, die groß und blond war, hatte ein tolles, schwarzweiß kariertes Skateboard und rief: »*Salut*«, als Georgie an ihnen vorbeiglitt. Georgie hielt an, blieb einen Meter entfernt mit dem Fuß auf dem Skateboard stehen und sagte:

»Hallo.«

»Bist du Amerikanerin?« fragte das Mädchen auf französisch, und da »Amerikanerin« auf französisch leicht zu verstehen ist, sagte Georgie: »*Oui!*« und hoffte, daß das Mädchen nicht etwa dachte, sie könne die Sprache sprechen.

»*Tu parle français?*« fragte das andere Mädchen. Sie glich Georgie in Größe und Haarfarbe und hatte kurzes, braunes, zottelig geschnittenes Haar.

»*Non*«, sagte Georgie und lachte. Das blonde Mädchen deutete auf ihre Brust, um sich zu identifizieren und sagte: »Natalie.«

»Hallo, Natalie. *Moi* [sie zeigte auf sich selbst] Georgie«, sagte sie.

»*Bonjour*, Georgie«, sagte Natalie lachend. Natalies Freundin, die Katrine hieß, mußte dasselbe über sich ergehen lassen. Sie verbrachten den Nachmittag mit Skateboardfahren und lernten sich durch Zeichensprache, Französisch und Englisch näher kennen. Als Georgie nach Hause kam, hatte sie rosige Backen.

»Ich habe mich mit zwei Mädchen angefreundet«, sagte sie. »Katrine und Natalie.«

»Wie schön«, sagte ich und umarmte sie, und sie schien entspannter und weniger steif, als sie mich auch umarmte.

Dann dachte ich plötzlich, daß Dr. Campbell vielleicht doch mit ihrer Warnung recht hatte, Georgie besser nicht zu Hause zu behalten. Sie hatte weitaus weniger Schwierigkeiten mit der Sozialisation, als ich befürchtet hatte, weil sie mit so vielen Kindern in Childville zusammengelebt hatte.

Einer der erfreulichsten Durchbrüche war Georgies neuerwachtes Interesse an dem Vergnügen einer Unterhaltung. Sie wollte alles über ihre Abstammung erfahren, darüber hinaus mehr über die Weltgeschichte wissen und fragte mich nach Hitler, dem Zweiten Weltkrieg und dem Holocaust. Man hatte ihr in Childville etwas davon erzählt, und sie wollte nun mehr darüber erfahren. Sie schien von der Tatsache gebannt zu sein, daß die ethnische und religiöse Herkunft von Menschen ihren Tod verursachen konnte. Als sie weniger ichbezogen und auf sich selbst konzentriert war, interessierte sie sich immer mehr für Ideen und größere Zusammenhänge und wollte etwas über die Unterschiede zwischen Regierungsformen und politischen Systemen erfahren.

Wir hatten längere, sachliche Diskussionen über Sexualität und Fortpflanzung, und ich stellte fest, daß es nicht viel gab, was sie nicht wußte, nur waren die Substantive und Verben, die sie benutzte, anschaulicher als meine.

Sie interessierte sich auch für Meteorologie, und was sie in der Vergangenheit darüber gelernt hatte, hatte ihre Angst vor Überschwemmungen, Taifunen und Zyklonen verringert. Ihre Neugier war unstillbar, genau wie ihre Faszination von Erdbeben, Vulkanen und Geographie. Sie schien nicht nur alles Wesentliche über Länder und Gebiete wissen zu wollen, sondern auch die eigentlichen Formen der Länder sprachen sie auf bestimmte Weise an. Geologie gehörte gleichfalls zu ihren Interessengebieten, und sie sammelte ständig Steine.

Georgie erzählte mir, daß sie sich inzwischen viel wohler fühlte und nicht mehr den drei Blocks entfernten Straßenlärm hörte oder wie Leute die Toilette am anderen Ende des Gebäudes abzogen oder wie das Blut in ihren Ohren rauschte. Das war mir alles ganz neu. Sie sagte, sie habe sich immer vorgestellt, winzig klein zu werden und durch die rauschenden Flüsse in ihrem Innern zu fahren; jetzt habe sie nicht mehr so häufig solche Phantasien.

Vieles klärte sich auf, als Georgie die Wirkung, die bestimmte Geräusche auf sie gehabt hatten, beschrieb, und die Rätsel lösten sich im Schnelltempo. Als wir Soufflés – damals war sie noch klein – gemacht hatten, hatte sie das Geräusch des elektrischen Mixers nicht aushalten können, obwohl sie sich schließlich daran gewöhnte. Und der Krach des Geschirrs, das in der Spüle klirrte, hatte sie auch beunruhigt. Sie konnte ihre Kerzen am Geburtstag nicht ausblasen, weil sie das Geräusch des Blasens störte. »Es hörte sich wie ein Ungeheuer an«, sagte sie, so wie das blasende Geräusch aus dem Rohr in der Mauer. Das Atmen von Menschen hatte sie aus der Fassung gebracht, besonders, wenn sich mehrere Erwachsene in einem kleinen Zimmer aufhielten. Und ihren Regenschirm hatte sie nicht gerne benutzt, weil der Regen auf den Stoff trommelte, wenn wir im Regen spazierengingen. Diese Erklärungen kamen im Laufe der Zeit bei vielen Unterhaltungen zur Sprache, als Erinnerungen an früher ans Licht gezerrt und nochmals geprüft wurden. Ich war besonders erleichtert, als sich herausstellte, daß sie den kleinen Jungen nur wegen des Binkbink-bink-Geräusches bei dem Lied »Pop Goes the Weasel« mit dem Schachtelteufel auf den Kopf geschlagen hatte; er wollte das Lied nämlich immer wieder spielen. Es war auch interessant für mich, zu erfahren, daß Georgie seit unserem Umzug aufs Land so viel Zeit draußen im Wald verbracht hatte, weil die Blätter für sie wie Kastagnetten »klapperten«, wenn sie raschelten. »Wenn ich in Childville in der Schule war, hörte sich der Wind draußen lauter an als jetzt«, sagte sie. »An stürmischen Tagen konnte ich mich überhaupt nicht konzentrieren. Ich war sicher, daß wir alle weggefegt würden. Darum hatte ich solche Angst vor Zyklonen und Tornados und Hurrikanen. Und Überschwemmungen. Jedesmal wenn es regnete, hatte ich Angst, daß alles überschwemmt würde.«

Sie sagte, sie habe so viel Schwierigkeiten beim Sprechen gehabt, weil sie den Klang der Stimmen nicht mochte und Schwierigkeiten hatte, bestimmte Buchstaben genau zu hören (z. B. klang *Ja* für sie wie *La*). Da es in unserem Haus so viele Nebengeräusche gab, hatte sie nicht richtig denken können. Ich erinnerte mich, daß ich oft das Radio, den Plattenspieler oder das Fernsehen laufen hatte, und Dotsie war mit zwei und drei Jahren auch ein lautes kleines Mädchen gewesen. Außerdem waren da noch die Nachbarn, der Verkehr und der Wind, der durch die riesigen Bäume im Garten wehte. Georgie sagte, in Bellevue sei es ruhig gewesen, und wenn man ihr Worte beibrachte, konnte sie sie hören, selbst wenn eines der größten Probleme das Geräusch ihres Blutkreislaufs war. Alles schien jetzt, wo es zur Sprache gekommen war, so einfach zu sein.

Georgie hatte schon bald mehrere Freundinnen in der Nachbarschaft. Sie verständigten sich in einer Mischung aus Französisch, Englisch und Zeichensprache und verbrachten viele Stunden beim Skateboardfahren, Seilspringen und Spielen. Ich hatte mir nie vorstellen können, daß sie ein Kind sein könnte, das nach draußen ging, sich Freunde suchte und eine wundervolle Zeit verlebte. Noch vor einem Monat wäre mir dies in einem fremden Land und bei einer neuen Sprache doppelt unmöglich erschienen. Diese Befreiung aus dem Schicksal, das uns beide hätte zerstören können, war verblüffend und ehrfurchtgebietend. Es war irrsinnig, und manchmal hatte ich das Gefühl, meine Ausgeglichenheit so weit zu verlieren, daß ich orientierungslos wurde.

Dr. Bérard hatte recht: Georgie war zornig. Selbst wenn sie sich hundertmal wohler fühlte, konnte sie ihre Wut gegen mich nicht zähmen. Irgendwie machte sie mir Vorwürfe, irgendwie mußte es meine Schuld sein, daß ihre Kindheit bis jetzt so erbärmlich verlaufen war. Ich verstand das, weil ich aus denselben unangebrachten Gründen mindestens genauso wütend auf mich selbst gewesen war. Georgie wurde auf subtile Weise passiv und aggressiv, und zwar so sehr, daß wir ein Familienwort erfanden, um sie schnell und einfach auf ihr Verhalten aufmerksam zu machen. Wenn sie mich plötzlich, rein »zufällig«, in die Rippen stieß, an meinem Arm kratzte oder mir die Tür ins Gesicht schlug, konnte man immer noch Zweifel haben. Aber sie sah hinterlistig aus, wenn dies geschah, und ich sagte dann: »Das war eine *Fug*, Georgie.« Eine *feindselige, unvorsichtige Geste*. Georgie war sofort entlarvt. Statt sie zu tolerieren und ihr alles recht zu machen, wie ich es vorher immer getan hatte, gab ich ihr oft Kontra. Ich pflegte ihr nicht gerade liebevoll zu sagen, daß sie falsch sei. Es war schwer, mein Vertrauen und meine Sichtweise beizubehalten. Ich wußte, ich sollte mich nicht von ihr reizen lassen, sollte mir klarmachen, daß dies zu dem Prozeß gehörte, aus dem Abgrund herauszuklettern. Aber ich war nicht Georgies Therapeutin, ich war ihre Mutter, und manchmal machte sie mich so wütend, daß ich ihr am liebsten den Hintern versohlt hätte.

Als ich einmal mit einer Freundin telefonierte, kam Georgie vom Spielen draußen herein und unterbrach mich mit einer Frage. Ich legte meinen Finger auf die Lippen, aber sie ließ nicht locker, bis ich die Beherrschung verlor und sie ohrfeigte, weil ich dachte, daß sie sich als Elfjährige wie eine Sechsjährige benahm. Wir waren beide bestürzt und verärgert. Obwohl sie mich nie wieder beim Telefonieren störte, wünschte ich mir, daß ich ihr mit mehr Liebe und Geschick aus ihrem – wie ich irrtümlich glaubte – Entwicklungsrückstand hätte heraushelfen können.

Als Georgie und ich an einem Nachmittag auf der Couch saßen und sie sagte: »Mom, bring mir bei, mich normal zu verhalten«, hörte ich meine Brüder im Chor sagen: »Viel Glück, Georgie.« Von da an (wenn man von den kleinen

Ironien des Lebens absieht) arbeiteten wir beide daran, für alles, was Georgie »nicht normal« tat oder sagte, eine natürliche Art zu finden. Der Unterschied zwischen der Gegenwart und der Vergangenheit bestand darin, daß Georgie daran interessiert war, normal zu werden. Sie war motiviert. Vorher hatte sie ihre ganze Energie darauf verwendet, das Wesentliche zu bewältigen, und für die Feinheiten war nichts mehr übriggeblieben.

Mit einiger Hilfe übte sie, Menschen anzusehen, wenn sie mit ihr sprachen, ihnen fest die Hand zu geben, aufrechter zu stehen und Fragen mit einem Lächeln zu beantworten. Weil sie sich beim Gehen immer auf Muster auf dem Boden konzentriert hatte, hatte sie sich eine schlechte Haltung angewöhnt und mußte einige Zeit, um dies zu korrigieren, mit einem Buch auf dem Kopf durch das Zimmer laufen. Wir trainierten auch viele Verhaltensübungen. An einem Nachmittag nach dem Essen, als Mark schlief und Katrine noch nicht aus der Schule zurück war, saßen wir im Wohnzimmer, und ich sagte ihr, was sie tun sollte.

»Georgie, du kommst jetzt ins Zimmer, und ich tu so, als ob Mrs. Smith neben mir auf der Couch sitzt. Du gehst zu ihr hin und sagst: ›Hallo, Mrs. Smith‹, wenn ich dich ihr vorstelle.« Georgie sagte höflich »Entschuldigung« (das stammte aus einer anderen Übung), verließ das Zimmer und schlich im Flur herum, bis ich ihr ein Zeichen gab. Sie trat ein und marschierte auf ihr Stichwort hin zu Mrs. Smith, streckte die Hand aus und sah ihr fest in die nur in ihrer Phantasie existierenden Augen.

»Hallo, Mrs. Smith!« (ein breites Lächeln). Auf die Frage, wie es ihr ging, antwortete sie: »Danke, gut, Mrs. Smith. Wie geht es Ihnen?« Wir übten das, bis es ihr in Fleisch und Blut übergegangen war. Als sie ihre alte, trotzige Art ablegte und erkannte, daß sie nicht damit durchkam, unhöflich oder hinterhältig zu sein, brach ihr altes Verhalten wie eine Schale von ihr ab. Das Kind darunter war eine nette, verantwortungsbewußte Person, die einen wirklichen Halt in ihrem Familien- und Gemeinschaftsleben hatte.

Freunde warnten uns, daß es Georgies Kräfte übersteigen würde, in die örtliche Schule zu gehen, und sie hatten gewiß recht. Sie würde sich in einer neuen Sprache verloren fühlen und konnte sicherlich nur in einer normalen Schule zurechtkommen, in der Englisch gesprochen wurde. Alle Menschen, die ich durch Freunde, unsere Kirche und örtliche Organisationen kennenlernte, schienen sich einig zu sein, daß der einzig vernünftige Platz für Georgie die Internationale Schule sei, weil ihr Lehrplan auf französisch und englisch war. Anfang Februar warteten Georgie und ich dort auf unseren ersten Termin.

Wir waren nervös. Es hing viel davon ab, und Georgie wappnete sich sichtlich, als der für die Einschreibung zuständige Mann sich vorstellte und uns in sein Büro führte. Er vermittelte uns das Gefühl, höchst unwillkommen zu sein, als er sich an den Unterlagen auf seinem Schreibtisch zu schaffen machte. Er wirkte zwar wegen seines schmächtigen Körperbaus, seiner wächsernen Hautfarbe und seinem dünnen braunen Haar nicht einschüchternd, sagte aber: »Ich kenne Georgianas Zeugnisse aus dem Behandlungszentrum in New York. Ich kann mir nicht vorstellen, was Sie sich von uns für Ihre Tochter versprechen. Was sollen wir für Sie tun? Kinder hüten?« Die letzten Worte hatten einen so gehässigen Ton, daß ich zusammenzuckte. Aber dann faßte ich mich und erinnerte mich daran, daß laut Eleanor Roosevelt mir niemand ohne meine eigene Zustimmung ein Gefühl der Minderwertigkeit geben konnte. Außerdem hatte man mich gelehrt: »Es gibt keine Opfer, nur Freiwillige.« Deshalb straffte ich die Schultern und versuchte, mit ihm zu argumentieren und ihn über die Erfolge der Gehörschulung aufzuklären. Ich warf Georgie einen kurzen Blick zu, während ich mit ihm redete, und sah, daß sie blaß geworden war und sich schnell in Bewegungslosigkeit flüchtete. Wie wünschte ich mir, daß ich sie nicht diesem Mann ausgesetzt hätte, der entweder die Grausamkeit genoß oder aber glaubte, Georgie sei zu geistesabwesend, um sich von seinen Worte verletzen zu lassen.

Als ich zu Ende geredet hatte, sagte er: »Ich habe noch nie was von diesem Arzt gehört. Er ist hier bei der englischsprechenden Gemeinschaft praktisch unbekannt.« Ich begriff langsam, daß dieses goldene Ghetto, das er die englischsprechende Gemeinschaft nannte, ein Land innerhalb eines Landes war, dessen Grenzen sich nicht leicht durchbrechen ließen. »Ich habe auch noch nie was von Gehörschulung gehört und bestimmt nicht als Behandlung für Kindheitsschizophrenie.«

»Aber Georgie war autistisch, und ihre ganzen Symptome verlieren sich jetzt«, protestierte ich. Er warf einen kurzen Blick auf Georgie, als seien ihre steife Haltung und ihre Blässe ein Beweis für meine Selbsttäuschung.

»Sie haben unverantwortlich gehandelt, als Sie dieses Kind in die Schweiz brachten.« Wir fühlten uns wie kranke Immigranten, die an der Kontrollstation abgewiesen werden, gingen mit gesenktem Kopf weg, verlegen, gedemütigt und voller Angst vor der Zukunft. Ich versuchte Georgie zu beruhigen und erklärte ihr, daß diese Menschen noch nichts von Gehörschulung verstanden und dies nicht ihre Schuld sei; sie sei in Ordnung.

Als wir nach Hause kamen und ich Mark erblickte, schien er zu bestätigen, daß alles in Ordnung sei, denn er lachte und schrie im selben Augenblick, als ich hereinkam: »Hallo, Mommy. Raus!« Ich brachte ihn nach draußen, damit er auf dem Spielplatz im Hof spielen konnte, und Georgie fuhr Skateboard, weil sie wußte, daß sie wenigstens in ihrer eigenen Umgebung nur eines von vielen Kindern im Wohnblock war.

Peter kam abends nach Hause, nachdem er den ganzen Tag erfolglos versucht hatte, sich seine schweizerische Arbeitserlaubnis zu verschaffen. Er kam zwar für dieses heißbegehrte Stück Papier in Frage – das normalerweise nur Männer von Schweizer Herkunft erhielten, wie eben Peter, oder aber jene seltenen Personen, deren Arbeit nicht von Schweizern verrichtet werden kann –, doch offensichtlich gab es eine Verzögerung, und Peter war verärgert. Natürlich war es auch kein Trost, als ich ihm von dem grimmigen Empfang berichtete, den man uns in der Internationalen Schule bereitet hatte.

Als Alternative verblieb uns nur noch die Cavert School in Baltimore, die uns Lehrpläne zuschicken würde, so daß wir Georgie zu Hause unterrichten konnten. Dorthin schrieb ich noch am gleichen Tag. In der Zwischenzeit lieh mir eine Freundin Sozialkunde-, Erdkunde- und Französischbücher, und Georgie und ich begannen mit unserem eigenen Lehrplan. Jeden Morgen gab ich ihr Unterricht, und wir hatten Spaß dabei, mußten aber erkennen, daß Marks Einmischungen die Angelegenheit erschweren würden. Georgie war eine eifrige Schülerin. Sie interessierte sich für alles, und besonders bemerkenswert waren die komplizierten, genauen Karten, die sie anfertigte. Sie konnte Konturen, Grenzen und Wasserwege auf einen Blick erfassen und genau kopieren.

Einige Wochen später, also im März, erhielt ich Kenntnis von einer kleinen Sonderschule am anderen Ende von Genf, in der Englisch gesprochen wurde. Diese Schule wurde von einer intelligenten, vorsichtig sprechenden Engländerin geleitet, die Bauernkleidung trug (die erste militant atheistische Kommunistin, die ich je kennengelernt hatte). Die Schule bestand aus einem Gebäude mit zwei Zimmern, dem Klassenzimmer und der Küche, und einem Morgen Wiese, wo die Kinder spielen konnten. Es gab nur zwei Schüler: einen, der intelligent, aber durch einen Nervenschaden behindert war, und einen anderen, der körperlich normal, aber sehr zurückgeblieben war. Die Lehrerin sagte, sie freue sich, Georgie für den Rest des Jahres zu nehmen. Das war genau das, was Georgie brauchte, denn sie erhielt von einer Expertin praktisch Privatunterricht. Aber daß diese winzige Schule mit so geschädigten Kindern das Beste war, was wir für Georgie tun konnten, war schon entmutigend, und ich ging mit gemischten Gefühlen, erleichtert und besiegt zugleich, nach Hause. Georgie andererseits freute sich über die Aussicht, dorthin zu gehen, und hatte wegen der Verfassung ihrer Klassenkameraden gar keine Bedenken. Für ein Kind ihres Alters besaß sie ungewöhnlich viel Mitgefühl und ließ sich nicht von Menschen abstoßen, die behindert oder gestört waren.

Georgie und ich hatten Dr. Wuarin seit Mitte Januar allein und auch gemeinsam mehrere Male jede Woche besucht. Jedesmal wenn wir ein Problem hatten, sah sie es als natürlichen Teil der Heilung an und vermittelte uns das Gefühl, nicht allein zu sein. Als ich sie das nächste Mal aufsuchte, war ich immer noch wegen der Sonderschule sehr bestürzt, trotz meines Entschlusses, mich wieder zu beruhigen und Vertrauen zu haben. Ich erzählte ihr, wie frustriert ich war, daß ich keine anständige Ausbildung für Georgie finden konnte und die Anschuldigungen des Zulassungsbeamten an der Internationalen Schule nicht einfach hatte abschütteln können. Hatte ich wirklich überstürzt und unverantwortlich gehandelt? Würde sich Georgies mürrisches, pubertäres Verhalten oder meine Reaktion darauf bessern? Die Ungewißheit wegen Peters Arbeit, unsere ständigen Wohnungswechsel und das allgemeine »Ausgebranntsein aufgrund der kleinen Kinder« taten ein übriges. Ich klagte ihr, ohne eine Pause einzulegen, mein ganzes Leid. Dr. Wuarin schien meine Lage zu verstehen, als ich ihr erzählte, ich komme mir vor wie jemand mitten in einem Erdrutsch, der zwar ans Überleben glaubt, aber in der Zwischenzeit die Kraft aufbringen muß, um sich durch den Schlamm zu graben, in der Hoffnung, dabei nicht zu ersticken.

Sie hörte mir gefaßt zu, und als ich meine Rede abgespult hatte, sagte sie: »In einem Jahr werden Sie Ihre Tochter haben.« Diese Worte werde ich nie vergessen: die Tochter, die ich nie gehabt hatte. »Sie wird mit demselben Tempo wie jetzt, was sehr schnell ist, weiter Fortschritte machen und kein Problem mehr für Sie darstellen.« Ich schenkte ihr Glauben und erkannte dann, daß Georgie nicht die einzige war, die sich unreif verhielt. Ich versuchte mich mit der jahrelang angestauten Belastung herauszureden, aber es half mir auch, mich daran zu erinnern, daß ich nie das Gefühl hatte, der starke Pfeiler zu sein, der ich eigentlich hätte sein müssen. Ich war kein starker, stabiler Typ, der wie Peter mit ruhiger, philosophischer Entschlossenheit durch Minenfelder schreiten konnte. Ich hatte Angst, ein Risiko einzugehen. Ich mußte immer den Liebling spielen, wenn mein Vater mich zur Rennbahn mitnahm, und gab dann am Ende des Tages selbst gern der Anspannung nach. Dr. Wuarin verstand mich.

Man hat von Ihnen verlangt, tapfer zu sein«, sagte sie, »und das war nicht leicht. Aber bald werden Sie ein ganz normales Leben führen.«

Einige Tage später wurde ich ohnmächtig, als ich aus einem Schrankfach einen Pullover herausholen wollte. Als ich wieder zu mir kam, lag ich auf dem Boden, und Georgie beugte sich ganz verzweifelt über mich. »Mom, Mom, wach auf!« Es war wunderbar. Ich liebte dieses Gefühl. Obwohl sich Georgies Abwehrhaltung abgeschwächt hatte, schien sie sich immer noch krankhaft vor uns zurückzuziehen; allerdings gab sie sich ihren Freundinnen gegenüber fröhlich und spontan. Es war schwer, sie zu umarmen, und auch schwer für sie, die Umarmung zu erwidern, und wir spürten sie alle: die Barriere, die uns verlegen und unbeholfen machte, wenn wir versuchten, Zuneigung zu schenken oder zu erhalten. Georgie war kein kleines Mädchen mehr, was einen Teil des Problems ausmachte, denn sie war in die Pubertät gekommen. Aber es steckte mehr dahinter. Dr. Wuarin meinte, das komme häufig vor und löse sich mit der Zeit von selbst. Georgie war jetzt für Mark eine richtige große Schwester. Er saß neben ihr und hatte Angst, und sie sah mich so ehrlich und besorgt an, daß ich erkannte, sie war auch für mich da und nicht nur umgekehrt. Und sie war zweifellos auch für Mark da. Ihre intensive Eifersucht, wegen der ich sie nicht zurechtgewiesen hatte, verschwand langsam, weil sie sich jetzt als echtes Familienmitglied fühlte. Binnen eines Monats fragte sie, ob sie auf Mark aufpassen könne, wenn wir abends ausgingen. »Willst du, daß Georgie auf dich aufpaßt, wenn Daddy und ich ausgehen?« fragte ich Mark. Er lachte, klatschte in die Hände und rannte daraufhin zu ihr, um sie zu umarmen. Wir gingen nicht oft aus, und wenn, war es nie lange, und unsere Nachbarn waren immer zu Hause. Aber wir freuten uns alle, besonders Georgie, daß sie die

Verantwortung übernahm. Sie erkannte, daß sie einen wichtigen Beitrag zur Familie leistete.

Als ich wegen meiner Ohnmacht den Arzt aufsuchte, meinte er, die Ursache sei zu niedriger Blutdruck, den er wiederum meiner Angst vor Versagen zuschrieb. »Ich hab's«, sagte ich. »Kommen daher auch meine kalten Füße?« Er bejahte das und schlug Spaziergänge als Abhilfe vor, zunächst zwanzig Minuten pro Tag und dann Steigerungen bis zu einer Stunde. Ich wurde mit Leib und Seele Spaziergängerin.

Als wir fast schon drei Monate in der Schweiz waren, hatte Peter noch immer keine Arbeitserlaubnis, und unsere Visa liefen aus. Um sie zu erneuern, mußten wir das Land für mehrere Wochen verlassen, und ein Skiurlaub war unserer Meinung nach das Beste für eine vierköpfige Familie, um diese Zeit hinter uns zu bringen. Der Urlaub ging über unsere Verhältnisse, aber Peters Gesellschaft erklärte sich bereit, dafür aufzukommen.

Wir entschieden uns für einen kleinen Urlaubsort jenseits der Baumgrenze in den französischen Alpen, und sobald wir uns auf den Weg machten, fingen wir an, uns zu vergnügen. Es war wie ein richtiger Familienurlaub. Unsere winzige, zweistöckige Wohnung, die gleichsam in den Bergen steckte, war so kompakt und freundlich wie das Innere eines neuen Boots. Erfreut machten wir es uns in zehn Minuten gemütlich, flegelten uns auf mit gelbkarierten Plaids bedeckten Ruhebetten hin, beobachteten den Sonnenuntergang und genossen den weiten Blick auf Schnee und Berge. Später fuhren wir mit Mark im Sportwagen im Aufzug zum Foyer in die oberste Etage hinauf, wo sich Geschäfte, Restaurants und ein riesiger Raum voller Flipperautomaten befanden. Georgie liebte diese Spiele und beherrschte sie sofort gut; es war ein Wunder, ihrer Koordination von Händen und Augen zuzusehen.

Am nächsten Tag richteten wir es so ein, daß Mark im Kindergarten blieb, und wir anderen schrieben uns für einen Skikurs ein. Peter und ich waren fortgeschrittene Anfänger, und Georgie, die noch nicht viel Ski gefahren war, nahm einen Anfängerkurs. Es war das erste Mal, daß jemand sie unterrichtete, der ihre Vergangenheit nicht kannte, und ich war nervös. Aber als wir uns zur Mittagszeit alle wieder trafen, machte uns ihr Lehrer nur Komplimente. »Ihre Tochter hat einen phänomenalen Gleichgewichtssinn«, sagte er. Er schien ihre Begabung auch nicht für die Folge einer aus Angst geborenen Reaktion zu halten, wie es Judith in Childville getan hatte. Ich erinnerte mich daran, wie gut Georgie vor einigen Jahren Ski gefahren war und wie schnell sie auch Skateboardfahren gelernt hatte. Dank dieser ungewöhnlichen Begabung war sie wohl auch nie hingefallen, als sie klein war. Georgie war nicht aus Angst übervorsichtig, wie Judith angenommen hatte, sondern hatte diese Begabung wahrscheinlich von ihrem Vater geerbt, der nicht eine einzige Tanzstunde genommen und doch schon in seiner ersten Saison führende Rollen im Stadtballett von Charleston erhalten hatte.

Innerhalb von drei Tagen fuhr Georgie so gut Ski wie wir. Wir nahmen alle morgens zwei Stunden Unterricht und fuhren anschließend zu einem Restaurant in einer alten Holzhütte, die am Ende einer langen Skipiste lag. Es gab dort keinen Strom, die Hütte war von mehr als zwei Meter hohen Schneewehen abgeschirmt, nur auf Skiern zu erreichen und von Schnee und blauem Himmel umgeben. Riesige Holzscheite loderten im Kamin, der einzigen Wärmequelle, und der Duft frisch gebackenen Brots strömte aus der Küche. Eine Kellnerin brachte uns schwere Tontöpfe mit Zwiebelsuppe, die mit blubberndem Käse bedeckt war, und wir spülten sie mit sprudelndem Apfelsaft hinunter. Während wir gemeinsam unser Essen genossen, konnten wir uns kaum vorstellen, daß Georgie mit jenem verschlossenen kleinen Mädchen identisch war, das wir vor einigen Monaten wegen ständigen Anstarrens tadeln mußten. Sie war nun viel offener, entspannter und selbstsicherer, sah auch hübsch aus in ihrer hellen Kleidung und mit ihren rosigen Wangen.

Später am selben Nachmittag fuhren wir auf Skiern beim Kindergarten vorbei, um nach Mark zu sehen. Er spielte glücklich und winkte uns sogar zu, als der Babysitter auf uns zeigte.

Am nächsten Morgen zog ich allein los und wählte völlig ahnungslos eine Gruppe, die zu fortgeschritten für mich war. Ich spürte, daß mir die anderen weit überlegen waren, als ich im Lift saß und den engen Kamm erblickte, wo wir abgesetzt werden sollten. Als ich mit dem Ärmel meines Parkas am Lift hängenblieb, dachte ich mir, daß dies erst der Anfang war. Hätte der Lehrer mich nicht losgerissen, hätte ich auf der anderen Seite an meinem Ärmel über dem Abgrund geschwebt, als sich der Sitz um das gewaltige, horizontale Rad der Rolle drehte, bevor er wieder nach unten fuhr. Der Lehrer packte mich jedoch und riß mich vom Ärmel los. Ich sackte zu Boden und sah, wie der Ärmel wie ein Windsack den Berg hinunterflatterte. Als die Gruppe sich bereit machte, den steilen Abhang im Schuß hinunterzufahren, verabschiedete ich mich, stapfte auf dem Kamm entlang und suchte nach einem einfacheren Weg, um nach Hause zu gelangen.

Als ich in die Wohnung zurückkehrte, waren Georgie und Peter schon da. Sie weinte und hielt sich ihren Arm. »Mom«, sagte sie unter Tränen, »als ich am Lift anstand, hat mich dieser große französische Kerl mit seinem Skistock geschlagen, weil ich mich vorgedrängelt hatte. Er hat gesagt, ich soll ans Ende der Schlange gehen, sonst würde er mich *noch mal* schlagen!« Ich hatte Mitleid. Ich wußte, daß so etwas in der Schweiz und in Frankreich oft geschah. Anderer Leute Kinder sogar körperlich zu züchtigen, wurde hier hingenommen. Ich konnte schlecht nach draußen gehen und ihn wegen Kindesmißhandlung festnehmen lassen, weil es nicht nur gegen kein Gesetz verstieß, sondern sogar stillschweigend gefördert wurde. Außerdem war ich, um wirklich ehrlich zu sein, zum Teil froh, daß es passiert war, weil ich bei Georgie alle Hilfe brauchte, die ich bekommen konnte!

Ich erzählte ihr von meinem Fortgeschrittenenkurs, welchen Fehler ich gemacht hatte, als ich ihn belegte, und daß wir alle im Leben Fehler begehen, jedoch nur das zählt, was wir dagegen unternehmen. Ich würde meinerseits die Demut besitzen, in der Skischule da zu bleiben, wo ich hingehörte, und Georgie würde ihrerseits sich nicht mehr vordrängeln. »Wenigstens bist du im Grunde eine viel bessere Skifahrerin als ich. Du kannst, wenn du willst, deinen Lebensunterhalt als Skilehrerin bestreiten, sobald du erwachsen bist.«

»Bin ich denn so gut?« fragte sie.

»Ja«, sagte ich. »Paß auf. Bei deinem Tempo schaffst du am Ende des Urlaubs die meisten schweren Abfahrten.« Das stimmte. Georgie versetzte uns und sich selbst durch ihre Verfassung, Ausdauer und völlige Furchtlosigkeit in Erstaunen. Sie schien sich überall ohne eine Spur von Waghalsigkeit den Weg hinunterkämpfen zu können. Es war herrlich, das zu erleben.

DREIZEHNTES KAPITEL

Rosen

Nach dem Skiurlaub waren wir bereit, alles in Angriff zu nehmen, was vor uns lag. Georgie ging jeden Tag zur Schule und fing an, ihren Rückstand dank der Mischung aus Begeisterung und neugewonnener Konzentrationsfähigkeit schnell aufzuholen. Sie sog das Wissen in sich auf, ihr Gedächtnis war unfehlbar, und ihre Lehrerin schwärmte von ihr, war aber argwöhnisch, ob Georgie in einer normalen schulischen Umgebung zurechtkommen würde. »Sie hat immer noch solche Lücken im Grundwissen«, sagte sie, »und sie war noch nie in einer Schulsituation mit normalen Gleichaltrigen. Wir wissen wirklich nicht, wie sie reagieren wird.«

Zu Hause ging es wie im Zeltlager zu. Wir praktizierten »harte Liebe« und setzten Strafen als Mittel ein zur Überwindung einer Krise, die allein Georgie durch besseres Verhalten kontrollieren und abschwächen konnte. Als sich ihre Fähigkeit, sich ehrlich zu verständigen, zusammen mit ihren Umgangsformen und ihrer Haltung besserte, wuchs auch ihre Selbstachtung, und ihre Stimmung hob sich. Wir waren streng, und zwar so sehr, daß sie Sätze hundertmal in ein Notizbuch für Regelverstöße schreiben mußte. Da sie solche Lernfähigkeit bewies, konnte sie ihren Entwicklungsrückstand selbst überwinden und sich ihrem wahren Alter entsprechend verhalten. Aber das Problem war, eine Schule angesichts ihrer früheren Zeugnisse davon zu überzeugen, daß Georgie sich anpassen und ihre Arbeit schaffen konnte.

Es war immer noch schwer für mich, Probleme in den Griff zu bekommen, aber ich besserte mich. Als der Frühling nahte, fühlten wir uns alle wohler, weil wir durch die Felder radeln konnten, die unser Dorf umgaben. Obwohl ich es inzwischen eigentlich hätte besser wissen müssen, war ich trotzdem überrascht, als Georgie in fünf Minuten

Radfahren lernte, und ich hatte das Gefühl, daß ich wie ihre widerwilligen Erzieher Schuld daran trug, sie in ihrer Entwicklung zu hemmen. Von dem Moment an, wo sie das Radfahren beherrschte, liebte sie es und fuhr mit uns, ihren Freundinnen und auch allein überall hin, um Erkundungen zu machen. Sie war vorsichtig, verantwortlich und beachtete alle Verkehrszeichen, und ich stellte mit einem wachsenden Gefühl der Anerkennung fest, wie unmöglich diese einfachen Tätigkeiten gewesen waren, bevor wir in die Schweiz kamen. Erstens hätte Georgie sich nicht dafür interessiert, und zweitens hätten wir nicht darauf vertrauen können, daß sie die Vorschriften befolgte, sich darauf konzentrierte, was sie gerade tat, oder überhaupt erst einmal lernte, wie man es machte.

Das Schuljahr ging schnell vorüber, und Georgies Lehrerin schlug vor, wir sollten ihren Intelligenzquotienten in der örtlichen Erziehungsberatungsstelle testen lassen, da er laut Aussage von Childville nur 75 betrug. Wir waren alle sicher, daß er gestiegen sein mußte, aber Georgie war trotzdem äußerst nervös, als wir bei der Beratung ankamen. Es war nicht gerade eine Hilfe, daß sich die Frau, die den Test vornehmen sollte, überaus feindselig verhielt. So, daß Georgie es gut hören konnte, sagte sie: »Das hier ist ein Kind mit vielen Problemen, und ich habe noch nie was von diesem Dr. Bérard gehört, den Sie erwähnen. Ich bin sicher, ich würde ihn kennen, wenn seine Methode so erfolgreich wäre.« Nicht schon wieder, dachte ich. Aber ich versuchte ihr zu erklären, daß Dr. Bérard mit seiner Behandlung ein neues Gebiet erschlossen und deshalb in der Medizin nur begrenzte Anerkennung gefunden hatte. Das würde sich ändern, wenn erst sein Buch erschienen war. Sie war nicht davon überzeugt.

Als der Test vorüber war, wertete die Frau ihn aus und sagte: »Es ist sehr seltsam, aber der Intelligenzquotient scheint von 75 auf 97 gestiegen zu sein.« Georgies und mein Blick begegneten sich, und wir fingen an, uns verschmitzt anzulächeln, während die Frau unentwegt weiterredete. »Aber ich verstehe das nicht, und es ist eigentlich auch nicht wichtig, weil dieses Kind viele Lernschwierigkeiten hat.« Im Grunde genommen ignorierte sie Georgie und richtete ihre Bemerkungen an mich, runzelte die Stirn, blickte zu Boden, schüttelte beim Sprechen den Kopf und tat so, als sei Georgie eine Ziegelmauer und nicht etwa eine sensible Elfjährige. »Was Sie mit ihr hier machen, ist gefährlich; es reicht nicht …«

Aber wir waren zu glücklich, um uns noch länger mit ihr abzugeben. Wir schnappten uns unsere Jacken, gingen los, und im selben Moment, als wir draußen waren, sagte Georgie: »Mensch! Ich bin nicht geistig zurückgeblieben!« Wir umarmten uns und tanzten den Gehweg entlang, bevor wir ins Auto stiegen. Ich wünschte mir, Dr. Small hätte das sehen können.

Georgie und Mark wurden zwölf bzw. zwei, und unmittelbar nach ihren Geburtstagen erhielt Peter seine Arbeitserlaubnis. Das bedeutete, daß wir endgültig in der Schweiz bleiben durften und ich meinem leidenschaftlichen Interesse an Immobilien frönen und mich nach einem Haus umsehen konnte. Georgies Schulprogramm ging zu Ende, und ich beschloß, sie im Ferienlager der Internationalen Schule anzumelden. All meine Ängste waren unbegründet, da sie Georgie ohne nachzufragen aufnahmen, weil sie gut aussah, ein Attest von unserem Arzt hatte, daß sie gesund war, und Georgie, soweit sie wußten, ein nettes, normales Kind war.

Georgie liebte das Ferienlager. Sie war gerne mit so vielen anderen englischsprechenden Kindern zusammen; das Schwimmen machte ihr Spaß, und sie mochte besonders gern Boote, mit denen sie außerordentlich gut umgehen konnte. Nach zwei Wochen fragte ich die Leiterinnen des Lagers, wie sich Georgie einlebte. Als sie mir erzählten, sie mache sich einfach prächtig, fragte ich, ob ich das schriftlich haben könne. Eine der Betreuerinnen kritzelte einen kurzen Bericht auf ein Stück Papier und reichte ihn mir mit einem fragenden Blick, besonders, als ich ihn wie den Heiligen Gral an mich drückte und ein dankbares, demütiges »Dankeschön« stammelte.

Ich war nicht bereit, eine Erklärung abzugeben. Sie brauchte nicht zu wissen, welche Triumphe ich feierte, daß ein neutraler Mensch, jemand, der nichts über Georgie wußte und zwei Wochen lang jeden Tag mit ihr verbracht hatte, ihr eine offizielle Tauglichkeitsbescheinigung ausgestellt hatte. Ich konnte ihr schlecht erzählen, daß dieser Bericht mich immer mehr davon überzeugte, daß Georgies *Zeugnisse* sie in ihrer Entwicklung behinderten und nicht etwa Georgie sich selbst. Sie war nicht verrückt gewesen, sondern nur verrückt gemacht worden. Dazwischen bestand ein gewaltiger Unterschied.

Das Haus, das wir uns mieteten, war für uns ein kleines Traumhaus, romantisch und bezaubernd. Es lag hoch auf einer Bergseite, hatte ein Ziegeldach und Türen, die auf eine Terrasse mit Blick auf den See und die Berge hinausführten. Das Beste daran war, daß es in der Nähe der englischen Schule in Genf lag, die auch die Kinder meiner Freundin Pat besuchten und die, wie wir fest glaubten, Georgie aufnehmen würde. Die Schule war nicht nur von uns aus bequem zu Fuß zu erreichen, sondern auch ideal für Georgie: klein, gegliedert, freundlich und diszipliniert. Aber trotz all der Fortschritte, die Georgie gemacht hatte, und trotz meiner Bitten nahmen sie Georgie nicht. Sie war eine zu große Ausnahme, eine unbekannte Größe. Obwohl sie gefestigt, sehr arbeitswillig und begabt zu sein schien, wollte die Schule kein Risiko eingehen. Ich war am Boden zerstört.

Ich war mir so sicher gewesen, daß sie Georgie aufnehmen würden, und konnte die negative Einstellung nicht fassen, mit der wir fertig werden mußten. Würde denn nie jemand diesem Kind eine Chance geben?

Ich hatte Schwierigkeiten zu glauben, daß mich mein Gefühl bezüglich der Ortswahl getrogen hatte, und fragte mich, ob Georgie wohl auf die französische Klosterschule, die hinter unserem Grundstück lag, gehen sollte. Aber als ich mich erkundigte, teilte man mir mit, daß Georgie nicht mit der Sprache zurechtkommen würde.

Ich ertränkte meine Sorgen in übermäßiger Aktivität und machte es uns in einer Woche sehr gemütlich, hängte Bilder auf, richtete die Zimmer ein und stellte liebe Kostbarkeiten als Bollwerk gegen die Fremdheit des Wohnens im Ausland und gegen den Kulturschock zusammen. Mark hatte gern sein eigenes Spielzeug, obwohl er in den sechs Monaten seit unserer Abreise für einige Dinge zu alt geworden war; wir hatten auch gern unsere Brettspiele zur Verfügung, mit denen Georgie sich jetzt sehr oft vergnügte, besonders *Sorry* und *Parchesi*.

An dem Morgen, als ich das letzte Geschirr ausgepackt und weggestellt hatte, nahm ich meinen Kaffee mit auf die Terrasse, wo ich mich in der Junisonne aalen, die Pariser *Tribune* lesen und die Aussicht genießen konnte. Georgie hatte ihr Mikroskop, ein Geschenk zu ihrem zwölften Geburtstag, ausgepackt und den Morgen damit verbracht, sich die verschiedenen Objektträger anzuschauen. Als ich es mir gerade gemütlich gemacht hatte, rief sie mich in ihr Zimmer, um mir etwas zu zeigen.

»Schau, Mom«, sagte sie aufgeregt. »Schau dir all die Farben da an.« Sie rutschte vom Stuhl herunter, und ich setzte mich, um mir den Grund für die ganze Aufregung anzuschauen. Ich sagte ihr, daß ich keine Farben erkennen könne. »Es sieht für mich aus wie ein gräulich-weißes Teilchen von irgendwas«, sagte ich. Sie machte einen geknickten Eindruck.

»Es ist auch ein Teilchen«, sagte sie. »Es ist eine Schuppe. Kannst du denn nicht die Farben erkennen.

»Nein. Es sieht für mich nur wie eine gewöhnliche alte Schuppe aus.«

»Schau weiter. Du mußt doch die Farben sehen.« Ich tat es; langsam zeigten sich einige Rot-, Blau- und Gelbtöne, und während ich weiter schaute, traten sie deutlicher hervor. Ich blickte zu ihr mit einer neuen Einsicht auf, als ich erkannte, daß Georgie die Farben gleich wahrgenommen hatte.

»Glaubst du, daß du dieselbe Empfindlichkeit beim Sehen hast, wie du sie auch beim Hören hattest?« fragte ich sie. »Weil ich diese Farben *nicht* sehen konnte. Ich brauchte fünf Minuten, um diese Farben zu erkennen. Aber du hast sie gleich gesehen. Glaubst du, daß Farben auf dich stärker wirken als auf andere Menschen? Ist dir klar, daß du vielleicht besser *siehst* und *hörst* als die meisten Menschen? Ich glaube, all deine Sinne müssen betroffen sein.«

Georgie hörte mir zwar gerne zu, war aber offensichtlich von der Aussicht, wieder anders zu sein, nicht begeistert. Sie beschäftigte sich mit einem Farnstück und einem Kiefernzapfen und hoffte wahrscheinlich, daß ich weggehen und aufhören würde, sie zu stören. Aber ich konnte mich noch nicht ganz losreißen, weil ich spürte, daß sich Rätsel im Eiltempo lösten und sich Antworten fanden, nach denen ich jahrelang gesucht hatte.

Erst viel später sollte ich Dr. Carl Delacatos Buch *Der unheimliche Fremdling* lesen, in dem er die These aufstellt, daß alle Sinne von autistischen Kindern zu sehr oder zu wenig empfindlich sind. Das würde auch erklären, warum Georgies Sehvermögen 20/200 auf einem Auge betrug und auf dem anderen genau das Gegenteil. Tatsächlich hatte es nie einen Buchstaben auf der Sehtafel gegeben, den sie nicht mit dem anderen Auge erkannt hatte, obwohl sie wegen ihres schwachen Auges eine Brille tragen mußte. Sie konnte sehen wie ein Adler. Darum muß sie wohl von den Haaren anderer Menschen so fasziniert gewesen sein.

»Georgie«, fragte ich, »wenn du Haare siehst, erkennst du dann deutlich jede einzelne Faser? Sticht sie wie eine Nudel in einer Schüssel hervor?«

»Ja«, sagte sie. »Siehst du sie nicht so?«

Ich schüttelte den Kopf. Kein Wunder, daß ihre eigene Welt so faszinierend war. »Du mußt Linien, Formen und Farben wahrnehmen, die wir gar nicht sehen.« Erinnerungen stellten sich wieder ein: Georgie auf Spaziergängen, wo sie in ihrem Sportwagen einen überwältigten Eindruck machte; Georgie beim Beobachten von Sonnenuntergängen (sie blinzelt); Georgie, die die Farbe Grün, die beruhigendste Farbe im Spektrum, liebt. Ich dachte daran, wie Dotsie und ich Georgie auf unseren Spaziergängen im Regen wegzerren mußten, wenn sie sich den Ölschlick auf Pfützen anschaute. Die wirbelnden Farben mußten ihr großes Vergnügen bereitet haben. Ich erinnerte mich daran, wie wir zum Karussell gegangen waren, und ich erkannte, daß nicht nur die laute, blecherne Musik auf sie eingeströmt sein mußte, sondern auch die sicherlich unangenehm kräftigen Farben; für jedes normale Kind ein Spaß, für sie jedoch überwältigend. Sie muß sich gefragt haben, warum andere Kinder das lustig fanden. In der Schule müssen ihre Sinne so überladen gewesen sein, daß sie sich unmöglich konzentrieren konnte. Es sprach für ihre Entschlossenheit, daß sie überhaupt etwas gelernt hatte.

Je mehr ich darüber nachdachte, desto mehr Dinge klärten sich auf. Georgie hatte als Baby wahrscheinlich ständig mit der gerillten Garnrolle gespielt, weil sie den Geruch des Holzes, das Aussehen der Rillen, die Sanftheit der beigen Farbe und die Geräuschlosigkeit mochte. Als wir zusammen gekocht und Soufflés gemacht haben, muß sie bestimmt das Aussehen der Mehlschwitze geliebt haben, der Sauce mit ihrer cremigen und aromatischen Beschaffenheit. »Du hast den Geruch bestimmter Gerichte gemocht und den von anderen gehaßt, Georgie, aber was ist mit Menschen? Und Tieren? Wie haben die gerochen?« Sie sah verlegen aus.

»Ich habe immer noch Schwierigkeiten damit«, sagte sie. »Hunde und Katzen. Und Gerüche wie von Deodorant und Aftershave; sie riechen so stark, daß ich es nicht aushalten kann, und Parfüm treibt mich zum Wahnsinn. Ich kann nicht verstehen, warum Leute sich parfümieren, und Handcreme kann ich noch im Zimmer nebenan riechen.« Ich erinnerte mich daran, wie unsere Katze manchmal zusammengerollt neben Georgie geschlafen hatte, und Georgie hatte sich nicht für sie interessiert. *Eine* Katze hatte für sie wahrscheinlich so wie zwanzig gerochen.

»Wenn du keine Tiere magst, wie kommt es dann, daß du Seehunde liebst? Und Insekten?«

»Weil sie nicht riechen. Und aus irgendeinem Grund mochte ich die Geräusche, die Seehunde machen. Es hat mich nicht so gestört wie das Kläffen von Hunden und das Miauen von Katzen.«

»Dann hast du eigentlich wirklich mit dem Sprechen angefangen, als du drei warst«, sagte ich. »Früher als Einstein! Du wolltest *Menschen* nicht imitieren, aber du konntest einen Seehund perfekt nachmachen. Und du hast ständig wie ein Seehund gebellt, weil du versucht hast, uns etwas zu sagen, aber wir konnten es nicht verstehen. Es muß dir auch gefallen haben, wie geschmeidig und glänzend sie waren.«

»Genau«, sagte Georgie, aber ich konnte bemerken, wie unangenehm es ihr war, daran erinnert zu werden, daß sie wie ein Seehund gebellt hatte. Natürlich freute ich mich, daß Georgies unangenehm bizarres und unerklärliches Verhalten einen Sinn ergab. Nun, wo ich es verstand, konnte ich ihr uneingeschränkt »Köpfchen« attestieren und es ihr sogar als Verdienst anrechnen, daß sie ein Jahr früher zu sprechen begonnen hatte, als wir dachten.

Delacato hatte auch die Theorie aufgestellt, daß der Tastsinn des autistischen Kindes verzerrt und symptomatisch für dessen Störung sei, daß er in bestimmten Bereichen nicht empfindlich genug, in anderen hingegen zu empfindlich sei. Delacato behauptete, autistische Kinder, die mit dem Kopf stießen, spürten keinen Schmerz und verhielten sich so selbststimulierend, um einfach etwas zu fühlen, irgendeine Erregung, die ihnen den Eindruck vermittelte, am Leben zu sein. Danach versuchte das autistische Kind nur, sein Gefühl zu trainieren. Das erklärte auch, warum Georgie mit dem Kopf gegen das Kinderbett gestoßen hatte, und obwohl sie es nicht hart genug gemacht hatte, um sich zu verletzen, muß sie versucht haben, etwas zu fühlen. Es erklärte auch ihr fehlendes Interesse an Berührungen, wenn ihre Haut auf bestimmte Art überempfindlich reagierte. Dieser zu starke Tastsinn ließ Berührungen unangenehm werden. Als ich Georgie danach fragte, erwiderte sie, Berührungen vermittelten ihr ein

»komisches« Gefühl, obwohl es jetzt schon viel besser sei, sie habe sich daran gewöhnt, als sie älter wurde. Kein Wunder, daß sie Umarmungen nicht für so herrlich hielt wie einige von uns. In Anbetracht der Tatsache, wie Menschen klangen, rochen und sich bei Berührungen anfühlten, erstaunte es nicht, daß sie den Kontakt mit ihnen gemieden hatte.

»Aber warum hast du Menschen nicht in die Augen geschaut? Was war so schwierig an ihren Augen?«

»Da bewegt sich was in den Augen von Menschen. Und die Farben stören mich auch. Es ist immer noch schwer für mich, aber ich nehme an, ich habe mich einfach daran gewöhnt.«

»Verstehe ich dich dann richtig, daß du das Problem, wie du siehst, riechst und schmeckst und wie sich deine Haut anfühlt, bewältigen kannst, weil du die Geräusche unter Kontrolle hast? Ist das eine Hilfe für den Rest?«

»Die Geräusche waren das einzige, was mich zum Wahnsinn getrieben hat, weil ich solche Angst hatte vor all dem Zeug, den Tornados und Hurrikanen, und Geräusche waren die ganze Zeit da. Es war so schwer, ihnen zu entgehen. Bei den anderen Dingen konnte ich auf den Boden sehen oder weggehen. Aber ich konnte immer das Blut in meinen Adern und meinen eigenen Atem hören. Wenn ich durch den Mund atmete, hörte sich das nicht so laut an wie durch die Nase.« Bis Georgie vier war, hatte sie immer mit offenem Mund geatmet, was ihr ein zurückgebliebenes Aussehen verliehen hatte. »Ich liebe, was ich sehe, obwohl ich müde werde, wenn ich es mir anschaue. Ich konnte meine Augen entspannen, wenn ich nach unten schaute.« Georgie war unentwegt mit gesenktem Kopf umhergelaufen, bis sie vier war, doch in Bellevue hatte man es ihr etwas abgewöhnt. Jetzt verstand ich es. Daher hatte sie solch eine schlechte Haltung.

»Deshalb konntest du dich also nicht konzentrieren, bevor dein Gehör reguliert wurde, und warst ständig überwältigt.« Sie nickte.

»Darum lese ich jetzt so gerne.« Vor ihrer Gehörschulung hatte Georgie selten zum Vergnügen gelesen, aber seit dem Frühling hatte sie die Bücher nur so verschlungen.

»Und natürlich kannst du ein Glas Pickles auf einmal essen und eine Zitrone, als wär's eine Orange, weil dein Geschmackssinn in bestimmten Bereichen zu unempfindlich ist, aber du ißt Brokkoli, Blumenkohl und das Essen im Flugzeug ohne Butter oder Salz und hältst es für großartig, weil etwas an deinem Geschmackssinn überempfindlich sein muß, und du hast Geschmack an Dingen, die andere als fad empfinden.«

»Ich nehme es an«, sagte sie zögernd. Sie hatte es gern, wenn man die Rätsel ihrer Eigenheiten löste, aber als aufblühende Jugendliche war das letzte, was sie brauchte, als seltsam ausgesondert zu werden. Sie wollte nur ein normales Kind sein und ein normales Leben führen. Was bedeutete es schon, daß sie alle Farben des Regenbogens bei einer Schuppe erkennen konnte.

In dem Wohnhotel hatte ich mich mit einer Hausfrau aus Zimbabwe angefreundet, die seit zwei Jahren in Genf lebte. Ich hatte sie oft getroffen und vermißte sie, nachdem wir in unser Haus umgezogen waren. Wenn sie uns besuchte, kam sie immer zum Tee (der ordentlich mit einer Kanne und einem Teewärmer zubereitet wurde, den sie mir zusammen mit sorgfältigen Anweisungen gegeben hatte), und sie brachte ihre Kinder mit, die dann mit Mark und Georgie spielten. Sie war ein wichtiger Bestandteil des Gemeinschaftslebens, das wir uns aufbauten. Bei anderen Ehepaaren, die wir kennengelernt hatten, und alten Freunden, die wir regelmäßig besuchten, fühlten wir uns nicht mehr so einsam und hatten mehr Anschluß als damals, »bevor Georgie gesund wurde« – das Schlagwort, das wir als Markierung in unserem Leben benutzten. Wir hatten nicht erkannt, wie isoliert wir gewesen waren.

Der Sommer ging schnell vorüber. Mark war jetzt zwei und verbrachte seine Zeit in dem riesigen Kinderschwimmbad am Strand, wenn er nicht gerade schaukelte oder mit seinem kleinen roten Auto fuhr. Mein Stiefsohn

Hunt, inzwischen ein großgewachsener Sechzehnjähriger, kam für ein paar Wochen zu uns und war über Georgies Veränderung erstaunt. Er war besonders beeindruckt, wie sie vom Siebenmeterbrett sprang, vor allem deshalb, weil sie früher hohe Sprungbretter stets gemieden hatte. Ich war auch beeindruckt, weil ich die Leiter nicht einmal zur Hälfte hinaufklettern konnte, ohne es mir anders zu überlegen.

Auf einer Cocktailparty im August lernten wir ein Mitglied des Schulausschusses der Nouvelle École Moser kennen. Er erzählte uns, daß es sich um eine fortschrittliche Privatschule mit einem viermonatigen Programm für Ausländer handele, bei dem die Kinder die Sprache so gut lernten, daß sie in die normalen Klassen, die auf französisch abgehalten wurden, integriert und auch benotet werden konnten. Dieser Mann sagte, er habe von unserem Gastgeber gehört, unsere Tochter sei von Dr. Guy Bérard in Annecy behandelt worden. In der Nouvelle École Moser gebe es mehrere Kinder, die eine ähnliche Vergangenheit hätten und sehr gut vorankämen. »Wir würden uns freuen, wenn Sie Georgie bei uns anmelden würden«, meinte er. Peter und ich sahen uns an wie zwei Menschen auf einer einsamen Insel, die einen Hubschrauber beim Landen beobachteten.

Die Nouvelle École Moser stellte sich als ein modernes Gebäude heraus, das eine halbe Stunde von uns entfernt lag. Als wir zu unserem Interview eintrafen, nahm uns der für die Zulassung zuständige Direktor sofort unsere Befangenheit und unterhielt sich mit Georgie allein in seinem Zimmer, während ich die Formulare ausfüllte. Sie verlangten ihre früheren Zeugnisse nicht, und ich bot sie ihnen auch nicht an. Als wir einen Rundgang durch die Schule machten, waren wir sicher, daß dies der richtige Ort für Georgie sein würde. Die Leute von der Schule waren derselben Meinung. Wir meldeten Georgie auf der Stelle an, damit sie im September anfangen konnte, und zu Georgies wie zu unserer Erleichterung war das Problem gelöst. Außerdem gab es noch einen Vorteil: Georgie würde nicht nur die Gelegenheit zu einer sehr guten Ausbildung erhalten, sondern dabei auch zweisprachig werden.

Georgie liebte die Schule. Sie arbeitete hart an ihrem Französisch, und Ende September pendelte sie allein mit dem Bus und der Straßenbahn. Als ich mehrere Male in der Schule nachfragte, wie sie sich eingewöhne, erhielt ich stets die Auskunft, daß sie zufriedenstellende Fortschritte mache. Nach drei Wochen vereinbarte ich ein Gespräch, und auf dem Weg zur Schule fühlte ich die alten Ängste wieder in mir aufsteigen. Aber als ich ihren Lehrer fragte, wie sie sich mache, warf er mir einen freundlichen und vorwurfsvollen Blick zu.

»Ich habe mit Ihrer Tochter keine Probleme«, sagte er. »Nur mit Ihnen.« Des weiteren erklärte er mir, daß sie sich sehr gut mache, daß sie intelligent sei, sich gut eingewöhnt habe, hart arbeite und die anderen Kinder sie gern hätten. Georgie würde ihren Intensivkurs in Französisch wie erwartet pünktlich abschließen und im Januar in die sechste Klasse gehen.

Unter den Büchern, die ich mit in die Schweiz genommen hatte, war auch *The Handbook of Special Education*, ein Standardnachschlagewerk für Schulen, die in den Vereinigten Staaten eine besondere Ausbildung anbieten. Ich war mit dem Inhalt nur allzu vertraut. Als ich nach Hause kam, fand ich es im Bücherregal, und während ich es sorgfältig mit beiden Händen festhielt, ging ich zum Papierkorb in der Ecke im Wohnzimmer und warf es hinein.

Herbst und Winter gingen gut vorbei, im Januar konnte Georgie fließend Französisch sprechen und fühlte sich in der Sprache wohler als Peter oder ich. Sie hatte sich der Arbeit in der sechsten Klasse ohne Schwierigkeiten angepaßt und erhielt auf dem ersten Zeugnis im Frühling im Durchschnitt eine gute Note. Die Stimmung daheim war ganz anders als im Jahr zuvor, und obwohl immer noch kleinere Spannungen existierten, klappte die Verständigung viel besser, und es herrschte im Grunde ein Gefühl behaglicher Familienzusammengehörigkeit.

Obwohl die meisten Leute mir sagten, daß Streiche gemein und des Verhaltens eines zivilisierten Erwachsenen nicht würdig sind, konnte ich ab und zu doch nicht widerstehen, jemandem einen Streich zu spielen.

Da Georgies Französisch so gut war, daß sie als Einheimische durchgehen konnte, beschlossen wir, sie sollte die Rolle einer Frau spielen, die sich verirrt hat und an einem regnerischen Abend an der Tür nach dem Weg fragt. Da Peter sich sehr an der Leitung einer Rehabilitationseinrichtung für Suchtkranke am anderen Ende der Stadt beteiligte, sollte sie ihn fragen, wie man dorthin gelangt. Wir hofften, daß er versuchen würde, ihr den Gefallen zu tun. Das würde wohl eine Weile dauern, denn es war fast unmöglich, ihr den Weg durch das Labyrinth von Einbahnstraßen zu zeigen – sie hatten alle Namen, aber keine Nummern –, die sich auf jede nur denkbare Art durch die Stadt wanden.

An einem Nachmittag begann es dann zu regnen, und Georgie und ich entwarfen unseren Plan. Sie zog sich meinen Regenmantel, meine hohen Stiefel und einen alten Schal an, den Peter unserer Ansicht nach nicht wiedererkennen würde, und wir suchten uns noch eine Sonnenbrille, die zusammen mit einem starken Make-up die Verkleidung vervollständigen würde.

Als Peter abends nach Hause kam, ging Georgie durch den Keller nach draußen, wartete fünf Minuten und begab sich dann zur Haustür. Peter hatte sich gerade mit einer Zeitung im Wohnzimmer niedergelassen, als es an der Tür klingelte. »Ich gehe schon«, trällerte ich, rief: »Wer ist da?«, und Georgie schrie in Französisch durch die Tür.

»Ich habe mich verirrt.« Nur daß »*Je suis perdu!*« viel klagender und dramatischer klang. Als ich die Tür mit scheinbar großem Mißtrauen öffnete, fing sie an, laut und ernst zu reden, erzählte mir in einer Art Schnellfeuerfranzösisch, wo sie hinwollte, und sprudelte über vor Verzweiflung, weil sie nicht feststellen konnte, wo sie war. Es war eine brillante Vorstellung. Ich bat sie, eine Sekunde zu warten, und ging ins Wohnzimmer, um mit Peter zu sprechen.

Der Augenblick der Wahrheit war gekommen. Zu Georgies und meiner Freude seufzte Peter, schüttelte den Kopf, legte seine Zeitung hin und ging zum Schreibtisch, um nach einem Stadtplan zu suchen. Dann lief er mit dem Plan in der Hand entschlossen zum Flur und gab ihr ein Zeichen hereinzukommen. Sie zögerte und kämpfte um ihre Beherrschung.

»Aber, bitte«, sagte er dienstbeflissen in seinem klangvollen Französisch und klang wie Charles Boyer. »Kommen Sie doch herein. Ich bin sicher, daß ich es Ihnen erklären kann.« Georgie versuchte nicht zur Kenntnis zu nehmen, daß mich in der Ecke ein Lachkrampf packte. Es wäre längst nicht so lustig gewesen, wenn sich Peter nicht so unwiderstehlich besänftigend und onkelhaft gegenüber dieser armen, nassen, von panischem Schrecken ergriffenen jungen Frau verhalten hätte. Als er anfing, ihr den Weg zu zeigen, und die Route sorgfältig mit dem Finger nachzeichnete, begann sie die Fassung zu verlieren. Ihre Schultern fingen an zu zittern. Aber Peter glaubte nur, daß sie weinte, und als er seinen Arm tröstend um sie legte, war das zuviel für sie. Sie riß den Schal und die Sonnenbrille herunter, trat zurück und schrie: »Hallo!«

Sprachlos und nach Luft schnappend, drehte er sich zu mir, der Komplizin, um, und sein Mund stand vor Staunen offen. »Ich bin darauf hereingefallen«, sagte er, und sein Gesicht war ein erfreuliches Bild aus Ehrfurcht und Ungläubigkeit. »Ich hatte nicht die leiseste Ahnung.« Er beglückwünschte Georgie zu ihrer Darstellung und ihrem unglaublich flüssigen Französisch und meinte, er wüßte, daß wir schon seit Jahren darüber gesprochen hätten: Es war ein Ereignis für die Annalen der Familiengeschichte. Georgie sah zufriedener aus als Sarah Bernhardt am Abend einer Premiere, und ich hatte seit ewigen Zeiten nicht mehr so herzlich gelacht. Es war ein weiterer Meilenstein.

Als wir im Sommer 1978 fast anderthalb Jahre in Genf waren, versuchten wir der Tatsache ins Auge zu sehen, daß wir wegen des fallenden Dollarkurses und der schlechten Entwicklung im amerikanischen Maklergeschäft über eine Rückkehr nach Amerika nachdenken mußten, bevor wir in ernste finanzielle Schwierigkeiten gerieten. Auf diesem Gebiet war es bei uns noch nie glattgegangen, aber jetzt wurde die Lage kritisch. Georgie brauchte jedoch noch mehr Zeit, um ganz zuversichtlich zu werden und etwas vorweisen zu können, deshalb beschlossen wir, jedes erdenkliche Opfer zu bringen.

Georgies dreizehnter Geburtstag, den sie zusammen mit ihren Freundinnen feierte, war ein großer Erfolg, und sie genoß jeden Augenblick. Sie saß am Kopf des Tisches, das Haar lang und wellig, trug eine Zahnspange und sah wie jede andere glückliche Dreizehnjährige aus. Ich brachte einen Kuchen ins Zimmer, und sie blies, ohne auch nur zu zögern, die Kerzen aus. Wenn man sie so anschaute, wie sie im Eßzimmer gelassen und glücklich dasaß und von ihren Freundinnen umringt hofhielt, konnte man sich nur schwer vorstellen, daß sie in ihrem Leben je Probleme gehabt hatte. Freunde von uns, die ihr das erstemal begegneten, konnten nicht glauben, daß sie eine solch schwierige Vergangenheit hinter sich hatte. Wenn wir darüber redeten, was wir immer weniger taten, ließen sie uns indirekt wissen, daß wir ihrer Ansicht nach stark übertrieben. Wir waren nicht der Meinung, daß es sich lohnte, darüber zu streiten. Sie brauchten es nicht zu wissen, und wir mußten uns nicht ständig damit befassen. Wir wollten nur die Vergangenheit vergessen und mit unserem Wunder weiterleben, obwohl wir natürlich eine Ausnahme machten, wenn sich die Notwendigkeit dazu ergab, wie im Fall von William Kyle.

William war ein äußerst autistischer kleiner Junge, dessen Eltern, Roberta und Don, von einem gemeinsamen Freund in Brooklyn Heights an mich verwiesen worden waren. Roberta, eine intelligente, blitzgescheite Schriftstellerin, die die Behinderung ihres Sohnes am Boden zerstört hatte und bereit war, alles auf sich zu nehmen, um ihm zu helfen, prüfte sorgfältig die Möglichkeit, William von Dr. Bérard behandeln zu lassen. Nachdem sie von mir alles, was sie tun konnte, erfahren hatte, nannte man ihr Dr. Jane Madel, die Leiterin der audiologischen Abteilung beim Verband der Schwerhörigen in New York, als beste Ärztin, um bei William ein Audiogramm durchzuführen. Dr. Madel verfügte über langjährige Erfahrung im Erstellen von Audiogrammen bei Kindern, die nicht sprechen konnten, und war sogar imstande, Babys auf Taubheit zu testen. Sie stellte bei William einen möglicherweise schweren Hörfehler fest, obwohl sein gesamtes Gehör beim Test zuvor normal erschienen war. Tatsächlich waren seine Reaktionen als erste Ergebnisse zu ungleichmäßig und widersprüchlich, um zuverlässig zu sein.

Roberta suchte Dr. Campbell in Bellevue auf. Als sie Georgie erwähnte, fragte sie: »Glauben Sie, daß Georgie wirklich autistisch war?«

»Ja«, sagte Dr. Campbell. »Sie war autistisch.«

»Was glauben Sie denn? Sollte ich William in Europa behandeln lassen?«

»Ich kann Ihnen keinen medizinischen Rat geben, Mrs. Kyle. Aber wenn Sie sich die Reise leisten können, haben Sie nichts zu verlieren.«

An einem heiteren, sonnigen Tag im Hochsommer kamen Roberta und Don mit William zu Besuch, und William wurde von Dr. Bérard behandelt. Obwohl es ihm half, seine Umwelt stärker wahrzunehmen, und sich viele kleinere Verbesserungen einstellten, lebte William auf einem zu niedrigen Niveau, um die Veränderungen zu erleben, die zu einer völligen Heilung hätten führen können. Weil er sprachlich gestört war und im Grunde nicht mithelfen konnte, war es Dr. Bérard unmöglich, die Frequenzen genau festzustellen, auf denen die Verzerrungen auftraten. William reagierte genau so, wie es der Arzt vorausgesagt hatte: Sein Zustand besserte sich, aber nicht entscheidend. Roberta und Don fuhren voller Hoffnung nach Hause und planten, mit ihm zu einer weiteren Behandlung zurückzukommen, aber Williams hoffnungslose Prognose sollte sich nicht ändern. Trotz unserer ungleichen Erfahrungen wurden Roberta und ich sehr enge Freundinnen.

VIERZEHNTES KAPITEL

Die Heimkehr

Georgie schloß problemlos die sechste Klasse ab, und wir verbrachten einen ruhigen Sommer, machten Ausflüge und gingen zum Strand. Wir erlebten die Entfaltung unserer Beziehung als Mutter und Tochter und entwickelten ein seltsames Verständnis, das über den Normalfall hinausging. Daß wir gemeinsam etwas Außergewöhnliches und Schreckliches durchgemacht hatten, hatte ein ungewöhnliches Band zwischen uns beiden geschmiedet und verlieh unserem normalen Leben nun einen besonderen Wert. Wir hatten überlebt, hatten zwar unter der Belastung gelitten, waren empfindlich und etwas verrückt, kosteten jedoch jeden Tag aus und nahmen nie etwas als selbstverständlich hin.

Im September ging Mark in den Kindergarten, und Georgie fing mit der siebten Klasse an. Das Leben entspannte sich und wurde zur Routine. Im Oktober machten Georgie und ich eine viertägige Mutter-Tochter-Fahrt nach Venedig und Florenz und wählten damit zwei Orte aus, an denen noch keiner von uns gewesen war. In Venedig wohnten wir in einem winzigen, billigen Hotel und konnten kaum glauben, daß wirklich Gondeln unter unserem Fenster vorbeiglitten; in Florenz dagegen blieben wir in einer ruhigen, vornehmen *pensione* mit Blick auf den Arno und mehrere Steinbrücken.

An unserem zweiten Abend in Venedig aßen wir in der italienischen Version eines Bistros zu Abend. Als wir die Platte mit Meeresfrüchten bestellten, aß Georgie jeden Happen davon auf, obwohl das Essen auf dem Teller grau und unappetitlich aussah, besonders der Tintenfisch. »Dieser Tintenfisch schmeckt wie Gummi«, sagte ich zu ihr, aber sie stimmte mir nicht zu. Als sie den Tintenfisch nicht schaffte, wollte sie die Reste für später mit nach Hause nehmen.

»Was heißt Tüte auf italienisch?« fragte sie.

Der Kellner verstand ihre Zeichensprache und packte ihr den restlichen Tintenfisch als Mitternachtsimbiß ein. Sie sah so glücklich aus, als er ihr die Tüte reichte, daß ich erkannte, wie sie ihre besonderen Fähigkeiten und Wunderlichkeiten zu genießen begann.

Kurz nach unserer Rückkehr stellte ich fest, daß ich schwanger war. Die ganze Familie war glücklich und aufgeregt, und wir redeten ausführlich darüber, was es für jeden von uns bedeutete, daß ein weiteres Menschlein im Haus sein würde. Wenn man bedachte, daß das Baby zwei Sprachen gesprochen und zwei Staatsbürgerschaften besessen hätte, war es um so ärgerlicher, daß Peter die Mitteilung erhielt, die Geschäftsstelle in Genf werde geschlossen. Wir wollten mit Mark und besonders mit Georgie, die mitten im Schuljahr war, eigentlich nicht umziehen, aber wir hatten keine andere Wahl. Georgie konnte sich mindestens drei Tage nicht damit abfinden, und ich konnte ihr deswegen keine Vorwürfe machen. Sie hatte Angst, nach Hause zu fahren.

Im Dezember flogen wir wieder nach New York, um uns eine Wohnung zu suchen. Es war irgendwie lächerlich, sich für das Leben in solch einer teuren Stadt zu entscheiden, wo doch unser Einkommen ungewiß war. Aber die Entscheidung schien richtig zu sein. Ich wollte in der Nähe meiner Mutter wohnen (die durch die Parkinsonsche Krankheit sehr stark behindert war), und in New York fühlten wir uns am meisten zu Hause. Wir fanden eine Wohnung und meldeten unsere Kinder ungeniert in Privatschulen an, weil wir glaubten, daß unser Gott, der das phantastische Wunder von Georgies Heilung bewirkt hatte, bestimmt auch weiterhin finanziell für uns sorgen würde.

Wir verbrachten Weihnachten in einem europäischen Skigebiet, wo wir mit der Gegend vertraut waren und Mark dieselbe Tagesskischule besuchen konnte, in der er schon

237

im letzten Frühjahr gewesen war. Da er jetzt ein erfahrener Dreijähriger war, konnte er mit den besten Kindern Parallelschwünge in der Rennhocke machen. Er konnte mühelos alle Tore durchfahren, die in jedem nur möglichen Winkel in den Schnee gesteckt waren, und hielt sich für den König des Babyhügels. Georgie hatte uns inzwischen so weit übertroffen, daß sie sich große, senkrecht abfallende Felsen hinunterstürzte, die selbst Peter äußerst hysterisch werden ließen. Sie fuhr oft allein, erschien aber ganz bestimmt zum Essen. Wir beobachteten gerne ihre anmutige Ankunft, wenn sie sich den Berg hinunterschlängelte und dabei große S-Zeichen im Schnee zurückließ.

Wegen der Kosten des Urlaubs schenkten wir uns nur sehr wenig, aber Mark war zu klein, als daß es ihm etwas ausmachte, und Georgie meinte, sie würde sich für tägliches Skifahren entscheiden, wenn sie es sich aussuchen dürfte. Für Peter und mich war es eine willkommene Abwechslung vom verrückten weihnachtlichen Materialismus und eine wunderschöne Art, unsere Zeit in Europa abzuschließen. Obwohl ich langsam Ski fahren mußte, weil ich im vierten Monat schwanger war, betonte mein Geburtshelfer, daß keine Gefahr drohe, weil sich mein Schwerpunkt noch nicht verändert habe. Die körperliche Betätigung und die frische Luft würden mir guttun, meinte er und hatte recht.

Wir trafen uns mit unseren Freunden zum letzten Mal und versprachen, den Kontakt aufrechtzuerhalten. Dr. Wuarin schenkte uns zur Erinnerung einen kleinen antiken Kinderstuhl. Als wir uns von ihr verabschiedeten, konnten wir ihr nicht genug für die Veränderung danken, die sie in unserem Leben bewirkt hatte. Ein Blick auf Georgies Gesicht reiche aus, meinte sie. Wir riefen Dr. Bérard an und versprachen, ihn über Georgies Fortschritte auf dem laufenden zu halten, damit er sie in sein Buch aufnehmen konnte.

Als der Mann von der Spedition kam, um sich unsere Möbel anzusehen, baten wir ihn, mit der Wiege, in der drei Generationen von Babys meiner Familie geschlafen hatten, besonders vorsichtig umzugehen und das Porzellan und das Kristall in den Tonnen noch zusätzlich zu verpacken, weil sie einen so weiten Weg vor sich hatten. Man würde den Container auf den Umzugswagen schaffen und dann auf das Schiff nach New York verfrachten; er würde dann, wenn es das Wetter zuließ, Mitte Februar ankommen. Alles schien zu klappen.

Als wir in New York landeten, waren die eisigen Windstöße schon eine Umstellung, aber der Sonnenschein machte dies wieder wett, und wir hatten Spaß daran, den Kindern unsere neue Wohnung zu zeigen. Sie rannten als erstes die Treppen von unserer Etage zum Fitneßclub und dem verglasten Swimmingpool auf dem Dach hinauf. Oben einen solchen Spielplatz, einen Garten vor dem Haus und im Keller eine Garage für unser Auto – das war unserer Meinung nach ideal für ein Leben in New York. Das einzige, was wir brauchtes, war Geld.

Sechs Wochen nach unserer Ankunft saß ich zu Hause und wartete darauf, daß unsere Möbel kamen, als mich Peter anrief. Er sagte mir, ich solle mich besser setzen. Als ich ihn nach dem Grund fragte, antwortete er mir, daß unsere Möbel nicht kommen würden. »Also, wann *kommen* sie denn?« fragte ich.

»Sie werden *nie* kommen«, antwortete er. Ich setzte mich. »Bist du noch da?« fragte er.

»Ja«, sagte ich kleinlaut. »Was ist passiert?«

»Sie sind gesunken. Es kam ein schlimmer Sturm auf, einige Container waren auf dem Oberdeck festgebunden, und das Schiff begann vom Kurs abzuweichen. Sie mußten sich von den Containern trennen, um das Schiff zu retten.«

»Wie hoch ist die Versicherungssumme?« Er nannte mir die Zahl, und ich holte tief Luft. Niemand konnte behaupten, daß Gott nicht für uns gesorgt hätte. Aber ich mußte immer wieder an die wasserdurchtränkten Bilder denken, an die Wiege, die Kissen mit der Petit-point-Stickerei, die ich selbst entworfen und gewissenhaft angefertigt hatte, die kleinen Silberrahmen für die Bilder meiner Babys, Marks kleines rotes Auto, Georgies Mikroskop und, was am allerschlimmsten war, die Fotoalben. Selbst wenn das Gefühl, von keinem Besitz mehr belastet zu sein, auch seine Vorzüge hatte, glaubte ich nicht, je darüber hinwegzukommen, daß wir wirklich unseren gesamten Besitz verloren hatten. Ich konnte mir nur vorstellen, wie unsere Sachen unten auf dem Grunde des Meeres lagen und die Fische rein- und rausschwammen.

Als ob es nicht genug sei, schwanger zu sein und herumzurennen, um alles wieder zu ersetzen, angefangen von Reißnägeln bis hin zur Couch, gab es auch mit Georgies Schule Probleme. Obwohl einer unserer intelligentesten Freunde Schulberater und auch der Direktor ein vernünftiger Mann war, spielte eine Lehrerin den Wurm im Apfel, indem sie darauf bestand, daß Georgie immer noch autistisch sein müßte, denn die Krankheit sei unheilbar. Da sie einen geistig gestörten Sohn in einer Anstalt hatte, wußte sie natürlich über das Thema Geisteskrankheiten bestens Bescheid und konnte nicht glauben, daß Georgie durch eine seltsame und unbekannte Gehörschulung vom Autismus geheilt war. Sie belehrte dementsprechend so viele Mitglieder des Lehrkörpers, wie sie konnte. Das war alles besonders frustrierend, weil die Schule für ihre herzliche, unterstützende Atmosphäre und ihr fortschrittliches Lernmilieu bekannt war. Und tatsächlich schien sie es auch für jeden zu sein, außer für Georgie.

Als der Winter in den Frühling überging und Georgies Geschichte in der ganzen Schule, die sich als eine große, glückliche Familie ansah, die Runde gemacht hatte, fühlte sich Georgie allmählich als schwarzes Schaf. Sie hatte das Gefühl, mit prüfendem Blick beobachtet zu werden, als hätte man sie als Ausstellungsstück unter ein riesiges Mikroskop gelegt. »Einige meiner Lehrer glauben, daß ich nicht viel kann, Mom«, sagte sie. Ich gab ihr zur Antwort, ich wüßte, wie schwer es sei, gut zu sein, wenn niemand an diese Fähigkeiten glaube. Als ihre Testergebnisse erschreckend niedrig ausfielen, weil Georgie vor dem elften Lebensjahr so wenig Allgemeinwissen erworben hatte, klammerten sich ihre Lehrer an die Zahlen als Symptom, statt sich über ihre gegenwärtige Schulleistung zu freuen. Als ich mich beklagte und es zu erklären versuchte, half dies auch nicht. Sie verstanden es einfach nicht.

Georgie hatte sich mit einem »anderen komischen Kauz«, wie sie es nannte, angefreundet, und wir waren stolz, wie sie ihre Probleme bewältigte. Da sie beschlossen hatte, dort zu blühen, wo man sie gepflanzt hatte, wollte sie dieses Jahr (die siebte Klasse) und das nächste beenden, weil die Schule mit der achten Klasse abschloß. Sie konnte dann die Abschlußprüfung bestehen, womit sie etwas vorzuweisen hatte, und würde hoffentlich in der High School die Chance erhalten, die sie verdiente. Inzwischen würden wir uns an die Geschichte von der Hummel halten, die physikalischen Gesetzen zufolge nicht fliegen kann, weil die Spannweite ihrer Flügel nicht groß genug ist, um ihren Körper zu tragen. Aber sie weiß das nicht, und deshalb fliegt sie trotzdem.

Als wir eine Weile wieder zu Hause waren und uns eingelebt hatten, beschloß Georgie, in Childville vorbeizuschauen. Ich konnte an jenem Tag nicht mitgehen, aber eine Cousine, die zu Besuch war, bot ihr an, sie zu begleiten. Es war ein Wochenende und die Schule daher geschlossen, doch sie traf einige ihr bekannte Leute auf der Etage, wo sie gewohnt hatte. Als sie nach Hause kam, sagte sie: »Sie konnten nicht glauben, daß ich es war, Mom. Sie waren sprachlos.« Das konnte ich mir vorstellen. Georgie sagte, sie wolle nie wieder dahin, weil alle Kinder, die sie gut gekannt hatte, in andere Anstalten übergewechselt und auch ihre beiden Lieblingsbetreuer nicht mehr da waren. Ganz zu schweigen von den Erinnerungen.

Als ich Judith, unsere ehemalige Therapeutin, anrief, um mit ihr die guten Nachrichten zu teilen, war sie nie zu erreichen und rief auch nicht zurück. Falls ich deswegen Streit angefangen hätte, hätte sie mich vielleicht angerufen, aber das war mir die Sache nicht wert. Am Ende des Schuljahres schloß die Einrichtung. Ich fühlte mich nicht imstande, die Wunden wieder zu öffnen und die unvermeidlichen Angriffe auszuhalten, um die Methoden zu überprüfen, mit denen man Georgie behandelt hatte. Ich wollte einfach mit meinem Leben weitermachen und die Vergangenheit vergessen.

Im Frühjahr organisierten Peter und ich ein Treffen für Eltern, die an Gehörschulung interessiert waren, aber nur Kinder mit einem außerordentlich niedrigen Niveau machten die Reise nach Annecy. Wir hofften alle, daß sie solche Fortschritte wie Georgie machen würden, doch obwohl sich ihr Zustand besserte, hatten sie viel größere Funktionsstörungen, und ihre Eltern waren letztendlich enttäuscht. Die Eltern der Kinder mit einem höheren Niveau, die vielleicht größere Erfolge erzielt hätten, waren nicht verzweifelt genug, um die Reise zu unternehmen. Wir lösten das Problem, daß falsche Hoffnungen geweckt und unzutreffende Hinweise gegeben wurden, als wir auf Jane Madel stießen, die William Kyle getestet hatte. Dr. Madel war Dr. Bérard begegnet und erforschte gerade die Gehörschulung. Sie war durch ihre Pionierarbeit im Verband zur Behandlung von Taubheit an neue Methoden gewöhnt und meinte, daß die Gehörschulung eine sinnvolle Behandlungsmethode sei. Dr. Madel übernahm die Aufgabe, geeignete Kandidaten auszusuchen, und schickte nur solche Kinder nach Europa, deren Zustand sich ihrer Meinung nach entscheidend bessern würde. Weil der Verband jährlich zwanzigtausend Patienten behandelt, die alle alphabetisch geordnet sind, erhielt sie keine leicht zugänglichen, grundlegenden Daten über die Ergebnisse. (Dr. Bérards identisches Ordnungssystem verursachte dieselben Schwierigkeiten.) Sie schickte jedoch »viele Kinder« und »schickte sie regelmäßig«, und »jeder profitierte einigermaßen davon, obwohl niemand Georgies erstaunliches Ergebnis erreichte«. Ich schloß daraus, daß Gehörschulung zwar sinnvoll sei, es jedoch noch andere Faktoren gegeben haben mußte – einige davon rätselhafter Natur –, die zu Georgies Heilung beigetragen hatten.

Ich wußte, daß ich mehr Informationen über geheilte

Kinder brauchte, und wünschte mir, ich hätte die Namen der autistischen Schüler aus der Nouvelle École Moser, denen es jetzt so gut ging. Ich hatte mich damals nicht danach erkundigen wollen, weil ich dies für aufdringlich hielt. Obwohl Dr. Bérard viele erfolgreiche Fälle in seinen Akten verzeichnet hatte, konnte ich ihn schlecht um Einsicht bitten, weil ich glaubte, daß die Eltern der geheilten Kinder vielleicht nicht gerne über die schmerzhaften Probleme der Vergangenheit reden wollten.

Nach Georgies Besuch in Childville fuhren wir nach Bellevue, um Dr. Campbell zu besuchen. Sie begrüßte uns etwas reserviert und konnte Georgies Veränderung nicht mit ihrer früheren Prognose in Einklang bringen. Als ich für die Gehörschulung Werbung machte, kanzelte sie mich ab und meinte vernichtend: »Georgie ist ein sehr interessantes, einmaliges Experiment.« Ich hatte das Gefühl, eine riesige Tsetsefliege zu sein, die man gerade totgeschlagen hatte, weil sie den Elefanten der Amerikanischen Ärztevereinigung belästigt hatte. Unserer Ansicht nach hatte Georgie sehr viel von dem Programm in Bellevue profitiert, und wir waren dankbar dafür. Aber dennoch war der Gedanke schrecklich, daß Georgie im Endeffekt lebenslang Körbe geflochten hätte, wenn wir in diesem Land geblieben wären; und es war noch schrecklicher, daß diese Frau, ein Vorbild in ihrem Beruf und für ihre Hingabe und ihren Sachverstand berühmt, noch nicht einmal bereit war, die Gehörschulung zu *erforschen*. Es war ja nicht so, als hätte ein übersinnlicher Chirurg auf den Philippinen diese Methode erfunden und praktiziert.

Georgie und ich schwiegen, als wir im Bus nach Hause fuhren, während ich über Dr. Campbells Reaktion nachgrübelte und mich fragte, ob amerikanische Geburtshelfer wohl in ähnlicher Weise auf Marjorie Karmel reagiert hatten, als sie in den fünfziger Jahren bei Dr. Lamaze in Paris die natürliche Geburt erlebte. Ich dachte, daß es auf der autistischen Station von Bellevue Parallelen dazu geben müsse. Die Geburtshelfer hatten wahrscheinlich den Gedanken nicht ertragen können, daß ihre geliebten Patienten (obgleich schwache, hysterische Wesen ohne Rückgrat) sich *unnötig* vor Schmerzen krümmten und schrien. Lag das gleiche Problem bei Dr. Campbells Weigerung vor, auch nur das geringste Interesse für Gehörschulung zu zeigen? Und war war sie auch deswegen verlegen, weil sie Georgie abgeschrieben hatte, und defensiv, weil sie darauf bestanden hatte, daß Childville die einzig mögliche Lösung sei? Und zu stolz, um zuzugeben, daß eine andere, früher übersehene Behandlungsmethode für Autismus existieren könnte? Und war sie vielleicht zu wissenschaftsgläubig? Klammerte sie sich so an ihre Überzeugungen, daß sie die Möglichkeit eines anderen Weges nicht mehr sehen konnte? Was auch immer zutraf – die Tatsache blieb bestehen, daß Dr. Campbell sich nicht schnellstens nach Annecy begab, um mehr zu erfahren. Sie schien es für peinlich zu halten, daß Georgie überhaupt geheilt war, obwohl ich spürte, daß sie um die Großherzigkeit kämpfte, diesen Erfolg zu feiern.

War ich eigentlich viel besser? Ich war sturer als die meisten. Schon fünf Jahre, bevor Dr. Bérard Georgie behandelte, hatte ich von Gehörschulung gehört, und ich schauderte bei dem Gedanken, daß ich diese Methode nicht in Betracht gezogen hätte, wenn man Peter nicht eine Stelle in der Schweiz angeboten hätte. Ich hätte nicht das Geld oder den Mut besessen, um teure, unkonventionelle Experimente zu riskieren. Ehrlich gesagt, war Georgie eigentlich nur dank Gottes Gnade oder, wenn Sie nicht an Gott glauben, durch Fügung oder Glück geheilt worden.

Unsere Enttäuschungen über die Reaktionen der Ärzteschaft häuften sich weiter. Ich versuchte, mich mit Bettine Merrill in Verbindung zu setzen, jener Ärztin in Sloan-Kettering, die mir erzählt hatte, sie wolle von der Kinderheilkunde zur Kinderpsychiatrie wechseln. »Denn das, was bei Dotsie nicht in Ordnung ist, hat ein Ende, aber Georgies Tragödie geht immer weiter.« Dr. Merrill rief weder zurück noch beantwortete sie meinen Brief. Ich konnte nicht glauben, daß diese so kompetente und empfindsame

Frau, die bei uns so beliebt war, nicht einmal daran interessiert schien, uns anzuhören. Ich hatte das Gefühl, sie hielt mich für unverschämt.

Im Verlauf eines Abends, den ich bei Freunden verbrachte, sprach ich ausführlich mit einem berühmten und außerordentlich erfolgreichen Neurochirurgen, der bei der Einsetzung von Schrittmachern in die Gehirne autistischer Kinder mitarbeitete. Ich erfreute ihn mit Georgies gesamter Vergangenheit und war sicher, daß von allen Menschen wenigstens er Verständnis zeigen würde. »Die Gehörschulung hat ihre Berechtigung, da bin ich mir sicher«, sagte er. »Aber ich gehe meine eigenen Wege.«

Ich verstand zwar nicht, warum diese Leute nicht begeisterter waren, doch Bérard erklärte mir, daß sie dazu neigten, neuen Konzepten gegenüber äußerst zurückhaltend zu sein, wie auch Max Planck festgestellt hatte. Max Planck, ein Physiker, der den Nobelpreis erhielt, sagte, er sei enttäuscht gewesen, daß Wissenschaftler weitgehend unfähig seien, neue Ideen zu begreifen. Ein neuer Gedanke könne erst verstanden werden, wenn eine neue Generation folge, für die es kein neuer Gedanke mehr sei! Bérard sagte, er habe den Versuch aufgegeben, die Skeptiker unter den Ärzten zu überzeugen. »Ich bin zu sehr damit beschäftigt, Kindern zu helfen, als daß ich mich mit denen herumärgere«, sagte er. »Niemand wird auf mich hören, bis ich die Zeit finde, ein Buch zu schreiben, und selbst dann kann es noch Jahrzehnte dauern.«

»Vielleicht muß ich auch eins schreiben«, sagte ich.

Unser neues Baby war ein großes, aufgewecktes Mädchen, das wir Sarah nannten. Sie wurde im Juni geboren, und wir waren alle von ihr fasziniert und stritten uns, wer als nächster mit ihr spielen durfte. Peter wollte unbedingt der erste sein, der sie nach der Geburt in den Armen hielt, und sie verbrachte die ersten zwanzig Minuten ihres Lebens damit, von ihrem Vater liebkost und angegurrt zu werden (er war an der Reihe, die allererste Bindung an das Kind zu erleben). Wir ließen sie im ersten Monat im »Familienbett«

schlafen, weil ich sie nicht lange aus den Augen lassen wollte und konnte, und ihr Daddy liebte sie auch abgöt-tisch.

Peter fand eine Stelle, wo er Forschungsarbeiten verkaufte, und wir konnten den Sommer auf Fire Island verbringen. Georgies Reaktion unterschied sich völlig von der, als sie klein war, weil das Geräusch der Brandung sie nicht mehr beunruhigte. Sie schien vom Meer nicht genug zu bekommen – für sie existierten keine Flutwellen mehr – und schwamm mehr und länger als sonst jemand. Sie entwickelte sich zu einer meisterhaften Wellenreiterin, und wenn sie von einer Welle überrollt wurde, kam sie zwar hustend und spuckend hoch, war aber immer dazu bereit, es wieder zu versuchen. Als Schwimmerin besaß sie eine ungewöhnliche Ausdauer und spürte die Kälte nicht so wie die meisten anderen. Als sie sich an einem Wettschwimmen im Meer beteiligte, wurde sie Dritte und schlug viele erwachsene Teilnehmer, die ihr ganzes Leben lang regelmäßig geschwommen waren.

Georgie war mit vierzehn schlank und hübsch. Sie hatte leuchtende, türkisblaue Augen und einen langen Zopf, der ihr bis zur Taille reichte. Ihre hohen Wangenknochen und die dünne Adlernase gaben ihr ein patrizierhaftes Aussehen, und ihr Lächeln war unwiderstehlich. Seit ihrer Heilung war ihre Blässe einer englischen Gesichtsfarbe mit rosigen Wangen gewichen, die sich innerhalb von einer sonnigen Woche in Braun verwandelte. Als mein Bruder David und seine Frau Carol uns besuchten, waren sie begeistert, wie gut es ihr ging. Sie erinnerten sich an eine unvergeßliche Reise, die sie vor vier Jahren mit Georgie im Auto von Childville nach Connecticut gemacht hatten. »Sie starrte die ganze Zeit auf meinen Hinterkopf«, sagte David. »Es war unheimlich.«

»Es war so frustrierend«, sagte Carol, »weil man nicht zu ihr durchdringen konnte. Und schau sie dir jetzt an. Es ist ein Wunder. Ich kann die Veränderung nicht fassen.« Ein weiteres Zeichen für Georgies Heilung war die dauerhafte Bindung, die sie zu Sarah binnen eines Monats nach ihrer

Geburt entwickelte. Georgie half mir oft bei Sarah, unternahm mit ihr lange Spaziergänge im Sportwagen und schaukelte sie im Schaukelstuhl auf der Veranda. Sie war genau im richtigen Alter und liebte Sarah so abgöttisch wie eine zweite Mutter.

Peter fing an, Georgie abends Backgammon beizubringen, und rechnete damit, daß diese Aufgabe seine ganze Geduld in Anspruch nehmen würde, da ihr Testergebnis in Mathematik so niedrig gewesen war. Statt dessen wurde Georgie in einer Woche eine erstklassige Spielerin, und nach zwei Wochen schlug sie ihn eines Abends so vernichtend und so regelmäßig, daß sein sportliches Verhalten auf die Probe gestellt wurde.

Im Herbst ging Georgie in die achte Klasse. Weil sie im Juni ihre Abschlußprüfung machen sollte, besuchten wir mehrere Privatschulen, aber sie versagten ihr aufgrund ihrer Testergebnisse und ihres Zeugnisses die Aufnahme. Sie schienen sich über uns lustig zu machen, weil wir die Frechheit besaßen, bei ihnen anzufragen. Ich hatte das Gefühl, sie behandelten mich wie eine gütige Exzentrikerin, wie eine Mutter, die sich was vormachte und tatsächlich glaubte, Georgie sei zwar echt autistisch geboren, jetzt aber gesund.

Eine Freundin schlug uns vor, Georgie solle sich an der High School für Kunst und Design bewerben, einer öffentlichen Berufsschule für Kunst mit einem vollständigen High-School-Lehrplan, die Schüler aufgrund der vorgelegten Mappen, Gesundheitszeugnisse, Empfehlungen von Lehrern und Zeugnisse aufnahm. Testergebnisse zählten nicht. Da Georgies Vergangenheit ihr nur Risiken bescherte, beschlossen wir, sie etwas abzuändern: Wenn man nach ihren Zeugnissen fragte, pflegte ich nur zu sagen: »Ach ja, die! Also, die sind im Meer versunken!« – was die Unterhaltung stets beendete (ich fing an, Gott für das Sinken der Container zu danken). Es war ein trauriger Kommentar auf die Fähigkeit der Erzieher, Dinge zu ermöglichen, daß wir uns darauf verlegen mußten, Schwindelkünstler zu werden, damit Georgie von einer ihr angemessenen Schule aufgenommen wurde. »Unwissen ist nicht, was man nicht weiß, Unwissen ist das, wovon man weiß, daß es so ist, wie es nicht ist« lautete nun einer meiner Lieblingssprüche.

Mit der Hilfe ihres Kunstlehrers, der sie ermutigte und unterstützte, stellte Georgie eine Mappe für die High School für Kunst und Design zusammen. Die Empfehlungen der Lehrer für die Bewerbung mußten wir uns etwas ergaunern, aber der Direktor und einige wichtige Leute waren auf unserer Seite. Da Georgie tatsächlich Arbeiten machte, die mit der Abschlußprüfung endeten, und da sich ihr Verhalten während der Zeit an der Schule »innerhalb des Normalbereichs« bewegt hatte, erklärten sich die Lehrer einverstanden, auf Bemerkungen über ihre früheren Jahre zu verzichten.

Als das Gesundheitszeugnis an die Reihe kam, brachte ich Georgie zu unserem Kinderarzt, der auch zu unseren Freunden zählte. Er hatte keine Probleme, eine Erklärung abzugeben, daß Georgie gesund sei und in der Vergangenheit eine Hörstörung gehabt habe, die 1977 erfolgreich korrigiert worden sei.

Als an der High School für Kunst und Design das Vorstellungsgespräch mit Georgie stattfand und ich nach ihrer Vergangenheit vor 1977 gefragt wurde, erwiderte ich, sie sei auf eine staatliche Schule in New York gegangen (was ja stimmte, ich sagte nur nicht, daß es eine Sonderschule war). Als man mich bat, die Zeugnisse vorzulegen, lenkte meine Antwort: »Sie sind im Meer versunken!« die Unterhaltung wirkungsvoll auf das vorbeugende Thema: Ich erzählte dem Fragenden alles darüber, was geschieht, wenn Container in einem schrecklichen Sturm über Bord geworfen werden.

Die Schule wollte uns im März benachrichtigen, ob sie Georgie aufnehmen würde. Als der März nahte und ohne eine Nachricht vorüberging, versuchte ich, nicht zu verzweifeln. Georgie konnte immer noch die reguläre staatliche Schule am Ort besuchen, und ich war gewiß, daß sie sich auch dort gut entwickeln würde. Aber im April rief ich im Büro der Schule an, um einfach sicherzugehen. »Oh, Sie haben unsere Nachricht nicht erhalten?« fragte die Sekretärin. »Georgie ist vor sechs Wochen angenommen worden. Das Schreiben muß wohl bei der Post verlorengegangen sein.« Als Georgie an diesem Tag von der Schule nach Hause kam, hörte sie eine Stunde lang nicht auf zu lachen. Wir tanzten mit Mark im Wohnzimmer herum, während Sarah, die zehn Monate alt war, in die Hände klatschte und von ihrem Stühlchen aus das einzige Wort, das sie konnte, schrie: »Digga, digga, digga.«

Georgie beendete die achte Klasse mit guten Ergebnissen und machte im Juni ihren Abschluß. Sie sah in ihrem weißen Kleid bildhübsch aus, als sie ihr Diplom und den Preis für Französisch entgegennahm. Wir verbrachten den Sommer in den Bergen, und sie arbeitete in einem Gemeinschaftslager als Gehilfin des Betreuers für Kunst und Handwerk. Die Kinder hatten sie gerne. Sie war gut zu ihnen, und es machte ihr Spaß, ihnen Dinge beizubringen, bei denen sie von Natur aus sehr gut war, wie z. B. Makramé, Stricken, Häkeln und Arbeiten aus Pappmaché.

Georgie ging im Herbst auf die Schule für Kunst und Design und pendelte, wie in der Schweiz, mit dem Bus hin und her. Nach sechs Wochen rief ich den Rektor an und bat ihn um einen Bericht über ihre Fortschritte. Ich nannte ihm Georgies Namen und fragte: »Kennen Sie sie?«

»Ob ich sie *kenne?*«, antwortete er. »Ich weiß *genau,* wer sie ist, und wenn sie bei uns bleibt, wird sie auf der Entlassungsfeier die *Abschiedsrede* halten.«

FÜNFZEHNTES KAPITEL

Die völlige Wende

Es war gefährlich, Georgies autistische Vergangenheit zu verheimlichen, aber wir hielten es für das intelligenteste Zugeständnis an die Wahrheit, das wir je machten. Als »normale« Jugendliche konnte Georgie ohne Störungen ihre Fähigkeiten entwickeln, und sie erhielt die erste Benotung mit Auszeichnung. Als ich mich nach dem ersten Semester erkundigte, bekam ich die Auskunft, sie sei der Traum aller Lehrer.

Weil sie sich etwas angespannt und zurückhaltend verhielt, stand sie nicht im Mittelpunkt einer beliebten Gruppe, sondern schloß einige enge und feste Freundschaften. Dies geschah nach demselben Schema wie an den anderen Schulen, die sie seit ihrer Heilung besucht hatte. Eine von Georgies Freundinnen begleitete uns fast jedes Wochenende zum Skifahren, und Georgie hatte die Geduld, ihr das Skifahren beizubringen. Sie versuchte, auch mir Unterricht zu geben, erteilte mir fortgeschrittenere Anweisungen und wollte mich dazu bringen, mich doch an schwereren Hängen zu versuchen. Einmal ließ ich mich von ihr dazu überreden, es zu wagen, ihr auf einen Hang für Spitzenfahrer zu folgen, der »Claires Fahrt« hieß. Georgie erzählte mir »als Hilfe«, der Hang sei nach einem Mädchen benannt, das hier gestorben war. »Sie ist die ganze Strecke mit dem Kopf aufgeschlagen und an Gehirnverletzungen gestorben, Mom«, sagte sie. Georgie fuhr als erste, und ich folgte ihr, stieß mich von der Kante ab und verlor sofort die Kontrolle. Der Hang bestand aus einer schlüpfrigen Eisschicht, und innerhalb der ersten dreißig Meter war ich schon hingefallen, schoß den Berg auf dem Rücken hinunter und konnte nicht anhalten, während mein Kopf in Todesgefahr auf das Eis trommelte. Der Berg war leer, bis auf Georgie, die hundert Meter vor mir, aber ein ganzes Stück weiter links fuhr.

Ich schrie: »Georgie, fang mich auf!« Als sie sich umdrehte und mich sah, begann sie sofort in großen Sätzen die Bergseite zu überqueren, um mich zu erreichen, bevor ich an ihr vorbeischoß. Sie schaffte es gerade noch.

»Du hast mir das Leben gerettet«, sagte ich keuchend und rieb mir den Hinterkopf, während wir ineinander verstrickt dalagen. Georgie lag unter mir, und die Kanten ihrer Skier gruben sich parallel zum Hang ein.

»Ja, ich glaube schon«, sagte sie stolz.

Obschon die Schule für Kunst und Design eine öffentliche Schule der Stadt New York war, gab es dort keine Schwierigkeiten mit der Disziplin. Es war eine spezialisierte High School, bei der die Aufnahme sowohl vom Verhalten als auch von der Begabung und den Noten abhing. Wenn ein Schüler sich schlecht benahm, wurde er von der Schule verwiesen und zur Ausbildung in seine Umgebung zurückgeschickt. Es gab die unterschiedlichsten Schüler auf der Schule, und Georgie sagte, daß jeder mit jedem zurechtkomme. Ihre Freunde bildeten einen Querschnitt religiöser und ethnischer Herkunft. Es existierten nur sehr wenig Cliquen, und keine Gruppe brachte Vorurteile gegen die andere zum Ausdruck (ja hegte sie nicht einmal, soweit Georgie es wußte).

Zwei französische Familien wohnten auf derselben Etage in unserem Haus, und wir besuchten uns oft gegenseitig. Eine der Mütter und ich arbeiteten ein Austauschprogramm für den Sommer mit ihren Cousinen aus, die in Paris lebten. Georgie würde im Juli mit ihnen Urlaub in Frankreich machen, und ihre Tochter würde uns im August besuchen.

»Kein Problem, Mom«, sagte Georgie, als sie ihre Tasche packte. Sie schrieb uns Briefe über ihre Wanderungen in den Pyrenäen, über das Windsurfen – das sie in fünf Minuten erlernte – an der Küste Korsikas und den Versuch, sich am Strand an Frauen oben ohne zu gewöhnen. Ich zwickte mich, um mir klarzumachen, daß sie so mühelos reisen konnte und sich in der Tat im Vergleich zur Entwicklung der meisten Jugendlichen auf jedem Gebiet als viel einfacher erwies. Ihre Würdigung des Lebens war grenzenlos nach dem, was sie durchgemacht hatte, und sie wollte immer das Äußerste aus jeder ihr zugänglichen Erfahrung herausholen. Es war kaum zu glauben, daß ich einmal versucht hatte zu verheimlichen, wie Georgie war, und jetzt mußte ich an mich halten, um nicht ständig mit ihr anzugeben.

Nach dreieinhalb Jahren in New York erwies sich die Stadt als zu teuer, und das Geräusch der Grillen und die Vorstellung, die Kinder zum Spielen in den eigenen Garten zu schicken, sagten uns immer mehr zu. Wir entdeckten einen Vorort in Connecticut, der uns das Gefühl von »New York mit Bäumen« vermittelte und gute staatliche Schulen hatte, und als wir ein großes, altes Haus mit einem Morgen Garten fanden, nahe am Strand und in einer Nachbarschaft voller Kinder, konnten wir nicht widerstehen. Im Juni nahmen wir wieder einmal von Freunden, Lehrern und Ärzten Abschied und fingen ein Vorortleben an, so wie wir es schon acht Jahre vorher, vor Marks Geburt, erfahren hatten.

Binnen einer Woche waren wir uns sicher, daß wir die richtige Entscheidung getroffen hatten. Kirche, Schule, Strand und Gemeinschaft an einem Ort vereinigt zu haben, vereinfachte das Leben. Da Mark gerade sieben war und seine Unabhängigkeit brauchte, war es eine Erleichterung, ihn nach draußen zum Spielen schicken zu können, ohne sich Sorgen um ihn machen zu müssen. Als uns Marks Schule in New York eine Nachricht geschickt hatte, mit der Empfehlung, er sollte immer »Straßenräubergeld« bei sich haben, wenn er nach draußen ging, da sie festgestellt hatten, daß solche Jungen »nicht so schwer« verletzt wurden wie andere, hatte ich zu meinem Mann gesagt: »Können wir nicht woandershin ziehen?« Obwohl Peter pendeln mußte, hatte er eingewilligt.

Georgie verlieh der Redewendung »ein Gefühl für Sprachen haben« neue Bedeutung. In ihrer neuen Schule schrieb sie sich für Spanisch, Deutsch und Französisch ein und zeichnete sich in allen drei Fächern genauso aus wie in ihren Kunstkursen im Atelier, die ihr helfen würden, auf eine Kunstschule zu gehen.

Georgie hatte all die normalen Ängste von Jugendlichen, die aufs College wollen, aber die ihren wurden noch dadurch verstärkt, daß sich ihre Testergebnisse zwar ständig besserten, aber immer noch extrem niedrig waren. Es gab keine Möglichkeit, sie wegzuerklären, weil wir, obschon wir in eine aufgeklärte Gemeinschaft mit einem fortschrittlichen und hochgeschätzten Schulsystem gezogen waren, immer noch nicht das Gefühl hatten, daß wir Georgies Vergangenheit mit anderen teilen konnten, ohne die Fortschritte zu gefährden, die sie gemacht hatte. Georgie würde sich als eines dieser intelligenten Kinder von hohem Niveau darstellen müssen, die oft Auszeichnungen erhalten, aber bei Tests einfach nicht gut abschneiden.

Offensichtlich funktionierte die Taktik, weil Georgie von der Schule ihrer ersten Wahl angenommen wurde, einer ausgezeichneten Schule mit einem vierjährigen Programm, das mit dem Grad eines »Bachelor of fine arts« abschloß. Sie war hoch erfreut, als sie nicht nur aufs College konnte, sondern auch Stipendien und Studienbeihilfen erhielt, die den größten Teil der Studiengebühren abdecken würden. Ihr Vater und seine Schwester kamen freiwillig für den Rest auf.

Nach einem längeren Zeitraum, in dem Bill seine Aufmerksamkeit Cesar Chavez und den Wanderarbeitern geschenkt hatte, sich an Antikriegsdemonstrationen beteiligte und die Weisheit eines Yogi in sich aufnahm, der sich mit seinen Anhängern im Central Park herumtrieb, beschloß er, seinen lebenslangen Traum zu verwirklichen und Landschaftsmaler zu werden. Er lebte allein (mit zwei Katzen) in einem winzigen Einzimmerhaus, das in einer Künstlerkolonie einige Stunden entfernt lag. Er war zu einer romantischen Figur der Stadt geworden, zu einem verhungernden Künstler, der als Kontrolleur bei der Stadt arbeitete, um seine Malerei finanzieren zu können. Er war für die Instandhaltung der öffentlichen Gebiete draußen verantwortlich, und wenn ich ihn mit Georgie besuchte, trafen wir ihn normalerweise in seinen verblichenen Jeans und seinem dazu passenden Arbeitshemd an, an dem die obersten drei Knöpfe fehlten. Sein feines, helles Haar wellte sich in seinem Nacken, während er den Friedhof mähte oder den Inhalt der Abfalleimer in den städtischen Kleintransporter leerte. Dies ließ ihm die Nachmittage frei, um sich in seine sorgfältigen, sehr detaillierten Arbeiten zu vertiefen. So malte er die leuchtenden Landschaften, die zu einer Quelle des Stolzes für Georgie wie auch für ihn selbst wurden.

Georgie und Bill sahen sich bis hin zu ihrer englischen Gesichtsfarbe und der Adlernase ähnlich, und sie hatten auch dieselben Angewohnheiten und dieselben reifen künstlerischen Qualitäten. »Das ist ungerecht«, sagte ich zu Peter. »Sie sieht wie sein Ebenbild aus. Es ist, als ob ich nichts damit zu tun hätte.« Aber als ich die Nähe der beiden sah, freute ich mich, daß ich mich dabei zurückgehalten hatte, ihn zu ächten (oder zu ermorden), während Georgie aufwuchs. Obwohl ihre Beziehung nicht mehr intensiv war, waren sie wenigstens Vater und Tochter und liebten sich. Wenn sie ihn besuchte, nahm er sich immer die Zeit, ihre Arbeiten zu begutachten, und verfolgte mit tiefem Interesse ihre Entwicklung als Künstlerin. Er sagte, ihr Geschick sei unheimlich, und sie habe das Auge eines Malers, der schon seit zwanzig Jahren male.

Einige Jahre vorher hatte Peter versucht, Georgie zu adoptieren, zu einer Zeit, als sie das Gefühl hatte, daß ihr Vater sie so vernachlässige, daß sie protestieren mußte. Aber Bill hatte uns alle überrascht, indem er einen Brief schrieb, der die Angelegenheit für immer auf sich beruhen ließ. Er sagte, daß er als Vater aufhören würde zu existieren, wenn Georgie adoptiert würde, und daß er das nicht ertragen könne. Georgie fühlte sich daraufhin von ihm in Anspruch genommen und konnte seine Passivität gelassener ertragen.

Georgies Abschlußfeier auf der High School erschien zwar ihren Lehrern und allen anderen, außer ein paar engen Freunden, als kein außergewöhnliches Ereignis, doch für uns hatte sie eine besondere Bedeutung. Der Gedanke war seltsam, daß Georgie nun gesetzlich unabhängig und gerüstet war, sich selbst zu unterhalten, und daß sie wirklich im Herbst aufs College gehen würde.

Ende August 1984, als sie auf dem College anfing, gab ich sie nur mit Mühe frei. Ich war angesichts meiner großen Freude überrascht, wie sehr es mich schmerzte, als wir uns an ihrem Wohnheim verabschiedeten, und wie herabgesetzt ich mich als Mutter fühlte.

Georgie hatte am Anfang einige Schwierigkeiten, die richtige Zimmergenossin zu finden; sie wurden gelöst, als sie sich mit Selena, »ihrem Kumpel«, anfreundete. Die beiden wohnten glücklich die ganze Zeit zusammen. Daheim vermißten wir sie alle, besonders Sarah, die unter schrecklichem Trennungsschmerz litt und sich monatelang nicht mit ihrer Abwesenheit abfinden konnte.

Ich blieb mit Dr. Bérard in Kontakt, und Peter und ich aßen mit ihm in New York im Haus einer anderen Mutter zu Abend, deren Kind auch von der Gehörschulung profitiert hatte. Er war hoch erfreut über Georgies Erfolge, obwohl er nicht überrascht war, und erzählte mir, daß er Georgies Geschichte in sein Buch aufnehmen wolle. 1984 erschien dieses Buch auf französisch, und auf der Rückseite des Buchumschlags standen zusammen mit einem Foto des Autors die folgenden Sätze: »Das Hören, das uns erlaubt, Geräusche wahrzunehmen, ist nicht nur einer der fünf Sinne. Das menschliche Verhalten wird zu einem großen Teil von dem Kontakt des Menschen zum Universum der Töne bestimmt. In diesem Buch zeigt Dr. Bérard, wie Anomalien in den Wahrnehmungen des Gehörs Funktionsstörungen verursachen können, die *weit außerhalb des Umfangs des Hörsinns* liegen. Nach einer Untersuchung der Wechselbeziehungen zwischen anomalem Hören und Funktionsstörungen, die so unterschiedlich sein können wie Depression, *Legasthenie* oder *Autismus,* stellt uns der

Autor die Methode der Schulung des Gehörs vor, die er seit mehr als zwanzig Jahren anwendet.« (Die Hervorhebungen stammen von mir.)

Durch Dr. Bérard stieß Dr. Bernard Rimland vom Autistischen Forschungsinstitut in San Diego (das ehemalige Institut für die Erforschung des Kinderverhaltens) auf Georgie. *Kinderautismus,* Rimlands letztes Wort über die Natur und die Ursache des Autismus, ist 1966 veröffentlicht worden und war das Hauptinstrument, um Bettelheims »schädlichen« – so Rimlands zutreffendes Wort – Theorien über die Ursache des Autismus ihren Nimbus zu nehmen. Er hatte 1965 die Nationale Gesellschaft für autistische Kinder gegründet, galt als führende Autorität bei Funktionsstörungen und hatte über sechstausend Krankengeschichten in seinem Computer gespeichert.

Ich wünschte mir, ich hätte seinen Leserbrief an die *New York Times* gesehen, als Bruno Bettelheims Buch *Die Geburt des Selbst* zum erstenmal erschien. Dr. Rimland hatte auf die Rezension in der *Times* hin eine Widerlegung geschrieben und behauptet: »Bettelheims Vorstellungen über die Ursachen des Autismus bei Kindern (...) basieren eher auf völlig unbestätigten Vermutungen als auf faktischen Beweisen. Diesen Eltern Schuld aufzubürden, die sich auf unbewiesenes, nebensächliches Beweismaterial gründet, ist ein Akt unverantwortlicher Grausamkeit.«

In seinem eigenen Buch schreibt Rimland: » ... es besteht keine Notwendigkeit für die Eltern dieser [autistischen] Kinder, für die Schande, Schuld, Unannehmlichkeit, finanziellen Kosten und Uneinigkeiten in der Ehe zu büßen, die so oft die These von den seelisch bedingten Ursachen begleiten.«

Wenn ich doch nur schon vor zwanzig Jahren von Dr. Rimland gehört hätte!

Rimland trug dazu bei, den Unterschied zwischen Autismus und Schizophrenie klarzustellen und bezeichnete beide als ganz getrennte Funktionsstörungen. Laut Rimland wird Schizophrenie durch ein chemisches Ungleichgewicht verursacht, das angeboren ist, wohingegen er den frühen Kinderautismus als »von Anbeginn des Lebens« an vorhanden definiert. Wie Dr. James Roy Morrison in *Brother's Keeper* bestätigt, seinem Führer für Familien, der sich mit Geisteskranken beschäftigt: »... diese zwei Zustände [Autismus und Schizophrenie] haben nichts miteinander zu tun. [Autismus] ist wahrscheinlich die Folge einer Hirnschädigung, die vor oder während der Geburt auftrat.« Als Kommentar dazu, daß Autismus und Kindheitsschizophrenie manchmal gleichgesetzt werden, stellt Morrison fest: »Der Ausdruck Kindheitsschizophrenie sollte aus den Wörterbüchern gestrichen werden; seine Verwendung kann für den Arzt verwirrend, für den Patienten, der nicht angemessen behandelt wird, schädlich und für das Elternteil abwertend sein, das oft ungerechtfertigt als Sündenbock für diese Tragödie angesehen wird.« Dr. Morrison, Psychiater mit einer Privatpraxis und Krankenhausprofessor der Psychiatrie an der University of California in San Diego, stimmte mit Dr. Rimland in diesem Punkt völlig überein.

Als Dr. Rimland durch Dr. Bérard von Georgie hörte, wollte er mehr über sie erfahren. Er hatte Schwierigkeiten zu glauben, daß sie sich nun so gut entwickelt hatte, wenn sie wirklich einmal autistisch war. Er rief mich an, um mir das mitzuteilen (ich war verletzt) und mich zu fragen, ob es mir etwas ausmachen würde, den Diagnosetest auszufüllen, der auf diesem Gebiet als das »E-2-Formular« des Autistischen Forschungsinstituts bekannt war. Dadurch könne er genau feststellen, wie autistisch Georgie war, wenn sie es überhaupt war. Damals war ich schon so an Georgies Wunder gewöhnt, daß ich kaum über ihre früheren Symptome nachdachte, aber natürlich war ich bereit, den Test zu machen.

Als er einige Tage später eintraf, stellte ich erleichtert fest, daß er in Form von Multiple-Choice-Fragen abgefaßt war, die, wie ich hoffte, meinem Gedächtnis nachhelfen würden. Sie taten es auch, und obwohl ich Stunden brauchte, um den ausführlichen Fragebogen auszufüllen, war es eine Art Läuterung, weil die Fragen das Thema intensiver behandelten als jedes andere medizinische Formular, das ich je ausgefüllt hatte. Schließlich würde noch jemand anders außer Bill, Georgie und mir genau darüber Bescheid wissen, wie Georgie in den ersten drei Jahren ihres Lebens gewesen war.

Als Rimland mich anrief, um mir mitzuteilen, daß Georgies Ergebnis plus Neunzehn betrug, was sie in die Kategorie des klassischen frühen Kindheitsautismus einordnete – also angeboren und schwerwiegend mit einer negativen Zukunftsprognose –, fühlte ich mich rehabilitiert. Die letzten Spuren der Schuld verflüchtigten sich wie Rauch. »Sie sollten wirklich ein Buch schreiben«, meinte er. »Sie sind dazu verpflichtet, Georgies Geschichte mit der autistischen Gemeinschaft zu teilen.« Aber ich hielt den Zeitpunkt nicht für geeignet, und Georgie war auch meiner Meinung. Ihre Geschichte durfte nicht bekannt werden, bis sie ihren Abschluß am College gemacht und ihr Graduiertenstudium problemlos aufgenommen hatte. Selbst dann würde es noch gefährlich sein und unsere ganze Kraft erfordern, um der Aufmerksamkeit, Skepsis und negativen Einstellung standzuhalten, die entstehen würde, und es würde sich nur lohnen, wenn wir das Gefühl hatten, daß wir damit legasthenischen und autistischen Kindern helfen könnten.

Da Georgie seit ihren ersten Noten zu den besten Studenten gehörte, durfte sie ihr vorletztes Studienjahr im Ausland, und zwar in Italien, absolvieren. Sie verbrachte sechs idyllische Monate in Florenz, wo sie Kunstgeschichte studierte und die Uffizien besuchte. Sie kam nach Hause und konnte fließend Italienisch sprechen, obwohl ihre Zimmergenossinnen alle Amerikanerinnen waren und auch alle Kurse auf englisch abgehalten worden waren.

Die Kunstschule, die Georgie besuchte, war an eine größere Universität angeschlossen, und während Georgies Abwesenheit kam mit der Post ein großer, elfenbeinfarbener Pergamentumschlag von der Universität. Weil es wie eine Einladung aussah und vielleicht schnell eine Antwort erforderte (und weil ich wahnsinnig neugierig war), rief ich sie abends in Italien an und fragte, ob ich den Brief öffnen und ihr vorlesen sollte. Es war eine Einladung zu einem Bankett, wo sie, zusammen mit einigen anderen, den Regents Honor Award erhalten sollte, die angesehenste akademische Auszeichnung der Universität, die ihr für ihre herausragenden Leistungen in den letzten drei Jahren verliehen wurde. Georgie war sprachlos. Ihr war nicht klar gewesen, daß sie so gut war. Sie konnte nicht teilnehmen, weil sie immer noch in Italien war, und als ich die Dekanin anrief, meinte sie: »Machen Sie sich deswegen keine Sorgen. Georgie wird die Auszeichnung wahrscheinlich nächstes Jahr wieder erhalten.«

Als sie im Sommer nach Hause zurückkehrte, erhielt sie Arbeit bei einer Organisation in Connecticut, die Geld sammelte und sich für eine Gesetzgebung zum Schutz der Umwelt einsetzte. Im Mittelpunkt standen dabei Giftmüllhalden in Connecticut, und Georgie wanderte den restlichen Sommer von Tür zu Tür, um Geld zu sammeln. Sie arbeitete auf Provisionsbasis und machte ihre Sache gut, genoß den Kontakt mit den Menschen, denen sie begegnete, und die Tatsache, daß sie für einen guten Zweck arbeitete. Jetzt konnte sie der Liste ihrer Leistungen noch hinzufügen, daß sie auch eine erstklassige Verkäuferin war. (Wenn man mir erzählt hätte, als sie drei war, sie würde Jahre später solch eine Arbeit machen, ja dabei sogar erfolgreich sein, hätte ich selbstverständlich geantwortet, das sei unvorstellbar.)

Zu Weihnachten in ihrem letzten Studienjahr zeigte ich ihr eine Einladung zu der jährlichen Weihnachtsfeier der autistischen Station von Bellevue. »Willst du hingehen?« fragte ich sie. Georgie war dafür, und einige Tage nach Weihnachten fuhren wir nach New York.

Obwohl sie schon seit Jahren ihren Führerschein hatte, ließ sie lieber mich nach New York fahren, weil es bekannterweise schwer ist, den Weg zu finden, und ihr Orientierungssinn war noch schlechter als meiner.

Die Station war seit unserem letzten Besuch verlegt worden und der Zugang nun nicht mehr so bedrohlich und schwierig. Ein langer, hellerleuchteter Flur führte zu den

Schnellaufzügen, und der tiefliegende, mit Oberlichtern versehene Aufenthaltsraum, in dem die Feier stattfand, ersparte einem das Spießrutenlaufen durch die Station für geistesgestörte Kinder. Menschen irrten ziellos umher, doch es waren nur wenige bekannte Gesichter zu sehen. Als wir Miß Dials entdeckten, die uns fast zwanzig Jahre vorher so gekonnt hin und her begleitet hatte, lächelte sie, als sie uns erkannte, und holte Dr. Campbell.

Dr. Campbell begrüßte uns mit einem so herzlichen Lächeln, daß wir sofort für sie eingenommen waren. Sie war reifer geworden, sah entspannt und glücklich aus, als sie uns die Hand schüttelte, und gab uns mit großer Aufrichtigkeit zu verstehen, daß sie äußerst glücklich war, uns zu sehen. »Georgie«, sagte sie. »Du siehst wundervoll aus. Wie geht es dir?« Sie hörte aufmerksam zu, als Georgie sie über den letzten Stand ihrer Leistungen informierte. Dann wandte sie sich an mich und sagte mit einem breiten Lächeln: »Sie sind *unnachgiebig. Darum* ist sie gesund geworden.« Ich war überrascht und bestand darauf, daß man die Gehörschulung als Hauptfaktor für Georgies Heilung nicht einfach außer acht lassen durfte. Sie widerlegte das nicht, ging auch nicht weiter darauf ein, und unsere Aufmerksamkeit richtete sich dann auf Georgie, die zu einem Tisch mitten im Raum geschlendert war. Dort saß Emily; Emily, die mit Georgie das Programm von Bellevue durchlaufen und in Childville mit ihr auf einem Zimmer gewohnt hatte; die immer ein höheres Niveau gehabt hatte als Georgie und deren Mutter ich deshalb beneidet hatte. Jetzt saß sie bleich und zerstreut an dem Tisch mitten im Raum, drehte mit beiden Händen an Strähnen ihres Haars, und ihre Augen blickten auf die leere Tischplatte. Sie verbrachte ihr Leben in einer Tagesstätte für geistig Behinderte. Georgie ging zum Tisch, und ihr kräftiges, gesundes Aussehen stand in scharfem Kontrast zu Emilys blasser Nervosität. Als sich Georgie setzte, schaute Emily auf und erkannte sie. »Oh, hallo Georgie«, sagte sie, blickte weg und lächelte vage, während sie mit den Fingern durch ihr Haar fuhr.

»Hallo, Emily«, sagte Georgie sehr liebevoll.

Als Georgie im letzten Jahr war und ihre Abschlußprüfung machte, lagen ihre Ergebnisse erheblich höher und waren jetzt wenigstens ein ansehnliches, wenn auch kein echtes Spiegelbild ihrer Fähigkeiten. Trotzdem glaubte sie nicht, daß ihre Leistungen für die beste Hochschule auf ihrem Gebiet ausreichten. Aber Georgie wurde nicht nur angenommen, sondern erhielt als Anreiz, um sich einzuschreiben, sogar ein Stipendium.

Kurz darauf war die Collegezeit vorbei. Wir halfen Georgie beim Auszug aus ihrem Wohnheim und fuhren zwei Tage später mit ihr zur Abschlußfeier wieder hin. Es war ein strahlender, heißer Maitag. Die Bäume entlang des Merritt Parkway entluden sich in impressionistischen Mustern, und wir waren alle sehr gut gekleidet und überglücklich. »Was ist das für ein Gefühl, Georgie?« fragte ich. Sie beugte sich auf ihrem Sitz nach vorne und lehnte ihr Kinn nahe an meine Schulter.

»Oh, Mom, es ist ein großartiges Gefühl. Ein unglaubliches Gefühl.«

Zwölfhundert Studenten hatten an der Universität ihren Abschluß gemacht; viertausend Zuschauer, die in der heißen Sonne brieten und verdorrten, sahen zu und spendeten ihnen Beifall. Georgie versuchte, ihre Gruppe zu finden, und wir stellten uns Holzklappstühle auf. Sie standen in langen Reihen auf dem Rasen, und ihre lackierten Sitze waren zu heiß zum Anfassen. Das Orchester der Musikschule fing an, die Prozessionsmusik von Elgar, die ich so liebe, meisterhaft zu spielen. Peter reichte mir wortlos sein Taschentuch, obwohl auch er es brauchen würde. Als Hunderte von Studenten anfingen, die drei Gänge hinunterzuschreiten, hatte ich Angst, Georgie zu verpassen, und sagte: »Ich geh' und suche sie.« Ich bahnte mir an zehn Paar Knien vorbei einen Weg zum Gang, und dort fand ich Georgie fast sofort. Ich war bei ihrem Anblick mit Hut und Talar gerührt. »Es ist so voll, daß ich Angst hatte, es würde alles ablaufen, ohne daß wir dich sehen. Es sind so viele Menschen hier.«

Ich umarmte sie, plötzlich von Gefühlen überwältigt,

ließ sie dann los und hielt sie stolz auf Abstand. Sie warf mir einen dankbaren Blick zu.

»Wo gehörst du hin?« fragte ich.

»Ich weiß es nicht. Ich kann niemanden finden.« Im selben Moment marschierte eine Gruppe Professoren im Takt zu der Musik vorbei, und Georgie erkannte einen von ihnen. Sie lief zu ihm. »Wissen Sie, wo ich hingehöre?«

»Nein, aber komm nur mit, und wir finden deine Gruppe schon, wenn wir da sind.« Georgie lächelte verlegen und reihte sich ein. Die Professoren in ihren prächtigen Talaren umgaben sie und zogen sie auf, wie schnell sie ihren Doktor gemacht habe. Wahrscheinlich würde ich sie eines Tages in einer ähnlichen Reihe wiedersehen, dann aber völlig zu Recht.

Nach mehreren Reden und der Verleihung der akademischen Grade machten wir uns zum Hauptteil der Feier auf den Weg in Richtung Kunstschule. Hier würde Georgie wirklich ihr Diplom bekommen. Wir stießen fast sofort mit ihr zusammen, ein weiterer erstaunlicher Zufall bei dieser Menschenmenge, und stellten uns aufgeregt um sie herum. »Ist es jetzt offiziell, Georgie?«

»Eigentlich schon, aber ich glaube nicht daran, daß es wahr ist, bis ich mein Diplom von der Kunstschule erhalte.«

An den Wänden der Galerie, wo die Feier stattfinden würde, waren die Arbeiten der Abschlußklasse ausgestellt. Von Georgie, die sich jetzt zu den anderen Studenten gesellt hatte, waren sechs lebhafte, aufregende Drucke zu sehen, die größte Gruppe von Werken im Raum, dazu noch auf einem Tisch ein Graphikbuch mit acht Stichen. Wir fanden Plätze in der dritten Reihe, und Peter sah sich Georgies Werke an der Wand genau an. Sie waren selbst aus mehr als zehn Metern Entfernung atemberaubend.

»Die Drucke sind professionell«, sagte er respektvoll. »Sie sind unverkennbar von ihr, nicht wahr?« Georgie erhielt die Auszeichnung als beste Studentin, und als sie nach oben ging, um sie entgegenzunehmen, reichte ihr Lieblingslehrer ihr den Preis und schloß sie in seine Arme.

Als wir klatschten und jubelten, wandte sich Sarah an Mark und sagte: »Heißt das, daß sie die Beste ist?«

»Ja.« Er lächelte zu ihr hinunter.

Die Gruppe stellte sich in drei Reihen vor uns auf, und jetzt warteten die Studenten, jeweils eine Reihe auf einmal, darauf, zur Verleihung der Diplome aufgerufen zu werden. Als Georgie nach oben ging, hörten wir die Worte »Magna cum laude«. Als sie ihr Diplom entgegennahm und Beifall den Raum durchbrauste, sah sie uns dankbar an und dann zu Bill hinüber, der neben der Tür an der Wand stand und begeistert Beifall klatschte. Als sie zu ihrem Stuhl zurückging, schien sie plötzlich vollkommen und zuversichtlich. Sie hatte es geschafft, es war Wirklichkeit. Als die Zeremonie vorüber war, suchten wir sie und bildeten eine Familiengruppe, indem wir unsere Arme im Kreis fest um sie legten, als wir sie beglückwünschten. Georgie schaute mich an.

»Oh, Mom«, sagte sie. »Das ist der glücklichste Tag in meinem Leben.«

Drei Wochen nach Georgies Abschlußfeier, am 7. Juni 1988, saß ich am Küchentisch und las die *New York Times.* Ich stieß auf der ersten Seite des Wissenschaftsteils auf einen Artikel über Autismus, und mein Kaffee wurde kalt, während ich das umfangreiche Werk des Dr. Courchesne (Kuhr-*scheen* ausgesprochen) zur Kenntnis nahm. Dr. Eric Courchesne, ein Forscher auf dem Gebiet des Autismus an der Kinderklinik in San Diego, hatte seine Ergebnisse über die Ursachen des Autismus veröffentlicht, und sie stimmten mit denen von Dr. Bérard überein: Das Problem liegt im Gehirnzentrum, das die ankommenden Sinneswahrnehmungen filtert. Durch Autopsien waren Abweichungen entdeckt worden, die die übermäßigen, ungenügenden oder verzerrten Reize bei autistischen Menschen erklärten.

Einen Monat später sah ich ebenfalls mit Interesse Infrarotaufnahmen des Gehirns in einem Artikel mit dem Titel »Die Anatomie des Autismus«, der in der Juliausgabe der Zeitschrift *Life* erschien. Die Abweichung im autistischen

Gehirn war deutlich zu erkennen. »Dieses Gebiet reguliert die Reaktionen auf Reize von außen wie Geräusche, Hitze und Kälte und kann vielleicht an der Kontrolle von Bewegung und Erinnerung beteiligt sein.« Das würde Georgies außergewöhnlichen Gleichgewichtssinn erklären, warum sie nie hingefallen war und sich nie verletzt hatte. Und warum sie so selbstsicher auf der Trittleiter in der Küche stehen und mir bei den Soufflés helfen konnte, als sie nicht einmal zwei war. In einem Artikel über Dr. Courchesnes Ergebnisse, der in der Ausgabe des *New England Journal of Medicine* vom 26. Mai 1988 erschien, wurde der Autismus als Entwicklungs- und neurobiologische Störung näher beleuchtet. Autismus als Hirnschädigung wurde zu einer medizinisch anerkannten Tatsache.

Einige Monate später informierte mich Dr. Rimland, daß er nach Annecy reise, um die Anwendung der Gehörschulung zu lernen. Dr. Bérard wollte dem Autistischen Forschungsinstitut in San Diego einen »Apparat« spenden. Nach vielen Jahren, in denen Dr. Madel vom Verband für Schwerhörige in New York Menschen nach Frankreich geschickt hatte, würde nun die Gehörschulung auch in Amerika verfügbar sein. Möglicherweise würde sie schon in wenigen Jahren zur Routine bei der Behandlung jener autistischen und legasthenischen Kinder gehören, die davon profitieren konnten.

Dr. Rimland führt gegenwärtig ein Forschungsprojekt durch, das genau bestimmen soll, wie wirksam die Gehörschulung gewesen ist. Allerdings hat er augenblicklich wegen all der Aufmerksamkeit, die man ihm als Folge seiner Beratertätigkeit für Dustin Hoffman in dem Film *Rain Man* widmet, sehr wenig Zeit. Georgie und ich stellten mit Interesse fest, daß der »Rain Man« nur bei Flugzeugen, rauschendem Wasser in der Badewanne und bei Feueralarm »dekompensierte«. Georgie meinte, diese Reaktionen seien von Geräuschen abhängig; und sie sagte interessanterweise auch: »Warum lassen sie ihn so kleine, ruckartige Bewegungen machen? Autistische Menschen bewegen sich nicht so.«

Georgie hat ihr erstes Jahr im Graduiertenstudium erfolgreich hinter sich gebracht und hat einen Durchschnitt von 4.0 für ihr zweites Semester. Ihr zweites Jahr ist ihr nicht so leicht gefallen, aber sie ist begeistert über ihre Zukunft. Obwohl sie sich vorgenommen hat, als Künstlerin zu arbeiten, fragt sie sich, ob sie irgendwann einmal auch auf dem Gebiet des Autismus tätig sein wird. Kürzlich hat sie einige Zeit mit zwei autistischen Menschen verbracht, die in der Nähe leben, und ihr Verhältnis zu ihnen war unheimlich. Obwohl sie kaum miteinander sprechen konnten und keinen Blickkontakt hatten, schienen beide in besonderer Weise auf Georgie zu reagieren, als ob sie wüßten, daß Georgie sie verstand. Sie überlegt sich jetzt, wie sie ihnen am besten helfen kann. Sie meint, die Erlaubnis, ihre Geschichte schildern zu dürfen, sei immerhin ein Anfang. (»Aber laß bitte mein Liebesleben aus dem Spiel, ja, Mom?«)

Was die Gehörschulung angeht, so behauptet Georgie immer, daß sie der zentrale Faktor bei ihrer Heilung war. »Schreib, daß ich es ohne sie nie geschafft hätte, Mom. Und ohne Gott. Vergiß nicht, ihn zu erwähnen.«

»Um Gott die Ehre zu geben?«

»Richtig, Mom. Um ihm die Ehre zu geben.«

NACHWORT

Autismus. Das Wort läßt sich leicht aussprechen und auch leicht buchstabieren, aber niemand, mich selbst eingeschlossen, kann Autismus bis heute wirklich ganz und gar verstehen, und ich habe ihn mehr als drei Jahrzehnte intensiv studiert.

Forscher in vielen Ländern haben nachgewiesen, daß Autismus unter zehntausend Kindern vier- bis fünfmal auftritt. In einigen Fällen, besonders wenn die Mutter schon Erfahrung mit anderen Kleinkindern hatte, werden die Probleme des Kindes bereits kurz nach der Geburt erkannt. In praktisch allen Fällen wissen die Eltern, daß etwas ernstlich nicht in Ordnung ist, wenn das Kind drei Jahre alt ist. Das allergrößte Problem liegt darin, daß das Kind keine Beziehungen zu anderen Menschen, auch nicht zu den eigenen Eltern, entwickeln kann. Die Kinder leben in einer eigenen Welt. Das Wort *Autismus,* das sich vom griechischen Wort für *Ich* herleitet, wurde auf diese Kinder angewendet, weil ihr typisch leerer, in den Raum starrender Gesichtsausdruck ihnen den Anschein verleiht, als beschäftigten sie sich mit ichbezogenen Tagträumen. (Ältere Lexika schreiben sogar, *Autismus* bedeute *Tagträumen.*) Die Hälfte dieser Kinder kann gar nicht sprechen. Die anderen Kinder gebrauchen zwar Worte, aber nur auf seltsame und gestelzte Art. Viele autistische Kinder besitzen an Gelehrte erinnernde geistige Fähigkeiten, doch sind diese Begabungen eher eindrucksvoll als insgesamt nützlich.

Drei Viertel der autistischen Kinder sind Jungen, aber die Gründe auch hierfür liegen noch im dunkeln. Autistische Kinder sehen häufig sehr hübsch aus und sind körperlich meist gut entwickelt.

Wie Annabel Stehli und Abertausende von Müttern zu ihrem Entsetzen und ihrer Bestürzung erfahren haben, zogen es die Psychologen vor, die *scheinbare* körperliche Unversehrtheit und das *scheinbare* Tagträumen des Kindes als Beweis dafür zu werten, daß Autismus durch Gefühlsstörungen verursacht wird. Sie schlossen daraus, sehr zu ihrem eigenen wirtschaftlichen Vorteil, dies sei der Beweis dafür, daß autistische Kinder keinen Hirnschaden haben, sondern ganz normale Kinder sind, die von ihren Müttern psychologisch so zurückgewiesen und mißbraucht wurden, daß sie in eine Traumwelt flüchteten. Die Aufgabe des Psychoanalytikers war es dann, die Psyche der Mutter zu untersuchen, um festzustellen, warum sie das Kind (angeblich) zurückwies, und das Kind mit viel Geduld in die Realität zurückzuführen. Diese Methode, die die amerikanische Kinderpsychiatrie fast ein halbes Jahrhundert lang beherrschte und die sich in einigen europäischen Ländern noch bis zum heutigen Tag hält, hat noch nie ein autistisches Kind geheilt, aber viele Kinderpsychologen reich gemacht, viele Ehen zerrüttet und einige Selbstmorde verursacht. Mein im Jahre 1964 veröffentlichtes Buch *Kinderautismus* war teilweise eine Entlarvung der nicht vorhandenen wissenschaftlichen Grundlage für die psychogene, also seelisch bedingte Sicht von Autismus, die der Mutter die Schuld gibt. 1979 behauptete ein Artikel, der in einer Zeitschrift hier in Amerika erschien, daß neunzig Prozent der mit diesem Gebiet beschäftigten Menschen es dem Buch *Kinderautismus* zuschrieben, daß »die Theorie von den ›eiskalten Müttern‹ zum Teufel gejagt wurde« – wo sie gut aufgehoben ist.

Während jetzt allgemein akzeptiert wird, daß Autismus auf eine biologische Schädigung zurückzuführen ist und nicht durch ein schweres Gefühlstrauma verursacht wird, fehlen bislang fast alle Erklärungen für die genaue Stelle, die Natur und die Ursache der Schädigung. Es gibt keine Behandlung, die durchgehend oder voll wirksam ist. Es ist jedoch schon bekannt, daß es eine Reihe unterschiedlicher Typen von Autismus gibt – und deshalb auch unterschiedliche Behandlungen –, die untersucht werden müssen. Das unter meiner Leitung stehende Autistische Forschungsinstitut in San Diego (zuvor das Institut zur Erforschung von Kinderverhalten) wurde 1967 als zentrale Clearing-Stelle für Informationen über Autismus gegründet. Es ist die einzige Institution dieser Art auf der ganzen Welt. In unseren Akten finden sich detaillierte Krankengeschichten von mehr als elftausend autistischen Kindern aus über vierzig Ländern. Ich habe das Institut als Reaktion auf die Flut von Post und Anrufen gegründet, die ich weltweit von Eltern nach der Veröffentlichung des Buches *Kinderautismus* erhielt. Es war für mich ganz offensichtlich, daß diese Eltern, obwohl sie durch den Kontakt mit Kinderpsychologen eingeschüchtert und entmutigt waren, als Quelle sehr wertvoller Informationen und Vorstellungen dienen konnten, was den Autismus ihrer Kinder verursacht haben könnte und welche Behandlung nützlich, schädlich oder unnütz gewesen ist. Das Autistische Forschungsinstitut sammelt solche Informationen von Eltern sowie aus der wissenschaftlichen und medizinischen Literatur, analysiert alles und veröffentlicht die Ergebnisse an verschiedenen Stellen, unter anderem in unserem Rundschreiben, dem *Autism Research Review International*. Bislang sind die nützlichsten Behandlungsmethoden einmal die Verhaltensänderung, die bei über achtzig Prozent der Kinder hilft, und eine hohe Dosis Vitamin B_6 und Magnesium, was sich bei über vierzig Prozent der Kinder als nützlich erweist, wie eine Reihe veröffentlichter Studien gezeigt hat.

Der erste Brief, den Annabel Stehli mir schickte, war einer von ungefähr siebenhundert, die ich in jenem Jahr von Eltern autistischer Kinder erhielt. Fast nie bekomme ich Briefe, in denen es heißt, ein autistisches Kind sei so weit geheilt, daß es sich reibungslos in die Umgebung normaler Menschen einfüge, doch Annabel Stehli behauptete, genau das sei bei ihrer Tochter der Fall. Ich schickte ihr unsere diagnostische Prüfliste, mit der Bitte um sehr viele detaillierte Informationen über Georgies erste Lebensjahre. Ich rechnete damit, daß Georgie eigentlich nie autistisch gewesen war, sondern nur einige autismusähnliche Symptome gezeigt hatte, die sie inzwischen abgelegt hatte. Ich lag mit meiner Prognose falsch. Georgie, der wir die Aktennummer 9147 gaben, hatte ein Ergebnis von + 19 auf unserer diagnostischen Prüfliste, verglichen mit dem Durchschnittswert von etwa 0 für Kinder, die Mediziner auf der ganzen Welt als autistisch diagnostiziert hatten. (Das Ergebnis, das von − 45 bis + 45 reichen kann, wird von einem Computerprogramm errechnet, das sowohl positive als auch negative Hinweise auf Autismus berücksichtigt.) Mit diesem Wert zählte Georgie hinsichtlich der Anzahl der autistischen Symptome, die sie in der Kindheit gezeigt hatte, zu den obersten zehn Prozent aller autistischen Kinder.

Außerdem erfuhr ich weiter, daß sie einige Jahre als Patientin auf der autistischen Station des Bellevue-Hospitals unter der Obhut meiner Freundin Dr. Magda Campbell, einer international anerkannten Expertin für Kindheitsautismus, verbracht hatte. Ein verwirrender Fall!

Annabel Stehli schrieb, daß Georgies Besserung mit einer zehntägigen Gehörbehandlung bei Dr. Guy Bérard angefangen hatte, einem französischen Gehörspezialisten, dessen Klinik in der kleinen Stadt Annecy liegt. Ich hatte Dr. Bérard einige Jahre zuvor, während seines Besuchs in den Vereinigten Staaten kennengelernt. Mehrere amerikanische Eltern, die sich über die Besserung bei ihren autistischen Kindern freuten und behaupteten, sie sei nach Dr. Bérards Gehörschulung eingetreten, hatten mir geschrieben und mich gedrängt, daß ich ihn doch treffen sollte. Dr. Bérard, ein eifriger, reizender und lebhafter Mensch, erklärte mir, wie er sich als Folge seiner eigenen, angeblich unvermeidlichen Taubheit vom Chirurgen zum Gehörspezialisten umgeschult hatte. Er entwickelte seine Methode der Gehörschulung, um sein eigenes Gehör zu behandeln, merkte dann aber, daß sie sich auch für vieles andere eignete, darunter in einigen Fällen sogar Autismus.

Georgies Fall war interessant, und Dr. Bérards Arbeit erwies sich gleichfalls als interessant. Aber die Welt ist voll von interessanten Dingen, und jeder Tag hat nur vierundzwanzig Stunden. Was *wirklich* mein Interesse an Georgies Fall und Dr. Bérards Arbeit weckte, war ein Besuch von Peter Stehli im Jahre 1987. Er ist ein intelligenter, freundlicher Mensch, der einen sehr positiven Eindruck auf mich machte, und er erzählte mir voller Stolz von Georgies Leistungen als normale Studentin im College. »Wieviel Prozent ihrer Besserung würden Sie denn der Gehörschulung zuschreiben?« fragte ich und erwartete eine übertriebene Schätzung von vielleicht fünfundzwanzig bis dreißig Prozent. Peters Antwort versetzte mich in Erstaunen: »Hundert Prozent.« Hundert Prozent ist eine hohe Zahl!

Ich war mir sehr wohl bewußt, daß ein überempfindliches Gehör für viele autistische Menschen ein schweres Problem ist. Die diagnostische Prüfliste, die ich seit 1965 verwende, stellt eine Reihe von Fragen über Geräuschempfindlichkeit und schmerzhaftes Hören. Berichte von Eltern belegen, daß dreiundvierzig Prozent der autistischen Jungen und vierunddreißig Prozent der autistischen Mädchen »sich bei vielen Geräuschen die Ohren zuhalten«. Der Psychologe Carl Delacato hat schon seit langem Eltern den Rat gegeben, daß Ohrwatte bei vielen autistischen Kindern nützt. Die Wissenschaftlerin Temple Grandin, eine weitgehend geheilte autistische Frau, schildert in ihrem Buch *Emergence* den Schmerz, den ihr überempfindliches Gehör verursachte. Sprache klang für sie »wie ein anstürmender Güterzug«. Philip Ney, ein kanadischer Psychologe, hatte vor über einem Jahrzehnt einige Arbeiten verfaßt, in denen er die These aufstellte, daß ein überfeines Gehör *Ursache* und nicht nur *Symptom* für einige Formen des Autismus sein könnte; aber jeder, auch ich, hatte sein Werk einfach ignoriert. Was war los?

Ich muß Ihnen gestehen, daß ich Bérards Vorstellungen nicht leicht akzeptieren konnte. Sie widersprachen meiner vorgefaßten Meinung. Aber ein Forscher muß willens sein, vorgefaßte Meinungen aufzugeben, wenngleich mit einigem Unbehagen. Auf meinem College hatte ich in Naturwissenschaft gelernt – und dies lehrte ich später auch meine Studenten –, was ich als Ziegelsteintheorie des wissenschaftlichen Fortschritts bezeichne: Langsam, sicher, systematisch und auf sehr geordnete Weise wird jeder Ziegelstein, also jedes neue Stück Wissen, auf die stabile Grundlage der schon an ihrem Platz befindlichen Ziegelsteine gelegt. So schreitet die Wissenschaft, wie man uns lehrt, methodisch voran. Unsinn! Fast vier Jahrzehnte als hauptberuflicher Forscher haben mich gelehrt, daß das Kreuzworträtsel ein viel besseres Modell dafür abgibt, wie die Wissenschaft wirklich vorgeht. Sehr oft zeigt sich, daß die neugefundene richtige Antwort in einer Ecke beweist, daß eine Antwort, die in einer anderen Ecke schon fest akzeptiert wird, falsch ist und gelöscht werden muß. Es werden mindestens so viele alte Antworten gelöscht, wie neue eingefügt werden. Je wichtiger das Ergebnis, desto wahrscheinlicher ist es auch, daß es eher nach der Methode des Kreuzworträtsels als nach der der Ziegelmauer zustande kommt. Vielleicht mußten einige meiner vorgefaßten Meinungen, wie Autismus behandelt werden sollte, erst gelöscht werden. Vielleicht würde auch etwas Demut, sein Nichtwissen zuzugeben, hilfreich sein.

Wer hätte gedacht, daß man Autismus in einigen Fällen durch eine Erfindung wirkungsvoll behandeln könnte, die ein alternder französischer Chirurg machte, um seine drohende Taubheit zu verhindern? Doch Georgie ist auf keinen Fall der einzige autistische Mensch, bei dem sich nach Bérards Gehörschulung bemerkenswerte Besserungen zeigten, obwohl sich keine andere autistische Person auch nur annähernd so stark gebessert hat. Außer den vier oder fünf Eltern, die mich gedrängt hatten, Bérard 1982 während seines Besuchs in den Vereinigten Staaten zu treffen, haben vor kurzem mehrere andere amerikanische Eltern mit mir Kontakt aufgenommen, die von meinem Interesse an Bérards Arbeit gehört hatten. Sie waren bereits vorher mit ihren Kindern in Annecy gewesen und so zufrieden, daß ich diesen autistischen Kindern eine zweite Gehörschulung geben sollte. Ich bin jedoch ausschließlich Forscher und praktiziere nicht im Krankenhaus, so daß ich ihre Wünsche nicht erfüllen konnte. Eine kürzlich per Post gemachte Umfrage bei Dr. Bérards Patienten hat ergeben, daß viele weitere Eltern von autistischen Kindern die Vorzüge seiner Arbeit sehr unterstützen.

Dr. Bérard ist vor kurzem in den Ruhestand getreten und praktiziert die Gehörschulung, die er entwickelt hat, selbst nicht mehr. Seine Arbeit ist jedoch viel zu bedeutend, als daß sie aufgegeben werden sollte. Eine Anzahl seiner Geräte existiert noch, und andere Menschen werden seine Arbeit fortführen. Ein geschickter Elektroingenieur, der selbst ein autistisches Kind hat, entwickelt gerade ein Gerät, das er für eine viel einfachere, weniger kostspielige und auf dem letzten Stand der Elektronik befindliche Version des Gehörschulungsgeräts von Dr. Bérard hält. Sein Sohn hatte eine deutliche Besserung nach der Gehörschulung gezeigt – eine Besserung, die zu positiven Bemerkungen seitens der Lehrer führte, welche keine Ahnung hatten, daß eine Behandlung im Gange war.

Unser Institut in San Diego wird neue Entwicklungen bei der Gehörschulung überwachen und periodisch darüber berichten, so wie es dies mit vielen anderen Entwicklungen auf dem Gebiet des Autismus tut. Wer sich für die augenblicklichen Informationen über Bérards Arbeit interessiert oder mehr über andere Behandlungsmethoden des Autismus erfahren möchte, möge sich schriftlich an das Autistische Forschungsinstitut wenden (bitte nicht anrufen).

Bernard Rimland, Director
Autism Research Institute
4182 Adams Avenue, San Diego, CA 92116

THE GREAT
GOLDEN GATE BRIDGE
TRIVIA BOOK

THE GREAT
GOLDEN GATE BRIDGE
TRIVIA BOOK

E.J. KNAPP

Chronicle Books • San Francisco

Library of Congress Cataloging in Publication Data

Library of Congress Cataloging-in-Publication Data

Knapp, E.J. (Edward John), 1948–
   The great Golden Gate Bridge trivia book.
      1. Golden Gate Bridge (San Francisco, Calif.)—
Miscellanea.   I. Title.
TG25.S225K63   1987   624'.55   86-28408
ISBN 0-87701-433-7 (pbk.)

Editing: Terry Ryan

Book and cover design:
Dare Porter/Graphic Design, San Francisco

10 9 8 7 6 5 4 3 2 1

Chronicle Books
One Hallidie Plaza
San Francisco, CA 94102

TABLE OF CONTENTS

For Ryan John Knapp and
Courtney Mackenzie Knapp,
whom I sorely miss.
This book is for you.

ACKNOWLEDGEMENTS

During 1986, a great many people helped in the building of *The Great Golden Gate Bridge Trivia Book.* Few will escape! No torture is necessary! I'm ready to name names! First off, I'd like to thank everyone at the Coding Center for their moral support, especially Susan Yeary and Claire Collopy for cutting me so much slack during the writing of this book. I'd also like to thank Michael Secondo for the Post-It bridge, Mad Max for the cupcake, Liz Sweeney for the flowers, and Marianne Rothe for the comments and notes. Their faith, friendship, and encouragement kept me going through many dim moments. May their inter-connections always be on the trunk-side of a class 4 office. Also, for their faith, friendship, and encourage-ment, may Paul Kilfoil, Robin Whitman, Kim White, Louisa Johannessen, Gordon Sorenson, Susan Angerame, David Barbaras, David Smith, Peter Brace, Carol McDermott, Carol Thomte, and Thomas Burchfield find happiness through TSPS on a 4ESS Access Tandem. If I've forgotten anyone at the center, I apologize. Killer-Trunks have obviously been ripping my TWLT.

Denise Rehse, whom I won't refer to as 'niecee since she claims she'll beat me up if I do, should get the Golden Shovel Award for all her help at the beginning of the project. Special posthumous thanks must go to Elvis and Wordsworth for reasons I could never explain and to Guinness, Pepperidge Farms, and the advent of video cassette technology for reasons that don't require any explanation. To say the least, this segment of the journey on the sealed train to the Finland Station would not have been possible without them.

Many thanks must go to Asher for keeping the manuscript warm. A special cheer goes to everyone at the Paradise Market on Vicente Avenue and a very warm thanks to Eagle Pizza on Taraval Avenue, home of the greatest pizza and antipasto salad in the universe and where the idea for this book first saw the light of day.

Special thanks go to Hambone Wilner for lighting a fire under my... research. He saw what I had before I did. Thanks to G. F. Johnson and Nick Yarnchak for their patience and understanding. Thanks also to Gail Orner for the loan and her encouragement. Thanks also to Fred Applegarth, Penny Cohn, Deb and Ken Baron, and especially Chris Fessler and her mom and dad for helping Before.

The Golden Bridge Award has to go to Peggy Ford, whose sense of comedy restored the Balding Stonehenge; to Dan Cooley, whose writing skills helped Chapter Three, "The Bridge That Couldn't Be Built," come in out of the brown rain; to *Sputnik,* whose journey will someday end with the discovery of his own Golden Gate; to Insu Justesen and Anami for gifts from the soul. Many, many thanks must go to Leslie Light for love and support and a taste of the Dwarf, and to Matt Light for Creative Consulting, salvaging, and educating Antareans while all the while lusting after our Mayonnaise. The deepest of heartfelt thanks go to Ray Resler of Colfax Consulting for his encouragement and astute advice, and to Nancy Resler, whose love, kindness, and support of every imaginable kind kept us alive through the Alchemical Daze.

Since this acknowledgement has now moved from "I" to "us," it seems a good time to mention who the "us" is. Cindy Ford helped to co-write this anecdotal history of the Golden Gate Bridge, although from the very beginning she has adamantly refused to accept any credit (blame?) for her part in the effort. She spent long hours combing through dusty library archives seeking obscure tidbits of Bridge history while keeping me supplied with Kleenex as I sneezed my way through the book dust I am allergic to. She helped to organize this data into some semblance of order and, through many hours, the two of us wrote and rewrote nearly every anecdote. Her skills smoothed out the anecdotes, refined them, and maintained whatever "voice" I may have given them. If I live to see the Bridge's 100th anniversary, I could never begin to repay her, nor tell her how very much I appreciate her help and support through all the dark hours on the sealed train to the Finland Station, where all of this took place.

I love you Bucky-Loo!   **E.J. Knapp**

INTRODUCTION

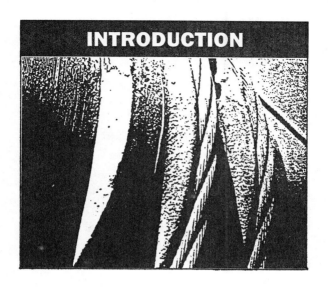

In January of 1986, Cindy Ford and I were sitting in the Eagle Pizza restaurant on Taraval Avenue munching down on the finest pizza this side of the Atlantic coast line and drinking white wine. About midway through our second carafe, I mentioned that the Golden Gate Bridge would be 50 years old the following year. "So what?" she replied. "Well, I thought we could write something about it for its birthday, a book maybe." "There are probably hundreds of books on the Golden Gate Bridge," she answered. "Yeah, probably," I replied, sipping.

The following day, I decided to check on just how many books there were on the Golden Gate Bridge. I found three. And all three were on the building of the Bridge only! I found this quite hard to fathom because, like the cable cars, the Golden Gate Bridge is synonymous with San Francisco. And, although the building of the Bridge was no doubt quite an achievement, the thing that had always fascinated me about the Bridge was its propensity for attracting weirdness. So I decided to dig into the Bridge's past. The more I dug, the weirder it got. To paraphrase Hunter S. Thompson: When the going gets weird, the weird do it on the Bridge.

As I combed 50-year-old newspapers—*The Chronicle, The Examiner, The Call-Bulletin, The San Francisco News*—I found myself wishing that I'd been in the city for the huge and riotous celebration that marked the opening of the Bridge. The rest of the country, unbeknownst to anyone then, was poised between the Great Depression and World War II. Across the ocean, the Spanish Civil War was raging, Hitler had come to power in Germany, and the Duke of Windsor had scandalized the world by becoming engaged to Wallis Simpson. In the months before the Golden Gate Bridge opened, Roosevelt was sworn in for a second term, Amelia Earhart took wing, GM workers in Detroit ended their strike for a nickel raise, and the Hindenburg blew up. The best thing the world had going, it seemed to me, was the Golden Gate Bridge.

The Golden Gate Bridge became the center of San Francisco attraction long before the first shovelful of dirt was turned in 1933. Newspaper stories on the Golden Gate Bridge, during its construction, outnumbered those on the Bay Bridge ten to one, even though the Bay Bridge was being built at the same time and a scant few miles away. A three-day celebration followed the opening of the Bay Bridge. San Francisco partied for a solid week when the golden one was opened. The Fiesta celebration, which ushered in the new Bridge, had been in the planning stages almost before the concrete had hardened in the Marin anchorages four years earlier. By the time the Bridge was ready to open, every park and empty space near the San Francisco side of the Bridge was covered with a profusion of colorful flowers. Every district in the city had elected a Fiesta Queen, merchants decorated their shops, parades were planned, sporting and athletic events of every imaginable kind—from log-cutting to rock-drilling—were set up. Dignitaries from all over the country were slated to attend. Hundreds of thousands of people were expected to swamp the city's accommodations, which were already crippled by a hotel strike.

The night of May 26th, a costumed Coronation Ball was held in the Civic Auditorium. The crowd came dressed in all manner of disguise. They were there to dance and party. They were there to crown one Queen-Empress from amongst all the Fiesta Queens. An insurance company stenographer named Vivian Sorenson walked away with the honors that gala evening. The crowd roared its approval and proceeded to dance the night away.

Meanwhile, at the Bridge itself, those early morning hours saw 18,000 people massed and waiting for the signal that would lower the gates and open the Bridge. At 6:00 a.m., it came, and onto the Bridge they swarmed. By 6:00 p.m., when Pedestrian Day was over and the Bridge was closed for cleanup, 200,000 people had walked, crawled, run, danced, skipped, jumped, and sat on every square inch of the new bridge.

Back in town, a four-mile-long parade wound its way

through the streets of San Francisco. It took over three hours for the more than 20,000 marchers to pass any given point along the parade route.

The evening of May 27th saw the premier of *The Span of Gold* pageant, which chronicled the history of California from its earliest days through its admission to the union. At the end of the production, which featured a cast of 3,000, the stage lights dimmed, and a strange quiet engulfed the audience. Suddenly, out of the darkness, the beams from giant searchlights located on either shore shot out across the waters of the Golden Gate and lit the Bridge for the first time. Amidst a pyrotechnic display that set the sky alight with a thousand tiny fires, the crowd went nuts, storming into the streets like the crowd at a football game when the hometown team wins the championship. They stormed into the city, down every street and alley. They danced! They laughed! They sang! They drank a toast to the heavens and the Bridge, and then they danced and laughed again. No World Series, no Super Bowl Championship could ever begin to compare to the party that erupted in "the city that knows how!" They were still going strong the next day when, at 12:00 noon, the Bridge was officially opened for vehicle traffic. The party was still going strong when it came to a close on June 1st, seven days after it had begun. When the party was finally over, however, the excitement didn't wane, and hasn't yet diminished, 50 years later.

Nor had mine even after so many many hours of research. I began to find myself feeling a little proprietary about the old Bridge, as if it were an old college friend that had made it big. And, oddly enough, I found myself becoming emotionally involved in the events that had transpired on or about the Bridge. I got really mad at the idiot who didn't check the safety bolts on the scaffold that fell and killed ten men. Fifty years ago! I got all teary-eyed over the heroism of E. C. Lambert, one of the two who survived the fall. I started feeling sorry for the toll collectors, and angry at the abuse they had to put up with. I understood fully the one who got his revenge. I began to wonder what it would feel like to climb the cables, to sit atop the towers and look out over the city. The Golden Bridge and its history were getting to me in a big way. Nancy Resler tried to comfort me by saying that gold and bridges were symbols for the unconscious mind, that what I was feeling was natural considering the time I'd spent immersed in my study of the Bridge. Cindy Ford said it had happened to Wordsworth on Westminster Bridge, so I was in good company. Matt Light suggested a few cold ones, and if that didn't work, to chase them with Old Grandad.

None of these things worked—I was still smitten. The pages ahead, which begin with the week-long party and end with the Bridge's dark side, are what you might call a "roast" of the Golden Gate Bridge. When you first meet someone, you remain polite; later, when you know them well and love them, when you've sat up all night with them, when you've come to know their secrets and they yours, it's then that you know they will forgive you if you put those little candles that you can't blow out on their birthday cake. The Golden Gate Bridge had become such a friend.

Introduction

I had crossed and recrossed the Bridge many times before the idea for this book arose, but I had never seen it in quite the same way as I now see it. Walking across it now *is* like walking with an old friend. I can see the scaffolds and derricks stretched out across the water, hear the whisper of the cables being spun. The cacophony of hundreds of men driving thousands of rivets is a roar in my ears. I understand the thousands who came that day 50 years ago just to cross the "bridge that couldn't be built." I understand the need to *do* something on the Bridge, something unique, something with which to share in its glory. I understand those who have climbed its towers and cables. I understand those who have dived and parachuted from it. I understand why people have been married on it, skied across it, run naked upon its pavement, and done all manner of things on it. In a sad way, I even understand why some choose to end their lives on it.

I could easily go on in this vein, and indeed I do in the pages that follow. So, settle back, raise your glasses high, and toast the Golden Bridge.

Onward into the fog.

BY GOLLY, THEY MADE IT!

On May 27, 1937, promptly at 6:00 a.m., they opened the "bridge that couldn't be built." For one day and one day only, the Golden Gate Bridge would be the sole property of the Pedestrian, who, knowing that forever after the Bridge would have to be shared with the machine, came determined to make the day a monumental one. To make a personal mark on history. To be the first at something, on the Bridge that was itself a first.

The view from the Bridge is rather nice, but not when your nose is an inch from the concrete roadway. Perhaps this explains why Milton Pilhashay gave up his attempt to push a pillbox across the Golden Gate Bridge with his nose after only making it 100 feet. Perhaps he realized how stupid he looked. Perhaps he realized that if he went through with it, he wouldn't have a nose. Why he quit shall always be shrouded in mystery—as well it should be.

He's off! Past the toll plaza and out onto the side span, the seconds ticking by. Coming up on the South Tower now, he feels the wind tug at his face and hair. Head high, he moves into the long straightaway—4,200 feet of suspended steel and concrete surround him. Seconds melt into minutes. He passes the North Tower onto the Marin side span. At 8½ minutes, he reaches the halfway point and makes his turn. North Tower, midspan, South Tower, and then a final burst of speed. Lungs heaving, nostrils flaring, legs pumping: Walter Farlin passes the finish line at the Toll Plaza where he had begun, becoming the first person to run from one end of the Bridge to the other and back again. Total elapsed time: 17 minutes.

Although in 1854 he was probably more interested in his thumb than the view, Robert Bence sailed through the Golden Gate at the tender age of two with his parents; 83 years later he crossed the Golden Gate on the newly opened Bridge.

Golden Gate Bridge
Trivia Question

When the whistle blew at 6:00 a.m. on May 27, 1937, the crowd surged onto the now-opened Bridge. The first pedestrian to make it to the Marin side was:

1. **Frank Zappa**
2. **George Fatton**
3. **Donald Eryant**
4. **King Kong**

Going in the opposite direction and becoming the first to reach the San Francisco side was:

1. **King Richard the Lionhearted**
2. **Elvis Presley**
3. **Robert Miller**
4. **Mark Twain**

Eunice Martin of Los Angeles claimed that her pet flea, Oscar, was the first flea to cross the Golden Gate Bridge unaccompanied by a furry animal. He made the crossing in a clear cellophane bag so he could see the sights while not disturbing any wayward dogs. She also claims that Oscar was the first flea to cross the Other Bridge as well.

Have you ever thought about stealing a rivet? Would you even know how to steal a rivet? Well, there must be some way to do it, because souvenir seekers stole over 200 of them on opening day.

Eighteen babies were born in and around San Francisco on May 27, 1937, sharing birthday honors with the Bridge. It is hoped that none of the nine boys and nine girls were orange or took as long to build. What is certain is that their parents would have choked had they been handed a bill for $35 *million* for their delivery.

And then there is the guy who claims that, in honor of the opening of the Bridge, he named his child Golden Gate Kane.

Grace Lines' *Santa Paula* was the first merchant passenger ship to navigate under the Bridge after the official opening. She made her passage at 12:00 noon on May 27, commanded by Captain Alf Adler.

2

Golden Gate Bridge
Trivia Question

The first twins to cross the Golden Gate Bridge were:

1. **Amos and Andy**
2. **Cisco and Pancho**
3. **Esther and Ann Bullard**
4. **The Lone Ranger and Tonto**

In 1987, kids wait all night for tickets to rock concerts. In 1937, they waited all night to be first onto the Golden Gate Bridge. Walter Kronberger was one such kid. He arrived at the Toll Plaza at 7:00 p.m. the night before with his sleeping bag in hand, prepared to camp out. Though he didn't get the honor of being first on the Bridge in spite of all his effort, he came away happy with having been the first Boy Scout on the Bridge.

By 6:00 a.m., the crowd outside the Toll Plaza was massive, numbering in the thousands, all waiting for the whistle to blow and the Bridge to open. When the magic moment came, Phyllis Kirschbaum dropped her nickel in the toll box first and walked out onto the Bridge.

Joseph Strauss, the designer of the Golden Gate Bridge, claimed that the Bridge could withstand almost anything humanity or nature could throw at it. Not so the tollcollecting coin boxes. The overwhelming crush of humanity on opening day soon overpowered the boxes and, one by one, they ceased to function. Water buckets were brought in to replace them, and the joyous march continued.

In all, 82,900 nickels were collected on Pedestrian Day. If all those nickels were stacked one atop the other, they would stand 494 feet high, or 24 feet higher than the height of the towers from the roadway to the top. The nickels would weigh in at 864 pounds, which is approximately the weight of 3,456 McDonald's hamburgers.

W. C. Fields said, "Never give a sucker an even break." His followers were out in droves during the opening of the Golden Gate Bridge, selling five-cent toll passes for a quarter to unsuspecting tourists.

Golden Gate Bridge
Trivia Question

The first child reported lost on the Golden Gate Bridge was:

1. **Amelia Earhart**
2. **Gilligan**
3. **Anna Marie Anderson**
4. **Judge Crater**

If you go over 10 mph, will your brain hemorrhage? Folks were asking this when trains came on the scene in the eighteen hundreds. A century later, when the Bridge opened, the four most frequently asked questions were:

1. **Is it safe to cross?**
2. **Can I wheel my baby across?**
3. **Can I take my dog across?**
4. **How long will it take me to cross?**

Police were alarmed when they spotted a staggering woman whose tongue was hanging out from her mouth. Rushing to her aid, they were shocked to find that she was just trying to be the first to cross the Bridge with her tongue out.

An estimated 50,000 hot dogs made the crossing on Pedestrian Day, in one way or another. If all those dogs were linked together, they would form a line that would take the average person an hour and a half to walk, which is just about how long it would take the average person to find a public restroom in this city!

Pak-Tung-Se-Mau. Sounds like an item from column A of a Chinatown restaurant's menu. In reality, it was the name of the first *cat* to cross the Bridge. Pak-Tung made the crossing with Miss Helen Cole.

Golden Gate Bridge
Trivia Question

The first person to break an elbow on the new Bridge was:

1. **Venus de Milo**
2. **Darth Vader**
3. **Jack Decoba**
4. **Kermit the Frog**

Perhaps he was feeling a little down. After all, being on strike on a warm, sunny day—the day they were opening the new Bridge—couldn't go far towards lifting one's spirits. Florentine Calegeri decided to rise above it all. He walked across the Bridge and then walked back. On stilts!

Perhaps because they had no stilts, John Royan and his daughter Betty carried 25 pounds of Schuylkill County anthracite coal across the Bridge from Marin to San Francisco. Mr. Royan and his daughter were from Heckersville, PA, over on the East Coast, which explains a lot.

And there was Cub Scout Troop #5 of Red Hill School in San Anselmo, who carried a rope across the Bridge on opening day. No one seems to know why.

Out from under the rocks to the North, 22 members of Oregon Caveman, Inc. came to inspect the Bridge. They claimed that their Order had advocated such a project in 1926. With an 81-foot chain of bones, they checked the specs of the Bridge as they had been dictated by the ancients of their Order. They declared the Bridge to be OK.

Golden Gate Bridge
Trivia Question

The first person to cross on her/his birthday was:

1. **King Ferdinand of Spain**
2. **Emperor Norton I**
3. **Vera Flowers**
4. **Napoleon Bonaparte**

Nine-year-old Stanford Hardeman of San Francisco earned himself at least two, and possibly three, firsts on Pedestrian Day. He was the first person to sneak past the fence and get on the Bridge without paying a toll. Not satisfied with this accomplishment, he returned to the Bridge after midnight, long after the Bridge was closed for the night, snuck on again and became the first person to cross after the "witching hour." And the third "first?" Though it will never be known for certain, it can be assumed that, after arriving home at 2:00 a.m. to anxious and worried parents, young Mr. Hardeman became the first little boy unable to sit down the day after the Bridge opened!

2:00 a.m.! The alarm jangles you awake. You throw the alarm clock across the room. You go back to sleep. But not Carmen and Minnie Perez; they left their San Francisco home in the dead of night to reach the Bridge in time to be the first to *rollerskate* across it.

It started as a faint "sploosh," as the first of six pairs of shoes sank beneath the waves some 220 feet below. Bob Jarding, Oscar Merks, Morris Dahl, L. R. Jones, Bob Holden, and Jack Starry became the first to cross the Golden Gate Bridge, both ways, barefooted.

This was also the first recorded shoe-icide from the bridge.

There is such a thing as getting carried away, such a thing as going too far. For Raynor Morrison, the going-too-far could have ended in a 230-foot drop. He had been trying to get a better view from the Bridge and caught both knees in the picket fencelike iron railing, and ended up being treated at the Bridgehead Hospital, a temporary treatment center set up to handle bridge emergencies.

Children are strange creatures. One kid, who let out a wail and a flow of tears after falling on the Bridge, was consoled by his mother, who told him, "Just think, honey, you're the first one to fall down on the nice new bridge." It worked. He stopped crying and pushed on happily. You figure it out.

6

Golden Gate Bridge
Trivia Question

The first bicycle to eat concrete in a crash on the Golden Gate Bridge belonged to:

1. **Sophia Loren**
2. **Michelangelo**
3. **Bill Giandoni**
4. **Genghis Khan**

On Pedestrian Day and for years afterward, the Bridge had a two-way toll. One kid walked up to the toll booth with two pennies and an extended lower lip. The toll taker felt sorry for him and let him pass, saying, "I'll let you cross, but I don't know how you'll get back."

"The same way," replied the kid.

Two other kids decided that, if they couldn't go with the flow, they would go under it. Walkers on the Bridge were horrified to see the two youngsters scampering across the safety net below the roadway. Concerned police gave chase, but the two kids managed to elude capture by returning the way they had come and slipping away into the crowd.

Sam Klopstock III was not overly impressed with the new Bridge. Being the first baby to cross the Bridge in a carriage did not impress him either. In fact, about the only thing that impressed three-month-old Sam was some of Bridgehead Hospital's warm milk, which he promptly spilled all over himself.

The little guy just couldn't stand to see his friends walking away from him, so he took the big plunge off the Golden Gate Bridge. The little guy was a puppy named Pal who leaped 75 feet from the Bridge and broke his right front foreleg.

7

Golden Gate Bridge
Trivia Question

The first blind person to cross the Bridge was:

1. **Stevie Wonder**
2. **Ray Charles**
3. **Mrs. Francis Parrish**
4. **Ronald Reagan**

W. S. Wards had a problem, which wasn't rain or sleet or dark of night. He had 14,680 pieces of mail from all over the world that had to be sent so as to cross the Bridge. The stamps on these letters, cancelled at both ends of the Bridge with time and date, would be invaluable to collectors. But, alas, it was Pedestrian Day, and no trucks were allowed on the Bridge. A call to Bridge publicity man H. Clay Bernard ended in special arrangements, and the mail went through.

Elmer loves Anastasia. John loves Mary. Bridge officials didn't break down and cry. Instead, they put to the back of their minds the rising number of gallons of paint it was going to take to cover the thousands of declarations of love scratched onto the Bridge those first few days.

Betty Tandy didn't like this one bit. Here she was, trying to have a good time on the new bridge, and what happens? She turns her back for one minute and, whammo, her parents get lost. Well, there was nothing to do but find a cop and see if he could find them.

So what do you do with a few pounds of leftover bridge cable? Make screwdrivers, paperweights, and other such paraphernalia and sell it to any and all who will have it. Much of the money made from these sales went to the families of the men killed while building the Golden Gate Bridge.

Early morning, midspan, the casting of votes begins. Out of the soft murmuring, the shape of a name arises: Mrs. Lawless has triumphed, to rule for ten years! The Anarchist League was not holding secret elections on the Bridge that day, though the new president's name could make one suspicious. Rather, the Sunrise Bridge Walking Club was holding its first meeting and its first election, thereby nabbing the honor of being the first club to form on the Bridge. The women figured they could keep up a tradition of annual walks for at least ten years, "canes and shawls and all."

What do you do when all the firsts have been had, when the day is over, and the Bridge is closing? You haven't found a single way to get your name in the newspaper or done anything you could tell your grandchildren. Suzette Ballard and Betty Swain found themselves in just such a predicament. Being enterprising young women, they came to the conclusion that, if they couldn't be *first* at something, then they would be *last*—the last off the Bridge. They lingered about as everyone else left and, when they were sure they were the last ones, they took off their shoes, just to make it unusual, and scurried towards the Toll Plaza. "We're the last off," they shouted as they passed a Bridge guard. "Sorry to disappoint you," replied the guard, "but Miss Nedra Kemp is just now leaving the Bridge on the Marin side." Their reply, which is not known, was probably not something they would have told their grandchildren anyway.

Golden Gate Bridge
Trivia Question

The first person to be discovered unconscious on the Bridge was:

1. **Sigmund Freud**
2. **Francisco Franco**
3. **George Leyon**
4. **Rip Van Winkle**

He had been hit over the head by:

1. **Halley's Comet**
2. **A grand piano**
3. **A blackjack**
4. **Godzilla's toe**

The 65 Bridge officers saw many a Betty Tandy that day, rounding them up in groups of 50 and helping them find their lost parents.

Clink, clink, clink, clink, clink, clink, clatter, clink, clink. The distinctive sound of one showoff pedestrian who offered up a $20 bill for a five-cent toll and received his change in nickels and dimes.

Golden Gate Bridge
Trivia Question

The first set of Chucks, who happened to be friends and happened to be mailmen and happened to cross while on their lunch break, were:

1. **Laurel and Hardy**
2. **Abbot and Costello**
3. **McFarland and Conner**
4. **Burns and Allen**

The Coronation Ball held at the Civic Auditorium was a costume ball, and no one was allowed admittance without some kind of getup. But at party time, no one was inclined to be all that strict about what kind of costume was worn or what condition the costume wearer was in. The published regulation for admittance read: "Virtually nothing will be barred—nothing but absolute nudism and acute alcoholic catalepsy."

"This is no war! This is a party!" This was San Francisco

Mayor Rossi's reply to representatives of the Longshoremen's Union, who were demanding the removal of Germany's Nazi flag from the parade route.

Meanwhile, a group of men successfully tore away a portion of the aforementioned flag before being routed by police. This prompted Propaganda Minister Joseph Goebbels to demand action on the United States' part. "Protect the German flag," he was quoted as saying. "Satisfaction must be given!" Few people at the time realized just how much "satisfaction" would ultimately be sought of the world by these Nazi madmen.

Golden Gate Bridge
Trivia Question

The first person to fall from a gun emplacement at Fort Point and wind up in the Bridgehead Hospital was:

1. **Humpty Dumpty**
2. **Chevy Chase**
3. **Richard Semour**
4. **Dick Van Dyke**

The streets of San Francisco were five deep in people trying to see the parade that wound its way down Market Street. Short people were getting stepped on. James Tamietti, who may or may not have been the patron saint of short people, was out that day making a quick buck. He brought a load of boxes and sold them to schoolchildren who, in turn, rented them to spectators who wanted a better view. Rent varied from 10 cents to 35 cents. It wasn't just boxes these kids were renting. Many a family returned home that evening to find the parlor furniture scuff-marked and marred.

Ever get a joyous, uplifting feeling during an oil change? Lube? Well, Matilda Slavich, Evelyn Cosgrave, and Alice Reilly did. Being unable to see the parade for all the people, not to mention being unable to find a parking spot, the three women rode to a filling station, ordered the oil change and lube, and watched the parade from the car up on the hoist.

Some weirdo in a sombrero and serape comes out of your bathroom and hands the toothpaste to a bearded man in spurs. He goes downstairs to brush his teeth in the kitchen. These days, that sounds like a nightmare you'd have after falling asleep watching some dumb western on TV. Back then, people all over San Francisco were opening up their spare rooms to the hundreds of people who poured into town to celebrate the Bridge's opening. A hotel strike had drastically reduced the number of rooms available.

Maybe the only two *real* cowboys in the city that day, some fellows in for vacation from a range job, took a look at a butcher in a bloody apron and a 10-gallon hat, and at a milkman delivering in his chaps, and headed straight back for Livermore. Vacations are supposed to be a way to escape the same old dull routine.

Broad daylight. Polk Gulch. Mothers keeping watch on

their straggling children. Shoppers shopping. Bankers banking. Suddenly, and without warning, from out of the dark closets of history comes a horseman, his mind spinning with the memory of a hundred unrighted wrongs. Joaquin Murietta, head and all, rides in on a palomino and holds up Blum's, Brownie's Trading Post, and a bank, his six-guns flashing silver, a gold bridge shining in the background.

To his captor went $25 and, if such a man had the good sense to have a copy of *The Examiner* with him, an extra $10.

The Polk-Van Ness Merchants Association set the whole thing up for fun.

Broad daylight. Polk Gulch. Mothers keeping watch on their straggling children. Shoppers shopping and bankers banking. Suddenly, and without warning, sheep. Sheep bleating. Sheep scurrying. Automobiles and streetcars screeching to dead stops. A lot of yelling. This was nobody's idea. The sheep had been imported to lend a little atmosphere and, when they somehow got loose, they created more atmosphere than anyone had bargained for.

Broad daylight. Polk Gulch—Oops! Actually, now we're over on Mission Street, where the owners of a gas station have corralled some rented horses near the gas pumps. They were hoping to lure in tough customers. The paying kind.

One of the guitar-sporting Spanish minstrel bands roaming the town during the festivities happened in to

Fiesta headquarters. They thought a little music might lighten up the harrassed, last-minute maneuvers of the workers. Not so. Fiesta General Manager Cullenward, decidedly unamused, told them to get out before he threw them out.

By a stroke of luck, or through a whispered warning from the minstrels, 11 Guatemalan marimba players steered clear of the headquarters. It took *all 11* of these guys to play one, *gigantic* marimba, which would have been hard for *anyone* to throw *anywhere*. This musical company had been dispatched by then-president of Guatemala, Jorge Ubrico, to pay tribute to the new bridge.

God was in his heaven and all was right with the world on those few days in May of '37. "God's Great Bridges and the Soul's Fiesta" was the sermon topic at Calvary Presbyterian, followed by a talk entitled "The Golden Gate Bridge: Secret and Symbol of Mighty Living." The then-pastor of Glide Memorial Church preached a sermon called "The Builder of Bridges." Guests that day included Joseph Strauss and Edward Stanley—no doubt, God's instruments.

"Twenty Ladies from Hell," though not exactly the Ladies' Temperance Association, were not, however, quite as fierce as their name might suggest. Except musically. The devilish 20 comprised the membership of the Canadian Scottish Regiment's bagpipe band, come to celebrate and play at the Fiesta luncheon.

Golden Gate Bridge
Trivia Question

The first priest to cross the Bridge was:

1. **Father Junipero Serra**
2. **Saint Francis of Assisi**
3. **Father Maurice**
4. **Friar Tuck**

What do Scarlett O'Hara, rodents, and eccentric British novelists have in common? They were on the minds of the readers of San Francisco the week the Bridge opened, as Steinbeck's *Of Mice and Men,* Margaret Mitchell's *Gone with the Wind,* and Virginia Woolf's *The Years* were topping the bestseller list. Dale Carnegie's *How To Win Friends and Influence People* was first on the list of "nonfiction" bestsellers.

It was 1937, the Bridge was open, the Great Depression was on its way out. A brand new Dodge was selling for $847 delivered. Aspirin was nine cents per 100, and a bottle of *10-year-old Scotch* was selling for $2.49 a fifth! A four-room flat on Natoma Street was renting for $15.00 a month while $2.50 to $4.00 a day would get you a room at the Pickwick Hotel—with a bath in every room. Cigarettes were $1.29 a *carton,* and beef was selling for 29 cents a pound.

May 28, 1937. 12:00 noon, San Francisco time. In Washington, D.C., FDR pushed a gold telegraph key. A tiny spark raced 3,000 miles sunward to set off such a cacophony of sound it was a wonder the San Andreas Fault didn't slip a notch or two. Every siren, every church bell, every car horn in the city went off at once. The foghorns bellowed. Ship whistles blew. Rockets reached for the sky and spread thin, delicate fingers of light across the heavens. The "bridge that couldn't be built" was open.

Murphy's Law
As Applied to Bridge Ceremonies

Though the infamous Murphy had not yet written his epigrammatic "anything that *can* go wrong, *will* go wrong," his presence was definitely felt during the various ceremonies associated with the Bridge's completion and opening. Starting with the gold rivet that was sheared away and lost, Murphy then moved on to the ceremony dedicating a bronze plaque in commemoration of the Bridge's completion. The crowd was gathered, newspaper reporters with pencils at the ready lurked about, photographers with flashbulbs primed drifted in, dignitaries cleared their throats with speeches on the tips of their tongues, the cement was mixed, and the bronze plaque...the bronze plaque...where was the bronze plaque? Strike two. Well, they went ahead with it anyway, bronze plaque or no bronze plaque, but not without a great deal of embarrassment.

Murphy hung loose for awhile, but he did *not* go away. On the 28th of May, three obstacles blocked the opening of the Bridge to vehicular traffic as part of the opening ceremony. The first obstacle, the cutting of two giant sequoias by lumberjacks, went without a hitch. The second obstacle consisted of three chains—one of copper, one of silver, and one of gold—that were strung across the roadway. Frank Doyle cut neatly through the copper one with an acetylene torch. William Filmer did the same with the gold one. The silver one, unfortunately, was in Murphy's province. Mayor Angelo Rossi lit his torch. It sputtered and died. He lit it again. Once again it died. The crowd murmured and shuffled a little in anticipation. Mayor Rossi lit the torch one more time and, though it sputtered and crackled like a wet campfire on a windless night, he managed to cut through the third and last chain.

The last obstacle was a line of pretty Fiesta Queens, but Murphy was happy with what he had wrought. He left them to disperse with flourishes and smiles.

Two by two, they moved solemnly out onto the Bridge. One boy, one girl. Each pair represented a different school. Every school in the city was represented. Silently, they passed the silent crowd. Only the Bridge itself dared to make a sound. Within the hands of each child, a bouquet of flowers. High overhead, a formation of planes carried more flowers. Soon, the children reached the center of the Bridge. Soon, the waters below the Bridge were covered with flower petals.

A bizarre reenactment of Noah's Ark? No, the Fiesta tribute to the 11 men who were killed during construction of the Bridge.

It seems that one 12-hour day was not enough for the pedestrians. When the Bridge was opened to vehicles the following day, pedestrians outnumbered cars during the first hours of business. It was so crowded, in fact, that Bridge officials closed off the truck lane to allow strollers more room to stroll. And, just to keep all the records straight, they listed their five-cent toll as "Truck Passenger Fares."

Neat cattle. What is a neat cattle? Is that anything like a clean buffalo?

Whatever it is, it would have cost you five cents, plus a penny for yourself, to walk it over the newly opened Brooklyn Bridge in 1883. To ride your horse into Brooklyn, it would have cost you three cents. Add a carriage, and the toll rose to five cents. If two horses were needed to pull the carriage, add another nickel; three cents a head for any additional horse. Going across the Golden Gate Bridge 54 years later would cost you a nickel to walk, four bits to drive.

No established toll for neat cattle, though.

When the Golden Gate Bridge opened in 1937, auto tolls were fixed at 50 cents per car each way. These tolls remained in effect for 13 years until 1950, when auto tolls were reduced to 40 cents each way. By 1955, tolls were down again to 30 cents, and before the end of that year they were cut to 25 cents each way. In the early seventies, the Bridge became the first toll bridge to collect a toll from one direction of traffic only—inbound to the city. The mid-seventies saw the toll rise to 75 cents and, finally, to a dollar, which is what it costs today. This makes the toll today essentially what it was in 1937, 50 cents each way!

Golden Gate Bridge
Trivia Question

On opening day, a taxi ride across the Bridge and back cost:

1. **Your first-born male child**
2. **The equivalent of the national debt**
3. **Five bucks**
4. **Four and 20 blackbirds**

Flap, flap, flip, flap, flop, flap, flap. She was slow, and she was ancient. She had been built in 1902, probably by Mr. Ford himself. She had a vertical steering column and fenders that threatened departure at every bump. The two old men who drove her loved her, though. When at last she made it from one end of the new Bridge to the other end, one of the old men turned to his partner and exclaimed, "By golly, she made it!"

What are friends for if they can't help keep things cool? An amateur radio operator, identified only by his call letters W6JVG, had three of his friends fanning the portable rig set up in the back seat of his car. He crossed and recrossed the Bridge broadcasting a message to all who were tuned in to his frequency. Perhaps the message was a warning to beware of the strange Oregon cavemen sighted on the Bridge!

Picture this: Hot dogs dangling from crumpled handle-bars. Mustard mixing with gasoline. Bits of relish dripping from splintered board. The blush of embarrassment on California Highway Patrolman Ralph McInerney's face competing with the color of the ketchup splattered all around him. The Golden Gate Bridge had not yet had its first paying customer when it witnessed its first vehicle accident. While on patrol, Officer McInerney had crashed his motorcycle into an unlit hot dog stand.

Most people try to avoid traffic tickets, as a rule. One lady, however, actually abandoned her car on the Bridge in order to be the first to get a ticket on opening day.

The police, being much too busy for such nonsense, simply had her car towed and made her cough up a stiff towing charge.

Of course, if you don't *want* a ticket, then chances are you'll *get* one. Arthur B. Cole, chauffeur of San Francisco industrialist Louis Lurie, found this out the hard way when he parked at the Toll Plaza to let Hollywood film star Anita Page take in the view. The cop who gave him the ticket tried to make it seem like an honor. That would depend on who had to pay it.

Golden Gate Bridge
Trivia Question

The first official car to cross the Bridge was driven by:

1. **Queen Elizabeth**
2. **Montezuma**
3. **Supervisor Arthur M. Brown**
4. **The King of Siam**

The vehicle was:

1. **A rickshaw**
2. **An alien hovercraft**
3. **A 1937 La Salle Eight**
4. **A dogsled**

The Oregonians may have come out of their caves to attend the celebration, but Mr. R. F. Vale brought *his* cave with him. Vale, a Springfield, MO, man, was the first to haul a trailer across the Bridge. His wife and his four kids were along for the ride.

The first naval vessel to pass under the Golden Gate Bridge on opening day was the USS *Pennsylvania,* then commanded by Admiral Arthur J. Hepburn. In all, 42 ships would steam beneath the new bridge that day, in a procession accompanied by hundreds of planes from the aircraft carriers *Lexington, Ranger,* and *Saratoga.* The other ships were the battleships *California, West Virginia, Texas, Maryland, Nevada, Idaho, New Mexico, Mississippi,* and *Colorado;* the heavy cruisers *Indianapolis, Houston, Northampton, Pensacola, Salt Lake City, Louisville, Portland, Minneapolis, New Orleans, Astoria, San Francisco, Tuscaloosa,* and *Quincy;* the light cruisers *Concord, Cincinnati, Milwaukee, Trenton, Richmond, Memphis,* and *Detroit;* the tenders *Langley* and *Wright;* the destroyers *Zane, Chiles, Wasmuth, Sands, Sturtevant,* and *Broome;* and the hospital ship *Relief.*

Golden Gate Bridge
Trivia Question

On May 28, 1937, precisely at noon, Mrs. Ethyl Olsen paid the princely sum of 50 cents and:

1. **Flew to Indiana**
2. **Joined a book club**
3. **Became the first person to pay a vehicle toll on the Golden Gate Bridge**
4. **Bought a fishing license**

Although the view from the Bridge is intoxicating, it must have been a little more than drinking in the sights that got Theodore Farwig in trouble on that 28th of May. He was stopped at midspan by patrolmen D. A. Donaldson and A. S. Mathewson, taken to the city jail, and booked for driving while drunk.

The first First Lady to cross the Bridge was Eleanor Roosevelt, who was on her way to visit her daughter in Seattle. While staying in San Francisco, Eleanor received a call from someone offering to give her a miniature White House. She declined the offer, saying, "I don't know what in the world I would do with it."

Bridge officials couldn't believe how few cars crossed the Bridge in the first 24 hours. They were expecting more than the 31,833 that made the crossing; still, if all those vehicles had been Volkswagen beetles (which, by the way, were not introduced in Germany until 1939), and if they had all been lined up bumper to bumper, they would have stretched over 80 miles, from San Francisco to Sacramento.

The Bridge officials needn't have worried about traffic. Today, an average of 97,952 vehicles cross the Bridge every 24 hours. These, if bumper-to-bumper Volkswagen beetles, would stretch from San Francisco past Reno quite a way—over 246 miles in all.

Golden Gate Bridge
Trivia Question

Near the end of construction of the Golden Gate Bridge, who was injured in a fall:

1. **Shakespeare**
2. **Dr. Seuss**
3. **Dean Kinter**
4. **Charlie Chaplin**

This did not keep him from being the first to drive across the Bridge from the Marin side.

When the papers said the atmosphere was electric, they meant literally! Sparks flew from the hands of the toll collectors to those of the motorists handing over their tolls. One thing the Bridge engineers had overlooked was the static electricity generated by the passage of all-steel cars over an all-steel bridge.

Clop, clop, plop. Clop, clop...Los Angeles County Sheriff Eugene Biscailing was the first person to ride a horse across the Bridge. The identity of the first person having to clean up after the first horse to cross the Bridge faded, fortunately for all concerned, into obscurity.

16

Golden Gate Bridge
Trivia Question

The first Scout Troop to form on the Bridge was called:

1. **Brooklyn Bridge Boy Scouts**
2. **Eiffel Tower Troop**
3. **Golden Gate Troop**
4. **Tutankhamen's Little Pharaohs**

If Henry Bader had burned his bridges behind him, Long Island would still be a cow pasture and Marin a squirrel's paradise. Bader crossed the Brooklyn Bridge the day it opened in 1883, and then showed up—54 years and 3,000 miles later—to cross the newly finished Golden Gate Bridge.

Put up a bridge and someone is bound to come along and do something more than cross it. Constantine Kayarinoff and Anatol Novikoff did just that, not two days after the Bridge was opened. Climbing the cable to the South Tower, they found an emergency phone with which to inform Bridge officials they had made it. The two then sat back and enjoyed the view.

I suppose if you want to get married, June seems like a good month in which to go through with it. And should you happen to have a nice looking, newly opened bridge around, well, why not go out and get married on it? Say, at midnight, on June 1? Della Mae Berkie and Albert Baynton thought it was a good idea in 1937. Who's to argue with them? But watch where you throw the bouquet; you could lose friends that way!

Bernardine King was skywriting, high above the crowds thronging the Golden Gate Bridge, when suddenly she realized she had the stunt opportunity of a lifetime. She banked her yellow and black biplane into a sharp downhill curve and shot between the roadway and the ocean. But being the first to fly under the Bridge was not enough for the top female stunt flyer in the U.S. So, pointing her plane skyward again, she flew *over* the Bridge—this time upside down!

June 2, 1937. Della Mae and Albert are off somewhere, enjoying marital bliss. Bernardine King is looking for other stunts to perform, new "heights" to obtain. Walter Kronberger is trying to make Eagle Scout. R. F. Vale is looking for another trailer camp to park in. The Oregonians have returned to their caves.

The new Bridge is doing what it was designed to do all along: Carry traffic quickly and safely across the roiling waters of the Golden Gate from Marin to San Francisco, San Francisco to Marin.

The party is over—the street sweepers the only reminder of what has been.

During the week the Fiesta celebration lasted, 107 people were arrested for being drunk. This is by no means close to the number of people who *were* drunk—merely the number that got caught.

San Francisco has always been known as a party town, "the city that knows how." So, it's not completely unusual that a week-long celebration should be thrown for a bridge. But why this bridge? Another bridge—longer, more costly, in many ways more useful—had been built at the same time. The Other Bridge—the Oakland-San Francisco Bay Bridge—had, in fact, opened seven months earlier, but with nowhere *near* the celebration that the opening of the Golden Gate Bridge generated.

Perhaps the answer lies in the fact that the Golden Gate Bridge spans one of the world's amazing geologic formations, the Golden Gate, entrance to the third-largest inland harbor in the world.

The oftimes fog-enshrouded Gate has always been an object of curiosity and fascination. Perhaps to understand this fascination, for both the Gate and the Golden Gate Bridge that spans it, we should go back to before there *was* a bridge—before there was a city—back to a time and people without interest in building a bridge.

Let us go, then, and take a choppy and irreverent ride through history to the day they started the Golden Gate Bridge.

BEFORE THERE WAS A BRIDGE

A certain mystery seems to surround the earliest inhabitants of San Francisco Bay. They left behind huge mounds made up of oyster, clam, and mussel shells, animal bones, polished whistles, shell beads, and, occasionally, human remains. The largest of these mounds—200 feet long, 25 feet high, and 50 feet wide—was situated in present-day Emeryville and took particular advantage, in certain seasons, of the sun setting through the Golden Gate straits. Anthropologists consider these shell mounds to have an as yet undefined sociocultural or religious significance.

Who were these first inhabitants? Why did they build these mounds? Why at that particular place? Let your mind drift back through time, back, back, four millenia before our time, back through the misty ruins of history...

Let your eyes wander over the vast wilderness of a continent without K-Marts, a continent still sleeping, and let your eyes fall on the tiny channel and the virgin hills by the Bay. There we see Lucy and Carl Costanoan dining and dancing as the last rays of the sun slip down over California's first oyster bar—a shell mound with a *fantastic* view of the Golden Gate. So what if a Costanoan or two slips forever down into the shells after one too many fermented acorn daiquiris? The sun god smiles on the souls of those who have patronized four-star restaurants.

Anthropologists may take a dim view of this particular ethnographic analysis, but then, the sun god takes a dim view of anthropologists.

Years go by. Centuries; yea, millenia. The glory that was Greece—politics, philosophy—up in flames! The grandeur that was Rome—art, architecture—cast to the wolves! The mightiness of the Middle Ages—monarchs, monasteries—locked away! The California coast Indians —more oysters, down the tubes...

1492. Queen Isabella dispatches Columbus to discover the New World hoping that, if he doesn't fall prey to some monstrous leviathan or fall off the edge of the earth, he might just come home with a little something to put some zing into her spaghetti recipe. Pretty soon, everyone and his brother strikes out across the wide and lonesome sea in search of exotic spice, gold, and assorted treasure. This takes up the better part of two centuries: Treasure is seized, claims are staked, flags are planted, and recipes improve. The Spanish were big on this particular variety of rampaging around the globe. They found Mexico; they found San Diego; they even found Pt. Reyes.

They did not, however, find the entrance to San Francisco harbor.

It is the learned consensus of historians that strong westerly winds and thick obscuring fogs were the two most significant factors in the failure of these seafarers to sight the Golden Gate; but this is only *half* the story. Look, these guys came halfway around the world in rickety wooden ships, they'd run out of coffee half an *ocean* ago, their underwear was growing a mold that should have been preserved for the scientists of the Enlightenment, and when they hit Northern California they ran into a fog colder than the embrace of an iron maiden! Bored silly, stone cold sober, half-awake and stuck in bone-chilling fog, these guys were going to scrutinize the scenery for interesting land formations? Fat chance!

On the other hand, there the Golden Gate sat, just waiting to be found. It does seem as though one or another of the *captains* of these ships might have seen it out of the corner of his eye.

That is, if he'd been looking.

So, in 1542, that absent-minded old Juan Cabrillo names the Farallones and lapses back into his reverie. The Golden Gate looms off in the fog just a few stones' throws away. The year 1579 rolls around. Sir Francis Drake pipe dreams his way past the Gate and drops anchor at Pt. Reyes. He was at the helm of the "Golden Hinde," which must have made him the butt of some pretty embarrassing jokes back home. "Golden Hinde" or no, he still didn't find the Golden Gate, which wasn't called that yet, since no one had found it to name it.

Sebastian Cermenon had a little better excuse than just not noticing. He had just had his galleon and its cargo of porcelain and beeswax demolished in a storm near Pt. Reyes. The year was 1594. After the wreck, he rode South in an open boat, most likely too worried and distracted over his insurance premiums to notice the Golden Gate gaping to the East.

Eight years later, Sebastian Vizcaino was out *specifically looking* for a good harbor where the King of Spain's treasure galleons could hide from pirates. He woolgathered his way from San Diego to Pt. Reyes and back South again, without ever spying the narrow channel. Vizcaino was in a bit of trouble with the king over an earlier snafu, so when he landed at Monterey with not a harbor to his credit, he decided to punt. When you can't dazzle 'em with brilliance, baffle 'em with—great harbors! He writes the King of Spain that he has become the proud discoverer of a *fabulous* harbor—sheltered from the wind, thickly settled, and replete with wood and water. This didn't *exactly* describe Monterey at the time, unless you'd drained the last goatskin of sangria dry and were hallucinating. This little white lie, however, got everyone hot to find the famed lost port Vizcaino had written of.

Is it any wonder that the Indians thought "smoke come out of paleface tepee, but no one home," what with people running amok for a hundred years looking around for some supposedly *lost* port? Four hundred and eighty square miles of water, and it takes paleface until 1769 to find it!

It was, finally, Jose de Ortega, stoked up on mulemeat and rainwater, who climbed a promontory and came back to tell Commander Portola that he had found the mouth of... a vast inland sea!

They might have been more excited about this if the whole expedition sent out by the viceroy of Mexico hadn't been laid low with scurvy and running low on mulemeat to boot. The viceroy, however, was excited when they got back and told him. It would have been pretty embarrassing to keep *losing* something so *big*.

Six years later, as settlers sent by the viceroy made their way to the now-found "lost" port by land, the little ship *San Carlos*—also known as *Toison de Oro* (Golden Fleece)—was making her way up the California coast when an unfortunate turn of events turned. Captain Manrique, who had been slipping into what crew members thought a rather eccentric mode of behavior, went stark raving mad and rather suddenly had to be dragged off in irons. One Manuel de Ayala was appointed captain. When he entered his new quarters, he discovered that Manrique's style of interior decorating was a little to the left of bonkers: The floor of the cabin was ankle-deep in loaded muskets!

The *official* story goes that it was at this point that the ship gave a lurch, and one of the muskets went off, the ball tearing away half of Ayala's foot.

Now think about it. With the whole crew understandably nervous after having jettisoned *one* mad captain, is Ayala going to *admit* to being the kind of doofus who would shoot himself in the foot while redecorating? Not too likely.

Whatever the truth was, the crew *didn't* mutiny, and Ayala sailed up the coast nursing his wounded foot. Shortly after all this, Captain Ayala found himself at the Golden Gate with the fog parting and the tide on his side.

He sailed the little ship into the harbor and anchored at about where the Transamerica Pyramid is today. The day was August 5, 1775.

Time marched on. John Fremont named the Golden Gate the Golden Gate. Up until then, the Spanish had called it La Boca (The Mouth). If you are one of those now thinking that Ayala put his foot in The Mouth, please try to keep your head clear for more high-minded historical thoughts.

Time marched on again. Life around the Bay was somewhat laid back . . . a few hundred people, 200 or so buildings (including outhouses) . . . a few love affairs, a few Sunday Services, a little fur smuggling . . . nothing to write home about.

The year 1848 rolls around, and some guy named Marshall working for a guy named Sutter finds a little gold dust in some dirt, and all hell breaks loose. In one year, 45,000 men pass through the Gate on their way to the gold fields. By 1850, San Francisco has a population over 25,000, most of them men under 30, and most of them pretty carefree. In fact, for the next 60 years, being in the city was a little like being at Mardi Gras in hell. The place swarmed with all manner of arsonists, thieves, con men, and general outlaws. It veritably teemed with murderers, rapists, and prostitutes. Brothels and opium dens sprang up by the hundreds, only to be flambéd, along with the rest of the city, in fire after fire. People Shanghaied each other, hung each other, and sold each other as slaves. You can see that, in an atmosphere like this, it would be hard to get a reputation as a weirdo.

However, there will always be overachievers.

There was Dirty Tom McClear, to whom you could give a few cents to eat any garbage you put in front of him. When he got arrested, by one of the two or three police the city had, he said that he couldn't really remember his last bath, but that he thought it had been about 15 years ago in Britain.

And then there was Oofty Goofty, who would let you hit him over the head with a bat for 50 cents.

The King of the Hoodlums worked along these same lines, only he would bash through doors with his head for a sliding-scale fee, from 50 cents to a dollar, depending on the thickness of the door. For extra spending money, the King sold nude photos of himself to the courtesans for a small fee.

And last, but far from least, there was the mad Emperor Norton.

He hadn't always been an emperor, nor had he always been mad. Joshua Norton had come to the city, like so many others, to seek his fortune. And, like so many others, he made it. By 1853, he was a rich man. In an attempt to increase his fortune, he started to buy up all the rice in California, with the hope of cornering the market. This was as stupid as trying to buy all the tea in China, and of course he went belly up by and by, and lost everything—including most of his marbles.

Old Joshua slunk off into obscurity for awhile, only to resurface a few years later dressed in a long dark coat bedecked with brass buttons and gilt epaulets. He wore a tall beaver top hat as he spouted his proclamations: He declared himself Emperor of the United States and the Protector of Mexico for starters. In a city full of nuts, he became the leading cashew.

On the 18th of August, 1869, the good emperor issued what was to become his greatest proclamation: *Bridges* should be built from Oakland to San Francisco, from San Francisco to the Marin Headlands, and from Marin to the Farallon Islands!

To which the grateful city cried, "No problem, Emp! We'll just run right out and build that ol' bridge. Now, why don't you just have another glass of saki and an opening-night theatre ticket or two?"

No one tried to obey Emperor Norton's decree, which was probably just as well. Technology was nowhere near advanced enough in 1859 to build bridges of those dimensions (and is still questionable insofar as a bridge to the Farallones is concerned). Any attempt to do so would have been tragic, doomed to failure—and tacky besides.

So the good emperor faded into obscurity along with the weird friends who kindly helped and tolerated him, and somewhere in the headlong rush to 1900, civilization gained a small but significant toehold in San Francisco— and is even now advancing on Marin!

The town grew and became a city. Where once there had been murder and mayhem, the trappings of culture showed up. Talk of a bridge surfaced many times over the years, but always died a quiet death.

Short of coming overland from the South, the only way into the city of San Francisco was via one of the many ferry boats.

Ah, what a joy. Early morning, you finish your coffee and crumpets, saunter out to the old Tin Lizzie and crank her up. You enjoy an easy, peaceful ride down tree-lined country lanes, birds singing, cows moo-mooing, sun shining. You arrive at the ferry, load the old car aboard, and kick back for the half-hour crossing into the city. Time for the newspaper, perhaps a smoke and a second cup of coffee; and on the trip home that evening, perhaps a warm brandy as you watch the sun set splendidly orange and violet in the West.

The good life, slow and easy. Someone was bound to come along and ruin it.

James Wilkins was a real, flaming Type-A personality. Kicking back on the ferry boat and enjoying the view during the half-hour ride was definitely not his bag. He was a man of progress, a man of the future—to him, the future was a bridge connecting his car in Marin with his job in the city: A bridge over the Golden Gate.

Now, it is almost certain that there were one or two other guys running around with no appreciation of life in the slow lane, but those fellows didn't have the one advantage Wilkens had. They couldn't have anyone with five cents for a paper listen to them. Wilkens could. He was an editor for the *The San Francisco Call Bulletin*. And people did listen to him.

He managed, first, to capture the interest and then strong support of Michael O'Shaugnessy, the city engineer for San Francisco. O'Shaugnessy had punched the first streetcar tube through Twin Peaks, and hand-engineered the Stockton Tunnel. He loved a challenge, and the idea of a bridge over the Golden Gate was right up his alley.

Although there was initially great support for the bridge idea, that support languished a little during World War I. The ink wasn't dry on the armistice agreement, though, before Wilkens was back at it.

The San Francisco Board of Supervisors directed O'Shaugnessy to study the idea. He requested designs from three big-time engineers. One of these three was Joseph Baerman Strauss. Strauss was an arrogant man, feisty and bold. Most who knew him, or had to work within 500 feet of him, disliked the man; but they agreed on one thing. The guy knew his stuff, and his stuff was bridges.

Estimates for spanning the treacherous Golden Gate ran as high as $100 million or more. One East Coast engineer estimated the cost at $56 million, minimum. Strauss came in at $17 million. Guess whose bid got the job?

Strauss' early design was workable and, no doubt, doable, but it was by no means *loveable*. In fact, it was downright *ugly*, looking more like something out of some grade-B Japanese horror flick than a bridge. Even the gods must have thought it repulsive, as they threw every obstacle they could in the path of those seeking approval and funding for the bridge project. While keeping Strauss and his boys at bay with one hand, they spread a little theretofore unknown knowledge—that technology had changed, allowing a *complete suspension bridge*—so that by 1933, when the first shovelful of San Francisco dirt was turned, the Golden Gate Bridge that we all love was on the drawing board. (Author's note: The original design is soon to appear in a major motion picture, "The Beast That Ate Marin.")

By 1933, the Bridge Brigade was "hell bent for rivets." A bunch of them got together in January and formed the Bridging the Gate Association (BGA), naming Strauss as engineering consultant. By May, they got the Bridge and Highway District Act passed into law, thereby generating some tax revenue. Also in May, the BGA faced its biggest opponent. The War Department. These guys were not real hip on the idea of any blow-up-able bridges being built where the debris would block passage of their mighty war contraptions.

They met in head-to-head combat the night of May 16 in San Francisco City Hall, Strauss on one side, the secretary of war on the other. The secretary of war screamed about what would happen if the "enemy" blew up the Bridge. Strauss explained that the whole thing would fall into 300 feet of water and sink. He also pointed out that, should the "enemy" get close enough to bomb the Bridge, there wouldn't be a whole-hell-of-a-lot left of the city.

Seven months later, the War Department gave the Bridge the okey-dokey, and the BGA floundered its way through the rest of the politics and red tape toward the Big Day. A problem with the bond issue ended up in a court case that should have gone smoothly but didn't. It seemed someone was trying to stall the issue, make it complicated; a delay could bankrupt the financially strapped Bridge District.

The fly in the ointment turned out to be Southern Pacific-Golden Gate Ferries, Ltd., though Southern Pacific *claimed* to have little interest in the case; but Golden Gate Ferries, Ltd.'s monopoly of the North Bay ferry crossings suggested otherwise. A bridge across the Golden Gate would all but doom their business, and they knew the Bridge District could not survive a long court case.

What they *didn't* know was how badly the public wanted that Bridge. When the city turned its collective anger on Southern Pacific, it wasn't long before the giant railroad tucked its caboose between its back wheels and high-tailed it out of town. Strauss was named Chief Engineer in August of 1929; the design of the Bridge was changed from the beast-that-ate-the-Gate to something far more graceful and elegant, and the way was clear except for one remaining obstacle: $35 million!

Well, that turned out to be not much of a problem. Amadeus P. Giannini, head of Bank of America, was into helping his fellow man, so despite the bottom falling out of the market in the Crash of '29, he decided to buy the bonds. Too many people were out of work, and the building of the Golden Gate Bridge would bring in $750,000 a year on the labor front. With wages from $4 to $11 a day, $750,000 would hire a lot of people.

After 70 years, mad Emperor Norton's vision was on its way to becoming a reality!

THE BRIDGE THAT COULDN'T BE BUILT

The squabbling was over. The people had been won over, the War Department convinced, Southern Pacific sent scurrying, and the bonds sold. The money was in the cookie jar, and all that was left to do was build a bridge where most thought a bridge could never be built. Strauss had once said, "There is no such thing as a bridge that can't be built. Give an engineer enough money and he'll build you a bridge to hell."

He now had the money. San Francisco wanted a bridge.

So, just what is the big deal about building a suspension bridge anyway?

Actually, it's a little like hanging a clothesline. Only let's say you've been called on by your local museum (which has just been hit by a flood) to pay back a favor. Let's say it was a *big favor.* They ask you to dry out their soaking wet life-sized stuffed models of dinosaurs. So, naturally, you call the fire department and get them to hang a rope between two telephone poles in your back yard. Then you hire a crane and hitch the soggy and sorry creatures to the line.

Immediately, the poles topple in on each other. You are now out the crane and the damage to the poles; the dinosaurs are covered with grass stains, and the dog house you built last summer is a mass of splinters.

After a couple of martinis, you think it through again. This time, you get some gigantic boulders and anchor the line under them with cement. Then you dig gigantic holes under and around the telephone poles and fill the holes with cement. The poles are secured, so you string the line and hang those pesky, waterlogged dinos up via crane, and the whole thing holds tight. You book the next flight to Tierra del Fuego and try to forget the whole thing.

Now you, my gentle reader, are probably asking, "What does all this brouhaha have to do with bridges?" Before you throw this book in the direction of Tierra del Fuego, consider this:

1. **The boulders are a little bit like the anchorages at either end of the Bridge;**
2. **The clothesline is a little like the cables;**
3. **The cement under the telephone pole is like the pier under each bridge tower;**
4. **The telephone poles are like the towers; and**
5. **Last, but not least, the dinos, or rather the weight of the dinos, is like the weight of the roadway and the cars on it!**

Okay, now, everyone take aim...ready, set, pitch those books toward Tierra del Fuego!

In the 1930s, the three big-name suspension bridges in this country were the Brooklyn Bridge, with 1,596 feet of span; the Philly Camden Bridge, with 1,750 feet of span; and the George Washington Bridge, with 3,500 feet of span. The Golden Gate Bridge, when completed, would have a center span of 4,200 feet.

It would take 168 stegasauri, standing nose to tail, to equal the length of the wonderful center span of the Golden Gate Bridge.

Today, the Verrazano Narrows Bridge in New York surpasses the center span of the Golden Gate Bridge by 60 feet. A bridge completed in 1981 over the Humber Estuary in the United Kingdom has a center span of 4,626 feet.

They ended the groundbreaking ceremony abruptly. The crush of 200,000 people around the platform at Crissy Field that February day in '33 had bent the 80-foot model of the Bridge double, and had scared the carrier pigeons so badly that they had to be routed out of their cages with sticks to get them to fly to their assigned destinations across California. The telegram from President Hoover had been read, three planes had streaked across the channel laying down trails of smoke where the Bridge would one day be, and the first shovelful of earth had been turned. The crushing and pushing of the huge, excited crowd must have overwhelmed the officials, for they called off all further ceremony, and everyone went home. The turnout had been unprecedented.

The Golden Gate Bridge, from that day in 1933 forward, was to take on a strange magnetism. It would be a bridge between the poverty of the Great Depression and the world of second chances; and, too, it would be a bridge connecting the future of technology with the engineering practices of tradition. More important, though, it was to be a bridge that would forever link the territory of Hope with the imaginative geography of Dreams. It was this last bridge that the people of San Francisco fell madly, shamelessly, and irrevocably in love with.

Only 20,000 people showed up in July of 1933 for the Bay Bridge's groundbreaking ceremony, despite the fact that more men would be hired, and more money spent, than on its light-haired sister, the Golden Gate Bridge.

The orange technological wonder that looms above the Gate was the work of many great and daring men. Irving Morrow was in charge of design; Clifford Paine was in charge of the actual construction; but Joseph Strauss, the chief engineer, was the crusader responsible for bringing to fruition the original dream of spanning the Golden Gate. The concept and design, the Bridge itself, are Strauss—but tempered behind the scenes by Clifford Paine and Irving Morrow.

It was a shock to many respected architects that Morrow was hired. He had radical, visionary ideas that were ahead of their time. He believed that modern architecture should stand on its own and reflect America, rather than reflect past European design. Morrow had never designed a major building because of his radical ideas, and yet was chosen to work on the most demanding architectural project of its time. Also, he was to work under Paine, a strict conservative who shunned any decorative additions.

Much like his namesake in the American revolution, Tom Paine, Clifford Paine was an advocate of "common sense." It seems that Morrow was hired as a buffer against Paine, and that the compromise between the two would result in the beautiful, as well as functional, Bridge it is today.

Strauss was equally as radical as Morrow, but his ideas were flamboyant. The original plan Strauss drew up was to have the Bridge structure composed of a combination cantilever and suspension type; that would have worked very well, but would have compromised the Bridge's beauty. Paine convinced Strauss that new technological advances of the day would enable them to build it entirely as a suspension bridge and thus make it much more pleasing to the eye. Once convinced of the functional aspects, Strauss was all in favor of the change in plans.

Paine wanted to leave all of the structural parts of the Bridge exposed, and thus leave the imprint of his genius for all to see. But Morrow felt this idea was contrary to simple charm and beauty. He was able to convince Paine to cover the steelwork of the towers' bracing with steel plates, which would hide the Erector-Set look. One visiting the Bridge today notices that the steel plates become smaller with each higher section of the tower, exaggerating the height of them seemingly beyond comprehension.

Morrow was razzed for his idea to paint the Bridge in international orange, a lightish red color that he believed would complement the reddish rock on the Marin escarpment and also would show dramatically through the often-thick fog that invades the waters of the Gate. Skeptics, at whom we may all scoff in hindsight, wanted to paint it gold, or black, or aluminum (like the Other Bridge). But, as Morrow was prone to do, he stuck to his guns, and the Golden Gate Bridge today could seemingly not be any other color. A local artist then said, "I have been watching closely the progress of the towers of the Golden Gate Bridge. Let me hope that the color will remain the red terra cotta because it adds to the structural grace and because it adds to the great beauty and color symphony of the hills."

During construction, Paine would often fly to eastern cities where parts of the Bridge were being manufactured. He would supervise the process, often demanding that parts be reworked or completely scrapped and made again to his exact specifications. Paine claimed that he had to do this because building a bridge for all time was an enormous responsibility.

While Paine was essentially Morrow's boss, Strauss was Paine's boss. A hard man to get along with, Strauss was often very rigid in his ideas, but when it came to dealing with Paine, he was a bit more resilient. Working under Strauss on a job in the early thirties, Paine became so frustrated by Strauss' stubbornness that he actually walked out. Strauss' ego took a back seat to his "common sense" a few days later, and he asked Paine to come back. Paine agreed to return, so long as his ideas would be respected and listened to carefully. Strauss agreed, and this new working relationship carried over to the building of the Golden Gate Bridge.

A huge crowd of men could always be seen waiting behind the fence at the site of construction, each hoping that someone would quit or be fired so that a new job would open up. Structural ironworkers earned $11.00 *per day* on the Golden Gate Bridge; steam fitters, $10.00; carpenters, electricians, pile drivers, and painters got $9.00; caulkers $7.00; and laborers, $5.50 per day.

It was his first day on the job.

The elevator surged. He was with two other men as they began their slow ascent to the top. No one said a word. It seemed to him that he had aged five years by the time the elevator reached its mark. The door opened and all three walked outside. He looked down to the water 746 feet below. He looked over at the men, who were grinning. One of them asked, "It's not too high up here for you, is it?" The men laughed.

It was his last day on the job.

In the bridge-building days of the thirties, the rule of thumb was: "One life lost for every million dollars spent in construction." Joseph Strauss found this unacceptable. With the building of the Golden Gate Bridge, he began a safety program that was unprecedented in bridge-building history. Among some of his innovations were:

1. **Special diets to combat dizziness;**
2. **The wearing of respirators during the riveting of the cells that make up the towers;**
3. **Special tinted glasses to protect eyes from glare;**
4. **A completely staffed field hospital on the construction site;**
5. **Protective headgear, forerunner of the "hardhat," which had never before been used;**
6. **Tie-off lines for the workers;**
7. **Immediate dismissal for horseplay on the Bridge; and**
8. **The installation of a safety net below construction.**

Building the Marin anchorage was pretty smooth sailing, but the San Francisco anchorage was another story. The serpentine rock on the San Francisco site was hard to drill through, and Fort Point had to be detoured around as well. Strauss insisted that the fort be preserved.

When you look at a diagram of an anchorage, it looks a little like two three-layer cakes in the shape of a World War I tank. The cement was poured in three separate blocks: the base block, the anchorage block, and the weight block. These three blocks ensured that the pulling of the cables wouldn't uproot the anchorage.

If you think about the fact that each of these three-layer cakes weighs as much as 19 *Saturn 5* rockets, or about 128 million pounds, it hardly seems likely that they could ever budge. The pull of each of the cables is *63 million pounds,* though—so better safe than sorry, wouldn't you guess?

The digging and pouring for the anchorages went so smoothly that Bridge critics, seeing it as their duty not to let anyone get too big for their bridges, responded, "Just wait 'til they try to build in water!"

It took $436,000, 90 men, and 101 days to build the Marin pier. They finished ahead of schedule, by two months. The money would have paid for 8,720,000 bottles of Cremo beer at 1930 prices. Let that thought ferment for a moment.

You've been unemployed so long that you are ready to challenge the next plate of macaroni and cheese you see to hand-to-hand combat. Someone calls with a job offer. The work, he says, will be dangerous and backbreaking. You tell him you'll take the job. When you get there, some guy shows up and tells you you have to build a road to get to the job site. You say a few well-chosen words under your breath, but you start in building the road anyway. The workers on the Marin pier faced a similar challenge: They had to build a 1,700-foot road just to get to the place where the concrete base for the North Tower would be poured. The pier would be situated on a plateau, by a cliff at the tip of Lime Point—20 feet underwater.

Cofferdam. Sounds a bit like a medieval curse to be hurled after your serf or son as he slinks off with the gold from your coffers. Actually, it's a watertight enclosure.

Marin pier builders used a three-sided cofferdam to keep the marauding sea out while they worked. The cliff formed the fourth side.

Bags of wheat were used to caulk the huge cofferdam, since wheat doubles in size, at least, in water. A waste of food? Perhaps Neptune thought it an offering, for when the area inside the cofferdam had been pumped dry, the floor was aglitter with a writhing mass of cod, bass, crab, and small abalone. The workers scooped the fish into gunny sacks to take home.

The area enclosed by the cofferdam was larger than the coliseum of ancient Rome—roughly 47,000 square feet.

Concrete was poured down a chute called an "elephant trunk" into forms built onto the bedrock at the base of the North Pier. The weight of the concrete poured was equal to the weight of about 6,428 African elephants (approximately 45,000 tons).

During the fall of 1934, a red-haired telephone operator who worked for the Bridge District was fired by General Manager Reed for "making the other girls unhappy." Mary Hennessy, with the blue eyes and the lilt of the Irish, had received a postcard from Bridge District Director Hugo Newhouse—the only operator to receive such a postcard. It had said, "Give my regards to the girls in the office." Mary gave those regards to two of the women in the office, but not to the rest. Hence, Reed explained, the others were unhappy.

The board refused to sanction the firing, so Reed talked to an attorney who informed him that he could hire and fire without sanction from the board. Bridge District Director O'Brien's hackles were raised by this, and he said that *he* would get the California attorney general's ideas on it. If it turned out that O'Brien did not have the legal power to override the General Manager, he would resign. In September, without explanation, Reed hired Mary Hennessy back. Postcards, and tempests in teapots, were all well and good, but there was a bridge to be built.

No one had ever, in the history of bridge building, sunk a bridge pier in the open sea. If anyplace qualified as open sea, it was certainly the Golden Gate channel. The men who worked on it felt they were being asked to build in the middle of a river. And they weren't talking a nice, serene little ambling river, either. Powerful tides push 2,300,000 cubic feet of water *a second* through the one-mile channel four times every day. That is over 10 times the amount of water that pours over Niagara Falls every second. Freshwater rivers rush into the Bay from the East, and seawater, in a rage of whirlpools and riptides, comes in from the West, turning the narrow harbor mouth into a kind of Grand Central Station for water. And this was where they had no choice but to sink the pier that would anchor the South Tower!

Strauss' scheme for thwarting the violent waters of the Golden Gate involved, first, the building underwater of a giant concrete ring or fender; second, the insertion of the caisson; and third, the building of the South Pier itself within the confines of "the giant bathtub," which was what workers dubbed the fender.

The best-laid plans, however, oft go awry. Waltz King Richard Strauss was once said to have been found in his tomb, furiously erasing sheets of music, and when asked what he was doing, replied, "Decomposing." (Groan.) In the midst of mishaps and marine mayhem that reigned during the building of the South Pier, bridge-builder *Joseph* Strauss may have begun to feel a bit like his namesake—as he practically became engineer in charge of demolition instead of construction! *Two years* and $3 million were consumed by the South Pier project.

August 14, 1933, South Pier disaster numero uno: A 2,000 ton freighter rammed the overwater trestle built as part of the initial construction on the South Pier. An ebb tide had thrown the Portland-bound *Sidney M. Hauptman* off course. When all was said and done, the *Hauptman*'s bow was crushed, 120 feet of Strauss' trestle was torn completely away, and 180 feet of the still-attached trestle was mangled into shapeless, useless wreckage. **Damage:** $25,000. **Delay:** One month.

October 31, 1933, South Pier disaster numero two-o: The trestle had been rebuilt. A steel guide tower, which weighed more than three London double-decker buses, had been erected, and five fender blocks, each as large as a high-ceilinged mansion living room, had been installed 65 feet down on the sea floor. A gigantic storm hit. The sea chowed down three of the five blocks, the end of the trestle, the 50-ton guide tower, and some raising and hauling equipment. **Damage:** $10,000. **Delay:** One month.

December 13, 1933, South Pier disaster numero three-o: All had been rebuilt, again, and guess what? Another storm swept in from the southwest and raged for two days. Twenty-foot-high waves decimated the trestle's steel supports. Eight hundred feet of bent, misshapen metal trestle floated away. **Damage:** $100,000. **Delay:** Two months.

About this time, Strauss must have been pulling his hair out; it seemed he was about to take a bath with this "giant bathtub" of his. But he was keeping it together better than Xerxes, an earlier bridge-builder whose half-built bridge was swept away by the storm-frenzied waters of the Hellespont in 480 B.C. This guy was so ticked off that he beheaded his chief engineers, threw a set of manacles in the river, and then had his provost marshall give the *water* 300 stinging lashes.

"A blunder has been made and no effort has been made to find the blunderer... Everyone in this town seems to know what's going on but our engineers!"

Bridge District Director Stanton was perturbed. Turns out that the Pacific Bridge Company, while blasting underwater as part of the fender-building operation, had so shattered the bedrock that the site, Strauss said, would need to be excavated again, going from 65 feet below the water's surface to 100 feet below, at a cost of? *$10,000 a foot!*

All over town, people were talking about mermaids and puddingstone. The whole question of whether the rock at the bottom of the South Pier was strong enough to support the Bridge returned again. Were there mermaid caverns down there? Was the serpentine rock soft as a "puddingstone," as a diver had joked? The Bridge District, to quell this born-again anxiety, did yet another set of soundings and declared the rock safe.

Stanford/Cal battle over puddingstone: "Earthquake" Willis, a geology professor at Stanford, hit the papers with his opinion that millions of pounds of bridge, bearing down on the fragile serpentine rock, could start a landslide. Andrew ("Andreas") Lawson, the U.C. geologist who had named the San Andreas Fault, felt otherwise. He said that the pier, which was built on a ledge, would never slide into the depths of the channel. Lawson called Willis' remarks "buncombe!" The two raged back and forth in the newspapers for a while; then, when circumstances forced Strauss to change his design, Willis, feeling vindicated, stopped ranting. His parting shot was, "Time will tell."

Very few people had ever actually seen the floor of the Golden Gate. The divers who worked implementing Strauss' plan for the fender could only work for four, 20-minute periods between tides. In the dark water they were *unable to see their hands* as they worked!

The very bottom of the fender is held to the rock floor with chicken wire! (Divers used it in places to close small gaps between the steel framework and the evacuated surface.)

The caisson definitely went rolling along. Only this was another sort of caisson, and the last thing it was supposed to do was go rolling along. The famous caissons of the song were actually ammunition wagons for mobile artillery. Strauss' caisson was a huge, honeycombed box, as high as a four-story building and weighing in at about as much as 186 Army Chieftain Tanks—almost 11,000 tons.

On October 8, 1934, the caisson was towed from Oakland to within the ring of the fender. Naturally, another Pacific storm chose that time to move in. Huge waves pushed through the gap in the not-yet-completed fender.

The concrete ring of the fender was being damaged by the raucous movement of the caisson, and the caisson itself was not faring much better. If the caisson were to sink, the $300,000 it had cost to build would be doubly lost in the expense of cleaning up the wreckage it would leave.

Midnight found Strauss and Bridge officials in worried conference. Together, they decided to scrap the caisson and go with an altogether different way of building the pier; Strauss was forced to change plans midstream—again.

Strauss' $300,000 albatross stayed jinxed until it was finally blown to smithereens in 100 fathoms, 40 miles from the Golden Gate. It was towed to sea with 800 pounds of dynamite stuffed into it.

Mid-journey, the towlines broke!

For six hours, the caisson floated like an errant mine, endangering steamers in its path. The Coast Guard finally rounded it up and blew the cursed thing to Kingdom Come.

The pier and its fender were finally completed according to the new design in January of 1935.

Each of the two towers was built using 21,500 tons of structural steel fastened together with 600,000 white-hot rivets.

Among the laborers constructing the towers, the first accident victims were the riveters. Steel shipped from the East was coated with a lead paint which prevented corrosion. When the riveters, working in three-and-a-half-foot cell sections of the tower, shot the white-hot rivets that now hold the sections of the Bridge together, they were exposed to lead poisoning from the melted paint and resultant fumes. By the time the North Tower was 600 feet high (in the spring of 1934), 17 laborers had checked into the hospital with severe stomach pains. They were losing their hair and teeth, and when the doctors had compiled all the stricken workers' case histories, job descriptions, and health habits, they naturally diagnosed it as—appendicitis! Even those who had had their appendixes *out* as children were so diagnosed!

The riveting continued; the epidemic spread. At one time, 60 laborers were in the hospital—for appendicitis. Finally, someone realized that the workers were suffering from lead poisoning. State Industrial Accident Director Timothy A. Reardon decided that enough was enough and had all lead paint cleaned from around the rivet holes. Any new steel from the East was to be treated with iron oxide instead. The Marin Tower was completed by late October, 1934, though some of the stricken laborers never returned to their jobs. Some called it the Tower of Appendicitis!

If, for some reason, you were to have some duplicate Statues of Liberty made up, it would take five of them to equal the combined height of the towers. Each tower reaches 746 feet above the water.

The towers were quite vulnerable to earthquakes until the cables and roadway held them steady. The San Francisco Tower had just been erected, and 30 laborers were dismantling a creeper derrick used in the tower's construction, when an untimely earthquake on the San Andreas Fault hit and sent the helpless men on a wild ride that the Tidal Wave at Great America could only envy. The South Tower swayed back and forth, gaining more momentum with each sway, and the men 746 feet above the gnashing waves just hung on and hoped that:

1. **The earthquake would just simply stop; stop right now; or**
2. **If the earthquake continued, the tower would stay together so they would have something to tell their grandchildren.**

The latter proved to be true: The tower held, the earthquake eventually stopped, but only after 10 minutes of pants-wetting frenzy. After they managed to climb down, the men, stricken with something psychologically similar to sea-sickness, had to be calmed down with more than a little whiskey.

If all the rivets needed for construction of the Golden Gate Bridge were placed head to toe, they would form an enormous serpent 37 miles in length from head to tail. The rivets in the main structure average five inches in length.

It would take 106 Bactrian camels, each standing upon the humps of the one below, to equal the height of one of the towers.

High above the water on the North Tower, a derrick was lifting steel girders, its cable straining under the tremendous weight. Suddenly, the cable snapped. Lloyd Susavilla, carrying molten rivets across a beam, heard the loud report. He turned in time to see the snake-like coil lashing towards him. In an instant, the cable had wrapped around his neck and lifted him up and over the side. The cable knocked him out, but not before Lloyd had grabbed a handrail and clung to it. His neck was broken; he was unconscious. When the cable released him and fellow workers could at last come to his rescue, they had to use screwdrivers to *pry his hands* from the rail!

Golden Gate Bridge
Trivia Question

Who said, "Although I designed this weird labyrinth (referring to the inside of the towers), I doubt if I could find my way out of it"?

1. **Daedalus**
2. **Rube Goldberg**
3. **Joseph Strauss**
4. **San Francisco City Planners**

Within those seemingly solid 746-foot towers, there lie labyrinths. Were they to let you in there, you would find 23 miles worth of ladders, which would connect you to 90 different routes. You could spend an exciting day scavenging for souvenir nuts and bolts or perhaps a lost bridge worker or two!

Speaking of lost bridge workers, which we just were, two of them did get lost in the towers once. They had forgotten to bring along the 26-page manual that was produced to help navigate the maze. They spent the night finding their way out again.

Here are the official manual directions to a certain section of the tower:

Route 2. Enter shaft at sidewalk level and take elevator to landing 53. Then go down ladder in cell no. 29 to platform at elevation 486' 4½" and through manhole to cell no. 28, then up ladder to elevation 491' 11" and through manhole to cell no. 27, then down ladder to elevation 446′ 8½″ and through manhole to cell no. 22, then down ladder to elevation 323′ 11″ and through manhole to cell no. 14, and then through manhole to cell no. 13.

Somewhere between ladders and manholes, this author's hair would have turned completely gray and his brain cells would have melted down. (Readers' comments about the condition of the author's brain cells are being collected in a small box in cell no 13.)

The towers are each higher than the Washington Monument, which is 555 feet high, but they are each 200 feet shorter than the Eiffel Tower in Paris (minus its TV antenna, of course).

The elevator moved up and down, up and down. Men crept along thin beams in freezing cold. The elevator went down and went up. Men fell into the net and climbed out again. The elevator, she went down, she went up, she went down. The elevator man quit. He said he was just getting too seasick.

"Say, Mrs. McAdams, are we glad to see you! We're hungry enough to chaw raw beef!"

"The Highest Cafeteria in the World" was operated by a Mrs. Bishop and a Mrs. McAdams of Sausalito. A wooden lunchroom was perched at the 600-foot level of the Marin Tower. The women wore helmets to protect them from molten rivets as they carried coffee and soup to the ravenous workers.

Any tower workers caught drunk on the job were fired then and there. Sauerkraut juice (a hangover remedy Strauss had come up with) was doled out, under Strauss' direction, on those Blue Mondays after not-exactly-stone-cold-sober weekends.

The weight of the two towers is equal to the weight of 114 747 Jumbo Jets, or 88,800,000 pounds.

Women didn't do much of anything on the Golden Gate Bridge, not that they didn't want to or couldn't, but just that men didn't think they wanted to or could. There was, however, one woman employed on the construction site. She was Kathryn McCormack, secretary to field engineer R. D. Cole. She crossed and recrossed the wooden catwalk high above the water, and she made many an ascent to the top of the towers.

And all without fainting or causing a riot!

Remember the old Saturday morning cowboy movies? Wild Bill Hickock and his trusty companion Jingles are running from the Indians. They come upon a deep chasm bridged by a narrow footbridge made of wood slats and rope. Wild Bill looks at Jingles. He looks at the rickety footbridge. He looks at Jingles. "I think you'd better stay here, old friend," he says, and over he goes.

Poor Jingles.

The footbridge that workers strung across the Golden Gate, to have access to the cable-spinning operations, was very similar to those old footbridges seen in cowboy movies. Only much more sturdy. The ropes were 1⁹⁄₁₆″

steel wire strands. The wooden slats, 1¼″-by-3⅝ ″ redwood planks. The planks were fitted together in 10-foot-long sections, every tenth section built in such a way that it could easily be cut away to act as a fire break. For safety reasons, every fourth plank was raised slightly, allowing for an easier walk up steep sections.

Who needs steel beams, or even concrete? There's a perfectly good walkway from one end to the other. Sure, it's a little scary, especially at night, but what the heck. Besides, it will be a whole 'nother year before this bridge is open and we want to cross right now. Anybody can cross the darn thing when it's open.

And so, Archie Erickson and Frank Brown crossed that walkway late at night in 1936, leaving behind a calling card to prove they did it.

It was Christmas, 1935, and the eerie darkness of the Golden Gate was aglow with the sparkle of red, white, and green lights spreading from the tip of San Francisco to the shores of the Marin Headlands. It wasn't Christmas that the Bridge authorities were celebrating, however; rather, they were complying with the laws of the air and the sea. The lights were warnings for shipping and air traffic.

Those two 36⅜″ cables you see sweeping gracefully from shore to tower, tower to tower, and tower to shore, are not solid steel. They are, in fact, made of 27,572 individual wires, 0.196″ in diameter, woven or spun together into strands in much the same way wool or cotton thread is spun to make yarn. If you ever got one of those magazine subscription offers with one of those tiny pencils enclosed, you'd have roughly the diameter of wires making up the cable. Each strand in the cable is made up of between 256 and 472 individual wires; each cable has 61 strands altogether.

If John Roebling and Sons was to turn a profit on the cable-spinning operation, they would have to spin wire at an unprecedented rate. Roebling's unique system of on-site wire spinning had revolutionized suspension bridge construction. In 1931, during the construction of the George Washington Bridge, their system had spun 61 tons of wire a day over the Hudson River. But to bring in the Golden Gate Bridge on time they would have to spin an astounding 265 tons a day. They managed this by, first, doubling the number of spinning wheels used per tram and then, later, adding a third wheel to each tram, increasing the number of wires strung across the Gate to 24—12 for each cable. This pushed output to 271 tons of wire per eight-hour day. On some days, 1,000 miles of wire were spun across the Golden Gate.

You drag Fido or Fifi, the dog yelping, while you curse. After the bath, flea soap and dog hair can be found for weeks, clinging to the toothpaste tube, on the towels, and between your toes. The dog takes weeks to forgive you for the insult.

It seems impossible to imagine that there might be something worse than dog-washing, but consider this: Workers ("bridge monkeys") on the Golden Gate Bridge had to completely wash off every inch of 80,000 miles of cable before it could be spun. This is enough cable to wrap around the earth's equator three-and-a-half times. It is also almost equal to the equatorial diameter of Jupiter, so next time the dog starts looking motley and filthy, count your blessings!

Now, you've got your cables and you've got the anchorages that are supposed to counterbalance the weight of the cables, plus the weight of the roadway (as well as the traffic on the roadway at any given moment, such as 8:00 in the morning, when the roadway is an extended Marin County parking lot). So, how do you attach them one to another? If this were a cable of an ordinary dimension, you might wrap it around something and tie it in much the same way you'd wrap and tie a rope around a tree or boulder if you were going to climb down a cliff. But, if you've never tried bending a 36⅜″ steel cable around something, don't bother; it can't be done. Nor would it work if you could, because the more than 31,500 tons of pull exerted by each cable would uproot anything the cable were wrapped around. So again the question: How do you attach them to one another? Behind the concrete walls of the anchorage houses, unseen by anyone, that solid cable gets unsolid, splaying out into its 61 strands. Embedded deep in the concrete of each anchorage block are 61 eyebars (think of the tree) which the 61 cables are wrapped around and clamped to, thus spreading the force of the 31,500 tons of pull across the weight of the anchorage assembly.

As Roebling's spinning wheels made frantic back-and-forth journeys across the Golden Gate, the giant cables growing at each passage, wagers sprung up as to when the last of the strands would be completed. Paul Zeh, a timekeeper, put his money on May 20th at 2:15 p.m. I guess being a timekeeper gives one a better perspective on time. It gave Zeh the pot. He missed the completion by only two minutes. The final strand was set in the tower saddle at 2:13 p.m., May 20, 1936.

The south shore and the north shore were now connected by 55,144 wire threads, half on the ocean side, the other half on the bay side of the towers. Woven into 61 strands per side, they formed a roughly hexagonal shape. Before attaching the suspender cables, the main cables had to be compressed into a circular formation and banded, so as not to lose the circular shape. This was accomplished by sliding a circular hydraulic jack along the cables at three-foot intervals and compassing the wires with 4,000 pounds of pressure per inch.

Now that the cable was round, it was time to prepare it to do the job it was meant to do, namely, hold up the roadway. To do this, suspender cables had to be hung from the main cables. These suspender cables, each $2^{11}/_{16}''$ in diameter, were attached to the main cables by means of cable bands placed every 50 feet along the main cable. Two suspender cables were looped over each band and allowed to hang down to where the roadway would eventually be. In all, the Golden Gate Bridge contains 254 cable bands, for a total of 508 suspender cables.

Summertime, and the living was easy...for some, but not for the workers on the Golden Gate Bridge. The summer of '36 saw the start of construction on the roadway. This was the most dangerous part of the job and, as it turned out, the most costly. Work commenced at each tower with the roadway being built from tower-to-tower and tower-to shore at the same time. At 50-foot intervals, the roadway was attached to the suspender cables. By mid-October, the roadway extended 1,250 feet out from the towers to midspan, and 650 feet in towards shore.

Joseph Strauss' safety net cost $89,000, an amount which would have purchased half a column's worth of homes from *The Chronicle*'s real estate section in the thirties. The men whose lives were saved by the net formed a club, first dubbed The We-Fell-Off-the-Bridge Club, but shortly after rechristened to The Halfway-to-Hell Club.

"We're going to build this roadway in record time! I'm going to ball the jack with this seven-ton locomotive and get that concrete over there so fast that their mouths will be open in sheer amazement. OK, time to ease up a bit. Gettin' close to the spot. Hey! HEY! Come on, brakes! NO BRAKES! Get out of the way! Look at those guys scatter. Gangway! Runaway train! I've always wanted to yell that. Maybe I should jump off. Past the point where they expected me. Gotta warn those guys up ahead. Wish I had an air whistle. HEY, YOU GUYS! Get off the tracks! RUNAWAY, RUNAWAY! Hey, I'm going to be a hero. I'll jump off when I've warned everybody, and not before! Those men up ahead are warning each other. I'll stand up on the front and wave my arms like a maniac so they know this train

means business. HOLY . . . ! I almost took that guy's ear off!
Get out of the way! OK, time to jump, run a bit back to slow
the momentum. There now, I stayed on my feet. Hoowee,
baby! Look at that train smash against the anchorage. I'll
have my picture on the front page tomorrow!"

Too bad there was never a folk song written about
engineer Charles Stone.

Children scratch their names in cement; bridge builders bury seven-ton locomotives in it, or so the legend
goes. Actually, they didn't do it on purpose. The locomotive was hauling cars of cement to the Marin anchorage
when the brakes failed, and it plunged into the North Pier
of the Bridge. Some say they removed the wreckage. I
prefer the legend.

Now, you've got two steel towers poking 746 feet out of
two cement piers buried in the ground under the water of
the Golden Gate.

Strung over the top of the towers you've got two steel
cables connected to four concrete anchorages, which are
also buried in the ground, though not underwater.

From the steel cables, you've hung 508 smaller steel
cables, and from the smaller steel cables you've suspended a crisscross pattern of structural steel beams; and
you've filled the whole thing up with reinforced concrete.

Add a few finishing touches—like handrails, lane mar-
kers, a bronze plaque or two, and a gold rivet—paint the
whole thing more or less international orange . . . and you
have the Golden Gate Bridge.

By October of 1936, 22 men had died while building that other bridge, the Bay Bridge. The Golden Gate Bridge had yet to claim a one. But the Bridge demands its life. With each passing day, workers anxiously wondered who would pay the price. On the 21st of October, the note came due.

Kermit Moore, an unmarried San Franciscan 23 years of age, was working the steel roadway hooking up girders as they were placed in position. A pin near the top of a derrick came loose and the boom fell over the cable into the bay. The mast fell downward and crushed poor Kermit flatter than a frog under a car tire.

It was a strong, sharp wind that blew in off the ocean that January day in 1937. A derrick had just removed a wind brace from a work tower below the arch of the Bridge where it passes over Fort Point. Three men, Robert Krieger, C.W. Brinkley, and J.J. Hallcraft, had been dismantling the tower. Brinkley saw the wind as it raced towards them. "Let's get the hell out of here!" he shouted. It was too late. The wind hit the tower, and the tower shuddered like a dead leaf on a tree.

"Well boys, it looks to be a long buggy ride," said Brinkley as the tower began to fall. "Goodbye and good luck!"

Hallcraft suffered a broken back in the fall, but Brinkley and Krieger somehow walked away from the 120-foot fall with minor injuries. A carpenter working in a courtyard of Fort Point heard a thud. He turned around and, to his amazement, saw Brinkley crawling on the ground not 20 feet away from him. He rushed over, and the only thing he could think to ask him was how he got down. Brinkley shot back, "I sure as heck didn't take an elevator!"

Although the fall from the work tower didn't seriously hurt Brinkley, it did have its repercussions. Seems he had left his wife some years before, neglecting along the way to bother with such things as alimony. After the accident, he got his picture in the newspaper, and who should happen to see it? Right. Brinkley is known to have found another bridge to build shortly thereafter, no doubt being very careful about attracting publicity.

In San Francisco, fog is like a pesty friend. It drops by for dinner in the evening, stays overnight, hangs around for coffee in the morning and finally moves on around noon, leaving you be for the rest of the day. During the construction of the Golden Gate Bridge, the fog was sometimes so thick that workers, walking around hundreds of feet above the water, could not see where they were putting their feet!

Joseph Strauss' safety net cost $89,000, an amount which would have purchased half a column's worth of homes from *The Chronicle*'s real estate section in the thirties. The men whose lives were saved by the net formed a club, first dubbed The We-Fell-Off-the-Bridge Club, but shortly after rechristened to the Halfway-to-Hell Club.

A loader machine for the concrete roadway had temporarily run amok while George Murray, a carpenter, stood working at the rails. He heard the rush of screaming wheels and looked south to see the loader boring straight for him. In an instant, he would be crushed. The first "jumper" from the Bridge leaped towards the gnashing currents below, but when he hit, he bounced a couple of times, then let out a nervous, hysterical laugh. He was the first of the men to be saved by the net, and the first official member of The Halfway-to-Hell Club.

"Those fellows must have nerves of steel," said a city official who had come down to the construction site and stared awhile at the men working hundreds of feet up.

"Hell, no," their boss replied. "If they had any nerves at all, they wouldn't be steelworkers!"

The day was February 17, 1937, just two months shy of the Bridge's completion. Twelve men had been working on a movable scaffold suspended below the bridge deck, where they were moving wooden forms from beneath the concrete pourings of the roadway. Twenty feet below them, two men were clearing the safety net of debris.

A clamp broke. The floor of the scaffold canted suddenly. Men scrambled for footing. Some leaped, some fell, into the net below. Another clamp broke. The entire platform slid free and fell on the men struggling in the net below. The net held for barely an instant; it had been designed to catch men, not ten-ton pieces of equipment. The sound that followed was reportedly heard as far north as Marin; as if the fabric of the sky itself was tearing in two, 2,100 feet of safety net began to rip free of the Bridge, taking 12 men with it into the waters 200 feet below.

As the floor fell away beneath his feet, Tom Casey leaped for an overhead girder instead of relying on the net below. That split-second decision saved his life. For eight long minutes, he hung 230 feet above eternity. William Foster, C. H. Thompson, and Albert Todd finally lowered him a rope and pulled him to safety. No one will ever know what exactly was going through Tom Casey's mind as he hung high above the Golden Gate those eight minutes. But it is known that, throughout the entire ordeal, he never let the pipe fall from his mouth.

Wayne DeJanvier had been working on the scaffold itself. When the first clamp broke, he jumped to the nearest caster assembly and threw his leg through the crotch of the claws. This impulse saved his life.

The scaffold was down, the net torn asunder. Twelve men had been counted on (or under) the water below, but for three hours no one knew for sure who, of the hundreds working on the Bridge, had gone down. Officials ordered the Bridge cleared and, one by one, the workers filed their time cards. One by one, they collected their belongings and left, and when the last man filed the last time card, there were only ten empty slots.

Oscar Osberg and E. C. Lambert were the only two to survive the 230-foot fall. After hitting the water, Lambert struggled to get away from the sinking net. He could only watch as it pulled the other struggling men beneath the waves. Spotting Fred Dummatzen in the water, he swam to him, and for 45 minutes struggled to keep Dummatzen's head above water. Dummatzen was dead weight, but Lambert hoped help would arrive in time to revive him. Lambert's own body "felt like a block of ice," and there was "blood running into his [Lambert's] eyes." When rescue finally came, Dummatzen was dead.

High-steel workers are a hardy lot, and that's putting it mildly. They work hard, they play hard, and most drink hard. This last is never more true than when one of their own is lost on a job. When 10 at once took that last elevator to the final depths, the occasion called for several toasts to the departed, and no doubt many a man the next morning felt that he had one foot in the grave himself, and that the only thing blocking him from falling the rest of the way in was the obstructive size of a pounding head. For one fellow, the intimation of his death came from more than just a hangover, though: In the list of dead published the day after the scaffold accident was one Noel Flowers who, though he may have wished he were, wasn't. A *Chronicle* reporter had erred, and the name should have been Louis Russell.

Sometimes all it takes is *not* being in the wrong place at the right time. For Isaac Leland, the wrong place was the net where he was working below the ill-fated scaffold. Shortly before it fell, Leland was called to work elsewhere. Elbridge Hillen took his place. And Elbridge Hillen died.

The plunge of the scaffold ended the engagement of Jack Norman to Sue McMillan. His death came two months before they were to be married.

"Shorty Bass is down there somewhere! I've got to go down and find him!" Word of the scaffold accident had spread quickly. Robert Patching, a bridge diver, showed up at the field office with his diving gear, determined to find his friend.

"It's too deep, Bob," they told him. "It's over 300 feet down there."

"I've never gone that deep before," Patching replied. "But he was my friend! I've got to try!" But Patching was not allowed to make the attempt.

Some lives are given to a cause. Some are taken. The scaffold accident that took 10 lives could have been averted. Warnings had been issued. The workers knew it was unsafe. Even as the clamp was giving way, inspectors from the State Industrial Accident Commission and officials of the Pacific Bridge Company were on their way to inspect the work platform. They arrived too late.

Peanuts Coble, a worker on the Bridge, remarked in an interview years later that "if all the people who said they were there when the scaffold fell had been there, the bridge would have collapsed under the weight!"

Golden Gate Bridge
Trivia Question

During the construction days, Sally Stanford ran a small ad in *The Call Bulletin,* advertising:

1. **Refrigerator repair**
2. **Cheese-making lessons**
3. **Internal massage**
4. **Rivet art**

On the ocean side of the Golden Gate Bridge, embedded in concrete above the walkway, there is a bronze plaque engraved with the following:

C. A. Anderson

Chris Anderson

William Worth Bass

Orril Desper

Fred Dummatzen

Terrance Hallinan

Elbridge Hillen

Charles Lindros

Kermit Moore

Jack Norman

Louis Russell

**These 11 men paid for the Bridge
with their lives.**

In all, bridge workers nudged, pushed, lifted, kicked at, cursed at, bolted, and riveted 80,000 tons of structural steel while making the Golden Gate Bridge. If all that tonnage were converted into San Francisco's cable cars, it would eliminate forever the wait to board one. With 9,907 of them, they'd be stacked five high and end to end over the entire 11 miles of cable car track.

On January 19, 1937, the pouring of the concrete roadway began. Three months later, on April 19, the Pacific Bridge Company poured the last of it. The Golden Gate Bridge was finished.

It should have been easy, the driving of that last rivet. But it wasn't. Edward Stanley, who drove the first rivet on the Bridge, was given the honor of driving the last. He set to work at it with a rivet gun designed to rivet hardened steel, and in quick order sprayed the dignitaries present with a shower of gold. When he pulled the gun away, the head of the rivet—almost two ounces of pure gold—fell away and was never seen again.

Golden Gate Bridge
Trivia Question

The bronze plaque that points out the location of the golden rivet is:

1. **Upside down**
2. **Missing**
3. **A lie**
4. **Loose**

Were it not for the safety measures insisted upon by Joseph Strauss, the only rivets Edward Stanley would have been pushing would have been the one in Davey Jones' locker. It happens that on December 7, 1936, he became the tenth member of The Halfway-to-Hell Club, after stubbing his toe and falling into the safety net below the Bridge.

If, in 1936, you'd have tried to drive the entire West Coast from Canada to Mexico, you'd have fallen into the ocean at the entrance to San Francisco harbor. If you had been more patient and waited a year, you wouldn't have gotten so wet. The building of the Bridge broke the last major water barrier to an all-coast highway.

The 330,000 cubic yards of concrete used in the construction of the Bridge would build a 10-foot-wide sidewalk across France, or a sidewalk from San Francisco to Los Angeles and beyond.

The $35 million it cost to build the Bridge in 1937 is less than it costs today to build a Boeing 747. Sure, you can't fly the Bridge anywhere, but you don't have to worry about someone losing your luggage!

The length of the entire Bridge, 8,981 feet, would be matched by—not 448, not 450—but exactly 449 saltwater crocodiles put tail to snout.

The weight pushing on the Marin Pier, coupled with the weight bearing down on the San Francisco Pier, is 990,000,000 pounds, the weight of 3,225 blue whales. Or, for that matter, the weight of 73,333,333 armadillos— enough to allow the citizens of Texas to run over five each in their cars. Due to the implausibility, I haven't figured how many whales Texans could run over in their cars.

It took 110,000 gallons of international orange paint to cover the Bridge. This would paint the ground area of the Pentagon thirty-five times. It would paint the author's kitchen 57,516 times—with a little left over for touch-ups—but who wants an international orange kitchen?

The building of the Bridge required the excavation of 553,000 cubic yards of rock and dirt and such stuff. If you dug a hole six feet by six feet from the top of Mount Everest straight down to the bottom, then went on and did the same down the other seven highest peaks in the Himalayas—then, undaunted and tireless, dug six-by-six holes down through the world's eight highest volcanoes, including Kilimanjaro, you would have dug up something in the neighborhood of the amount excavated for the Bridge! The pile excavated for the Bridge would still have 258,804 cubic feet more than your pile. If anyone asked why you did it, you could say, "Because it was there!"

Ever thought about building a bridge? Well, if you'd built this one all by your lonesome, it would have taken you 25 million hours. Working a standard eight-hour day, you'd have finished around the year A.D. 10234.

If you'd had one of those nose-to-the-grindstone-type bosses who made you work 24 hours a day, you'd have finished a lot sooner, around A.D. 4700.

The width of the center span of the Bridge could be blocked by an average-size blue whale: Both are 90 feet long.

The weight of the main span per lineal foot is 21,300 pounds. Let's see, that would be 77,279 hamsters per lineal foot—before they started breeding!

Stand under the Bridge at Fort Point, below the sounds of the screaming metal monsters, and you will hear an eerie creaking and squeaking. Visually, one can witness the sway, sometimes as much as 20 feet, back and forth, as the unsuspecting motorists roll happily along. Actually, this is the Bridge's safety device, this ability to move with the wind that blows so frequently and furiously through the Gate.

Mr. O'Shaugnessy used to ask Strauss, "How long will your bridge last?"

Strauss: "Forever."
Mr. O'Shaugnessy: "And how long is forever?"
Strauss: "That, I don't know!"

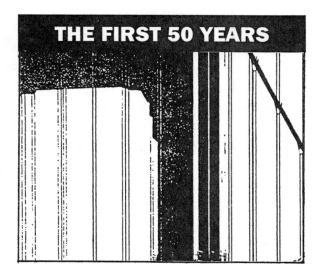

THE FIRST 50 YEARS

As the opening line to a once-popular TV series went, "There are eight million stories in the Naked City." The same holds true of the Golden Gate Bridge. The end of the Fiesta celebration on June 1, 1937, did not mark the end of the craziness the Bridge seems to engender. Indeed, it may very well have set the precedent for it. Over the next fifty years, all manner of stunts and bizarre happenings have occurred on the Golden Gate Bridge. Some are lost forever. The rest are here. "There are eight million stories on the Golden Gate Bridge. These are some of them."

Did they or didn't they? It is doubtful whether even their hairdressers knew for sure. In a San Francisco hospital emergency room in 1939, a soaking-wet Charles Delps, who claimed to be a stunt diver from St. Paul, tried to convince doctors that he had jumped from the Golden Gate Bridge. The doctors weren't convinced.

Nor were police in 1940 who, after finding Tom Needham's clothes on the Bridge with a note attached, tracked him down. They found him at home where he told them that *he* had jumped off the Bridge. Whether they returned his clothes is not known. Nor is it known how he got home without them!

Frank Cushing, donning a girdle, three pairs of pants, two life jackets, and a football helmet, jumped from the center span of the Golden Gate Bridge at 4:00 a.m. on April 19, 1947...and lived! In a subsequent open letter to Governor Warren of California, Cushing claimed that the stunt was to publicize the plight of veterans trying to obtain loans under the GI Bill. Don't know if the stunt helped any vets get loans, but it didn't hurt Cushing's "GI Joe Thrill Circus" any. They were booked solid after that, including a two-week stint in Hawaii.

For reasons best known to those mysterious beings who make our laws, it is a misdemeanor to leap off the Bridge. What are they going to do, press *post mortem* charges?

Today we have dating services, singles clubs, and "Mate Wanted" columns in the newspapers. In 1937, except for an occasional Lonely Hearts Club here or there, they lacked these amorous avenues. Patricia Lucas found a way through that void. She scratched her name and address on one of the towers of the Bridge. When she received a letter from Bill Hughes, she answered, and out of that graffitic misadventure came their marriage six years later, in October of 1943.

20

Golden Gate Bridge
Trivia Question

The first person to tap dance across the Golden Gate Bridge was:

1. **Fred Astaire**
2. **Mikhail Baryshnikov**
3. **Bess Bair**
4. **The June Taylor Dancers**

It was '46, World War II was blessedly over. All was quiet on the western front, so to speak. The sun was shining and peace reigned supreme. Then, one day, on a beach near the South Tower, an armed torpedo appeared. Suspicions rose, hearts fell. After some hue and cry, it was discovered to be only a remnant of the war in the Pacific, and everybody breathed a sigh of relief.

Some folks can sleep anywhere. August Rukoff was that kind of hairpin. On the evening of August 22, 1945, he was hitchhiking his way back to his ship, which was anchored in Tiburon. He found himself having to walk across the Golden Gate Bridge. It was late and he was tired. The prospect of another ride seemed slim, so he decided to try and catch a few z's. Finding the Bridge deck a bit noisy for his purpose, Rukoff crawled over the side and stretched out on a three-foot girder below the road-way. It was probably a good thing that he was such a sound sleeper, as a little toss or turn in either direction would have made his nap a permanent one!

And then there are those hairpins who don't like their sleep disturbed. Ask Highway Patrolman John Halligan; he'll tell you. It was a Saturday evening, and he had been dispatched to the North Tower to check on a car that was stopped there. In it, he found Henry Carl asleep. When he woke him up, Carl got out of the car and, while Halligan was checking his I.D., ran toward the railing. Halligan, fearing that this might be a suicide, walked over and gave Carl a half-hearted grab of the shoulder. But this was no suicide and, before Halligan could react, Carl lifted him off the sidewalk and tried to throw him off the Bridge! Luckily, two tow-truck drivers subdued Carl and helped save Halligan from an early retirement.

Golden Gate Bridge
Trivia Question

Rocco Rischetti:

1. **Climbed the Bridge cable after magically transform-ing himself into a giant armadillo;**

2. **Whistled "Dixie" through a straw while standing on one leg in the middle of the Bridge with Joan of Arc accompanying him on the harmonica;**

3. **Skied across the Bridge dressed as a peacock; or**

4. **While dressed as George Washington, cut down the last remaining cherry tree growing on the Bridge.**

Frustrated after his first attempt had been foiled by police, Robert Niles drove out on the Bridge on April 15, 1949, and chomping hard on his cigar, lowered himself 50 feet over the side, pulled the rip cord on the parachute he was wearing, and floated down to the water.

His cigar never even got wet.

The Golden Gate Bridge was exactly two months old when the millionth vehicle, driven by Louis Lurie, made its crossing. It took 10 years for the 50 million mark to be reached.

Traffic increased as the Bay Area grew. The Bridge was 15 years old when the 100 millionth vehicle crossed, 19 when the number hit 150 million, and in 1958, when the Bridge reached the tender age of 21, the 200 millionth vehicle made the crossing. By June 30, 1982, over 900 million vehicles had crossed the Bridge—but who's counting?

There was this Catholic priest who left his change in his other smock, came up shy for the toll, and the toll keeper paid the 50 cents for him.

A few days later, a letter arrived, with the toll and a note: "Next time you come into my church, let the collection plate go by. That one will be on the house."

Not everyone is lucky enough to have the toll paid by another person, and those who arrive at the Toll Plaza *sans* funds have left many strange things as security for the toll. One man handed the toll captain a frying pan. With but a slight hesitation, he handed over four frozen steaks as well, saying, "You might as well take these too. I have nothing to cook them in." He never came back for either the steaks or the pan.

One man who did return for his security deposit was a tuxedoed gentleman on his way to the theatre in San Francisco. After leaving the item in the Bridge office, he continued on his way. *Five hours* later, he returned to pay the 40-cent toll and retrieve his deposit.

The deposit was his wife.

Then there's the one about the one-armed golfer who arrived at the Toll Plaza toll-less. He offered up his beautiful set of clubs as security and was soon on his way. While inventorying the clubs, Bridge guards were shocked to find his false arm among the clubs. "I guess he only used it for golfing," one of them remarked.

Caddy, give me the Nine Arm!

There is more than weirdness to put up with when you work as a toll keeper on the Golden Gate Bridge; there is rudeness as well and, sometimes, downright physical abuse. Motorists who feel that the Bridge should be toll-less yell at you because it's not. Some try to shortchange you, or drop the toll on the ground at your feet. Others spit at you, or slap your hand a stinging blow. A perennial favorite is to heat a coin in the car's cigarette lighter before dropping it into your hand. One toll keeper had her arm wrenched, twisted, and slammed against the car door of some perverted motorist. To add insult to injury, all toll collectors must smile and say a thank-you at the taking of each and every toll. "Hey buddy, thanks for the broken arm. Y'all have a nice day, y'hear?"

The Revenge of The Toll Keeper

Considering the above, it was bound to happen sooner or later.

The incident starts calmly enough. Its Christmas. A motorist pulls up to the Toll Plaza, pays his toll, and hands out a case of Christmas cheer to the toll keeper, asking that the bourbon be spread around to all with a message of thanks and appreciation for all the hard work.

One by one, the bottles are passed around. One by one, the grateful toll keepers set them gently at their feet, looking forward to the end of their shift. All but one, that is, who decided to take just a little nip. And then another little nip. And another...

Seems he got well into that bottle, because before anyone could stop him, he was out of his toll booth, standing in the middle of the traffic lane yelling and cursing the approaching drivers with every obscenity that had ever been hurled at him. His fellow workers managed to get him out of harm's way after a while, and his boss didn't fire him for the indiscretion. Perhaps the boss understood why it happened; perhaps he was secretly envious. In any event, he merely suspended the guy for a few days.

It came out of the West, a Stranger Wind. The day was the first of December, 1951, and the wind was looking for another bridge to blow down; it had had a showdown with a bridge up Washington way a while back, and had blown that one away. Now it was back, cocky and strong and gusting for the big one, the sleekest bridge in the West. "Pardner," said the Wind, "prepare to meet your maker." The golden Bridge, remembering the words of Joseph Strauss, said, "Give it your best shot, wind."

For three long hours they fought. The wind pushed the Bridge 12 feet; the Bridge pushed back, 12 feet, then 12 feet more. Its roadway undulated like a snake and, for the first time, no one dared cross it. Drivers on either side could only wait and watch, stranded. The wind tired. The Bridge held. The wind became just another memory as the Bridge emerged victorious, making the highway again safe for mankind.

Golden Gate Bridge
Trivia Question

For some unknown reason, Mike Erickson pushed what across the Golden Gate Bridge in 1976?

1. **His mother**
2. **A philodendron**
3. **A carpet cleaner**
4. **The Statue of Liberty**

Some people will do anything to impress a friend!

On a sunny Sunday afternoon in April of 1960, Dan Smiley and some friends were crossing the Bridge. Dares led to double-dares, and soon Smiley was on his way up the cables. He made his way up in about 10 minutes, then made his way back down into the waiting arms of the law. All fine and dandy, but his friend wasn't impressed. "Boy, Smiley," he said, "are you stupid, or what?"

The Golden Gate Bridge was closed. The presidential motorcade had just passed the South Tower when something went very wrong. Before anyone could stop it, the president of the United States had been *kidnapped!* The ransom: $350 million. But this was only the beginning of Peter Branson's diabolical scheme. A helicopter hovers and lands on the Bridge roadway. Barricades are set up. In full view of millions of TV viewers, explosives are attached to the Bridge cables. The cost of not blowing it up: $250 million. Can anyone stop this madman?

To find out, you'll have to buy a copy of Alistair Mac-Lean's novel, *The Golden Gate.*

Nebuchadnezzar-Shadrach-Meshach-Abednego-And-The-Figure-in-The-Fiery-Furnace crossed the Golden Gate Bridge on a warm, sunny day in July, 1986. No. The author is not hallucinating. Neb the Dog is the dog with the longest name ever to cross the Bridge. A bright purple leash connected him to his owner, Mrs. Rochester. The two were accompanied by Emma Cobb, president of CTI East, and her dog Pongo.

Some Greek god or other asked Achilles, the Rambo of the Trojan War, whether he wanted a short, thrilling life or a long, dull one. He took short and thrilling.

Wolfgang Kopke, a West German high-dive champion, seems to have felt the same way. In 1980, he hired a Bay

Area film crew to film a little stunt he planned. Nothing fancy, a little half-gainer with a twist off the center span of the Golden Gate Bridge. Well, Mr. Kopke made his jump, but the twist wasn't quite what he'd planned it to be. He did a belly flop, and belly flops off the Bridge are deadly.

Mr. Kopke never got to see the film, but the cops sure wanted to. To their way of thinking, the film put the members of the film crew in the position of being accessories to that death.

The film crew must have figured that one out for themselves, as they quietly disappeared, cameras, film, and all.

Mr. Kopke's next dive was a short one—six feet under.

Golden Gate Bridge
Trivia Question

On June 22, 1976, Otis Guy and Joe Breeze began a 3,000 mile journey by crossing the Golden Gate Bridge on what?

1. **The back of a yak**
2. **An aardvark**
3. **A tandem bicycle**
4. **An office chair**

In 1937, it took the John A. Roebling & Sons Company a little over six months to create the giant 36⅜″ cables, the 508 suspenders by which the roadway is held in place, and the accessories that went along with it all. The cost was $5,855,000.

In 1976, when it was found that all of the suspender cables needed replacing, it took *three-and-a-half years* to create them. The cost, a whopping $8,000,000.

It's a long way to the Swiss Alps and, what with the new Bridge just across the Bay, three East Bay teenagers— Stephen Roper and David McFadden, both 19, and Cheryl Benton, 15—broke out the alpine gear and climbed the South Tower. This was in early December of 1960. They said they did it for a lark. At least they didn't say, "Because it was there!"

You've all been there. You're lost. You pull up to an intersection, poke your head out the window, and ask a passerby where such-and-such street is. He looks up at the street sign, looks back at you like you're from Mars, and says, "You're sittin' on it." During the repaving of the Golden Gate Bridge, one driver wound his way through a number of traffic barriers and asked the workers where the Bridge was. What they replied may not have been printable then (or now, for that matter).

It is said of the Golden Gate Bridge that it is "the bridge that sings." On a September day in 1968, the cries of a newborn baby changed that song, for a moment, into a duet. While rushing to the hospital from their Mill Valley home, Terry and Aubrey Brainard gave birth to a baby girl at midspan. They named her Golden.

Yvonne D'Angers may have been angry. Then, again, she might not have been. In any event, the topless entertainer—not topless at the time—chained herself to the

Bridge in 1966, supposedly in protest of threats by the government to deport her.

The B-25 bomber flew in at wave-top level, the ocean spray covering its underside like sweat. The pilot, Paul Mantz, peered anxiously through the space in the window that the wipers had kept clear of salt water. He was searching for his target, a target he knew must be near. Suddenly, through the wisps of fog and sea mist, he spotted it: the entrance to San Francisco harbor, with the Bridge, its guardian. Banking the plane slightly, he adjusted his altitude and direction to bear on the exact center of the Bridge, its most vulnerable part. Flipping the proper switches, setting his sights, he knew that his mission was rapidly coming to an end. The Golden Gate Bridge would soon be...filmed.

It was 1950, and this was one of the first experimental uses of a new filming technique known as Cinerama.

Who says bridge tolls nickel-and-dime you to death? A well-dressed Marin County woman, on her way to the opera in San Francisco, pulled up to the Toll Plaza and discovered she didn't have the money to cross. Lieutenant Ed Moore gave her a quarter.

"But I have to come back," she replied, so he gave her another quarter.

"What about parking?" she asked.

Moore ended up giving the woman five dollars. "In case she wanted to get something to eat after the opera," he explained.

What would Roy Rogers be without Trigger, Hoss Cartwright without Chub, the Lone Ranger without Silver? A man's horse is, after all, a man's horse. At least that was true in the grand old days of the Wild West. It looked a little bit like those days were gone forever when Bridge officials refused to let Justin Littlebit end his 6,000 mile journey by riding Dandy Cody, his horse, across the Golden Gate Bridge. Littlebit and Dandy had been forced off the Marin approach. There they sat while Bridge officials insisted on upholding the rule prohibiting horses from crossing the Bridge. The press got hold of this and had a field day! Soon the directors were deluged with letters and phone calls, the majority of which were rather unsympathetic to the directors' strict adherence to the rules. Even California Governor Edmund G. Brown called for a bending of the rule. Finally, the directors gave in and agreed to "look the other way" for 30 minutes while Littlebit and Dandy hoofed across.

Always the publicity hounds, the Bridge directors showed up at the Bridge for Littlebit's crossing and presented him with a horseshoe-shaped wreath. It must have been a strange affair and a strange set of photographs, with the directors looking the other way through it all!

"Hey, buddy, can you spare a dime and 20 cents for my hoss?" After all the wait, after all the hassle, after all was said and done, the Bridge officials—still looking the other way—nevertheless saw fit to charge the toll!

Dandy Cody was not the first horse to cross the Bridge. In October of 1948, two men rode a horse and buggy across, and during the early days of World War II, horse-drawn artillery crossed the Bridge on the way to fortify Marin County beaches.

24

Golden Gate Bridge
Trivia Question

One toll keeper, who probably thought he'd seen it all, still got a shock when he saw coming toward him:

1. **A gaggle of geese**
2. **A pride of lions**
3. **A herd of cattle**
4. **An exaltation of larks**

So. You've got this bridge. A nice bridge, all things considered, but the floors are getting a bit tacky what with cars and trucks rolling over it night and day. You decide to remodel. You pull up the old floor and replace it with a nice, shiny new one. The big question then is: What do you do with the old floor? Right, you sell it—after all, what greater fun can there be than to sell someone a bridge? A Marin County developer by the name of Ghirando thought it would be fun to own one. So, he bought 41 sections of the old roadway with the intention of building a miniature Golden Gate Bridge over Novato Creek at the entrance to a planned business park.

If Mr. Ghirando's bridge had been built, it might well have become a place for skunks and raccoons to undertake dangerous stunt dives, for squirrels to chain themselves in protest of nut shortages, and for lemmings to jump from in droves to their deaths.

It would have been just 20 feet high and 250 feet long.

Stopping by The Bridge on a Foggy Evening in King Kong Suits

(For Two Poets Who Did in 1975,
Jerry Kamastra and Jim Dallesandro,
and with Abject Apologies to Robert Frost)

Whose bridge this is I think I know
The guards are drinking coffee though
And will not see us standing here
Prepared to put on quite a show.

We don our King Kong suits and peer
Over the rail, the cables near,
Our poets' hearts are all aquake—
But we will overcome our fear.

We vault the rail and start to shake—
It's jail, for sure, us to they'll take,
If guards should come and take a peek—
Climb this sucker for heaven's sake!

The cables are foggy, dark and steep,
The footing slick beneath our feet
And miles to fall if we should freak,
And miles to fall if we should freak.

The Bridge may have been built in four years, but it took the powers that be 35 years to figure out that women are capable of making change for a dollar. Even the Other Bridge figured it out sooner; it had six women making change by April of 1972, when the Golden Gate Bridge finally hired Elvia Thompkins as its first woman toll collector.

The long, sleek black car rolls slowly up to the Toll Booth, the sun shining brightly off the windows. It comes to a stop. Silence.

Suddenly, the door swings wide, and the guy inside boots his wife out onto the pavement. The door slams shut. The car rolls away down the highway.

The long, sleek black car rolls slowly up to the Toll Booth, the sun glinting brightly off its windows. It comes to a stop.

Silence, as the silvery window descends.

From the darkness within emerges a long wooden spoon. No, not some bizarre Julia Child food-tasting demonstration—just a jumpy motorist, fearful of static electricity, handing over the toll, and the car rolls away down the highway.

The long, sleek black car rolls slowly up to the Toll Booth, the sun shining brightly off the windows. It comes to a stop. Silence.

More silence. And still more. The toll keeper peers through the window to see the driver slumped over the wheel. The windows are up, the doors are locked, and no amount of commotion can wake the driver. A few too many highballs "for the road," and the car does not roll away down the highway.

Golden Gate Bridge
Trivia Question

On November 6, 1976, on the Bridge, Jan Kekua and David Gilmartin:

1. **Replaced the concrete roadway**
2. **Joined the Book-of-the-Month Club**
3. **Got married**
4. **Held a seance**

Maybe 1974 wasn't his year. He reminded himself that, two months earlier, in July, it had gone without a hitch. Well, that was the North Tower and this time he had jumped from the South Tower. Maybe it was the fact of it being his 31st birthday. Well, whatever the reason, the parachute jump hadn't gone exactly as planned. First, the darn chute lines had tangled and he had drifted back to the Bridge tower where he'd gotten caught in the railing a hundred feet above the roadway. He'd managed to get untangled and, as he still had his reserve chute, had jumped again, but wouldn't you know it, the stupid thing didn't open until he was almost to the water. Rats. Now his getaway boat was gone, the Coast Guard ship was on its way to nab him, and here he was, bobbing about in a moat full of dead fish and old McDonald's containers. Happy birthday, Ron.

On the off chance that you decide to parachute off the Bridge, be sure to bring your driver's license. When Ron Broyles was arrested for his stunt, police charged him with being on a superstructure without permission and with having no driver's license. Would that be floating without a license?

Two heads are better than one, but are two bridges better than one? Bridge directors studied the idea back in '67, seeking a way to relieve the traffic problem they had (have) on their hands. The second bridge would be built alongside the first. The cost estimate came in at $196.6 million, $161 million more than the original. They shelved the idea.

It's a dark and stormy night, and you're cruising slowly down the Waldo Grade toward the Bridge. San Francisco is a strange blur that you see between swipes of the wiper blades. You see only an occasional car, and the red tail-lights disappear a little too quickly into the wet, lonely night. Up ahead by the side of the road, you see a dishev-elled-looking girl thumbing. Without thinking much about it, you pull over. She gets in. Her skin is pale, and she is silent. A foghorn sounds. You follow its sound with your eyes and, when you look back over to your silent passen-ger—there is no one there! But the seat is wet, and very, very cold...

This is usually how it happens, or so the story goes. It is rumored that the girl is the ghost of a suicide, who is doomed to repeat her act for eternity, forever hitchhiking and forever jumping off the Bridge. (This kind of legend is found all over the U.S., and overseas. In Hawaii, the phantom gets a ride in a rickshaw, and in Turkey and China, a horse-drawn cart picks up the spooky traveller.)

If what happened in April of '83 were to happen today, Bridge officials would have a problem. They would no doubt spend enormous amounts of time and money trying to figure out how to get a urine sample from a bridge. But in '83, there wasn't the anti-drug hysteria there is today, so, when a white powdery substance was found scattered across the southbound lane of the Bridge, the lane was simply closed off to traffic.

The stuff checked out as cornstarch.

Maybe his mother finally got around to telling him never to put money in his mouth. So he started putting it in his ear instead. The toll keepers took it in stride; they were used to the weird ways some people had of paying tolls. What they may have wondered about was where he was going to put the quarter after his mother told him never to put anything smaller than his elbow in his ear!

Had their literature instructor assigned a long biography of Fanny Brice? Did they have an eight-page, single-spaced paper due on *The Naked and the Dead?* Could they have had to read the whole of *The Anatomy of Criticism* in one weekend? We'll never know what prompted them, but 50 Stanford students streaked the Bridge in 1974 and got away with it—without a hitch or a stitch!

In 1983, while most people were thinking about the 50th anniversary of the groundbreaking for the Golden Gate Bridge, Volta Orpath was planning to *kidnap* it. Hold it for ransom. $25 million worth of ransom. Would Orpath succeed? Would the government pay his price? Could Puggo really land a Lear Jet on the Bridge and take off again, loaded with gold? And just who is Puggo, anyway? Find a copy of *Ransom of the Golden Bridge* by Proctor Jones, and all shall be revealed to you.

It was warm and sunny on the Bridge the day Darth Vader and The Shadow showed up. Suddenly, a huge skunk loomed up in front of them. What was its mission? Would they be attacked, perhaps sprayed with malodorous perfume?

No. They were all gathered that day for the same purpose. When the signal sounded they joined hands, or paws, with the skunks and 2,800 other humans in a show of support for the hungry and homeless of America. It was all part of the Hands Across America demonstration.

Offering to pay $500 a day and the cost of a $5 million insurance policy, Eon Productions asked if they could toss a dummy of the North Tower of the Golden Gate Bridge in 1985. Bridge directors, who either couldn't or wouldn't agree on what dummy they would like thrown off, quashed the idea. The occasion was the filming of the James Bond movie, *A View to a Kill.* The idea was for Bond to fight the villain on the North Tower, with the villain—in the form of a dummy—plunging off the Bridge to the roadway below. Instead, Eon Productions got permission to stage the fight on the Bridge cables, but without the villain's fall.

Score one for the dummy!

What Mike Dayton did was a little like you calling the police and telling them you're going to rob the corner bank at precisely 3:33 p.m. on Thursday. Saying, "I've got to have that bridge," the former Mr. America held a press conference to announce he was going to jump off the Golden Gate Bridge. He even said where and when. When he stepped out of his car, which he had parked near the South Tower, he found the police waiting for him. They wouldn't let him jump, but they didn't bring charges against him, either.

Many people have walked across the Golden Gate Bridge since it opened in 1937. Not Dr. Arthur Molinari. As of May 28, 1983, however, he had *driven* over it more than 27,000 times. Dr. Molinari made his first crossing of the Bridge in a 1932 Model B Ford on May 28, 1937—the day the Bridge opened to automobiles.

One fun thing to do, if you're crossing the Bridge anyway—particularly if you're a freshly licensed teen-ager—is to pay for the person behind you on the Bridge. It's kind of a tradition around these parts. You pay, then you wait to see if the person behind you will wave, or if they'll chase you for a mile waving a dollar out the window.

In September of 1986, a man who'd just received a brand-spanking new $100,000 Bentley sedan from his boss drove up to the Toll Plaza, to have the toll keeper tell him his toll had been paid! The flabbergasted driver looked ahead to see a battered old Chevy with a Peace Now sticker on its bumper. The toll keeper told him that the guy at the wheel of the Chevy had said he looked like he could use a little help!

Granted, it can be tough getting started on a Monday, but attaching yourself to the Bridge with an elastic safety line and jumping over the side seems a bit excessive. On Monday, October 8, 1979, that is exactly what four men and one woman did. They came all the way from Britain to engage in what is known as "bungee jumping."

I prefer coffee and a cigarette, myself.

I suppose you shouldn't be too harsh with the Bridge directors. They did, after all, vote 13 to 1 to table the issue of the "Golden Trollway," a billion-dollar plan to hang a glass-enclosed tourist trap beneath the Golden Gate Bridge.

Item #86 in the things-we-already-knew-department— A 1982 Bridge Directors' Announcement: "Should the city of San Francisco or any other national target in the Bay Area be hit with a sizable nuclear explosion, the Golden Gate Bridge would in all probability not be standing for the evacuation of the people of the Bay Area."

People? What people? I wonder if these were the same guys who made it illegal to jump off the Bridge? Which raises the question: If a few bulldog-size cockroaches crawl out of the radioactive rubble of San Francisco after a nuclear bomb, would it be illegal for them to jump off the Bridge?

Our scene opens at the Bridge tollbooth. Violins are playing offstage. Our Hero drives up. "I don't have the toll.

My small cabin was repossessed by a man with a long black mustache (violins louder here), and my wife is an invalid. I borrowed this car to go and pick up her medicine. I'll give you the shirt off my back if you'll let me through."

Toll collector: "That won't do."

Our Hero: "How about this American Express card, or these stamps, or my last food stamps?"

Toll collector: "That still won't do."

(A whole orchestra begins "Bridge over Troubled Water.")

Our Hero, now at wit's end, asks, "How about these thirteen Nikon cameras and the repair kit for my hot tub?"

(Joyous musical strains, tympani, bells)

Toll collector: "Certainly, we'll hold them for you."

Bridge officials aren't allowed to take clothes in lieu of the toll. There is a nix on credit cards, postage stamps, and food stamps, too.

My, how things do change in 50 years! The cost of building the Bridge came in at $35 million, which was a staggering amount in Depression times. With Victorian homes going for less than $10,000, you could have bought half of San Francisco with $35 million. If the Bridge had to be built today, the cost would be nearer $400 million— or about what you would pay for a half-dozen toilet seats and a hammer from your local defense contractor!

"Bombs Away!"

Kerplunk! Sploosh! Kerplunk! Ouch! @#$% ^*(-=!

The men of a returning naval vessel were not amused

at being bombed while entering their own harbor. The "bombs" were rocks; the bombardiers, three kids on the Bridge. No air support needed here for protection, no "All Hands to Battle Stations." A ship-to-shore call to Bridge police was enough. The three were arrested. Another victory for the Navy!

"Shafts disappearing into the black void of night?" Although this sounds a little like Mafia poetry, it was actually Bridge architect Irving Morrow's description of his plan to light the towers of the Bridge. Although the towers had been lit by floodlights for a short time after the Bridge's opening, the plan for lighting them from the water to the top has stayed shelved until recently. There may yet be illumination for the 50th anniversary!

26

Golden Gate Bridge
Trivia Question

In what must have been an insane attempt to catch a cold, Kostas Pappas showed up on the Golden Gate Bridge wearing only a beanie, wide sunglasses, and a pair of socks. He had come to:

1. **Paint the Bridge purple**
2. **Find the gold rivet**
3. **Roller skate across**
4. **Iron his pants**

The birthday boy, near to being in his birthday suit, stood poised at the Bridge railing. Dropping a long cable over the east railing, Steve Trotter, clad only in swim trunks, gloves, and tennis shoes, began the long descent to the water below. Seventy-five feet above the water, his glove got caught in a pulley. For a few moments, he swung like a pendulum in the wind. Pulling free of his glove, he dropped into the water. Instead of the motor boat he expected, though, a Coast Guard cutter awaited him. He was promptly arrested and, in an interview from the city jail, Trotter said that the stunt had cost him $3,200—thus far.

Seems like dinner and a movie would have been a cheaper route to go.

Millions of people since 1937 have done *absolutely nothing whatsoever* on the Bridge, save *walk across it!*

27

Golden Gate Bridge
Trivia Question

All the answers to the Golden Gate Bridge Trivia Questions are:

1. Buried in cement in the South Pier
2. Under the fourth brick, 3.2 miles from the beginning of the Great Wall of China
3. Inscribed on a microchip wedged between the third and fourth toes on Godzilla's right foot
4. Number 3

THE DARK SIDE

After having been scolded by her father for skipping school and attending the opening festivities, Myrtle Smith, 16, shot herself.

And so it began, the dark side of the Golden Gate Bridge.

Less than three months later, a veteran of World War I climbed the west rail of the Bridge and jumped to his death. Since then, an average of 20 people a year have used the Bridge as a means to their end—20 that are known of. There are those who say that number is low by more than half. For many who jump, there is nothing more to say than, "A unidentified man/woman jumped from the Golden Gate Bridge this morning. The body was/was not recovered." Others have left something behind them: a note, a final act, some odd or tragic story.

It was a pleasant day for a stroll on the Bridge, and Dr. Louis Naylor of Connecticut was enjoying the view. The conversation with the stranger he'd met while walking was friendly. As they were walking back across the Bridge to the city, Dr. Naylor suddenly noticed that the stranger had lagged behind. Naylor looked on in horror as the stranger, who had introduced himself as Harold Wobber, removed his coat, looked outward toward the wide ocean, said, "This is where I get off," and took that first long step into oblivion. This was the first known suicide from the new Bridge. The date was August 7, 1937.

"Survival of the fittest. Adios—unfit." Suicide note left by a 72-year-old man in 1959.

Was it suicide, or was it an accident? The answer lies buried with stuntman Alfred ("Dusty") Rhodes. In 1948, he went over the side of the Bridge wearing a wet suit, a Mae West flotation vest, and three parachutes. His wife, who was on the Bridge when he jumped, expected him to glide down and become the first person to parachute off the Bridge. Rhodes hoped the stunt would launch him on a new career.

With his wife and the man *she* had recently fallen in love with watching, Dusty Rhodes fell straight down into the water without ever releasing his chutes. He drowned.

The youngest suicide from the Bridge was only five years old. There are those, however, who would insist that her death was a homicide. In July of 1945, on orders from her father, she climbed the rail and became the 47th known person to jump from the Golden Gate Bridge. Number 48, her father, followed her down. A note found by police read merely: "I and my daughter have committed suicide."

In the days of the Wild West, men had a preference for dying with their boots on. In August of 1958, a retired metal worker decided he wanted to die with his *hat* on. Witnesses reported that, when the man jumped, he held on to his hat with both hands all the way to the water.

Before being stopped from going over the side, the son of a well-known writer wrote his suicide note onto the Bridge railing: "Please notify my ex-wife, beautiful children, mother, bill collectors, and friends. I'll tell my father when I meet him in Hell!"

There have been five times as many suicides from the Golden Gate Bridge as from the Bay Bridge. In fact, many of those who dived over the side of the Golden Gate Bridge came across the Bay Bridge to get to the Golden Gate. As far as is known, no one has ever come across the Golden Gate Bridge to jump from the Bay Bridge.

"Please be gentle in breaking the news to my wife. I am reasonably sane and healthy and have done nothing professionally of which I am ashamed. For the past six or seven years I have been enduring the slings and arrows of outrageous misfortune until I feel like a worn out pin cushion. My mood is one of profound discouragement and my personal future appears bleak."

Suicide soliloquy left by a 57-year-old attorney.

The 600th suicide off the Bridge and the 40th anniversary of the Bridge missed each other by just one day.

Fashion seems an unlikely ingredient in a suicide rescue, but it played a part in 1953. A woman had gone to the Bridge with the intention of jumping off. She was wearing a tight skirt. It was the restrictiveness of her skirt, coupled with her modesty, that gave Highway Patrolman James Morgan time to rescue her. The skirt wouldn't allow her to lift her leg over the rail, and her modesty wouldn't allow her to hike it up!

In November of 1960, fashion once again entered the picture during a rescue from death. A young 22-year-old woman who seemed to have it all, was driving her new Thunderbird across the Bridge on her way to her apartment in Sausalito. It was late, and she was tired. For reasons unknown, she stopped her car midspan and dashed for the rail, her spike-heeled shoes slowing her only a little.

A passing motorist saw her go over and reported the leap at the Toll Plaza. For two hours, the search for her body was conducted in the water below the Bridge, but without result. Meanwhile, a patrolman up on the Bridge happened to look over the railing and, much to his surprise, found the jumper crawling dazedly along a girder. When she had jumped, her three-inch heel had caught at the railing and she had plunged, not 230 feet into the water, but less than 20 feet onto the girder. She had apparently changed her mind and inched her way along the girder almost to the Toll Plaza.

In 1949, a 46-year-old Oakland man left a suicide note among his abandoned personal belongings. The note was to his wife who was suing him for divorce; it was addressed, "To the Black Widow." A bit of hostility there, no doubt. His wife's reply was no less hostile. "Before I believe he jumped off that bridge, they'll have to bring his body up and show me." Seems she knew her husband well. A month later, he returned from the dead; he had been in Illinois, not in the water of the Golden Gate.

Silly Conversations That for Some Mysterious Reason Work

Scene: Bridge railing. One man prepared to jump. Another trying to talk him out of it.

Rescuer: "Look, Mac, the most precious thing you've got is your life. You know why?"

Jumper: "No, why?"

Rescuer: "Because you're dead without it."

Jumper thinks about this a moment, somehow sees some kind of logic in it, and climbs back over rail to safety.

The only known suicide on the Golden Gate Bridge that did not result from jumping occurred when an elderly man swallowed caustic lye when Bridge policemen tried to stop him from jumping.

September, 1941. The summer was waning, and winter would soon be near. In the early afternoon, a woman strolled across the Bridge and stopped at center span.

Staring downward into the water 265 feet below, she felt a sudden impulse come over her. She climbed over the rail and, without a moment's thought stepped out into space. In four seconds, she was travelling close to 80 miles per hour. When she hit the water, *15,000 pounds* per square inch of pressure engulfed her. Cornelia Van Ireland, 22 years old, had followed where 34 had gone before. Thirty-four had leaped and died. Cornelia Van Ireland was the first to survive.

When the woman in Bennett McLaughlin's cab told him to forget Sausalito, that she wanted out here, he wouldn't let her out; the "here" was midspan of the Golden Gate Bridge. McLaughlin pointed out to the woman that it was against the law to stop on the Bridge. She became insistent, then put a gun to his head. When he *still* refused, she pulled the trigger, not once, but twice. Nothing happened either time. He disarmed her and drove his cab to Vista Point, where he radioed for help. No hard feelings, though. Before the police took her away, she paid McLaughlin his two-dollar fare.

Another taxi driver played a part in rescuing a would-be jumper less than nine months later. It wasn't quite as drastic a rescue, but it did have its frustrating moments. After becoming suspicious of a fare he had picked up, Bernie Krasow purposely made an illegal left turn in front of a motorcycle cop, hoping to be pulled over. No such luck. The cop just yelled at him. Krasow continued towards the Bridge while the woman in the back seat rambled on. Near the Toll Plaza, she threw her shoes and purse on the front seat and asked Krasow to throw them out on the Bridge, as a sort of joke. He quickly scribbled a note and, as he paid the toll, handed the note to the toll collector. Just past the South Tower, the woman tried to get out of the cab. Krasow slammed on the brakes, and a patrol car, which had been following since the Toll Plaza, pulled up. The cops grabbed the woman before she could make the jump. She wasn't as nice as the woman with the gun; the only thing she gave Krasow for his trouble was a vehement, "I HATE YOU!"

Like father, like son. A successful businessman from San Jose drove his late-model car across the Bridge and parked it along Highway 101, walked back out onto the Bridge, and leaped to his death at midspan. Four days later, his son drove the same car to the Bridge and followed his dad from almost the same spot. In a brief suicide note, the son wrote, "I want to keep Dad company."

On June 10, 1940, two people, apparently unknown to each other, jumped off the Bridge within the same hour. Both died.

Silly Conversations That for
Some Mysterious Reason Work

A Highway Patrolman once pointed his gun at a jumper and warned, "Come down off of there or I'll shoot." The jumper, obviously confused, did climb down. They took him away for observation.

During the production of a CBS documentary on suicide in 1969, two men each tried, unasked, to star in the film. Though they succeeded in killing themselves, their leaps were not photographed.

"What we should do is put up a diving board, invite ABC's "Wide World of Sports," and rate their form. The best dive would win a free funeral."

This remark was made—off the record, mind you— by a Bridge official.

One suicide-prevention scheme dreamed up Bridge directors was to post a Think Before You Leap! sign.

One woman who did think before she leaped, was none too happy with the result: She was rescued. During a fight with her husband, she threatened to jump from the Bridge, and then raced off in the car to carry out that threat. Her husband called the police. By the time they were able to find her, she was standing on the Bridge railing ready to take the big dive. That's when she took her moment of silence, and that's when three soldiers, out for a Sunday stroll, grabbed her off the railing. She kicked and screamed the whole way down, and later was not exactly grateful for the valiant act, saying, "I'd have been OK and dead if those heroes hadn't come along!"

"Why do you make it so easy?" Suicide note left by a 70-year-old man.

Bridge officials once paid an architectural firm $45,000 to design an aesthetically pleasing suicide barrier for the Bridge. It may very well have gone on to be installed had not a nine-year-old child scampered over it in a shorter time than it takes to climb up monkey bars.

Opposition response to a poll on suicide barriers for the Golden Gate Bridge: "I used to live in San Mateo and people were always throwing themselves in front of the commuter trains late in the afternoon. We'd always wonder, 'Why can't they do it earlier in the day so as not to hold up traffic.' We'd always get home late and our dinners would be cold." (Dinners aren't the only cold thing here.)

In 1977, one woman became what you might call a "regular" with Bridge personnel. Eight times she went to the Bridge to end it all. Eight times she was foiled in her attempt. Eight times she was taken in for psychiatric examination, and eight times she was released. One day in March she showed up *three times.* Bridge directors were a little peeved, feeling, and rightly so, that the woman should have been detained for observation a little longer than five minutes each time.

"Dear Friends and Relatives, I don't feel like explaining because you have never understood me, so why. I am sorry I have to do it this way. Good-bye." Suicide note left in 1940 by a 27-year-old man.

It was 1973, the Bridge was 36 years old, and the 499th suicide was long gone over the rail. The magic 500 spot was available, and the city was collectively engaged in a death watch. Fourteen people tried and were stopped. One man ran out onto the Bridge with "500" pinned on his back. Bridge officials blamed the media for these attempts because of the dubious attention it was paying to this inevitable event. Finally a 26-year-old lab technician tragically broke the suspense by vaulting the rail and ending his life.

If a man jumps off the Bridge and there is no one there to see him, does he get a number? No. To be an "official" suicide from the Golden Gate Bridge, one must be seen jumping or hitting the water.

No one would believe Forrest Smith when he told of hearing someone moaning while walking on the Bridge. Though skeptical, Highway Patrolman Leo De Los Rios went with Smith to the spot where he claimed he heard the moaning. Lowering himself over the rail, Rios spotted a man on the girder below the roadway. Earlier, the man had climbed below the Bridge and there slit his wrists and neck. His attempt had failed, and he had lain there, weak but unable to die, from Friday afternoon until Smith heard his cries on Saturday morning.

You've all seen the movie where the hero knocks his best friend in the chops to keep him from doing something stupid. Clay Bernard must have seen that same movie. In December of 1950, in his successful rescue of a Los Altos bank executive, he banged her head against a girder until she was unconscious—all to stop her from going into the drink.

The Golden Gate Leapers Association. Sounds like a club with a built-in decline in membership. Maybe it should be. This bunch doesn't jump off the Bridge, they bet on when someone else will. Every week, the members pick the day they think someone will take the big plunge, put a dollar in the pot, and wait. If no one jumps that week, they do it again the following week, and the pot grows. When someone does leap, whoever bet on that day wins the whole shot. Provided, of course, that reference to the suicide appears in the paper. This is the only acceptable verification for claiming the money. Whether the person lives or dies is of no concern to this compassionate bunch. If someone jumps, and the story ends up in the paper, that's all that counts.

As of the writing of this book, 19 people have jumped off the Golden Gate Bridge and survived. The first was Cornelia Van Ireland in 1941. The most recent was a 19-year-old Kentfield, California, man. In the early morning of June 25, 1986, he jumped from the center span of the Bridge. Two fishermen, Richard Kowski and Paul Roark, were making a last pass beneath the Bridge when they spotted the man floating in the water near the South Tower. The two men pulled him into their boat and radioed the Coast Guard. He was rushed to Army Letterman Hospital, where he was reported to be in serious but stable condition. On the way to the hospital, the man reportedly apologized to the fishermen for "being such a bother." He told the Coast Guard medical technician David Garland that the reason he jumped was that he had no friends.

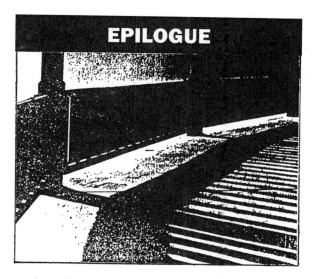

EPILOGUE

The Golden Gate Bridge will be 50 years old on May 27, 1987.

For 50 years, it has stood as a monument to humanity's adaptability to, and respect for, the beauty of the environment. For, unlike today's concrete and neon malls, treeless suburbs, and sterile, flat high-rises, the Golden Gate Bridge is in total harmony with its natural surroundings. Indeed, one can hardly imagine the Golden Gate without the Golden Gate Bridge.

Perhaps, in the final analysis, it is the Harmony of Nature and Art that is the biggest attraction of the Golden Gate Bridge.

For 50 years now, humans have walked it, driven it, climbed up it, climbed down it, gotten married on it, had babies on it—and, sadly, died on (or under) it. In 50 years, it's seen it all. Let us hope that, in another 50 years, there will be someone around to enjoy it still.

Great Gate Span
Work Log

Start of work on North Anchorage	**Nov. 28, 1932**
Start of work on North Pier	**Dec. 22, 1932**
Groundbreaking ceremony	**Feb. 26, 1933**
Start of work on South Pier	**Mar. 28, 1933**
Start of work on South Anchorage	**Apr. 11, 1933**
Completion of North Pier	**June 27, 1933**
Completion of South Pier	**Jan. 3, 1935**
Completion of South Anchorage	**May 3, 1935**
Completion of North Anchorage	**June 6, 1935**
First wire strung for catwalks	**Aug. 2, 1935**
Completion of catwalks	**Sept. 27, 1935**
First cable-spinning begun	**Nov. 11, 1935**
Cable-spinning completed	**May 22, 1936**
Steel work on bridge deck begun	**June 18, 1936**
Safety net installed	**Aug. 31, 1936**
Paving commenced	**Jan. 19, 1937**
Steel work on deck completed	**Apr. 27, 1937**
Paving completed	**May 20, 1937**
Bridge opened to traffic	**May 28, 1937**